湛庐CHEERS

与最聪明的人共同进化

HERE COMES EVERYBODY

CHEERS
湛庐

RWA与通证化

汪扬 白海峰 朱皓康 著

中国财经出版传媒集团
中国财政经济出版社
北京

测一测

通证化如何为金融世界带来变革?

扫码加入书架
领取阅读激励

扫码获取
全部测试题及答案,
一起了解 RWA 与
通证化的金融世界

- 通证化被视为 RWA 的有限实施。这个说法对吗?

  A. 对

  A. 错

- 未来通证化投融资的主要赛道主要围绕标准化、透明度、(　)和创新应用展开。(单选题)

  B. 便捷性

  B. 安全性

  C. 低风险性

  D. 参与度

- 香港金融管理局于 2024 年 8 月 28 日举行(　)项目沙盒启动仪式,这标志着金融业在通证化技术的实际应用进程中迈出重要一步。(单选题)

  A. Ensemble

  B. Ubin

  C. Ethena

  D. Ondo Finance

扫描左侧二维码查看本书更多测试题

赞　誉

（按姓名拼音顺序排列，
排名不分先后）

《RWA与通证化》为通证化资产提供了一个较为全面的分析框架。它为理解这一领域的复杂性提供了基础和必要的信息参考，是一本很有价值的读物。

蔡洪滨

香港大学经济及工商管理学院院长

香港特别行政区政府特首政策组专家组成员

这本书将通证化的讨论扩展到了经济和社会层面，深入探讨了通证化对经济体系的深远影响。通过独特的视角，这本书能帮助读者更好地理解这一新兴领域。

蔡洪平

汉德资本主席、创始合伙人

德意志银行投资银行亚太地区原执行主席

这本书为我们提供了关于通证化如何为实体经济带来革命性改变的清晰框架。通过丰富的案例和深入的分析，读者能够更好地理解这一趋势，非常适合希望将理论应用于实践的业界人士。

陈德霖

圆币科技董事会主席

香港金融管理局原总裁

这本书通过翔实的研究，不仅阐述了通证化的理论基础，更重要的是，它提供了实际操作的路径和案例，非常适合希望将理论应用于实践的业界人士。

陈家强

汇立银行董事会主席

香港财经事务及库务局原局长

这本书充分展示了通证化技术的潜力，并具体探讨了通证化在多个行业中的实际应用。对于通证化实践者来说，这是一份必读的材料。

陈仲尼

香港立法会议员

在金融世界飞速变化的当下，这本书不仅为理解和利用通证化提供了宝贵的见解和工具，也为投融资在科技赋能下的演变可能，提出了宝贵的参考。

方远

星界资本创始管理合伙人

ESG 委员会主席、欧洲最大的家族主权基金 LGT 资本中国区原总裁

这本书深入剖析了 Web 3.0 如何引领通证化资产的发展。详细阐述了 RWA 通证化的技术原理和应用案例，对金融创新的意义做出了深刻分析。

葛珮帆

香港立法会议员

香港民主建港协进联盟副主席

通证化正在成为数字资产市场的新趋势。这本书系统梳理了技术基础和应用模式，为金融机构布局数字资产提供了全面的指导和参考。

郭为

神州数码控股有限公司董事局主席

这本书通过丰富的数据和案例，展示了通证化的巨大潜力。读者能够从中感受到这一技术在未来发展的迫切性和重要性。

金旭

宏利投资中国区财富及资产管理主席

宏利基金董事长

本书为推广 RWA 知识做了非常及时的传播，RWA 的实践是中心化信誉和数字化技术有益结合从而拓宽融资渠道的又一典范。

罗玫

清华大学经济管理学院数字金融资产研究中心主任

这本书结合大量实例，生动地诠释了通证化模式的运作机制和实际价值。学术研究和实践应用的从业者都能从中获得启发。

漆远

复旦大学人工智能创新与产业研究院院长

阿里巴巴（中国）有限公司原副总裁

阿里数据科学技术院原执行院长

蚂蚁集团原首席 AI 科学家及数据智能委员会主席

《RWA 与通证化》为通证化资产提供了一个权威的分析框架。它为理解这一领域的复杂性提供了重要的参考，是一本极具价值的读物。

邱达根

香港立法会议员

这本书深入浅出地解释了通证化的复杂概念，不仅适合专业人士，也适合对金融科技感兴趣的普通读者。

尚海龙

香港立法会议员

这本书不仅为香港普及 Web 3.0 知识做了非常有益的传播，还将对香港拥抱通证化时代的到来，以及在国际金融中心的建设上做出积极贡献有所助力。

沈建光

京东集团首席经济学家

这本书为我们提供了关于通证化如何为实体经济带来革命性改变的清晰框架。通过丰富的案例和深入的分析，读者能够更好地理解这一趋势。

屠光绍

上海新金融研究院理事长，中国证监会原副主席

上海市原市委常委、常务副市长，中国投资有限责任公司原总经理

这本书为我们提供了关于通证化如何助力实体经济的逻辑与理论框架，是一本基础的读物与指南。通过案例的梳理和较为深入的分析，读者能够更好地理解通证化与 RWA 的理论和实践。另外，这本书有利于数字资产通证化的拓展和渗透，以及其在社会中积极的实践和落实。

王忠民

深圳金融稳定发展研究院理事长

全国社会保障基金理事会原副理事长

《RWA 与通证化》为资产通证化提供了一个前沿的分析框架，深入揭示了该领域的复杂性，为推动其进一步发展奠定了基础。这是一本具有重要参考价值的读物。

魏向东

香港理工大学工商管理学院金融科技博士项目副总监

中国创新为何会成功？因为中国的经济体量大，试错成本平摊下来很小，而成功之后，创新带来的总体经济效果就很好。作为一名专业会计师，我支持创新制度的建设。当创新经济体的生产力形成后，生产力发挥效用的边际成本就很小，这既是数字经济的特征，也是新质生产力的具体体现形式。

《RWA 与通证化》在如何通过数字资产、数字经济为社会带来创新和改变等方面做出了专业努力，将通证化的讨论延伸至经济和社会层面，深入探讨了通证化对经济体系的深远影响。这本书从通证化这一独特的视角，帮助读者更好地理解这一新兴领域。我诚挚地推荐大家阅读这本书。

吴卫军

德勤中国副主席

本书通过全面解析通证化技术，帮助读者深入理解其运作原理。同时，对潜在风险的审慎态度也增加了本书的可信度。

徐丽娜

哥伦比亚大学教授、精算系主任

通证化正在成为数字金融演化的一个新趋势，这本书为我们提供了理解和利用通证化的清晰框架和丰富案例。这是金融市场发生极速变革前夜从业者必备的一本参考书。

钟小锋

东方汇理大中华区主席

金融业直面数字化大迁移与大转型：探索香港 Web 3.0 和数字虚拟资产的创新实践

巴曙松
北京大学汇丰金融研究院执行院长
中国宏观经济学会副会长
中国银行业协会首席经济学家
香港特别行政区政府特首政策组专家组专家

当前，短期的市场动荡与国际经贸格局的变革，容易让金融界忽视正在出现的深层次的、根本性的、趋势性的创新与变革。实际上，在当今全球经济中，数字化和技术创新已成为推动经济发展的关键因素。尤其是在 Web 3.0 和数字虚拟资产领域，这些技术正在重新定义资本市场的运作方式，为传统金融服务业带来前所未有的变革的各种可能性，也带来新的挑战。正是基于这种大的经济金融格局变迁的背景，中国香港特别行政区政府陆续推出了一系列具有前瞻性的经济金融政策，以支持 Web 3.0 和数字虚拟资产的发展，这确立了香港希望抓住大变局的机遇，发展成为一个全球金融科技中心的战略远景。《RWA 与通证化》立足于这一趋势，结合香港特区的具体实践，为读者提供了一个关于如何在现有政策框架下推动金融创新和转型的分析视角。

本书不仅详细解读了 Web 3.0 的基本概念和技术特性，更通过大量实际案例，展示了这些理论如何在实践中得到应用。本书内容涵盖了从 Web 3.0 的基础理论到区块链技术及人工智能大数据的应用，再到通证经济学的实践案例，以及稳定币、现实世界资产（real world asset，RWA）通证化模型等话题。

同时，本书所包含的案例与实践关注以香港为政策背景。香港一直是连接东西方的“超级联系人”，随着数字经济的兴起，香港特别行政区政府推出了一系列激励措施，包括税收优惠、法规框架的优化以及对创新技术的投资，以期推动 Web 3.0 技术和数字虚拟资产的发展。书中介绍了香港如何通过这些政策促进数字资产的合规化，提高金融市场的透明度和效率。

通证化作为一种创新的金融运行模式，从技术上来看，可以化解传统投融资模式中的诸多局限性和问题。作者通过案例分析和理论探讨，展示了通证化如何促进资本的有效流动，提高市场透明度，并为投资者提供新的投资机会。通证化，是指将资产（如股权、债务或房地产等）转化为数字通证，这些通证在区块链上被记录和交易。这一过程不仅提高了交易效率，还降低了交易成本和参与门槛。本书的多个章节通过香港的具体案例，展示了通证化如何在实际中被应用于各种资产类别，并探讨了这些技术如何帮助香港维持其作为全球金融中心的地位。

在推动金融科技创新的同时，如何有效管理与之伴随的风险，是政策制定者和行业参与者必须面对的重大挑战。本书通过总结香港的经验，探讨了在快速发展的数字资产市场中，监管机构如何通过制定合理的政策和监管框架来确保市场的稳定和安全。书中举例说明了香港金融监管机构如何对稳定币和其他加密货币进行分类管理，并制定了一系列监管措施，包括资本要求、流动性管理以及反洗钱和反恐融资政策，以确保这些新兴产品不会对更广泛的金融系统产生负面影响。

除了香港的实践，本书还参考了全球不少国家和地区在相同领域的经验，梳理了当前 Web 3.0 和数字虚拟资产在全球范围内的发展趋势，也展示了不同监管环境下的创新案例。

总之，**《RWA 与通证化》为读者揭示了数字化资产和 Web 3.0 技术的潜力，更重要的是，也探索、提供了关于如何在现有的政策和监管框架下进行创新和实践的蓝图。**通过丰富的案例分析和深入的理论探讨，本书为金融科技领域的学者、政策制定者、企业家及投资者提供了富有价值的参考，中国香港的案例为全球其他地区提供了宝贵的经验和启示，值得对这个主题感兴趣的读者加以参考。

2024 年 8 月 22 日于中国香港

拥抱 Web 3.0：开启通证化新时代

汪　扬　｜　香港科技大学副校长（大学拓展）
香港 Web 3.0 协会首席科学家

白海峰　｜　招银国际资产管理公司董事总经理、联席主管

朱皓康　｜　华夏基金（香港）数字资产管理主管、家族财富管理主管

在当前这个快速变革的时代，互联网技术的持续发展和创新带来了 Web 3.0 这一新一代互联网的兴起，它对社会的各个方面产生了深远的影响。特别是在金融投资领域，Web 3.0 的核心技术——区块链和通证化，正在重新塑造投融资模式，为该行业带来了前所未有的变革。

在 Web 3.0 时代，RWA 通证化是一场悄然而至但快速演进的金融革命，其核心理念是“Web 3.0 赋能实体经济”。Web 3.0 的技术基础设施和金融基础设施的发展，为改善全球 RWA 的流动性、提升交易效率、降低交易成本以及优化金融服务的普惠性提供了全新的解决方案：基于区块链网络和智能合约技术，将债券、股票、货币、基金、信托、房产、艺术品、碳信用等各类 RWA 转化为易分

割、快速流转且在全球范围内可以进行 7×24 小时实时低成本交易的数字通证。这不仅让这些资产可以实现更高效、更便捷、更低门槛地交易和管理，也让它们能够更好地融入数字经济的生态系统。

通证化这一概念虽然在技术领域内已经被讨论多年，但直到最近，随着区块链技术的成熟和普及，它才真正走进了公众视野。通证化的核心，在于利用区块链的去中心化和不可篡改的特性，通过发行通证来代表某种资产或权利，实现价值的流通和交换。尽管通证化带来了许多好处，但它也需要强大的技术支持和高度的安全性。区块链技术的核心特性——分布式账本、加密安全和智能合约，是实现通证化的基础。分布式账本确保了数据的不可篡改和透明性；加密技术保护了用户的隐私和交易的安全；智能合约自动执行合同条款，减少了人为干预和错误。然而，技术的复杂性和新颖性也带来了挑战，例如智能合约的漏洞可能被黑客利用，造成资金损失；区块链网络的扩展性问题也可能导致交易速度和成本方面的问题。因此，持续的技术创新和严格的安全措施是通证化成功的关键。此外，通证化在全球范围内也面临着复杂的法律和监管问题，不同国家和地区对于通证化的态度和相关法规差异很大，这为通证化的推广和应用带来了不确定性，同时也给投资者和参与者带来了法律风险。

《RWA 与通证化》一书正是在这样的变革背景下诞生的。作为国内较早开始研究 Web 3.0 和通证化技术的学者和实践者，我们怀着对这一领域的热忱和使命，决定撰写本书，旨在与读者分享我们多年来的研究成果和实践经验。我们希望通过深入剖析 Web 3.0 和通证化技术的原理，结合大量案例，以阐明其在投融资中的应用，并展望未来发展趋势，为读者提供全面而系统的认识，帮助大家把握通证化带来的巨大机遇。

本书力求从理论到实践、从概念到案例、从机遇到挑战，全方位地阐述 Web 3.0 和通证化技术。第 1 章系统介绍了 Web 3.0 的定义、特点以及对传统投融资模式带来的影响，帮助读者快速建立对 Web 3.0 的基本认识。第 2 章、第 3 章和第 4 章作为理论基石，深入探讨了通证化赖以建立的区块链技术原理，以及蕴含其中的通证经济学理论，帮助读者夯实必要的知识根基。在实践层面，第5章和第6章作为典型应用，重点剖析了通证化中两个最核心的模型——各类型RWA和稳定币。RWA模型开创性地提出将RWA数字化、通证化的途径，极大地拓宽了通证化的应用场景和边界。而稳定币作为连接数字世界和现实世界的桥梁，对推动通证化生态的繁荣起到了关键作用。本书通过翔实的案例和详尽的分析，使读者可以清晰地理解通证化的运作方式和实现路径。

然而，通证化的发展并非一帆风顺，它也面临着诸多风险和挑战。第7章和第8章以审慎的态度，讨论了通证化在监管、社会影响等方面的潜在问题，客观地分析了其面临的阻力和存在的局限，并提出应对策略和发展建议。唯其如此，才能让通证化的发展更加健康、可持续。

我们始终秉持开放、创新、包容的心态，虚心接纳业界专家和学者的真知灼见。我们特别邀请了多位国内外知名专家为本书撰写推荐序和推荐语，他们从学术和实务的角度对本书的价值进行了高度评价。他们的参与无疑为本书增添了重要的学术分量，提升了实践高度。在写作本书的过程中，我们得到了很多人的帮助，特别感谢家人及师友在我们撰写此书的过程中给予的支持和鼓励。刘鹏先生、文一舟博士、丁文治博士和李羽翔博士参与了写作。湛庐的各位编辑老师为本书的顺利出版付出了巨大努力。没有以上各位的支持和帮助，本书不可能面世，向各位致以真诚的谢意。

Web 3.0浪潮汹涌而来，通证化也正在从理念走向现实。作为这场变革的参与者、贡献者和受益者，我们深切地感受到肩负的使命和面对的巨大机遇。我们衷心希望本书能成为读者了解通证化、把握Web 3.0机遇的得力助手和向导。我们更希望，本书不仅是知识的传播载体，更能成为变革的起点，激发大家积极投身于这场变革，勇做开拓者、先行者。

2024年8月30日于中国香港

目　录

第1章

Web 3.0：第三代互联网

1. Web 3.0：可拥有的互联网新经济

Web 3.0 作为一种新兴的互联网技术，建立在区块链技术的基础上，旨在创建一个更加开放和去中心化的网络环境。这种新一代互联网技术使用户不仅是内容的消费者，更是内容的创造者和拥有者。在 Web 3.0 中，用户通过区块链技术直接控制个人数据和资产，这与现行的 Web 2.0 形成鲜明对比，后者主要由中心化的服务提供商控制数据和用户交互。在互联网的发展历程中，Web 3.0 如同一颗冉冉升起的新星，逐渐重塑着我们对数字世界的理解和想象。

“Web 3.0”这一术语最早由以太坊联合创始人加文·伍德（Gavin Wood）在 2014 年提出。它开启了互联网发展的新纪元，预示着一个全新的社会发展方向。如表 1-1 所示，Web 1.0 时代的网络活动仅限于静态网页的展示；Web 2.0 时代，我们目睹了谷歌、Meta、亚马逊等科技巨头的集中化平台的崛起；Web 3.0 时代则提出了一种截然不同的愿景——打破这种中心化的控制模式。在 Web 3.0 的框架下，基于区块链技术构建起来的是一个去中心化的在线生态系统。在这个生态系统中，平台和应用程序不再由少数巨头控制，而由所有用户共同拥有并维护。用户通过参与服务的开发和维护，获得相应的所有权和控制权。

表 1-1　Web 发展历程对比

发展维度	Web 1.0	Web 2.0	Web 3.0
互动方式	单播	读写器	读写器与所有权
创意	单纯文本	多方内容	互动经济
经济模式	公司	平台	网络
结构模式	个人电脑	云端与移动设备	区块链技术
控制方式	去中心化	中心化	去中心化

为了将这一愿景变为现实，伍德不仅提出了 Web 3.0 的概念，还创建了 Web 3.0 基金会，致力于支持“去中心化”技术项目的发展。他领导的 Parity Technologies 公司专注于为 Web 3.0 构建区块链基础设施（如 Polkadot 等项目），

为去中心化的应用提供了坚实的技术支撑。

伍德在近期访谈中，从 Web 3.0 的提出者和实践者的角度，深入讨论了 Web 3.0 的核心价值和未来发展蓝图。他坚信，随着技术的持续进步和应用的广泛拓展，Web 3.0 将成为数字世界的新基石，引领人类社会走向更加公平、透明和可持续的发展道路。

Web 3.0 的蓝图：构建去中心化的数字未来

Web 3.0 作为互联网发展的新阶段，正在重塑我们对数字世界的认知和想象。它建立在区块链、智能合约、加密技术和去中心化存储等创新技术之上，旨在打造一个更加开放、透明、安全、自主的网络新生态。Web 3.0 的愿景不仅仅是技术的升级迭代，更是对数字经济、社会治理、文化传播等各个方面的变革和重构。

去中心化：重塑数字世界的权力结构

去中心化是 Web 3.0 的核心特征，它通过分布式的网络架构和共识机制，实现了对中心化权威的削弱和对用户自主权的赋能。在 Web 3.0 的世界里，每个用户都是平等的节点，无须依赖中心化的机构或平台，就能自由地创建、存储、交换和管理自己的数字资产和数据。这种去中心化的设计不仅提高了系统的稳定性和安全性，也为用户提供了更多的隐私保护和决策自由。

去中心化的另一个重要意义在于，它有助于打破数据和财富的垄断，实现价值的重新分配。在 Web 2.0 时代，少数科技巨头通过中心化的平台积累了大量的用户数据和流量，形成了数字经济的寡头格局；而在 Web 3.0 的框架下，用户可以通过加密技术和经济激励机制，直接参与数据和价值的创造和交换，从而获得更加公平的收益分配。这种去中心化的经济模式，将极大地激发个人和社区的创造力，推动数字经济的繁荣发展。

智能合约：编码信任，重构商业逻辑

智能合约是 Web 3.0 的一项关键技术，它通过将合约条款转化为自动执行的代码，实现了对传统商业逻辑的重构和优化。智能合约在区块链上运行，一旦达成并完成部署，就无法被篡改或撤销，从而提供了一种新的信任机制。这种“代码即法律”的特性，不仅提高了合约执行的效率和透明度，也降低了欺诈和违约的风险。

智能合约的应用场景十分广泛，从金融服务、供应链管理到知识产权保护、社会治理等各个领域。例如，在去中心化金融（DeFi）领域，智能合约可以自动执行贷款、交易、保险等金融服务，无需中介机构的参与，从而降低了成本和风险；在版权保护方面，智能合约可以帮助创作者实现内容的自动授权和收费，保障了创作者的权益。随着智能合约技术的不断成熟，我们将看到越来越多的创新应用涌现出来，重塑我们的商业和社会运作方式。

隐私与安全：用技术守护数字主权

在 Web 3.0 的世界里，隐私和安全不再是奢侈品，而是每个用户的基本权利。通过加密技术和去中心化存储，Web 3.0 为用户的数据主权提供了坚实的保障。用户可以自主控制自己的数字身份和数据资产，无须担心隐私泄露或数据滥用。同时，去中心化的网络架构也大大提高了系统的安全性，避免了单点故障和外部攻击。

Web 3.0 的隐私和安全保护，不仅是技术层面的进步，更是对数字权利的一种倡导和践行。在数据成为新的“石油”的时代，如何保护个人隐私、维护数据主权，是数字社会面临的重大挑战。这种“以隐私为本、以安全为基础”的设计理念，必将成为未来互联网发展的重要方向。Web 3.0 为这一问题提供了创新的解决方案，通过技术手段赋予用户对自己数据的控制权，重塑数字世界的权力格局，主要体现在三个方面：

- 在金融领域，Web 3.0 通过 DeFi 彻底改变了我们对金融服务的认知。用户可以直接在区块链上开展加密货币交易、借贷等业务，无须传统金融机构作为中介。这不仅提高了效率，还大大降低了成本。

- 在艺术和媒体领域，非同质化通证（non fungible token，NFT）的兴起为艺术家和创作者提供了新的经济模式。艺术作品和数字内容可以作为 NFT 在区块链上买卖，从而确保了版权的归属和交易的透明性。这使得创作者能直接从其作品中获利，无须经过第三方平台。
- 在供应链管理领域，区块链技术提高了供应链的透明度，减少了欺诈和错误，提高了整个系统的效率。

应用与挑战：通向未来之路

Web 3.0 的应用前景十分广阔，涵盖金融、社交、游戏、艺术等各个领域。DeFi、NFT、去中心化自治组织（decentralized autonomous organization，DAO）等新兴概念和模式，正在重塑传统行业的边界和想象力。越来越多的创业者和开发者正在投身于 Web 3.0 的生态建设，探索未来互联网的无限可能。

然而，Web 3.0 的发展也面临着诸多挑战。首先是技术的复杂性和可用性问题。对于普通用户而言，区块链和加密技术的门槛较高，设计出更加友好、易用的用户界面、提供更人性化的交互体验，是 Web 3.0 得以大规模普及的关键。其次是监管和法律问题。去中心化的特性与现有的法律框架之间存在一定的冲突，如何在保护创新的同时建立健全的监管体系，是一个需要持续探索的课题。最后，Web 3.0 的去中心化网络也面临着新的安全挑战，能否防范和应对智能合约漏洞、51% 攻击等风险，需要开发者和社区的共同努力。尽管挑战重重，但 Web 3.0 所代表的技术创新和价值理念，正在为数字时代开启新的想象空间。随着技术的不断演进和生态的日益成熟，Web 3.0 有望成为塑造未来数字经济和数字社会的核心动力。

Web 3.0 的底层逻辑解析：记账方式的重构

在人类文明的悠久历程中，文字记载已有超过 5 000 年的历史，而记账方法的演进也经历了三次显著的变革，这些变革对人类社会的经济体系产生了深远的影响。最早的记账形式，即单式记账，其起源可追溯至公元前 3 500 年，在苏美尔地区出土的泥板上记录了早期的账目，这种记账方式仅涉及收入和支出的记录。进入 14 世纪，意大利的地中海北部城邦因海洋贸易的兴起而催生了记账方法的进一步发展——复式记账法出现了。海洋贸易的复杂性，包括合伙经营、借贷关系和税收处理，要求记账方法必须更加精细和全面，而单式记账法已无法满足这些需求。记账方法的进一步革新发生在数字时代，特别是自 2009 年比特币的诞生以来，分布式账本技术（distributed ledger technology，DLT）应运而生。这种记账方式不仅记录了数字资产和网络资产的价值，而且是人类适应数字化生活方式的产物。《数字化生存》（*Being Digital*）一书预见了人类社会数字化迁徙的趋势，分布式账本技术正是为适应这一趋势而诞生的。

记账方法是经济交易的基石，更是社会文明进步的关键。它对经济、社会、政治等多个领域产生了广泛的影响。例如，复式记账法被视为资本主义经济和政治制度的基石；在分布式记账体系中，记账方法、账户体系和记账单位构成三个基本层次；随着 Web 3.0 时代的到来，账户体系由传统的银行账户转变为加密账户，记账单位也由法定货币（以下简称“法币”）转变为数字货币。

在 Web 3.0 的背景下，资本和金融的运作模式经历了显著的变革。加密资本在全球金融市场中扮演着越来越重要的角色。从 2017 年的首次币发行（initial coin offering，ICO）到当前讨论的证券型通证发行（security token offering，STO）、首次交易所发行（initial exchange offering，IEO）及 RWA 和稳定币发行等，这些都是加密资本的具体表现形式。

区块链技术作为 Web 3.0 的基石，其核心原理是分布式账本技术。与传统记账方法相比，区块链技术提供了一个去中心化、透明且不可篡改的记录系统。在这个系统中，信息和交易由全节点共同验证，并通过加密方式在每个节点上得以保存，这确保了数据的安全性和完整性。

Web 3.0 的创新应当从边缘开始，逐渐向核心领域扩展，形成核心竞争力。在此基础上，Web 3.0 的创新发展应从数字原生演化至数字孪生，这标志着颠覆性创新的起点。同时，真正的创新应当满足人类的本能需求，而非简单地模仿现有产品，才能更好地服务于社会。此外，Web 3.0 的创新应依赖公开透明的全球账本来构建匹配新价值的商业模式。最后，随着 Web 3.0 的发展，我们需要开发出类似于互联网时代的“浏览器”和“图形操作系统”的终端友好工具，未来这些工具可能成为基于自然语言的操作系统，以促进技术的普及和应用。

Web 3.0 的应用创新及经济模型详解

区块链应用的经济模型与区块链基础设施的经济模型存在显著差异。例如，比特币和以太坊这样的区块链基础设施，通常采用单一通证经济模型，因为它们是基础协议的体现。然而，当应用协议被开发出来时，它们可以设计出比基础协议更为丰富和多样化的经济模型和工具。

经济模型主要分为功能型通证、证券型通证和 NFT。功能型通证代表使用权的通证化，证券型通证是所有权的通证化，NFT 则代表数字商品和数字服务的通证化。Web 3.0 的应用创新可以利用这三种通证中的一个、两个或全部来构建其经济模型，从而创造出比技术协议本身更多、更大的创新空间。Web 3.0 应用创新的共融互通是未来的一个重要趋势。传统金融与 Crypto 金融之间的桥梁不仅是 Web 3.0 技术创新的前提，也是其应用创新的结果。目前，至少有 5 种桥梁正在帮助传统金融市场和 Web 3.0 金融市场 /Crypto 金融市场实现互通，共同构成了面向未来 10 年的 Web 3.0 应用创新的整体框架。这些桥梁包括：

- **加密资产交易所交易基金**

  这为传统投资者提供了一种投资加密资产的途径。

- **法币稳定币**

  中国香港和新加坡等地开始推出合法合规的法币稳定币，这有助于稳定加密货币市场。

- **STO**

  合规合法的通证化股权，为传统金融市场与加密市场的连接提供了新的可能性。

- **RWA**

  中国香港汇丰银行将黄金通证化：美国贝莱德将美国国债基金通证化，这些都是实物资产通证化的实例，有助于建立传统金融与 Crypto 金融之间的桥梁。

- **持牌交易所**

  合规、受监管的交易所是传统金融与加密市场互通的关键。它们不仅提供加密资产的投资和交易服务，还提供法币与数字货币的兑换服务。例如，在 Coinbase 这样的平台上，大量的稳定币 USDC 是通过交易平台发行的，这不仅促进了加密资产的投资和交易，还实现了法币与数字货币之间的兑换。

2. Web 3.0：人工智能驱动的互联网新时代

AI 如火如荼的发展

随着 AI 技术的快速演进，我们已迈入以 AI 为核心的 Web 3.0 时代，这标志着技术革命性的进步以及在教育、伦理、全球政策、日常生活中的深远变革。从 GPT-3 到 ChatGPT，再到 Sora，AI 技术的演进已远超过我们的想象。

虽然目前 Sora 的表现还没有达到人类的预期，但是模型的迭代是一个渐进的过程，这也让我们对它的未来充满期待。特别是 Sora 在复杂创作任务（如电影制作）上的潜力，展示了 AI 在处理高级认知任务方面的巨大进展，这种技术的发展不仅提高了任务处理的效率，也引起了关于 AI 未来发展方向及其对人类社会影响的广泛讨论。

同时，虽然通用型机器人（AGI）的概念引人注目，但目前垂直应用型机器人因其针对特定需求的能力而具有更大的市场潜力。我相信，随着技术的成熟、成本的降低以及市场需求的增加，通用型机器人最终会成为现实，并可能彻底改变我们的工作与生活方式。

总体来说，我们可以将 AI 带来生产力变革的“能力”分为两点：提高生产效率和实现内容生产变革。

提高生产效率

不难注意到，AI 作为一种先进的生产力工具，正在逐步接替一些原本需要人力完成的工作。以 ChatGPT 生成的文案内容为例，只需输入几个关键词，它就能生成基本符合需求的文章和策划案。虽然 AI 目前还不具备真正的创造力，但它在处理重复性任务和在固定逻辑方面的能力却是无可挑剔的。这或许预示着一场新的生产力革命即将展开。

实现内容生产变革

在内容生产领域，生成性 AI 和数字虚拟人等技术正带来一场变革，这被称为 AIGC（AI generated content）。新一代 AIGC 技术不仅能处理文字和语音，还能创作代码、图像、视频，甚至是机器人动作。这些技术的进步让 VR/AR 和元宇宙等未来互联网应用变得更加可期。

正因如此，AI 技术的发展已突破国与国的界限，其影响面向全人类。依靠过去的科技战争来遏制其他国家的策略显然已不再适用。当前，国际格局受到政治、经济等重要因素的影响。在 AI 全球化的技术发展和挖掘真正价值的过程中，国家间需要寻求更多的合作而非对立，这种合作将有助于推动全球和平与发展。尽管美国在某些 AI 领域具有优势，但中国在 AI 的发展上也拥有自身的优势和实现突破所需的条件。面对严峻的国际竞争环境，中国需要加强科技自主创新，包括硬件（如芯片的研发）、软件和 AI 算法的开发，收集更多完善的数据，专注于发展垂直领域。这些策略可以逐步帮助中国减少对外部技术的依赖，并增强自身在国际科技竞争中的地位。

AI 与 Web 3.0 结合

在数字技术的浪潮中，AI 与 Web 3.0 的结合正引领着一场新的技术革命。AI 的迅猛发展正好与 Web 3.0 市场的新一轮牛市不谋而合，这使得“AI+Web 3.0”成为当今备受关注的领域。AI 和 Web 3.0 的关系可以说是微妙而深刻的。一方面，AI 在传统生产力上掀起了革命性浪潮，而 Web 3.0 区块链则改变了传统的生产关系，更加贴近人性。因此，人们对这两种技术的结合充满了期待，希望能催生出令人惊叹的项目。另一方面，AI 和 Web 3.0 的关注点并不完全重合。AI 需要大量的算力和数据来训练模型，而 Web 3.0 讲求的是用去中心化、公正透明的公共账本，来更加安全、高效地传递信息和价值。

当下，AI 以其提高生产效率和激发创新的能力，正在改变着我们处理数据和做决策的方式。从数据的采集与预处理，到模型的迭代、审查、推理，再到最终的部署与监控，AI 的每一个步骤都是精确和高效的。而 Web 3.0 的核心——数据的去中心化确权、新型通证经济以及公共信任的构建，提供了一个理想的平台，确保了数据的透明和安全。可以看出，“AI+Web 3.0”对经济体系、金融市场的影响力已经开始显现。

当 AI 遇到 Web 3.0 时，两种技术进行优势互补，共同解决彼此的技术痛点，实现各自的发展。这种融合不仅带来了新的业务模式和价值观念，也预示着未来技术的发展方向。

具体来看，二者的结合可以分为三层：基础设施层、中间层和应用层。在基础设施层，AI 的大数据处理能力可以优化 Web 3.0 的去中心化网络，使数据存储和分布更加高效；在中间层，AI 的分析能力可以深入挖掘分散数据的潜在价值，并且自动化、智能化处理 Web 3.0 中许多复杂的情况，促进后者的业务延伸和业务发展；在应用层，AI 能使全球用户更加顺畅地进入 Web 3.0，促进数据处理与分析的突破，并通过对市场趋势的分析和对用户行为的解读，帮助设计出更符合市场需求和用户偏好的金融产品。

下面，我们就从基础设施层、中间层、应用层分别讲解 AI 与 Web 3.0 的结合方式。

基础设施层

Web 3.0 与 AI 的结合在基础设施层展现出惊人的潜力。想象一下：Web 3.0 为 AI 提供去中心化的计算资源、数据集、存储资源网络、算法模型和算力。AI 应用的爆发性增长，对算力提出了更高性能和更低成本的需求，而 Web 3.0 恰好可以集合闲置、分散的基础设施资源，以满足 AI 在存储和计算服务上的需求。

在 AI 模型训练中，个人隐私和数据安全是至关重要的议题。在 Web 3.0 的环境下，数据隐私和安全显得尤为重要。Web 3.0 的加密技术（如数据加密、加密计算、安全参数共享和加密结果处理）可以确保数据在使用过程中不被泄露。

这些去中心化的加密技术在无需许可的点对点网络上开发和托管，为 AI 的隐私保护提供了有力支持。

此外，区块链的透明性在保护隐私的同时，提供了安全、可验证的方案。这一点确保了 AI 开发系统的可信赖性和透明度，还促进了其持续发展。通过区块链技术，所有数据操作都能被验证和追踪，这使得数据处理过程更加透明和安全。

中间层

AI 与 Web 3.0 的结合中间层的核心在于提升生产效率和优化资源配置。

想象一下，一个由 Web 3.0 驱动的世界，通证激励、治理机制与去中心化身份共同创造了一个开放的数据网络和交易平台。通过用户和数据确权，以及更合理的价值交换，越来越多的人被吸引加入 AI 的数据贡献和建设中。资源和人才在这个平台上自由流动，合作与共享达到了前所未有的高度。

对于 Web 3.0 的发展，AI 无疑是一个强力助推器。AI 可以帮助收集和分析链上的数据，检测 Web 3.0 中的异常活动，同时为智能合约的开发、部署和维护提供支持，丰富和加速 Web 3.0 业务。AI 能通过自动化和智能化操作来优化 Web 3.0 的业务，提高 Web 3.0 的灵活性、应用范围和运行效率。比如 Web 3.0 的重要组成部分智能合约，AI 算法可以根据实时数据动态调整智能合约的执行条件，提高其灵活性和应用范围。这种自动化和智能化的处理方式不仅提高了效率，还减少了出现人为错误的可能性。

更妙的是，AI 通过分析链上的数据、活动和行为，不仅能够精准识别和定位目标受众，优化 Web 3.0 的业务发展，还能在 DAO 治理中帮助成员更好地了解社区的需求和意见，提供决策支持，促进社区的繁荣。

通过通证激励机制，越来越多的人被鼓励参与到这个生态系统中，这推动了

Web 3.0 和 AI 的共同发展。这种结合展示了如何在去中心化环境中实现高效和公平的资源分配，为未来的技术创新提供了新的思路。

应用层

在与用户直接交互的这一层，AI 可以为 Web 3.0 注入活力，降低使用门槛。相比 Web 2.0 的项目，Web 3.0 的项目普遍理解门槛较高，这在无形中阻碍了大众使用 Web 3.0，影响了普及度。而 AI 的嵌入可以为 Web 3.0 建造友好的用户界面。经过知识库适应和数据微调的垂直 AI 模型还可以完成信息解释、回复分析等任务，为大众用户和 Web 3.0 之间建起一座桥梁，使用户在不需要深入了解 Web 3.0 技术细节的情况下便能够更加直观、便捷地进行操作、交互。

另外，AI 富有创造力的内容生成可以为 Web 3.0 带来更多的玩法。在内容生成方面，AI 正在彻底改变创意产业，并且帮助构建去中心化的内容市场，利用区块链技术记录创作过程和版权信息，以确保创作者的权益。这种透明和可信的市场环境，将吸引更多的创作者和其他用户，共同推动 Web 3.0 生态系统的繁荣发展。借助 AI，创作者可以生成高质量的文本、图像、音乐等内容，并直接通过 Web 3.0 平台发布和交易。这种模式不仅大幅降低了创作成本，还能确保创作者获得应有的收益。AI 生成的内容可以作为 NFT 在 Web 3.0 平台上进行交易，用户也可以利用 AI 更轻松地创造内容。这有助于激活那些在传统平台上“沉默”的用户。此外，AI 还可以根据用户信息提供个性化体验，进一步增强用户与 Web 3.0 平台的互动。

3. Web 3.0：打破传统投融资局限的互联网新模式

Web 3.0 技术的发展为投融资领域带来了革命性的变革。传统投融资模式存在诸多局限性，例如融资门槛高、财务成本高和审批周期长等问题，投资方面则面临信息不对称和风险分散不均等困境。基于 Web 3.0 的通证化投融资模式，利用区块链技术实现资产的数字化表示和交易，具有降低融资成本和提高流动性的潜力。Web 3.0 通过点对点交易、减少中介参与和实现即时结算，为市场参与者提供了新的融资和投资途径。通证化投融资模式的优势在于增强了资产的流动性，允许资产在全球范围内进行交易，从而降低了交易成本和时间，同时通过区块链技术提高了交易的安全性和透明度。此外，去中心化的特性使这种模式减少了对传统金融中介的依赖，智能合约的使用则减少了产生法律纠纷的可能性。

然而，这种新兴模式也面临着监管不确定性、技术安全问题及市场接受度等挑战。当前的基础设施尚不完善，这导致大部分通证产品只能面向合格投资者和机构投资者。展望通证化投融资的未来，其发展将侧重于标准化程度、透明度、安全性的提升，以及创新应用的拓展，因此亟须解决法律、监管、安全和信任等方面的问题。

传统投融资模式分析与困境

投融资一直是企业成长的必经之路。长期以来，传统投融资模式被视为企业获取资金的主要途径之一。然而，随着经济和科技的不断发展，传统投融资模式也暴露出一系列问题，融资方面的问题为门槛高、融资难、融资额度有限，投资方面的问题则为信息不对称、风险分散不均、抵押品价值波动。在这样的背景下，基于 Web 3.0 的全新投融资模式，正在逐渐走进人们的视野。

传统融资模式的类型与特点

金融市场是现代经济体系的重要组成部分，是提高资源配置效率、促进产融结合的重要抓手。传统通融资模式主要有以下几种类型：

- **银行贷款**

  这是最常见、最传统的融资方式之一。企业可以向银行申请贷款，并按照一定的利率和期限还款。这种融资方式通常需要企业提供担保品或者抵押物，以减少银行的风险。银行贷款的审批周期相对较长，且利率相对较低。

- **债券融资**

  这是企业通过发行债券向投资者借款的方式。企业承诺按照一定的利率和期限支付利息，并最终偿还债务。债券融资的特点是融资成本相对较低，适合用于长期项目或资产的融资，但需要支付固定的利息，因此增加了企业的财务负担。

- **股权融资**

  这是企业通过发行股票或私募股权来融资的方式。企业以此吸引投资者投资，并与其共享企业未来的收益。股权融资的特点是能够快速获取大量资金，但会侵蚀企业原有股东的利益，因此可能会削弱企业管理层的控制权。

- **自筹资金**

  这是企业通过内部积累、自有资金等方式进行融资。这种融资方式的特点是无须支付利息或分红，但融资规模通常较小，难以满足大型项目或扩张计划的资金需求。

传统融资模式面临的问题与挑战

基于以上分析，传统融资主要面临三类问题和挑战。第一，门槛高，融资难。在传统融资模式中，对于企业而言，融资门槛往往较高。银行贷款和债券融资通常需要企业提供丰富的抵押品或担保，股权融资则可能会削弱企业管理层的控制权，这些都增加了融资的难度。第二，财务成本高。融资所需的手续费、利息、分红等财务成本较高，从而增加了企业的财务负担。第三，审批周期长。审批程序的烦琐导致融资周期较长。

传统投资模式的类型与特点

传统投资模式根据特性和风险回报的不同主要分为以下几种类型，可以满足不同的投资者需求：

- **股票投资**

  这是一种常见的投资方式，投资者通过购买企业的股票，成为企业的部分所有者。这种投资方式可以让投资者通过股价上涨和企业分红来获得收益。股票投资可以是长期的，也可以是短期的。长期投资者通常更关注企业的基本面，而短期投资者可能更侧重于市场情绪和技术的分析。

- **债券投资**

  这是一种相对稳定的投资方式，投资者通过购买债券来向债券发行者提供贷款，以期在未来获得定期的利息收入和本金返还。债券的种类繁多，包括政府债券、企业债券和市政债券等。

- **银行存款**

  这是风险最低的投资方式之一，包括储蓄账户和定期存款。通过存款，投资者可以获得固定的利息收入，虽然这种方式的收益相对较低，但安全性较高。

- **房地产投资**

  这类投资涉及购买土地、住宅或商业地产等，投资者主要通过租金收入和房产升值来获取利润。这种投资通常需要较大的初始资金投入，且流动性相对较低。

- **基金投资**

  这类将多个投资者的资金汇集起来，投资于多种资产。这包括共同基金、指数基金和交易所交易基金（ETF）。基金投资可以为投资者提供专业的资产管理和风险分散。

- **贵金属和商品投资**

  如黄金、白银和原油、农产品等，通常被视为对冲通胀的手段或风险多样化策略。这类投资具有全球市场的波动性，适合对市场有深入理解的投资者。

- **保险产品**

  如年金保险和生命保险，不仅能够提供保障，也具有投资价值。投资者通过支付保费，可以在未来获得保险合同约定的收益。

传统投资模式面临的问题与挑战

传统投资模式虽然历史悠久且普遍被接受，但面临着多种问题和挑战，主要包括：

- **流动性风险**
  某些传统投资（如房地产和某些私募股权）具有较低的流动性，这意味着投资者在需要将投资变现时可能面临困难。
- **利率风险**
  债券投资特别受利率变动的影响。当利率上升时，现有债券的价格通常会下跌，因为新发行的债券可能会提供更高的回报。
- **通胀风险**
  通胀上升可能会侵蚀投资回报，特别是固定收益投资，如债券和银行存款，在高通胀环境下的实际回报可能会下降。
- **监管风险**
  法规和政策的变动可能会影响投资环境，如税收政策的改变、投资和交易规则的修改等，这些都可能影响投资的吸引力和回报。
- **管理和费用问题**
  通过基金和其他管理投资方式进行的投资，其管理费用和业绩费可能会显著影响总体回报率。

优于传统投融资模式的方案：基于 Web 3.0 的通证化投融资

健全直接融资制度是国内外理论和实践长期关注的重点，其中的难点问题包括融资成本较高、流动性不足等。近年来，国际社会实践中出现了一些创新的融资方式，在制度或者技术上针对这些问题提出了新的解决方案，但这也可能带来炒作盛行、实际流动性较差等新问题。STO 的兴起引起了国际社会的广泛关注。通证产品是 2017 年以来在海外实践中出现的创新型直接融资方式。通证发行 / 交易结构具有点对点式、少中介、可即时结算等特征，有望减少发行和交易成本。

通证化投融资发展历程

目前对通证没有统一的定义，可将其理解为在有关法律法规和监管框架下进行的合法合规的数字证券公开发行。具体而言，通证是将实物资产（如艺术品等）和金融资产（如房地产投资信托、股权、债权等）转变为基于区块链的加密数字权益凭证，是运用区块链技术将现实中的各类资产、权益、服务等记录在区块链上，形成数字资产。

通证化解决方案发源于美国。虽然作为数字证券渊源的“通证”概念产生较早，但资料显示，全球第一个数字证券于 2017 年 4 月 10 日由美国一家区块链风投公司 Block Chain Capital 发行。2019 年 7 月，美国证券交易委员会（SEC）先后批准了两项基于 RegA+ 豁免条例的数字证券发行申请。之后，其他国家也纷纷跟进，比如，德国证券监管机构在先后拒绝了 130 多家公司提交的数字证券招股说明书后，最终于 2019 年批准了多个数字证券的发行申请。全球主要证券交易所（如纽约证券交易所、纳斯达克证券市场、伦敦证券交易所、澳大利亚证券交易所、新加坡证券交易所等）高度重视区块链技术、数字资产、数字证券，以各种形式积极参与培育和推动。2012 年以来，美国、日本、新加坡等国先后设立了数字资产交易所。2022 年 1 月，SEC 批准波士顿证券通证交易所（BSTX）使用区块链进行结算，提供区块链市场数据产品。

基于 Web 3.0 的投融资方案是区块链技术发展并深度融入金融的必然产物，是传统金融与数字技术融合发展的创新产品。随着数字化的兴起，在 DeFi 和 NFT 迅速发展的背景下，各种类别资产的所有权权益可以不必再借助于链下证券形式，而可以进行数字化表示。这些资产涵盖投资合同、公司股份、特定票据、债务抵押、细分权益、房地产、风险资本、私募股权、不动产和对冲基金等。数字证券具有与链下证券相同的法律关系以及收益与风险相匹配的特征，但由于采用区块链作为底层技术和基础设施，其设计和运行脱离了现行证券法规定的发行交易和登记结算机制。

数字资产通证化的过程，就是利用区块链的数字签名、共识机制、智能合约、时间戳等技术对数字资产进行确权，将资产的所有者、生产者和使用者都作为重要的节点加入区块链网络，并对数字资产的传输、使用、交易与收益进行全周期的记录与溯源管理。

通证化完成后，会形成基于智能合约在分布式账本上记录、分发、作用或触发各种相关活动的数字权益，这种权益可以在网络空间进行销售、发行和交易。区块链以链式结构对通证进行存储，并对数据添加时间戳。投资者通过购买通证而成为数字证券所有人，以通证形式拥有数字资产的所有权、使用权、管理权、交易权、收益权等相关权利。发行人为筹集资金，将相关数字资产通证化后，以私募或公开发行方式向投资者发行。这种通证虽然是数字化的，但完全符合金融投资商品的特征，具有收益性、风险性、可流通性，不能返还本金。

通证化投融资与传统投融资的优势比较分析

表 1-2 详细列出了股权投融资、债权投融资与通证化投融资的主要差异及相互联系。三种投融资项目的主要差异和相互联系体现在成本、流动性、运营 / 战略压力、地点和监管不确定性这五个方面。

从成本来看，股权投融资通常成本较高，因为投资者和融资者要求较高回报率来补偿风险；债权投融资成本相对较低，利息支出可抵税；通证化投融资在链上进行，法律营销初始费用少，因此整体发行成本最低。从流动性来看，通证化投融资流动性最高，其次为股权，最低为债权。通证化投融资由于具有可分割性，可以将资产份额进行切分，从而增强了流动性。从运营 / 战略压力来看，由于债权投融资需还本付息较为刚性，因此股权和通证化投融资优于债权投融资。从地点来看，通证化投融资在链上进行，公开透明可查，因此不受地域限制。从监管不确定性来看，由于区块链技术较为新颖，面临更多的不确定性。总之，三种投融资各有优劣，作为新的投融资方式，通证化投融资未来具有巨大的发展空间。

表 1–2　股权、债权和通证化的投融资比较

项目	股权投融资	债权投融资	通证化投融资
成本	高	中	低
流动性	低—中	低	中—高
运营 / 战略压力	低	高	低
地点	以本地为主	以本地为主	全球
监管不确定性	低	低	中

基于 Web 3.0 的通证化投融资是一种新兴的投融资模式，利用区块链技术和通证化来改革传统的投资和融资方式。这种模式通过数字化资产和建立 DeFi 生态系统，提供了传统投融资模式所不具备的多种优势，具体如下：

- **增强流动性**
  通证化可以将不动产、艺术品等传统上流动性较低的资产转换为可以在全球范围内交易的数字通证。这种分割和数字化的过程显著提高了资产的流动性，使投资者可以更便捷地买卖小额资产份额。
- **实现全球化市场访问**
  通过通证化，资产可以轻松地跨国界交易，允许全球投资者访问原本因地理或政治限制而难以接触的市场。这不仅增加了资产的潜在买家和卖家数量，还有助于提高资产价格的透明度。
- **减少交易成本和时间**
  区块链技术可以使许多传统融资中需要手动处理的步骤（如清算和结算过程）实现自动化。这种自动化流程不仅减少了交易成本，还大幅缩短了交易时间。
- **增强安全性和透明度**
  使用区块链技术意味着所有交易记录都是不可篡改的，并且对所有网络参与者可见。这提高了整个融资过程的透明度，并有助于防止欺诈和误导行为。
- **去中心化**
  DeFi 减少了对传统金融中介机构（如银行和投资公司）的依赖，降低了

对单一失败点的风险，同时可能降低参与门槛，让更多的小额投资者也能参与投资。

- **智能合约的使用**

  智能合约允许在满足预设条件时自动执行合约条款。这种自动化合约执行机制减少了产生法律纠纷的可能性，并确保所有方面都按照预先设定的规则进行。

- **新增融资渠道**

  对初创企业和小型企业通过 STO 方式可以直接向全球投资者募集资金，这是一种比传统融资渠道更快、门槛更低的资金获取方式。

总之，基于 Web 3.0 的通证化投融资模式提供了一种高效、透明且具有全球可达性的投资方式，为资产和资本的流动提供了新的动力。然而，这种模式也面临着监管的不确定性、技术安全问题及市场接受度等挑战，需要在实施时进行周密的考虑和规划。

通证化面临的困境和未来赛道

通证化面临的困境

除了少数项目通过符合当地特定法律、发行特殊的招股说明书和特定证券注册，以实现在一定限制下面向零售投资者的通证发行方案之外，目前市场上的大部分通证都只能面向合格投资者。大部分地区的规定都要求投资者有一定数量的金融资产证明，这样才能被认为是合格投资者。大部分通证产品（包括美国国债相关产品）只能面向合格投资者或是机构投资者的原因在于，面向零售投资者进行合规的发行会有高昂的成本。这些成本来源于底层资产和最终发行的通证之间关联性的缺失。相关证券法律对于将证券发行给零售投资者有严格的要求，包括准备和注册招股说明书。此外，大部分司法管辖区的法律规定，股票和债券等资产的所有权需要以特定方式记录（如记录在发行人维护的登记册中）。

当前权威机构暂时不接受以通证和区块链直接作为所有权登记的工具，这意味着通证的所有权在这些法律法规下不能直接代表底层资产的所有权。如果采用资产支持模型发行的通证（如以美国国债为底层资产的通证），在底层资产和预期的通证之间需要有一个“桥梁”。该通证是一种新的证券，这个“桥梁”可以通过将该通证视为自己的独立证券来建立，但这也意味着该通证需要独立遵守所有相关的证券法，即发行人需要额外准备和注册以该通证作为证券的招股说明书等。

想要理解这些，我们可以看一下传统的、面向零售用户发行证券的模式。不论是发行股票还是债券，都需要经过以下八个步骤：

- 公司内部准备：决定公司证券的各项特性，选择并聘请投资银行（承销商）和其他金融专业人士（如律师和会计师）以协助 IPO 过程。
- 选择承销商：承销商将协助公司准备和执行债券发行。
- 进行尽职调查、审计和评级（对于债券）：审查内部控制和治理结构确保合规性；对于债券，评级会影响到债券的信用质量。
- 准备招股说明书：若是面向零售投资者，招股说明书必须得到监管机构的批准，确保投资者获得足够的信息。
- 确定定价：与承销商一起确定估值和发行价格等条件。
- 市场营销：进行路演、与潜在投资者互动、解释公司的业务情况等。
- 发行和上市：需要符合交易所的上市要求和标准。
- 交易后管理：如财务信息披露、公告等。

可以看到，如果希望将证券型资产销售给零售投资者，需要经历纷繁复杂的流程。在这些流程中，有两部分原因会导致通证难以直接面向零售投资者：

- **成本过高，收益不足**

  一整套流程下来，面向零售投资者的证券发行会带来数百万美元的成本，并且需要监管的批复；加密市场体量相对传统市场偏小，无法满足大规模的融资需求，因此合规发行成本过高，收益不足。

- **基础设施不够完善**
  例如通证没有合规的证券交易所提供交易服务、证券登记机构暂时不支持通证作为所有权的登记，等等。

如果不希望产生如此高昂的成本和交易摩擦，发行方就只能将产品发行给合格投资者和机构投资者。当前，数字资产市场主流的通证资产都是由初创公司设立的特殊目的载体（special purpose vehicle，SPV）作为发行方，以传统资本市场证券（如美国国债）作为底层资产，采用资产支持模型进行发行，那么投资者购买的债券其次不是国债，而是该 SPV 由国债作为底层资产发行的公司债券，这实际上有非常高的对手方风险，会让原本评级为 AA+ 的美国国债，通过该结构后变成了 BBB 投资级别的公司债券。

其他直接发行的公司债券也基本由一些较小的公司进行发行，并没有经历完整的、面向零售投资者的发行流程，要想节约成本，结果也只能是面向合格投资者。

通证化的未来赛道

未来，通证化投融资可以具体细分为以下四种主要赛道：

- **通证化风险投资基金（tokenized VC funds）**
  这类基金通过发行通证，赋予持有者对基金份额的直接索偿权，从而增强了投资的灵活性与流动性。
- **类股票通证（share-like tokens）**
  这些通证具备传统股票的某些属性，例如对特定实体的所有权份额、有限合伙人（limited partner，LP）份额、投票权、股息分配权、利润分享权，以及对企业未来成功所享有的潜在利益。
- **资产支持通证（asset-backed tokens）**
  这类通证代表了对一系列替代性或非替代性资产的权利，类似于将房地产抵押贷款组合转化为证券的过程。资产支持通证通过将资产权益与数字通证相结合，为投资者提供了一种新型资产类别。

- **加密债券（crypto-bonds）**
  通过消除中间商和注册机构的介入，加密债券能够显著缩短结算周期，并降低运营风险，从而提高了债券市场的效率。

这四种通证赛道的未来发展将围绕标准化、透明度、安全性和创新应用展开，具体如下：

- **标准化**
  标准化将推动不同项目间的互操作性和互信，提升市场参与度和流动性。通证标准化和合规化成为不可或缺的发展路径，它们使各类通证资产能够在更广泛的市场中进行流通和交易。
- **透明度**
  提高透明度对于投资者了解真实价值和风险至关重要。区块链技术可以实现通证赛道的透明化，公开而透明地展现交易记录和资产信息，使投资者能够更清晰地掌握项目情况，从而增加市场信任度。
- **安全性**
  确保项目安全性是关键。加强智能合约和钱包的保护措施，建立更安全的技术和监管框架，保障投资者的资产安全。通过多层次的安全保障措施，减少风险漏洞，提高整体市场的安全水平。
- **创新应用**
  通证赛道将不断开拓创新应用领域，如绿色能源、房地产、艺术品、债券等。这些新兴领域的探索将为通证赛道带来更多的机会，激发更多潜能，拓展通证资产的应用范围和影响力。同时，要解决法律、监管、安全和信任等方面的问题，以确保这些应用的合法性和可持续性。

随着通证赛道的不断发展，市场参与度也将逐步提高，这吸引越来越多的机构和投资者进入，从而推动通证赛道的壮大和发展。总之，通证赛道有着巨大的发展潜力，未来将注重标准化、透明度、安全性和创新应用的提升，但也需谨慎面对法律、监管、安全和信任等方面的风险挑战。投资者和行业参与者应密切关注这些发展趋势和风险挑战，并根据个人需求和风险承受能力作出投资和参与决策。

4. Web 3.0：引领通证化资产的互联网新技术

RWA 通证化创新带来的不仅是资产交易效率的跃升，更为重要的是，它让 RWA 的颗粒度、流动性、数字化以及金融创新空间等方面，呈现出前所未有的变革可能性。借助通证化，那些原本因为成本高昂和手续复杂而令普通投资者难以触及的资产，其配置门槛和交易成本可以大大降低。这就意味着，从普通投资者到大型金融机构，都可以更灵活地配置自己的资产组合，从而进一步激活资本的潜能。

当然，RWA 通证化并不是没有风险和挑战，而是存在全球监管政策不明确、技术不够成熟，以及基础设施和生态企业不够完善等一系列问题。本书作者朱皓康和汪扬教授 2023 年 10 月 11 日在《香港大公报》上发表的题为《香港应成为未来 RWA 生态的引领者》的文章中提出了独创的“RWA 2+4 研究框架”，即将 RWA 通证化的两种通证类型和四大核心要素作为 RWA 通证化可行性研究的切入点。这个方法论围绕两种通证（证券型通证和实用型通证）以及四个核心要素（法律基础、金融框架、技术工具和数据驱动）进行研究和实践，以期在挑战中找到机遇，推动 RWA 的健康发展。

但无可置疑的是，RWA 通证化代表了一种结合了现代金融工程和 Web 3.0 前沿技术的全球数字金融演进方向，并有望成为重新定义资产价值和财富管理方式的历史性机遇。

全球金融机构纷纷布局 RWA 通证化新赛道

2022 年 9 月，波士顿咨询公司发布报告认为，预计到 2030 年，全球 RWA 通证化规模将达到 16 万亿美元。无独有偶，2023 年 3 月，美国花旗银行发布了一份长达 162 页的重磅研报《金钱、通证与游戏：区块链的下一个十亿用户和十万亿价值》[*Money, Tokens, and Games*（*Blockchain's Next Billion Users and Trillions in Value*）]，全面阐述了 Web 3.0 实现 10 亿用户以及数字资产达到数十万亿美元规模的具体路径。花旗银行认为，到 2030 年，将有 4 万亿～ 5 万亿美元的 RWA 实现通证化，而基于区块链技术的贸易金融交易额将达到 1 万亿美元，几乎所有有价值的东西都可以实现通证化，数字金融和 RWA 的通证化可能是区块链技术实现突破的“杀手级应用”。

除此之外，全球各大主流金融机构也在抓紧布局 RWA 通证化的脚步。高盛集团在 2023 年 1 月宣布旗下数字资产平台 GS DAP 正式上线，而该平台早在 2021 年就成功帮助欧洲投资银行[①]发行了 1 亿欧元的两年期数字债券。2023 年 2 月，管理规模超 1 000 亿美元的美国私募股权巨头 Hamilton Lane 在区块链网络 Polygon 上，将其旗舰股权投资基金（equity opportunities fund V）的部分份额实现通证化并向投资者出售。同月，德国西门子股份公司也在区块链上首次发行 6 000 万欧元的数字债券。

由此可见，越来越多的金融机构意识到，直接在区块链上发行通证化金融产品，可以很好地解决资产的流动性问题，并实现公开透明的交易。特别是 KKR、Apollo、Hamilton Lane 等重量级私募股权机构和资产管理公司，已经开始尝试在类似 Securitize、Provenance、ADDX 等数字资产交易平台上发售交易通证化后的基金份额，以节省中间渠道费用，并直接面向更广泛的投资者群体。

2023 年 9 月 7 日，Coinbase、Circle 和 Aave 等几家头部数字资产企业联合发起了通证化资产联盟（tokenized asset coalition，TAC），联盟的其他成员还包括 Base、Centrifuge、CREDIX、Goldfinch 以及 rwa.xyz 等。该联盟认为，RWA 通证化将成为数字资产领域的发展方向，并希望推动行业教育、推广标准化、促进创新公司发展的责任，共同构建适合 RWA 采用的基础设施。

2023 年 9 月 8 日，美国联邦储备系统（以下简称“美联储”）发表了题为《通

① 欧洲投资银行是欧盟的非营利长期贷款银行，旨在通过提供贷款和担保来支持欧洲内部和全球的项目，以助推欧洲经济发展和整合。

证化：概述和金融稳定影响》（*Tokenization：Overview and Financial Stability Implications*）的工作论文，从规模、优势与风险三个维度清晰地描绘了 RWA 通证化的全貌，以及它将如何成为未来金融体系的重要组成部分。该论文指出，通证化开辟了一条新路径，使投资者能够进入之前因投资门槛过高而无法触及的市场；同时，通证的可编程性和智能合约的运用，使更多复杂的功能得以嵌入，这极大丰富了资产的多样性和灵活性。此外，通证化还通过将通证用作抵押品，极大地推动了贷款和信贷市场的发展。

全球最大资产管理公司贝莱德的 CEO 拉里·芬克（Larry Fink）在 2022 年 11 月公开表示，“市场的下一代、证券的下一代，将会是证券的通证化”，“如果我们能够创建更多的资产和证券通证化，它可能会彻底改变金融行业”。2024 年 3 月，贝莱德宣布与专注于 RWA 通证化的区块链技术公司 Securitize 合作，在以太坊上推出通证化私募股权基金。这是贝莱德首个资产通证化基金，正式名称为“贝莱德美元机构数字流动性基金”（blackRock USD institutional digital liquidity，BUIDL）。BUIDL 旨在为每个通证提供 1 美元的稳定价值，并每月以新通证的形式将每日累计的股息直接支付到投资者的钱包中。该基金将其总资产的 100% 投资于现金、美国国债和回购协议，允许投资者在区块链上持有通证的同时获得收益。此外，投资者可以全年无休地将自己的通证转移给其他预先批准的投资者。基金参与者还将拥有灵活的托管选择，可以选择如何持有自己的通证。BUIDL 的初始生态系统参与者包括 Anchorage Digital Bank NA、BitGo、Coinbase 和 Fireblocks，以及加密行业中的其他市场参与者和基础设施提供商。上线仅仅 1 个月后，2024 年 4 月 30 日，BUIDL 的总规模达到 3.5 亿美元。

美国投资银行巨头摩根大通旗下区块链子公司 Onyx 数字资产负责人蒂龙·洛班（Tyrone Lobban）则指出：“我们认为，将美国国债或货币市场基金份额等资产进行通证化，意味着这些资产都可能被用作 DeFi 流动性池中的质押物。将这些价值数万亿的机构级资产引入 DeFi，我们就可以使用（基于 DeFi 的）新机制进行交易、借款和贷款。”

贝莱德和摩根大通在数字资产领域的雄心壮志，也预示着华尔街传统金融巨头正在加速拥抱区块链技术。随着更多机构投资者的加入，RWA 有望成为数字资产生态系统中的重要组成部分，为更广泛的实体经济带来变革。

在亚洲，中国香港特别行政区政府和金融机构也正加紧布局 RWA 通证化赛道。2022 年 10 月，香港特别行政区政府发布《有关香港虚拟资产发展的政策宣言》，表明将会推动在香港发行通证化的绿色债券，并探索“数字港元”，以实现港元的通证化。2023 年 2 月，香港特别行政区政府在政府绿色债券计划下成功发售 8 亿港元的通证化绿色债券，这是全球首个由政府发行的通证化绿色债券。2023 年 6 月，中银国际①经由瑞银集团发行面向香港市场的 2 亿元全数字化结构性票据，成为第一家在香港发行通证化证券的中资金融机构。瑞银集团称，这是亚太地区首个遵守香港法规和瑞士法律，并在以太坊区块链上进行通证化的此类产品。

2024 年 2 月，香港特别行政区政府宣布成功发行约 60 亿港元的数字绿色债券，包括港元、人民币、美元和欧元等多币种，这成为全球首个多币种数字债券发行。香港特别行政区财政司司长表示，此次数码绿色债券的发行展现了香港在融合债券市场、绿色可持续金融及金融科技方面的领导力和优势。香港特别行政区财经事务及库务局局长指出，再次发行数码化绿色债券，彰显了香港特别行政区政府对推动债券创新形式和绿色转型的持续支持，有助于加深社会对金融科技与可持续发展结合的认识，巩固香港作为绿色及可持续金融中心的领先地位。香港金融管理局（以下简称“香港金管局”）总裁对继 2023 年首批数码债券成功发行后再次推出具标志性的数码绿色债券感到欣喜。他强调，本次发行引入的多项创新将提高投资者的参与度、互操作性，增强透明度和效率，有望推动数码化证券市场的进一步发展。汇丰香港区行政总裁林慧虹和中国银行（香港）副董事长兼总裁孙煜也对本次发行表示支持，认为它将进一步强化香港在绿色金融、资

① 全称为中银国际控股有限公司，于 1998 年 7 月 10 日在香港注册成立，是在中国内地及香港市场提供国际化、一站式服务的中资投资银行之一。

本市场和金融科技创新领域的全球领导地位。本次发行的数码绿色债券使用债务工具中央结算系统（CMU），并与汇丰的数码资产平台 HSBC Orion 结合，这体现了香港在推动金融科技创新及绿色可持续金融发展方面的决心和能力。

在新加坡，由淡马锡控股公司和新加坡交易所联合成立的数字资产基础设施公司 Marketnode，在 2022 年 9 月与汇丰银行、大华银行共同打造了一个端到端、从发行到分发的通证化财富管理产品基础设施。Marketnode 公司作为新加坡金融管理局（MAS）领导的 RWA 通证化协作项目——守护者计划（Project Guardian）的一部分，旨在服务于有 5.4 万亿新元规模的新加坡资产管理行业。

RWA 通证化不仅为资本市场打开了新的维度，更为全球金融生态系统带来了革命性的变革。通证化不仅仅是一个简单的技术应用，还是一个集技术、经济、法律和社会多方面因素于一体的复杂系统。它突破了传统金融的局限性，使得资产流动性大大增加，为更多的普通人提供了参与金融市场的机会。RWA 通证化是金融创新和技术进步交汇的产物，它有潜力重新定义资产管理和投资的方式，使之更加高效、透明和普惠。但这一创新也带来了诸多挑战和问题，需要业界、政府和社会各方的共同努力来解决。正因为如此，RWA 通证化正在成为金融机构面向未来金融体系布局中不可或缺的一环，是为打通现实世界与数字经济所做的积极努力，是对 Web 3.0 未来巨大潜力的坚定投资，更是面向数字全球化发展的必然选择。

RWA 通证化的发展潜力

RWA 是指那些存在于现实世界中，且不依赖于互联网而存在的有形或无形资产，包括但不限于债券、股票、货币、基金、信托、商业票据、房地产、商品、知识产权、碳信用等类型。这些资产在我们的日常生活中无处不在，构成了全球经济的基础。

RWA 通证化则是指将上述各类资产转化为存在于区块链网络的数字通证。

绝大部分 RWA 都可以实现通证化。RWA 通证化本质上是一种新的金融资产发行、管理和投资方式，将全球主流资产与数字金融市场结合，实现金融生态的范式升级。例如，传统房地产投资所需资金量相对较大，投资过程涉及复杂的法律和金融程序，投资门槛很高，且房产的流动性相对较差，投资者很难快速变现。然而，房产份额或收益权被通证化后，就可以拆分为若干低单价的小份额，并在全球交易和流通，还可以基于 DeFi 实现低成本的快速抵押借贷。再如，假设一个 YouTube 博主每月赚取 5 万美元的广告收入，这种收益权也可以被通证化。Maple Finance 就已经实现将 YouTube 频道的收益权通证化，然后将其转化为抵押品，帮助 Youtube 博主获得低成本融资。

根据波士顿咨询公司的研究，全球 RWA 通证化规模有望在 2030 年增长至 16 万亿美元（预计占 2030 年全球生产总值的 10% 左右），预计包括 3.2 万亿美元的房地产通证、3.9 万亿美元的股权通证、1.2 万亿美元债券和投资基金通证、3 万亿美元另类金融资产通证，以及 4.8 万亿美元的其他通证化资产（见图 1-1、1-2）。

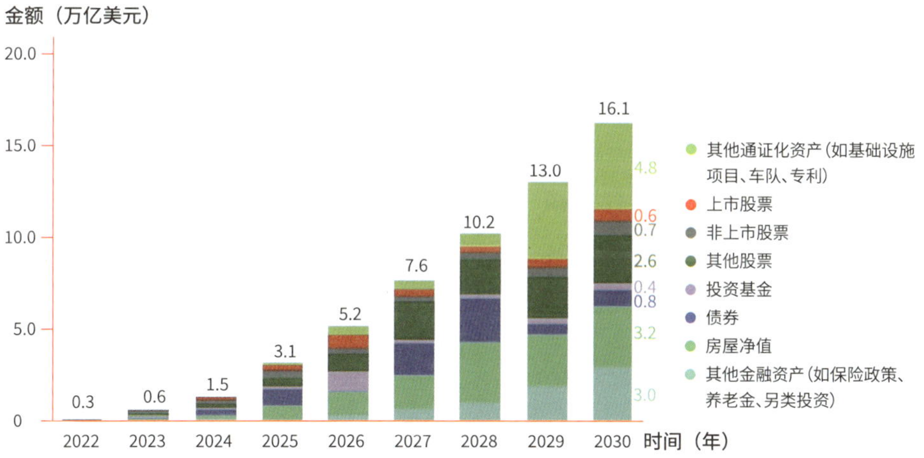

图 1-1 2030 年 RWA 通证规模有望突破 16 万亿美元

资料来源：波士顿咨询公司。

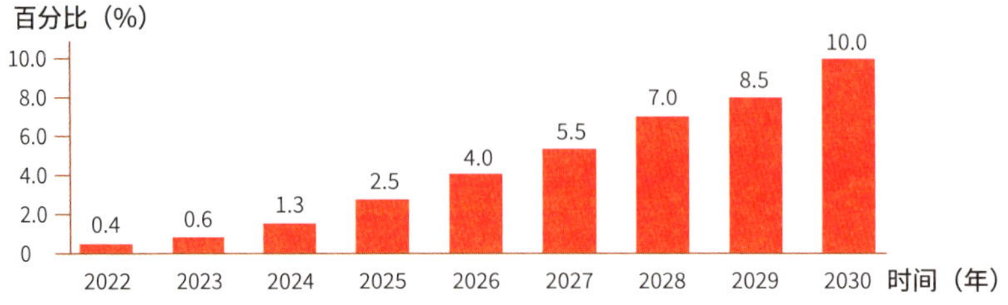

图 1–2　通过化市场占全球 GDP 的百分比

资料来源：波士顿咨询公司。

如图 1–3 所示，花旗银行认为，2030 年全球 RWA（数字证券部分）通证化规模将达到 5.1 万亿美元，具体包括 1.9 万亿美元通证化公司债和准主权债券、1.5 万亿美元通证化房地产基金、0.7 万亿美元通证化私募股权和风险投资基金，以及 1 万亿美元的通证化证券融资和抵押品。除了数字证券，花旗银行还预测，到 2030 年，基于区块链技术的全球贸易市场可能达到 1 万亿美元的交易量，约占全球贸易融资总量的 8% ～ 10%。

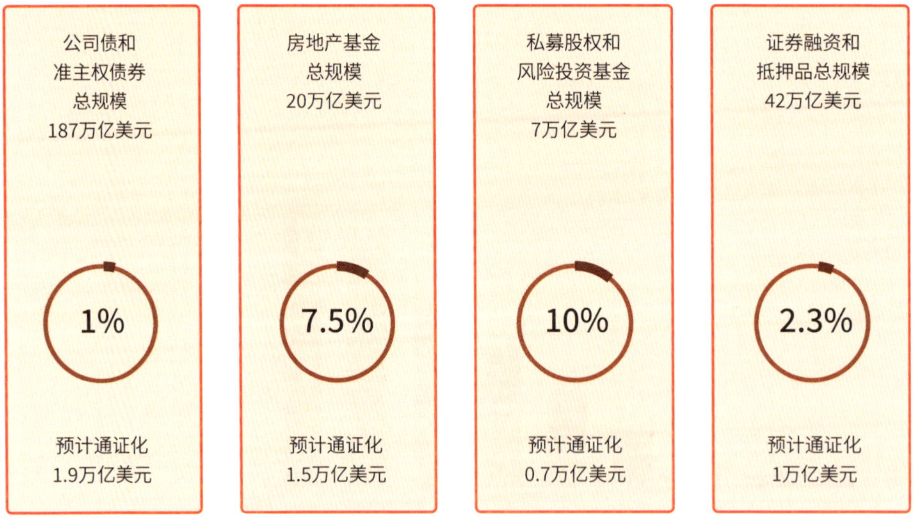

图 1–3　预计 2030 年数万亿美元金融资产将会被通证化

资料来源：花旗集团。

挖掘 RWA 通证化的重要优势

RWA 通证化将带来一系列利好，具体包括以下几方面。

第一，提高资产流动性。基于 Web 3.0 技术基础设施和交易基础设施的特性，RWA 通证化后可以实时快速结算、全年不间断交易并且对接全球范围的海量合格投资者，进而获得超高流动性，让优质资产的价值不再被低估。此外，通证化的资产可以被拆分为较小的份额进行交易，使得优质资产的投融资门槛大为降低，那些以前只有富有的投资者才有机会配置的优质资产将不再遥不可及，而且投资者可以更灵活地拆分出售部分资产以优化资产配置。豪宅和名画等高价值且流动性差的资产受限于地理位置、法律法规、市场规模和交易方式等因素，其交易过程往往异常复杂且耗时耗力。但通证化后，这些资产可以分割并在区块链网络上进行交易，降低交易的门槛并大大增强其流动性。

第二，改善交易的效率。基于区块链技术，通证化的资产可以实现几乎实时交易和结算，使投资者可以更加快速地买入或卖出他们的资产，从而大大提高市场效率，加强市场的有效性。

第三，降低成本和费用。传统的资产交易过程包括多个中间环节，如投行、经纪人、银行、律师等，每个中间环节都会产生一定的费用，使资产交易的整体成本较为高昂。而在区块链上的通证交易是点对点的，它减少了中间环节，从而降低交易成本。此外，通证化使许多流程（如定价、结算、资产分割等）可以基于智能合约实现自动化处理，这极大地减少了人工处理的成本。区块链的透明性和不可篡改性也使欺诈和错误更难以发生，降低因欺诈和错误而带来的额外成本。

第四，提升交易安全性。在传统的资产交易过程中，通常需要买卖双方以及中介机构之间存在高度的信任。而通证化资产可以基于智能合约，实现在满足预设条件时，执行自动化交易，并基于“券款对付”的方式转移所有权，这降低了对手方风险，大大提升交易的安全性。

第五，优化信息透明度。在传统的金融市场中，信息不对称是一个常见问题，但在区块链中，所有的信息都是公开的，从而显著减少信息不对称的情况，使市场更加公平。通证化后的资产在区块链上流转记录高度透明，为投资者提供了前所未有的信息披露透明度，让投资者可以清楚地了解到自己的资金如何被使用，并有助于防范内幕交易、市场操纵等违法犯罪行为。通证化可以将实物资产的所有权清晰地记录在区块链上，以消除传统资产交易中可能产生的所有权纠纷和不确定性，使资产所有权的转移过程更加透明和可靠。

第六，增强金融普惠性。通证化后，一份大额资产可以被拆分成多份小额通证，从而降低投资门槛，使普通人也有机会参与金融市场。通证化允许更多的人也有机会投资那些以往只有富裕投资者才能配置的资产标的，极大地增加了金融市场的普惠性。

第七，更加绿色可持续。传统的金融交易和资产管理通常会产生大量的纸质文件（包括合同、报告、账单等），这不仅消耗了大量的纸张，也需要运输、存储等过程，从而带来一定的环境负担。RWA 通证化后，因为所有的信息都存储在区块链上，完全实现数字化，无需纸质文件，这将大大减少资产交易对环境资源的消耗。此外，传统的金融系统需要大量的数据中心和服务器来处理和存储数据，也会消耗大量的能源。以往，区块链的挖矿过程可能需要耗费大量的能源，但现在权益证明和分片等技术的应用已经逐步解决了这个问题，新型区块链系统无须建立大型的数据中心，从而进一步降低了能源消耗。

RWA 通证化的挑战

如同任何新生事物一样，RWA 通证化也面临着一系列挑战和问题，这些问题可能会阻碍其规模化的发展。

第一，法律合规挑战。全球各司法管辖区对于数字资产的法律监管差异极大，合规标准也各不相同。而实物资产通证化涉及的法律问题复杂而多样，涵盖了合同法、证券法、信托法、商法、税法等多个领域，且往往需要同时满足多个国家或地区不同甚至相互矛盾的法律要求，这使得 RWA 通证在全球范围内进行交易变得复杂且困难。例如，一种通证在一个国家可能被视为证券，在另一个国家则可能被视为商品或货币。这就要求发行方针对各个国家和地区的合规要求进行详尽的研究。这不仅会消耗大量的时间和资源，也存在很大的风险，因为即使是出现很小的疏忽，也可能导致严重的法律后果。此外，监管环境的不确定性也是一个重大的挑战。许多国家和地区还没有明确对数字资产的监管政策，或者正在进行相关法规的制定或修改。这使得发行方必须时刻关注各国监管动态，以防止突然发生的政策变化影响项目的合规性。这种不确定性也可能影响投资者的信心，使得通证价格被低估或流动性降低。

第二，技术和安全挑战。当通证需要在多个区块链上发行并流转，或者需要与区块链生态系统之外的系统进行交互时，就可能会出现互操作性的问题。虽然区块链技术提供了较高的透明度，但同时也带来了网络安全的额外风险。黑客可能利用区块链上的信息，针对智能合约或钱包发起攻击，导致通证被盗或智能合约失效。

第三，生态短板也是重要的挑战。目前，专业的第三方数字资产托管机构数量有限，特别是在托管 RWA 通证方面的经验短缺，可能会对资产安全和稳定性产生不利影响。虽然区块链具有较好的公开性，但是在没有充分监督和实践标准的情况下，仍然可能会出现重复或未经授权的通证化行为。此外，对于 RWA 通证化的发行方来说，必须考虑进行 KYC（客户身份验证）、KYT（了解你的交易）、AML（反洗钱）等一系列程序，即使是通证在二级市场流通的过程，在一些情况下，也可能需要采用白名单[①]制度，但是目前能够提供此类完整解决方案的公司也相对较少，价格相对较高。

① 指获得许可的区块链地址名单，需登录此类地址，才能参与特定通证的交易。

总的来说，RWA 通证化代表了互联网新技术在金融领域的重要探索方向，它为 RWA 提供了一个全新的数字化交易和流通渠道，有望极大地提高资产的流动性和投资效率。目前，各国对于通证化的态度和监管政策还存在较大差异。一些国家（如美国、新加坡等）已经出台了相对明确的监管框架，对通证化活动进行规范和引导。这些国家通常将通证划分为不同的类别（如证券型通证、实用型通证等），并根据不同类别制定针对性的监管规则。笔者认为，监管机构需要在鼓励创新和防范风险之间找到平衡。一方面，要为通证化创造良好的发展环境，减少不必要的监管障碍，促进技术创新和应用落地。另一方面，也要加强对通证化活动的监管，防范欺诈、洗钱等非法活动，保护投资者权益。这需要监管机构与行业参与者密切合作，共同探索符合市场需求和监管要求的通证化路径。尽管目前还面临着技术、监管等诸多挑战，但随着各方的共同努力，RWA 通证化有望成为未来金融创新的重要引擎，为经济发展注入新的活力。

RWA
Tokenisation in
Web 3.0 Era

第2章

RWA与通证化的区块链技术原理和发展历程

1. 基于区块链的 RWA 通证化技术原理

RWA 通证化技术利用区块链的独特属性（如不可篡改、去中心化和透明性）来解决传统资产市场中的一些挑战。区块链技术的进步预示着市场结构的根本变革，并可能对全球金融市场产生深远的影响。通过实现资产的去中心化记录和增加市场透明度，区块链在 RWA 通证化中的应用不仅优化了交易流程，还增强了系统的整体安全性、提升了效率，展现出深刻的变革潜力。

RWA 通证化将由传统金融机构、监管机构以及中央银行等权威机构推动，是建立在许可链（permission chain）上的全新金融体系。这一体系的实现需要多方面的协同努力，包括计算性体系（如区块链技术）和非计算性体系（如法律制度），以及链上身份体系和隐私保护技术。首先，计算性体系是基础。区块链技术为这一体系提供了安全、透明和高效的交易环境。在此基础上，需要配备完善的非计算性体系（如健全的法律制度），来确保交易的合法性和合规性。同时，链上身份体系和隐私保护技术的结合，可以确保用户身份和隐私数据的安全。其次，链上法币（如中央银行数字货币 CBDC、通证化存款、法定稳定币）是这一体系的重要组成部分，将作为全新金融体系中的主要流通货币，确保交易的稳定性和可靠性。最后，完善的基础设施是这一体系成功的关键，例如，低门槛、易使用的钱包让更多用户能够方便地参与其中，预言机技术确保链上链下数据的准确传递，跨链技术则保证了不同区块链之间的互操作性。

从第一性原理出发去理解，区块链之所以成为金融、经济行业的热门技术，是因为它是体现资产通证化的理想基础设施。区块链可以为信息传递、处理合约和指令体系提供一个全新的解决方案——既能快速广泛的传递信息，又能通过具备去中心化、透明性、不可篡改性的分布式账本解决互联网存在信息不可信、中心化权利结构可能导致的权利集中和滥用，以及信息不透明、不公平的问题。

可以说，区块链是一个能真正有效支持合约数字化的技术。因此，区块链从根本上看是一个数字化合约平台，智能合约是资产的重要表达形式，通证则是合约形成后资产的数字载体，在信任的基础上赋能资产的复杂化信息，并进行去中心化、自动化的操作。而支撑区块链这些性能的是它的三大核心技术：密码学、共识机制和网络。

密码学

区块链对密码学的直接需求主要出于两方面的考虑：确定所属权、保护数据隐私。在 Web 2.0 传统互联网上，电子数据易于复制，无法像物理资产那样容易证明所属权，所以密码学中用于证明数字资产所属的数字签名技术满足了这一需求。由于区块链账本由网络各节点共同维护，数据透明，所以数据隐私需要得到保护。密码学技术的匿名化处理交易信息可以达到这一目的，同时也能使用作为共识方案的生成随机数的密码学工具。

在去中心化系统中，用户需要通过向维护网络的各节点证明身份来获得共同认可，以确保身份的有效性。但这样无疑会导致成本过高，于是数字签名提供公钥、私钥的解决思路：将私钥保存在用户手里、公钥发布到网络节点；用户可以用私钥生成签名，节点可以用公钥验证签名。

区块链蕴涵账户之间的关联和数据，为了既保持公开透明，又保护用户隐私，区块链采用了一系列密码学工具（如非对称加密、零知识证明、环签名等），对交易进行一些信息匿名处理。

共识机制

区块链系统的核心是区块链账本数据的维护，作为一种按时间顺序存储的数据结构，其共识的本质是各个节点验证和账本更新的过程。最终结果是区块链系统对外提供一份统一的账本。这个分布式系统共识包括节点数据的自处理以及节点之间交互的过程。

区块链网络

区块链中使用了基于互联网的 P2P 网络架构，网络中的每一个参与的节点都为网络贡献算力、存储空间、网络连接力。通过网络，这些能力都可以作为共享资源，不许中间实体管理，但可以被其他对等节点直接访问。因此，每个节点既是使用者，又是提供者，且节点之间都以扁平的拓扑结构相互连通。

除保证网络连接的基本通信协议以外，对于不同的应用需求，网络层可包含挖矿协议、文件传输协议等。虽然区块链网络节点没有主次之分，但是根据不同的场景需求，节点也被设计为全节点、SPV 节点、矿工节点和客户端节点，分别对应区块链上节点的路由通信、账本存储、参与共识、钱包这四个功能。

区块链的三大核心技术贯穿区块链的整个架构，为实现各种业务奠定了基础。那么，在区块链实际的运行和搭建方面，区块链层级又是怎样的呢？

区块链层级

关于区块链，我们经常听到“第一层”（Layer 1）这个词。虽然这个术语看似复杂或含糊不清，但含义其实非常简单。Layer 1 是指主权区块链，比如以太坊和比特币网络。我们可以将区块链技术想象成一个由若干层组成的金字塔，每一层都依赖于其下方的层，反之则不然。

第 0 层（Layer 0）是整个金字塔的基础，包括网络协议、互联网协议以及所有矿工、验证者和节点。因此，Layer 0 并不是区块链本身，而是区块链的基础设施。

Layer 1 是第一个独立于其他任何区块链的实体。例如，Arbitrum 或 StarkNet 等 Layer 2 区块链依赖于其 Layer 1（以太坊）来运行。以太坊和比特币同属 Layer 1。

Layer 1（包括比特币网络和以太坊）在设计上是去中心化的，不受任何中央机构的控制。Layer 1 扩容方案（又称“链上扩容”）指的是在区块链基层协议上实现的扩容解决方案。

Layer 1 负责在自己的区块链上处理和完成交易。这里涉及共识机制（如 PoW、PoS）、区块时间和争议解决等技术细节。具体来说，Layer 1 主要有五项主要功能：区块链共识（如 PoW、PoS 等，确保节点间数据的一致性）、区块链数据（包括交易数据、链式结构、时间戳、默克尔树等）、区块链网络层（通过 P2P 网络实现节点间的通信，确保数据的传输和同步）、区块链激励（通过发行数字货币等奖励机制激励节点参与区块链的运行）、区块链合约（支持智能合约的执行，实现去中心化应用）。

Layer 2 是位于基础层之上的重叠网络，通常被称为 Layer 2 解决方案。协议通过从基础层移除一些交互来利用第二层，以增加可扩展性。因此，主区块链协议上的智能合约只处理存款和取款，并确保链下交易遵守规定。比特币的闪电网络是第二层区块链的一个例子。Layer 2 是与 Layer 1 结合使用的第三方集成，旨在增加节点数量，从而提高系统吞吐量。

Layer 2 扩容方案，又称链下扩容，指不改变区块链底层协议和基础规则，通过状态通道、侧链、Rollups 等方案提高交易处理速度，具体包括：

- 状态通道：允许用户在链下进行多次交易，仅将最终状态提交到链上。
- 侧链：作为独立于主链的区块链，可以与主链进行交互，侧链可以采用不同于主链的共识算法，提供更高的性能或特定功能，用数据桥在主链和侧链之间传递数据和状态信息。
- Rollups：将大量链下交易打包后提交到链上，提高吞吐量的解决方案，包括零知识 Rollups（ZK Rollup）、Optimistic Rollup。

通过将多个交易打包，成批处理，减少了链上交易数量和费用。除了以上几种常见方案，Layer 2 还有 Plasma、链下计算、分片等混合方案，这些技术使 Layer 2 提高了链上吞吐量和交易效率。

以太坊区块链的可扩展性解决方案，旨在缓解网络拥堵，但采用这些解决方案后，常常又会面临原本要解决的拥堵问题。为了解决成本激增问题，开发者创建了三级网络（Layer 3），这个层级通过递归继承父区块链的安全性。

与 Layer 1 和 Layer 2 不同，Layer 3 通常被称为“特殊用途层”。换句话说，每个 Layer 3 区块链都是根据特定用途构建的，并针对这些用途进行优化。这样，Layer 3 不仅能够受益于分形扩展，还能在特定应用场景中表现得非常高效。

在 RWA 领域里，区块链技术重点围绕着虚拟机（VM）、智能合约和预言机展开。

虚拟机

虚拟机是区块链上执行智能合约的计算环境。它提供了一个安全、隔离的沙箱环境，确保智能合约的执行不会影响到其他部分。不同的区块链平台使用不同的虚拟机，比如以太坊使用的 EVM（Ethereum Virtual Machine），以及 Polkadot 和 EOS 使用的 WASM（WebAssembly）。目前，以太坊的 EVM 是一个较为成熟的虚拟机，它允许部署和执行代码，能够执行复杂的控制逻辑。用户只需要安装必要的客户端软件，就可以访问 EVM，并使用它在以太坊上执行程序，同时支持智能合约的部署。本质上，EVM 充当了“世界结算机”，在分散的环境下执行软件操作。EVM 由不同个人 / 公司维持，并向系统提供算力以换取奖励。由于没有集中控制，它不能被任何单方面关闭。EVM 还被描述为“分布式状态机”，“状态”指的是特定时刻存在的地址、账户余额的智能合约代码。所以在以太坊中，每个事务都会导致以太坊状态发生变化，并且这种变化会反映在整个网络。

在运行过程中，EVM 是以太坊运行时的执行环境，负责执行智能合约的字节码，并且能维护和读写状态：通过读取和更新外界数据来维护智能合约的状态；在执行智能合约时，EVM 可以根据智能合约执行结果更新状态。

智能合约

智能合约是部署在区块链上的自执行代码，理想状态下，智能合约可被视为图灵机，根据预先设定的条件自动执行，不受人为干扰。目前，以太坊图灵完备性为智能合约提供了可表达的多种资产类型，因此也出现了同质化通证、非同质化通证、半匀质化通证等通证标准。

在区块链系统下，去中心化提供了可信任的环境，使智能合约的作用得以发挥。它以事务和事件的形式通过智能合约模块化处理，执行后仍然是一组事务和事件。它的使命是让一组繁杂的、具有特定逻辑和出发条件的数字化承诺按照参与者的规定正确执行。在 RWA 中，它被用于创建 RWA 的通证、创建交易逻辑，以确保符合预定规则，同时与预言机数据进行交互，根据预言机提供的数据自动调整资产的状态和属性。智能合约可以根据业务具体内容和逻辑编程建立不同的账户、关系、权限、功能、运行条件，用来自动处理租金支付、股息分配、权益转化等多种业务，简化管理过程，降低运营成本，增加业务可组合性，以确保交易的准确性和及时性。

预言机

尽管区块链和通证化技术的应用具有革命性的潜力，但是由于区块链的运行机制，每个节点都要进行确定性操作，对于相同的输入数据，所有节点都会得到相同的输出结果，各个节点在获取和处理外部数据时就会面临不确定性操作。这种不确定性操作可能导致节点之间的数据不一致，从而影响共识过程，所以区块链本身无法主动获取来自外部的数据，这也被称为“预言机问题”。

智能合约绝大部分的潜在应用场景都必须通过连接链下数据和系统才可以实现。例如，在金融领域，智能合约在执行时需依赖外部市场的价格数据；在保险行业，智能合约处理理赔需根据物联网和网络数据做出判断。贸易金融中的智能合约则要求接入相关的文件及数字签名，以确认和执行放款操作。此外，有众多智能合约在结算时需要与传统支付网络进行法币交互，而大量必要数据都是在链下生成，并不能直接传输至链上。

除此之外，由于区块链本身是一座“孤岛”，用户、资产、流动性、应用、数据处于割裂状态，要实现 RWA 通证化的大规模应用，需要将区块链之间互相连接起来。只有将“孤岛”重新连成“大陆”，才能发挥出区块链真正的潜力，实现万链互通，因此预言机本质上是负责区块链与外界的信息传递。

预言机是区块链技术中的重要组成部分，它提供了一种机制，将链外数据引到链上。由于区块链的智能合约无法直接访问外部数据，预言机便充当了这一桥梁，以确保智能合约能够根据外部事件或数据得到执行。RWA 领域通常使用的是去中心化预言机，以增加数据可靠性和数据可信度，适应高价值资产。预言机的工作流程可以分为：数据请求、创建请求合约、分配任务、数据获取、数据验证和共识、数据聚合、数据传输。预言机获取的数据被传输到区块链 Layer 1 的智能合约中，以触发合约执行。当数据量过于庞大时，一些预言机也会在 Layer 2 上寻求扩展方案，以提高数据处理速度和可拓展性。

在这些区块链核心技术和组建的共同作用下，区块链可以很好地满足人们对于资产的价值与权益“可计算”的诉求。区块链可以保证在不被操纵的前提下记录交易信息，并且在保证隐私的条件下实现过程可重复、结果可验证。这就形成了一个统一的标准和度量，排除了人的主观意识对合约的干扰。以传统金融体系为例，金融衍生品在传统金融市场中占据着极其重要的一席之地，其市场规模预估名义价值超过千亿美元，具有极大的杠杆潜力，也创造了远超底层资产价值数十倍的资产规模。金融衍生品种类繁多、复杂多样，涵盖了股票、固定收益、外汇、信贷、利率、大宗商品等多个领域。在这些领域中，衍生品的形式也各式各样，包括期权（如普通看涨期权、看跌期权以及奇异期权）、认股权证、期货、远期合约和掉期等。在这种高杠杆与高风险并存的背景下，透明性显得极为重要。

这些合约就像金融市场中的工具箱，为投资者提供了丰富的选择和策略。无论是对冲风险，还是投机获利，衍生品市场都为不同需求的参与者提供了广阔的天地。这些复杂的金融工具虽然听起来有些晦涩难懂，但它们在金融市场的运作中扮演着不可或缺的角色，为市场的流动性和稳定性贡献着自己的力量。

2. RWA 的概念与发展历程

RWA 通证化是指将有形或无形资产的权益价值转换成数字通证的过程。这一技术使资产的信息（包括属性、状态、交易历史及所有权）得以记录在区块链上，从而使资产能够在区块链网络上进行交易和流通。RWA 包括有形资产（如房产、贵金属等）和无形资产（如股票、债券等）。通证化技术成功地将实体资产与数字货币领域相连接，打破了两者间的界限，提供了更广阔的流动性，丰富了数字资产类型。RWA 通证化不仅是资产数字化的一种形式，也是一种技术手段，通过将 RWA 映射到区块链上来实现链上交易。这种技术手段推动了不同资产类别在金融市场中的融入与创新，为投资者提供了新的机会和挑战，同时也对传统金融市场的运作模式提出了挑战。

如表 2-1 所示，无论是有形的房产、贵金属，还是无形的知识产权和投资基金，都可以通过通证化进入数字市场。在 RWA 的有形资产类别中，我们看到了房产、珍贵收藏品、贵金属、车辆、工业机械以及原材料等资产的通证化实践。PAX Gold 作为以黄金为支撑资产的代表，展示了有形资产如何通过通证化进入数字资产市场。此外，RealT 和 LABS Group 等项目通过将房产资产整合成房地产投资信托（REITs）并实现链上交易，进一步推动了 RWA 模式的应用和发展。

表 2-1　RWA 的资产类别和概况

RWA 资产类别	优势	风险 / 挑战
固定收益	目前最受欢迎的具有增长潜力的资产，解决了门槛高、信息不对称和流动性低等问题	监管合规
中小企业融资	解决企业的流动性困境，同时为链上投资者提供高于市场的回报	存在监管问题、公司信用、审计和法律追溯方面的挑战
稀有金属	该市场具有固有的稳定性、成本效益、全球流动性和透明度，现已初具规模	存在监管不确定性、技术风险、市场应用和流动性问题
房地产	有形资产，REITs 等金融产品在传统市场上已有相关经验可以借鉴采用	资产通证化的合规复杂性
艺术品	促进抵押贷款，开拓未开发市场	属于新兴市场，不一定会成为 RWA 发展的主要空间

续表

RWA 资产类别	优势	风险 / 挑战
基建设施	为次发达地区的基础设施发展融资提供便利	相关资产所有权的法律框架在不同地区存在巨大差异
金融属性的大宗商品数字权证	商品种类丰富，具有高市场需求或收藏价值或保值功能，特别是在经济波动时期	受监管和贸易政策影响，商品价格受供需关系、市场情绪和经济环境的影响较大
AI 算力	AI 算力的需求持续增长，可以灵活调配适应不同规模的应用需求，且具有技术创新性，尤其是与 DePIN 相结合的分布式算力、边缘计算等	存在数据隐私和网络安全问题
绿色能源	许多国家提供政策支持和补贴，符合环保趋势，如与 DePIN 相结合的可再生能源的光储充生态以及碳信用等	存在政策变动风险、技术更替和设备老化风险
音乐和体育的 Fans 生态	具有 Fans 经济、多样化收入（流媒体付费、周边产品销售、演唱会和赛事门票等多种收入渠道）、品牌效应等优势	受市场和流行趋势的影响较大，存在版权风险
新内容平台模式	具有全球市场潜力，内容丰富多样，可以跨国界传播，如文化影视的 IP Franchise 的内容分发、Watch2Earn 等	受不同国家和地区的政策和监管影响，存在合规风险

RWA 的无形资产包括股票、债券、知识产权、投资基金、衍生资产、收益分配合同、现金资产、应收款项和信用分数等，这些资产的通证化同样具有重要意义。特别是债券类资产（如短期美国国债或债券 ETF）在无形资产通证化中占据了较大的比重，这表明债券资产在数字资产市场中扮演着重要角色。

RWA 通证化在金融市场中的运作机理

RWA 通证化代表了一种将 RWA 映射到区块链的技术手段，其核心在于实现现实世界交易的链上转移。这一过程涉及对现实资产的准确估值，并将其作为可交易的通证化对象引入区块链中。RWA 通证化项目的实施包括三个关键步骤：资产的金融化、金融数据的可信化以及可信数据的通证化。

第一，资产金融化。这是将非链上资产引入区块链生态系统的前提。它涉及界定资产的经济价值、所有权及其合法性。在技术层面，它面临的挑战是如何通过通证化形式准确体现资产的所有权，并设计资产交割的流程。在法律层面，它需要制定明确的监管框架，确保资产流动性的同时，保障交易安全并妥善处理资产清算和争议解决。

第二，金融数据可信化。这一步涉及将确定的资产数据存储于分布式账本中。将 RWA 转换为数据后，通证发行方需要提供包含资产价值和所有权信息的数据给智能合约，以确保数据的可访问性和透明度。然而，完全的透明度可能不利于金融隐私，因此 RWA 通证化在技术上采用了零知识证明来保护交易隐私。在法律层面上，需要制定更加明确的规则，以平衡交易安全和隐私保护的需求。

第三，可信数据通证化。最后一步是通过 RWA 协议向市场或特定投资者发行可替代通证或 NFT，目的是赋予 RWA 流动性，使其能够在市场中流通。在 RWA 通证化的全过程中，区块链数据的透明度和可信度至关重要。链下资产的估值、清算等环节必须加以严格控制，以确保数据的准确性和合法性，避免欺诈行为的发生，这是 RWA 项目成功的关键。

RWA 的核心特性

RWA 的核心特性包括资产相关性、资产透明度、增强流动性、成本效益和智能合约，它们在推动规模化应用方面的作用具体如下：

- 资产相关性确保了区块链项目与实际的物理资产密切相关，这不仅提供了更高的可信度，也为资产增加了价值保证。这种相关性对传统投资者尤其重要，因为它帮助提高了整个领域的声誉，使区块链项目更容易被传统金融市场接受和信任。
- 资产透明度通过确保所有交易都在区块链上记录并公开，显著提高了审计和合规管理的便利性。这种透明度对于建立投资者信任至关重要，因为它减少了投资风险，并吸引了更多的机构投资者参与。

- 增强流动性通过将传统资产转化为可以在区块链上自由交易的通证，显著提高了资产的流动性。这种转变不仅使得资产更易于交易，也有助于吸引更多的用户和开发者，从而促进了健康生态系统的发展。
- 成本效益通过利用区块链技术来降低交易成本，尤其在跨境交易和复杂的资产结构运作中，使得中小投资者和企业更易于参与市场。这种成本的降低扩大了用户基础，提高了市场的整体活跃度和参与度。
- 智能合约的应用使得与资产相关的操作（如分红支付和所有权转让）可以自动执行，显著降低了人工干预的需求，减少了运营成本和交易风险。智能合约的这些优势特别适合复杂的金融交易和资产管理，为更广泛的金融应用提供了可能。

通过对这些核心特性的分析，可以看出区块链技术在实物资产管理中的应用不仅能提高效率和透明度，还能降低成本，并增强市场的整体流动性和参与度。这些特性共同作用，有助于推动区块链技术在更广泛的金融和投资领域中的规模化应用，特别是在提升传统资产与新兴技术融合方面展现出巨大的潜力。

RWA市场现状

从总量上看，RWA 市场规模自 2023 年以来有显著增长。截至 2024 年 7 月 31 日，统计数据显示，RWA 市场的协议总锁定价值（TVL）已达到 60 亿美元，涉及合约产品 57 个，规模较 2022 年增长了超 60 倍。

目前，RWA 市场头部效应显著，市场规模位居前 4 位的项目分别为 stUSDT（7.06 亿美元）、Ondo Finance（1.54 亿美元）、Matrix Dock（1.24 亿美元）、RealT Tokens（0.83 亿美元），累计市场份额约为 86%（见图 2-1）。根据 RWA 赛道监测平台 DeFiLlama 的数据，截至 2024 年 7 月 31 日，通证化国债市场的价值已从一年前的约 4.96 亿美元增长至 12.84 亿美元，平均年化到期收益率约为 5%。

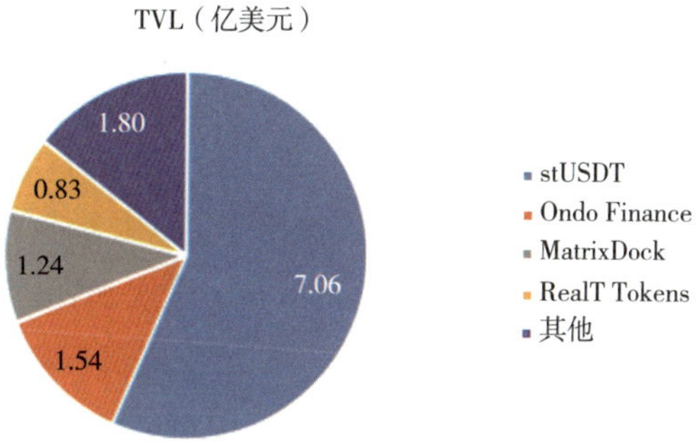

图 2-1　RWA 市场头部效应显著

资料来源：DeFiLlama。

在当前市场环境中，通证化国债等 RWA 类资产的增长现象反映出投资者对于稳定、预期收益更可预测的资产类别的偏好增加。尤其是在传统金融市场和加密货币市场之间寻求平衡的投资者，越来越倾向于选择通证化国债这类结合了两者特点的产品。

从短期来看，在加息浪潮下，主要经济体的无风险利率已经抬升至 4% 甚至更高，对于加密市场的投资者来说具有足够的吸引力，因此越来越多的项目正在尝试将 RWA 引入加密行业。

从长期来看，加密资产和传统资产融合发展是必然趋势。随着传统金融市场不断变革和创新，RWA 可以为其带来更多的机会和竞争力。而区块链技术也正在被更多的人所接受和采用，通过将 RWA 数字化，可有效降低交易成本，提高资产的流动性和透明度，从而为世界经济的发展提供新的动力。

据波士顿咨询公司报告预测，到 2030 年，全球非流动性资产通证化的市场规模预计将达到 16 万亿美元，占全球 GDP 的 10%，其中包括链上资产通证化和原有的传统资产份额化（如 ETF 和房地产投资信托基金）两部分。对于加密行业而言，即使只是从这一巨大市场中获得一小部分份额，也意味着显著的成长机会。

RWA的未来：与DeFi深度融合

DeFi是一种基于区块链技术，尤其是利用以太坊等智能合约平台来实现的金融服务体系。这种金融模式的目标是去掉传统金融服务中的中心化机构（如银行和保险公司），从而使金融服务变得更加开放、透明和容易获取。DeFi的核心特性包括无须许可、高度去中心化、完全透明、高度可编程和良好的互操作性。这意味着任何人都可以在无须审批的情况下使用这些服务，所有的交易信息都是公开透明的，且可以通过智能合约自动执行复杂的金融操作。DeFi的应用非常广泛，包括借贷平台、去中心化交易所（DEX）、稳定币、资产管理和去中心化保险等。例如，在DeFi借贷平台上，用户可以相对自由地借出或借入资产，无须传统银行那样复杂的审批流程，其利率也往往更具竞争力。DEX允许用户在没有中介的情况下直接交换资产，从而提供了更高的隐私保护和安全性。

RWA通过通证化上链，即将其对应底层资产的权益映射到DeFi中，实现RWA的通证化。RWA与DeFi协议结合应用可连通中心化与去中心化系统，使RWA被“DeFi化”。

如图2-2所示，引入RWA、使得DeFi融入真实世界是必然趋势，RWA与DeFi将相互促进，共同发展。一方面，相比DeFi原生资产，RWA为DeFi注入了资产多样性。链上原生资产因其高同质化、高相关性以及高波动率，无法满足DeFi协议的发展需要，而RWA为DeFi注入与链上资产低相关性、收益稳定可观且流动性较好的资产。因此，注入RWA不仅可以构建更丰富的投资组合策略，还能提供多元化抵押品，提升DeFi的安全性与有效性，符合链上资管需求。另一方面，RWA上链为RWA的投资者提供碎片化门槛，以及费用、安全性更高、信息透明度更高、资产流动性更高的投资选择。DeFi为金融市场带来的优化将通过RWA通证化来实现，也就是说，RWA是一波DeFi“吞噬”传统经济世界的趋势。对于要进行通证化的RWA，首先需要规范和明确来自链下的外部信息，包括RWA的经济价值、所有权以及资产权益的法律保障等外部信息。然后，规范后的外部信息被数据化后，通过预言机引入区块链，成为DeFi协议能够直接访问的链上数据，并生成相应的数字通证。外部数据上链后，会作为数字通证的元数据，被存储在分布式账本中，确保数据透明性和可访问性。不同类别的 RWA 通过合法合规的方式纳入 DeFi，对应不同的 DeFi 协议标准。最后，生成的 RWA 可以作为 DeFi 协议的基础资产，与 DeFi 协议集成，使其能够参与 DeFi 生态系统的活动，促成投资者对于 RWA 的需求。

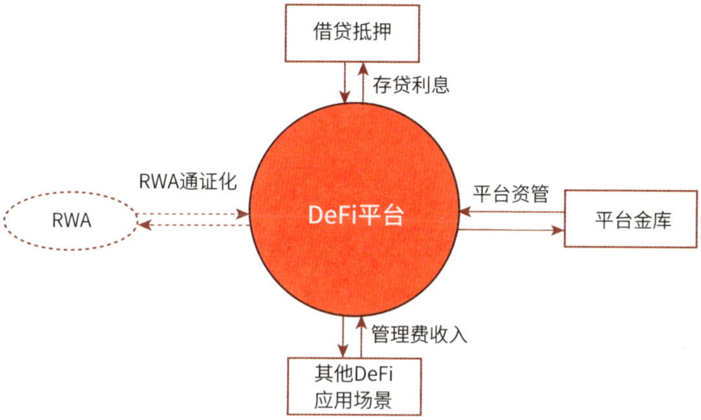

图 2-2　RWA 进入 DeFi 的资产流转示意图

RWA 的通证化流程揭示了资产透明度的提高得益于所有链下信息以及交易历史都被存储在分布式账本中以供访问。而 RWA 上链使得资产安全性提高不仅得益于此，还得益于碎片化分配风险敞口、去中心化管理与智能合约保障。最后，资产流动性的提高不仅是由于通证化成功降低资产投资的费用与门槛，吸引更多链上乃至链外投资者，还得益于 DeFi 协议中自动化做市商（automatic market maker，AMM），允许资产持有人及时完成交易并获得流动性。随着 RWA 引入的 DeFi 协议可行性得以证明，RWA 市场这片价值“洼地”将会吸引大量投资者入场。

3. RWA与通证化的区别和联系

本部分首先概述 RWA 的发展历史，从最初的稳定币阶段到 STO 的引入，再到更广泛的 RWA 阶段；其次进行了 IPO、STO 与 RWA 的比较分析，突出了它们在证券类型、底层资产和监管遵从性方面的主要差异；最后分析了通证与 RWA 在信任假设、监管框架和市场应用方面的区别与联系。

RWA的发展历史

通证化是基于区块链技术的 STO 行为，它代表了一种将传统金融资产通过区块链技术转换为数字资产的过程。这种转换使得资产能在全球范围内更容易地交易，同时提高了流动性和透明度。

在这个背景下，RWA 的概念就可以被视为 STO 的一种更广泛的应用。RWA 不仅限于传统的证券，还包括所有的 RWA 及其附属权益，如房地产、艺术品、贵金属等有形资产，以及股权、债权等无形资产。这些资产通过通证化，即转换为区块链上的数字通证，能够在全球范围内以更加高效和透明的方式进行交易和管理。

通过扩展 STO 的概念，RWA 通证化不仅为投资者提供了新的投资机会，也为资产的所有权和交易提供了更多的灵活性和安全性。此外，区块链技术的应用还可以确保交易记录的不可篡改性和可追溯性，增强市场的信任度。

因此，RWA 通证化可以被理解为 STO 在应用上的一种扩展和深化，它将区块链技术的优势引入更广阔的资产类别中，为资产管理和投资提供了全新的视角和工具。这种技术的推广和应用预示着金融市场的未来发展方向，可能对全球资产配置和金融市场的运作方式产生深远的影响。

从 RWA 的广义定义出发，其发展最早可追溯到稳定币诞生，历史较长，可以大致分三个阶段。

稳定币阶段

稳定币是与法币、黄金等储备资产挂钩的数字货币，也是一种自由流通、延展上链、与储备资产挂钩的加密货币。以锚定法币的稳定币为例，当铸造出一个单位的稳定币时，稳定币发行相应单位的法币与之对应。这样，稳定币的持有者将在拥有一个“价格”稳定的虚拟资产的同时，也能快速交易以比特币（BTC）为代表的加密货币。可以说，稳定币为区块链生态的参与者提供了一个价格平稳的资产标的。

这一阶段的代表是 USDT，它是由 Bitfinex 旗下的 Tether 公司在 2014 年发行的，锚定美元进行 1 : 1 兑换，并宣称有足额的美元储备做抵押。USDT 将现实资产美元通证化，并借鉴金本位制，进行 1 对 1 锚定，成为非常特殊的 RWA。

STO 阶段

STO 具有传统证券的法律属性和权益，如股权、债权、收益权、投票权等。STO 可以被通俗地理解为让证券凭证完成“纸质凭证→电子凭证→通证凭证”的演变。

STO 的发展历史可以追溯到 2017 年。在 ICO 因为负面影响受到监管之后，业内提出 STO 的概念，即将通证与实际的资产或权益相挂钩，并遵循相应的证券法规。彼时，STO 的主要对象是区块链项目的权益份额，典型案例包括 Polymath 于 2018 年完成了 STO，筹集了 5 900 万美元，并推出了其证券型通证标准 ERC-1400；tZERO 于 2018 年完成了 STO，筹集了 1.34 亿美元，并在 2019 年 1 月正式启动了证券型通证交易平台。

RWA 通证化阶段

RWA 可以被看作 STO 的延伸，是更为宽泛的概念，其通证化对象包含所有现实资产及其附属权益。

从市场讨论的热度看，RWA 通证化兴起于 2022 年。随着美联储加息，DeFi 走向低迷，而 TradFi 中以美国国债为代表的无风险收益却在显著走高，资金大规模流出 DeFi 市场。参考 DeFiLlama 的统计数据，2022 年 5 月初，DeFi 市场 TVL 约为 1 366.7 亿美元，该数据在 2022 年 6 月底降至 526.2 亿美元，在不到两个月的时间内下降了约 61.5%。在此背景下，RWA 被热议的一个重要叙事便是“留在链上，投资现实”。

IPO、STO 和 RWA 通证化比较

与 STO 相比，RWA 通证化底层资产是实体有价资产，融资规模更大一些，处于监管之下，运营更透明，其安全性更高，更合规，有指定的交易所，投资门槛也更高一些；与 IPO 相比，STO 和 RWA 通证化打破了传统股票 T+1 的方式，采用 T+0 方式，可以更加便捷地进行全天候实时交易，打开了全球的金融市场，有效地缩短了投资周期，降低了过程中的交易摩擦，从而降低了融资成本，提高了资源配置的效率（见表 2-2）。由于认可的国家较少，投资风险相对更高，STO 和 RWA 通证化可以理解为是在严格监管下能实际落地“区块链 + 项目”的金融化。

表 2-2　STO、IPO 和 RWA 通证化比较

项目 / 类型	IPO	STO	RWA 通证化
证券类型	证券	通证	通证
底层资产	实体有价资产	链上资产	实体有价资产
企业类型	依交易所规定不同，总体为大中型公司	几乎全部为概念型小公司或去中心化组织	大部分为基于实体公司的创业公司
企业风险	较小	极高	较高
融资规模	大	中小	大
监管	强	弱	强
中心化	是	否	是
运营透明	是	否	是
认可国家	全球	极少数	极少数

续表

项目 / 类型	IPO	STO	RWA 通证化
投资风险	中	高	高
认证投资者	是	否	是
投资者保护	是	否	一般
24 小时交易	否	是	是
指定交易所	是	否	否

RWA 通证化是将实物资产的数字化表示在分布式账本上的过程。这些资产的经济价值和权利被嵌入区块链上的数字通证，以确保通证的价值由这些资产支持。有形资产通常需要通过托管来确保通证的实物支撑。Web 3.0 与现实经济的融合是行业发展的必然趋势。STO 和 RWA 通证化代表了两种不同的融合路径。STO 从合规角度推动传统金融资产的 DeFi 化，RWA 通证化则从 DeFi 的视角，利用 DeFi 的优势和金融逻辑，将 RWA 融入 DeFi。

DeFi 的发展需要警惕“金融空转”的风险。DeFi 必须服务于经济发展，实现商业循环。链上原生资产的同质化和高波动性限制了 DeFi 协议的发展，导致 DeFi 项目往往服务于自身或金融套利者，形成封闭的金融循环。因此，DeFi 项目必须将 RWA 纳入其体系，参与到现实世界的经济发展中，以构建更稳定的去中心化金融体系。RWA 合成资产作为现实世界与加密货币世界的桥梁，在通证化过程中扮演着重要角色，推动着 RWA 与 Web 3.0 世界的沟通与融合。

通证化为 RWA 的有限实施

在 RWA 的信任假设中，由于通证化的 RWA 毕竟是在链下，无法通过智能合约强制执行清算处理，还依赖于传统金融机构的背书，这些 RWA 的信任属性可能永远无法与数字原生资产（crypto native asset）达到同等级别。同时，由于 RWA 信任假设的存在，完全无许可的 DeFi 协议也很难支持 RWA，所以目前的 RWA 通证化项目在 RWA 资产的处理上，一般还是有中心化主体的作用和影响。

通证化历来被视为 RWA 的有限实施。通证通常仅在监管许可的合规平台上交易，因此是区块链行业里为数不多被监管认可的资产通证化方案。RWA 是指将真实世界的资产通过区块链技术进行通证化的一类资产。通证是 RWA 中的一种形式，但 RWA 的概念更为宽泛。RWA 可以包括房地产、艺术品、商品甚至知识产权等多种真实世界的资产，而通证则往往局限于更传统的金融资产，如股票、债券或特定项目的权益。

在监管方面，RWA 可能面临更为复杂的环境。由于涉及各种不同类型的资产，每种资产可能都有其特定的监管要求，这使得 RWA 的合规问题变得更加复杂。相比之下，通证通常遵循既定的证券法规，其监管框架相对更加清晰和直接。

在流动性方面，通证流动性优于 RWA。代表独特或大型资产（如房地产）的 RWA 可能流动性较低；而通证通常被设计为更容易交易的形式，因此通常具有较高的流动性。这种差异也影响了它们的价值评估方式。RWA 可能需要更复杂的估值方法，尤其是对于非标准化资产；通证的价值评估通常更加直接，特别是当它们代表传统金融资产时。

在技术实现方面，RWA 可能需要更复杂的解决方案来确保资产的真实性和所有权，而通证的技术实现相对标准化，主要集中于发行和交易机制。这也影响了它们的使用场景：RWA 常用于资产证券化、跨境贸易融资、高价值资产的部分所有权等领域；而通证多用于众筹、公司股权代表、权益分配等方面。

例如，如果说股票是 RWA 主力的话，那么股票会有两种形式在链上呈现。一种是已经在股票市场上交易的，通过某些中心化的机构直接把股票上链；另一种是通证，就是这个股票可能一开始就不在传统的交易所中进行交易，而是企业把个股权通证化了之后直接公开发行，类似原生的链上股票，它不需要通过已有的交易所去进行映射。其实从法律合规的角度来看，因为大量的企业在中国香港和美国通过可变利益实体（variable interest entity，VIE）架构上市，所以通证其实就是一个协议控制，这个协议无论是在纸张上还是在智能合约上都可行。

RWA 与通证化发行流程对比

截至 2022 年底，SEC 已审批通过 39 个通证项目。商业落地是衡量项目优劣的重要标准，因此，越是商业上能落地的项目，其通过通证的可能性也越大。例如，成功进行通证的 tZERO 公司拥有实际应用场景的商业模式，tZERO 目前提供的服务包括证券经纪服务、人货及存储管理系统服务、24 小时交易平台的智能合约路由解决方案等。

通证的发行在国家和地区上分布不均，主要位于美国、瑞士和欧盟国家。美国是全球通证发行数量最多的国家，占比为 40%。美国的法律框架为通证发行提供了依据，通证可依据 Regulation D 和 Regulation S 规则进行发行。实际融资额排名前 5 位的证券型通证都位于美国。交易量最大的两家证券型通证交易所 Open Finance 和 tZERO 都设立在美国。发行数量位居第二的国家是瑞士。瑞士的中立国地位和较高的国际化程度为通证提供了有利的发展环境。发行数量位居第三的国家是北欧的爱沙尼亚。爱沙尼亚拥有良好的互联网产品创业氛围和环境，诞生了 Skype 和 Hotmail 等全球知名的互联网应用产品。除美国和瑞士之外，其余通证项目主要分布在欧盟国家。

通证 STO 的发行流程（狭义）

通证通过智能合约被写在区块链上，证券通证不仅是所有权的一种数字代表，而且能够自动完成很多发行后的业务操作。从证券通证发行流程上看，通证往往由准备发行、发行和全周期管理三步完成。

第一步，准备发行。这一步主要是成立 SPV，准备发行备忘录。通证发行备忘录的主要内容包括总体情况、发行细节、特殊考虑、市场等。

第二步，发行。发行流程包括以下三个方面：（1）KYC/AML 鉴证：通证应当鉴证投资者。发行公司完成鉴证工作后，在平台上创建投资者账户；（2）通证发行：使用标准的智能合约，确认这一合约包括全球所有必要的合规要求，如对投资者账户的限制、锁定期和回售限制等;（3）融资：按照之前发布的标准和要求，从意向投资者那里募资，将通证打到投资者钱包中，也可选择使用第三方托管服务。

第三步，全周期管理。该部分包括与投资者持续沟通、二级市场交易等。沟通的细节已在发行备忘录中明确，包括定期报告和临时事件交流。限制性股票在二级市场交易上有所限制（如禁售期和不同区域投资者的数量上限），以确保合规。

表 2-3、表 2-4 列举了某房地产项目通证的整体流程，包括每一步所包含的主要事项、预估所需时间、负责部门及在通证中所发挥的作用等。

表 2-3　某房地产项目通证发行备忘录的主要内容

事项	主要内容
总体情况	公司概况、风险和财务报告
发行细节	豁免注册规则，如是否允许公司发布广告 确定最小投资规模，以更好地吸引价值投资者 确定最大投资规模 公司有权在某些条件下收回通证，如投资者没有完成 KYC/AML 鉴证过程或没有签署认购条款 二级市场交易受到现行证券监管的限制 投资者可以自由选择美元、欧元、比特币或以太坊等进行投资 截止日 所筹资金用途 公司聘请外部法律和其他专家起草私募发行文件
特殊考虑	如税收、持续报告等
市场	公司制定营销计划

表 2-4　某房地产项目通证发行的主要流程

项目流程	任务项	估计所需时间	在 STO 中的作用
准备发行	公司章程	1 周	建议 / 知识分享
	发行文件	1 个月	建议 / 知识分享
	特殊准备（房地产项目专属）	0 ～ 4 周	支持
	市场	3 个月	—

续表

项目流程	任务项	估计所需时间	在 STO 中的作用
发行	KYC/AML/ 认证	持续	主要
	发行通证	1 天	主要
	募资	1 天	主要
生命周期管理	持续沟通	持续	执行
	二级交易	持续	主要

通证RWA的发行流程（广义）

RWA 产品设计的精髓在于规避直接与实物资产或权益挂钩。虽然支持的资产可以是实物或权益，但通证化的对象并非权益本身，而是具有平台特性或类权益效用的通证。

散户通证原生模式的关键在于，将非证券类 RWA 通证与另类投资交易所相结合，并借助 Crypto Fund（如早期的加密资本和后期的创设者协议）的支持。以持牌交易所 HashKey 为例，尽管其合规 RWA 产品尚未得到大规模推广，但其散户通证模式的 RWA 市场可以采用离岸国际站上市、通证化部门、加密资本和基金创设者的组合策略。

通过 DAO、社区或节点模式，激励散户和实物资产产业链中的机构参与。这种模式的参与不仅限于通证上市后，而是从社区构建、产品讨论到节点共识的初期阶段就已经开始，确保所有参与者成为共识的一部分，实现资产的数字化和链上化，同时与实物世界形成对冲。

将传统金融股票与虚拟资产相结合。上市公司通过投资虚拟资产（如比特币现货 ETF）或布局 Web 3.0，在虚拟资产价值上升时，带动其在实物世界的股票价值增长。如果上市公司的主营业务与 Web 3.0 布局和 Crypto 投资紧密相关，其价值提升将更为显著。

采用 NFT+ 功能通证（FT）+ 迷因币的组合策略。NFT 作为散户身份和数字权益凭证的载体，同时作为流动性通证空投的锚定资产；FT 用于提供流动性或治理效用，成为 RWA 应用场景的功能通证；迷因币结合实物世界的 RWA 叙事、品牌或 IP 特许经营，作为 NFT 和 FT 的品牌引领者，三者相互联动，构建完整的通证生态系统。

实物世界的现金通过结构化设计进入流动池，而不是采用收益分红模式。利用智能合约，实现现金流的持续注入，形成特殊的创设者基金或流动性交换池，以实现可预期的持续流动性管理。这是股币联动模式的高级版本。上市公司基于其主营业务或基础资产包，发行合规的 RWA 通证。通过可转换债券购买 RWA 通证，同时 RWA 通证可以空投实物金融资产。这种模式结合了上市公司的股票、虚拟资产投资和 RWA 通证发行，通过可转债实现 RWA 产品的承销，并利用公司的经营性现金流建立 RWA 通证的流动性池，为 RWA 通证持有者提供公司股票或期权的空投或配售，以实现价值的相互拉动和用户增长。

4. RWA 与通证化在区块链上的实现方式

区块链技术的出现和发展为 RWA 的通证化提供了坚实的基础。本章第一节详细介绍了区块链，它作为一种分布式账本技术，通过密码学的方式确保数据的不可篡改性和可追溯性。这种技术特性使得资产在区块链上的数字化表示具有极高的安全性和可信度。

RWA 通证化的实现首先开始于现实资产的数字化。这是一个复杂且精确的过程，也是资产通证化上链前的重要阶段，涉及 RWA 的识别和验证、法律框架和所有权的建立，以及代表 RWA 的证券通证的创建。该过程需要各方的参与（如资产所有者、通证发行者、监管机构、律师和审计师），包括资产评估、资产登记和资产认证三大关键步骤：

- 在资产评估阶段，专业的评估机构将对资产进行全面的分析和价值评估，以确保评估结果的公正性和准确性。
- 资产登记阶段涉及法律和行政程序，以确认和记录资产的所有权，这一步骤对确保资产的法律地位至关重要。
- 在资产认证阶段，监管机构会通过各种手段验证资产的真实性和合法性，防止欺诈和非法交易的发生。

只有经过以上这三大步骤，一份资产才能被准确地转化为数字形式，为后续的通证化奠定基础。

将 RWA 数据和文件从链下世界转移和同步到链上世界，需要使用去中心化预言机，去中心化预言机为区块链提供安全可靠的现实世界数据（如 RWA 的价格、质量和状态）服务（见图 2-3）。去中心化预言机对于 RWA 的通证化至关重要，因为它实现了链下世界和链上世界之间的信息联结。

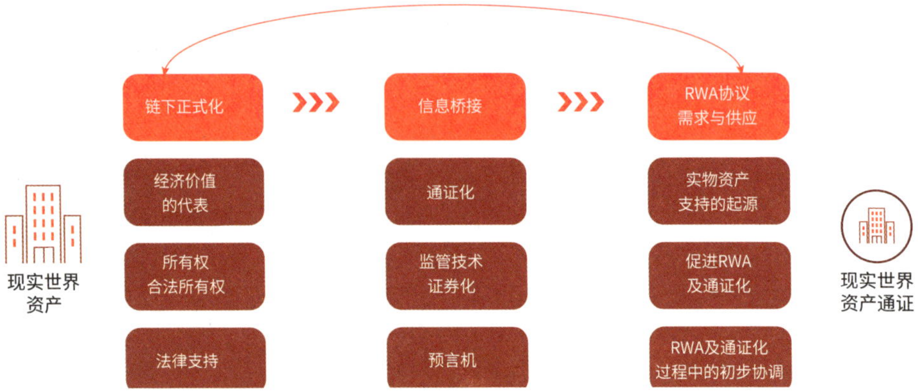

图 2-3　RWA 通证成为合法资产的过程

去中心化预言机能够确保用于 RWA 通证化的现实世界数据的准确性，如 RWA 的来源、估值和所有权。去中心化预言机使用各种机制和激励措施来验证和确认数据源和提供者，如声誉、质押和投票。预言机网络可以处理大量的数据和请求，并提供更快、更便宜的数据传递，这提高了 RWA 通证化的可扩展性和效率。预言机网络可以使用多个数据源和提供者，并交叉检查和比较数据，这可以增加现实世界数据的多样性和冗余性。

资产数字化完成后，通证化过程的关键就在于智能合约的设计和实现。智能合约是一种自动执行的程序，存储在区块链上，能够在预定条件满足时自动执行合约条款。资产的发行者可以通过编写和部署智能合约，精确地设定代币的发行细节、交易规则以及资产产生的收益分配方式等。在 RWA 通证化过程中，智能合约主要用于定义通证的属性、发行规则、交易机制以及收益分配方式等。精心设计的智能合约可以确保通证的发行和交易过程的透明、公平、高效，同时也可以最大限度地保护投资者的权益。

智能合约的编写需要区块链开发知识和金融知识。为了确保质量和安全性，智能合约通常需要经过严格的测试和审计，以发现和修复潜在的漏洞和错误。同时，为了提高智能合约的可扩展性和互操作性，也需要遵循一些通用的行业标准和协议，如 ERC-20 和 ERC-721 等。只有经过精心设计和严格测试的智能合约，才能为 RWA 通证化提供可靠的技术支持。

智能合约的引入使得 RWA 通证化过程更加自动化和高效。传统的资产交易通常需要大量的人工操作和纸质文档，而智能合约可以自动执行这些操作，这样就减少了人工介入的需要，提高了交易效率。同时，智能合约的执行结果也会被自动记录在区块链上，形成永久且不可篡改的交易记录。这种透明和不可篡改的特性可以增强交易各方的信任，降低欺诈和纠纷的风险。

尽管智能合约为 RWA 通证化提供了强大的技术支持，但在实际应用中仍然需要注意一些问题。首先是智能合约的安全性问题。由于智能合约一旦部署就无法修改，因此合约代码中的任何漏洞或错误都可能被攻击者利用，从而导致重大损失。因此，在部署智能合约之前，需要进行充分的安全审计和测试。其次是智能合约的法律效力问题。目前，各国对智能合约的法律地位还没有明确的规定，在合约纠纷发生时，智能合约的执行结果是否具有法律效力还存在不确定性。这需要法律和监管机构的进一步明确和完善。

在智能合约的支持下，数字化资产将转换成一系列区块链通证（见图 2-4）。区块链通证是 RWA 通证化的核心要素，它将现实世界的资产映射到了区块链的数字世界中。通过通证化，原本不可分割的资产可以被拆分成更小的单位，这大大降低了投资门槛，使更多的投资者可以参与资产投资。不同类型的资产需要采用不同的通证化标准。债券等同质化资产通常适用于 ERC-20 标准。ERC-20 定义了一套标准的通证接口和规范，包括通证的转移、查询余额、授权等功能。遵循 ERC-20 标准的通证可以兼容大部分的区块链钱包和交易所，具有很好的互操作性。艺术品等非同质化资产则更适合采用 ERC-721 标准。ERC-721 定义了 NFT 的标准接口，每个 NFT 都是独一无二的，具有自己的标识和元数据，这种独特性使得 NFT 特别适用于艺术品、收藏品等独特资产。

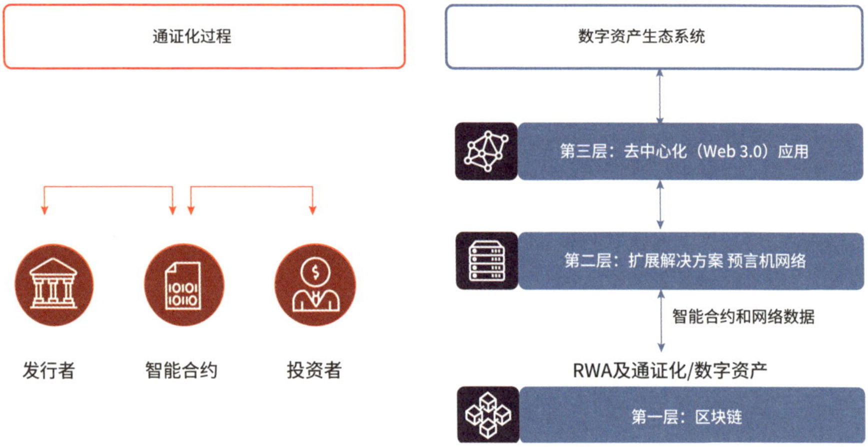

图 2-4　数字资产生态系统通证化过程

资料来源：*Bank of America（BofA）Global Research*。

通证化的最后一个重要环节是资产的管理、交易和收益分配。利用智能合约的自动执行功能，可以高效地管理资产并分配收益。例如，房地产投资中的租金收入可以通过智能合约自动分配给通证持有者，无须任何中介机构介入；艺术品等资产的销售收益也可以通过智能合约按照持股比例自动分配给通证持有者。这种自动化的资产管理和收益分配方式不仅提高了操作效率，降低了管理成本，还增加了投资的透明度，使得普通投资者也能轻松参与到通常难以接触的高端资产投资中。

通证被分发给投资者后，他们可以在去中心化交易所或通过 DeFi 等二级市场上进行交易。这一步至关重要，因为它为传统上流动性较差的资产引入了流动性，简化了所有权的转移，并使更广泛的参与成为可能。通证化使得资产的交易变得更加便捷和高效，投资者可以随时买卖通证，而无须经过烦琐和漫长的交割过程。

此外，这些资产的持续管理和治理通过基于区块链的系统来实现，通证持有者可以通过集成到智能合约中的投票机制来行使其权利和影响决策。这种去中心化的治理方式提高了决策的透明度，使所有通证持有者都能参与到资产的管理中，避免了单一中心化机构的控制和操纵。

第3章

RWA通证
类型与核心要素

RWA 通证化是一个涉及多学科知识的复杂体系，包括法律、金融、技术和数据等多个领域。为了帮助读者更全面地理解现实世界资产通证化的底层机制和内在价值，本章将详细探讨作者朱皓康独创的“RWA 2+4 框架”，即 RWA 通证化的两种通证类型和四大核心要素。

首先，RWA 通证化会产生两种不同类型的通证：证券型通证（security token）和实用型通证（utility token）。证券型通证通常代表了底层资产的所有权或收益权，购买这类通证的投资者期望通过资产增值或收益分配获得回报。相比之下，实用型通证则代表了使用特定服务或资源的权利，其价值主要取决于相关服务或资源的供求关系。理解这两种通证类型的区别和特点，对于投资者和市场参与者来说至关重要。

其次，RWA 通证化的实现依赖于四大核心要素的支撑，分别是法律监管、金融架构、技术支持和数据应用。法律监管作为 RWA 通证化的基础，决定了哪些资产可以被通证化，以及通证化需要遵循的规则和法规。这为 RWA 通证化提供了必要的法律框架和保障。金融架构则为 RWA 通证化提供了完整的体系，包括资产的评估、审计、确权，通证的发行和交易，以及相关的风险管理机制等，以确保 RWA 通证化的透明性、可靠性和稳健性。技术支持是实现 RWA 通证化的重要工具和手段，包括区块链、智能合约、大数据、人工智能、隐私计算、预言机等前沿技术。这些技术的应用可以大大提高 RWA 通证化的效率、安全性和可扩展性，为资产的数字化转型提供坚实的技术基础。

最后，数据应用是 RWA 通证化的重要驱动力，包括资产的交易数据、市场的行为数据以及宏观经济和社会数据等。通过对这些数据的分析和应用，市场参与者可以更好地理解通证及其背后资产的价值和风险，做出更加明智的投资决策。

如图 3-1 所示，“RWA2+4 框架”为理解 RWA 通证化提供了一个全面而系统的视角。通过对两种通证类型和四大核心要素的深入分析和探讨，读者可以更好地把握 RWA 通证化的重要组成和运作机制，为参与这一新兴领域做好充分的准备。

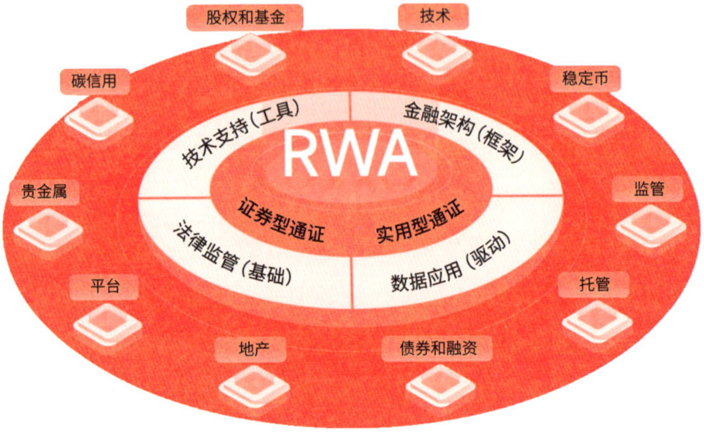

图 3-1　RWA2+4 框架

1. RWA 通证类型一：证券型通证

2017 年 7 月，SEC 指出，基于 ICO 模式产生的数字资产可能构成金融证券，需接受证券法规范。此后，SEC 展开调查，并对违法 ICO 项目进行罚款，这迫使部分 ICO 项目支付罚款并退还投资者资金。2018 年 10 月 18 日，SEC 宣布成立创新和金融科技策略中心（Strategic Hub for Innovation and Financial Technology，FinHub），将其作为与金融科技公司和立法机构进行沟通的窗口机构，旨在避免新的 ICO 活动再次触法，并加对投资者权益的保护。

许多人将 STO 视为 ICO 合规化后的升级版，后者曾是加密资产领域的主流募资及发行方式，但因风险过高被各国监管机构叫停。相比之下，STO 则提供了更加合规、风险可控的解决方案。STO 与 ICO 有以下几点本质区别：

- **通证属性不同**

  ICO 通常由早期区块链项目发行原生通证筹集资金；而 STO 专注于发行证券型通证，除了链上通证外，还可以包括由 RWA（如公司股权或实物资产）作为支撑的代币。

- **投资者权益不同**

  通过 ICO 认购通证后，投资者并不具备项目所有权和管理权，只能从通证增值中获得回报；而 STO 发行的证券型通证则代表了资产所有权，通常具备与传统证券类似的权利。

- **监管环境及风险不同**

  ICO 缺乏实际价值支撑，虽然提升了融资效率，但投资风险极高，因此遭到多国监管机构的禁止。相比之下，STO 可以参照现有的成熟证券法规，且本身具备一定的资产价值，风险相对可控。

2019 年 4 月，FinHub 在发布的框架指导中进一步明确了证券型通证和实用型通证的划分标准，其中明确指出：证券型通证用于投资目的，通常承诺未来回报，此类通证被视为证券；实用型通证通常具备特定的使用场景，例如让持有它的用户获得区块链上的产品或服务，此类通证不被视为证券。

证券型通证一般具备以下特点：

- 所有权：证券型通证通常对应对底层资产或公司的所有权。
- 收益权：一些证券型通证会给予持有者获取红利的权利，如派发股息或利息。
- 投票权：一些证券型通证会给予持有者投票权。
- 受监管：证券型通证通常会受到证券法规的监管，且这些法规是强制性的。

各个国家或地区的监管机构对于判断某一通证是否属于证券型通证，有自己的具体判断标准（见表 3-1）。

表 3–1 部分国家或地区判定某一通证是否为证券型通证的规则

国家 / 地区	规则
美国	SEC 根据《1933 年证券法》（*Securities Act of 1933*）来判断一个通证是否为证券。1946 年美国联邦最高法院判决的霍伊诉威廉姆森案件，确立了判断一种投资是否属于证券的著名标准，即豪威测试（Howey test，见图 3–2）。豪威测试有四个要点：（1）投资者是否提供资金或资产；（2）是否是投资到一个共同的企业里；（3）投资者是否存在收益预期；（4）收益是否完全依靠投资者以外的其他人的努力。只有当所有这四个条件都满足时，一个通证或其他投资形式才会被视为证券
欧盟	2020 年 10 月，欧盟出台《数字金融法案》（*Digital Finance Package*），包括 2 项数字金融立法提案：《加密资产立法提案》（*Proposal for Markets in Crypto-assets*）和《欧盟数字营运韧性管制框架立法提案》（*Proposal for Digital Operational Resilience*），细化加密通证分类标准，风险投资性质代表股权利益的证券型通证须遵守相关规定。2023 年 4 月，欧盟议会投票批准了首个数字资产法规《加密资产市场监管法案》（MiCA），明确了法规适用对象范围、数字资产的分类、监管主体及相应的信息报告制度、营业限制制度以及行为监管制度等
中国香港	2018 年，香港证券及期货事务监察委员会（SFC）表示，部分证券型通证性质类似股票需要遵守证券条例 2019 年，SFC 决定对交易这类证券型通证的虚拟资产交易平台实施监管，这一监管框架默认了证券型通证将成为资本市场的组成部分，需要被纳入监管范围 2023 年 10 月 20 日，SFC 官网对外公布《有关中介人的虚拟资产相关活动的联合通函》，并正式认可了 STO 的合法性，如通过 SFC 审核，持牌机构可以发行证券型通证 STO。同时，券商或银行若持有虚拟资产 1 号牌和 4 号牌，即可通过升级虚拟资产牌照对 C 端零售用户开展虚拟资产和证券型通证 STO 业务。2023 年 11 月 2 日，SFC 官网更新《有关代币化证监会认可投资产品的通函》，载列证监会正在考虑的：“容许根据《证券及期货条例》第 IV 部获得授权，将在香港向公众发售的投资产品进行代币化”的有关规定。并重点针对一级市场，做出了通证管理、公示披露、中介人和员工能力等多方面要求
新加坡	2017 年，MAS 发布了《数字通证发行指引》（*A Guide to Digital Token Offerings*），对通证的监管做出规定。参与利润分配的通证属于金融产品，需按证券法注册。该指引提供了 6 个案例，以区分功能型通证和证券型通证
澳大利亚	2017 年 9 月，澳大利亚证券与投资委员会发布信息报告，认为判断通证的本质属性是评估其法律地位的关键。监管原则是首先确认通证属性，然后由相关法律进行监管：如果通证具有股权属性，则视为证券监管；如果通证具有金融衍生品属性，则按照衍生品规定监管

图 3-2　豪威测试的四个要点

在全球范围内，证券型通证发行已经有了一些成功的案例，这些案例为未来证券型通证的发展提供了宝贵的经验和启示。其中有一个典型案例，Aspen Digital 于 2018 年 8 月发行了 1 800 万美元等价的 Aspen Coin 房地产证券型通证，其底层资产是位于美国科罗拉多州阿斯彭滑雪胜地的瑞吉度假酒店所有权的一部分。这个豪华度假村是全球最知名的滑雪胜地之一，拥有 179 间客房，是高净值人士梦寐以求的度假目的地。Aspen Coin 证券型通证是根据美国《1933 年证券法》D 条例 506（c）条规定针对美国合格投资者私募发行的证券，这意味着只有符合一定资格条件的投资者才能参与认购。Aspen Coin 证券型通证的持有者实际上拥有阿斯彭瑞吉度假酒店的一部分产权，他们可以通过购买和持有 Aspen Coin 来分享该酒店的收入和房地产价值增值，这为投资者提供了一种新的投资渠道和资产配置方式。

随着数字资产市场的不断发展，越来越多的金融机构开始尝试发行证券型通证。2022 年 7 月，香港上市公司 BC 科技集团旗下的 OSL 成为香港首家通过私募方式发行证券型通证的数字资产经纪商，这开创了香港证券型通证发行的先河。OSL 发行的每个通证代表 1 万美元面值的与比特币价格挂钩的美元债券，该通证在以太坊区块链上发行，以确保其安全性和透明度。BC 科技集团作为担保人，通过私募形式向合格机构投资者发行，确保了发行的合规性。该债券期限为 3 个月，除了带有固定利率票息外，持有者还可以获得与比特币价格挂钩的额外票息，当比特币价格上涨到某一价位，票息就会上升到更高的水平，这种创新的设计让投资者能够分享数字资产价格上涨的收益，同时也提供了一定的下行保护。

2022 年 5 月，MAS 启动了一项行业协作计划——守护者计划。该计划旨在与金融业深度合作，探索资产通证化的经济潜力和增值用例。此外，该计划还将测试资产通证化和 DeFi 应用的可行性，同时管理金融稳定性和完整性的风险。守护者计划的首个试点主要探索批发融资市场中潜在的 DeFi 应用，由新加坡星展银行、摩根大通和 Marketnode 牵头，涉及创建一个由通证化债券和存款组成的许可流动资金池，旨在在区块链网络上进行担保借贷。之后，守护者计划又陆续集结了 17 家金融机构开展了 5 个资产通证化的行业试点项目，参与者包括花旗银行、富达国际、纽约梅隆银行、华侨银行和蚂蚁集团等国际知名金融机构。这些机构共同探索包括上市、发行、交易、结算与资产管理等从资本市场链的各个环节到资产服务的一系列资产通证化应用场景，涵盖跨境外汇支付解决方案、多货币即时清算和结算的财务管理解决方案，以及通过数字资产网络发行通证化货币市场基金等多个方面，旨在推动资产通证化的发展和应用。

2023 年 10 月，MAS 发文称，已与日本金融厅（FSA）、瑞士金融市场监管局（FINMA）和英国金融行为监管局（FCA）合作成立了守护者计划决策者小组，旨在推进有关数字资产的法律、政策和会计处理的讨论以及识别与通证化解决方案相关的现有政策和立法中的潜在风险等。同时，这几家机构也在推进固定收益、外汇、资产管理产品数字资产试点。

2024 年 3 月，德意志银行宣布加入 MAS 的守护者计划，作为推进双方通证化技术合作的一部分。根据声明，德意志银行将协助设计并测试基于开放式架构且具备互操作性的区块链平台，以期为证券型通证产品及数字基金提供服务，并为行业制定相关标准，引领产业创新发展。该行强调，参与守护者计划有助于塑造金融服务的创新面貌，更好地回应并超越客户需求。德意志银行将与数字资产管理平台 Memento Blockchain 展开密切合作。双方此前曾在数字基金的创设与管理方面发布合作项目 DAMA。德意志银行证券投资服务部亚太区负责人兼证券投资服务全球销售总监阿南德·仁嘉岚贾（Anand Rengarajan）表示："我们将持续致力于推动数字资产在新加坡及亚太地区的发展与应用，力争成为行业先行者。"

除了推动行业试点项目外，MAS 还启动了一些新的基础设施计划，包括"全球第一层"（global layer one，GL1）和互联网络模型（interlinked network model，INM），以支持资产通证化的发展。全球第一层是一个开放的数字基础设施，由 MAS 与纽约梅隆银行、新加坡星展银行、摩根大通和三菱日联金融集团等合作，旨在促进跨境交易，确保通证化资产能够在全球流动性池中交易。互联网络模型则提供了一个跨独立网络交换数字资产的通用框架，使得金融机构能够相互进行交易，所有金融机构无须都位于同一网络上，这大大提高了资产通证化的灵活性和可扩展性。

随着数字资产市场的快速发展，越来越多的创新性项目开始出现。2024 年 5 月 3 日，由 Fasanara Capital 支持的通证化 RWA 平台 Untangled Finance 与法国金融科技贷款机构 Karmen 在 Celo 网络上开设了第一个私人信贷池。该资金池根据卢森堡证券化法规构建，初始债务上限为 600 万美元，允许合格投资者（accredited investor）[①] 存入 USDC，这为机构投资者提供了一种新的投资渠道。2024 年 5 月 7 日，香港金管局宣布成立 Ensemble 项目架构工作小组，与业界共同建立标准和提出建议，支持香港通证化市场发展。工作小组将推动制定业内标准，以支援批发层面的央行数码货币（wCBDC）、通证化货币和通证化资产之间的互通性。工作小组会就特定议题提出建议，初期会聚焦为通证化资产交易建立机制，透过 wCBDC 顺畅地进行通证化存款的银行同业结算。工作小组也会协助设计和构建计划于 2024 年年中推出的 Ensemble 项目沙盒，进一步研究及测试通证化用例。

① SEC 将合格投资者定义为以下两种情况之一：个人在最近两年中每年总收入超过 200 000 美元，或与配偶或伴侣的共同收入在这些年份中超过 300 000 美元，并且有合理预期在当前年度达到相同的收入水平；个人净资产，或与该人的配偶或伴侣的共同净资产超过 1 000 000 美元，不包括该人的主要住所。

2. RWA 通证类型二：实用型通证

实用型通证是区块链和数字经济领域中的重要工具，它可以作为使用产品或服务的许可证，或者作为某种数据的载体，用于访问特定网络或平台的服务或功能。实用型通证的价值主要由其在特定场景中的实用性决定，与网络或平台生态内参与者的活跃度成正比。以太坊网络的原生通证 ETH 就是一个典型的实用型通证，用户需要用 ETH 来支付 Gas 费用，这样才能在以太坊网络上进行转账或执行智能合约。这意味着 ETH 的价值在很大程度上取决于以太坊网络的活跃度和使用情况，网络上的交易和应用越多，对 ETH 的需求就越大，其价值也就越高。

需要强调的是，实用型通证与证券型通证有着本质的区别。实用性通证并不代表对项目的所有权或收益权，持有者也不会获得股息或利息等形式的回报。相反，实用型通证的主要目的是为了访问和使用特定的产品、服务或网络，其价值主要来自其在生态系统中的实用性，而不是作为一种投资工具。这一点与证券型通证形成了鲜明的对比，后者代表了对项目或资产的所有权，并且通常会提供一定的财务回报。

实用型通证可以进一步细分为四类：奖励通证（reward token）、产品或服务通证（usage token）、治理通证（governance token）和数据通证（data token）。奖励通证通常用于激励用户参与特定的活动或行为，例如在社交媒体平台上创作和分享内容，或者在 DeFi 协议中提供流动性。产品或服务通证则用于访问特定的产品或服务，例如在去中心化存储网络中购买存储空间，或者在区块链游戏中购买虚拟物品。治理通证赋予持有者参与平台或协议治理的权利，例如对提案进行投票或提名代表。数据通证则代表了对特定数据的访问权，例如个人的健康数据或者物联网设备产生的数据。

值得注意的是，这些不同类型的实用型通证并不是相互排斥的，一个通证在设计和实施时可能会同时具备多种属性，融合不同的功能和用途。例如，一个奖励通证可能同时被用作产品的支付工具，用户可以用奖励通证来购买平台上的商品或服务。或者，一个治理通证可能与奖励通证相结合，用户可以通过参与平台活动来赢取治理通证，从而获得参与平台决策的权利。再比如，数据通证可能会与产品或服务通证捆绑在一起，用户在提供自己的数据的同时，可以获得对特定服务的访问权。

这种交互性和多重功能的结合，使得实用型通证在区块链和数字经济领域中变得日益重要。它不仅仅是简单的支付工具，更是连接用户、开发者、数据提供者和其他参与者的纽带，在激励协作、促进共享、实现自治等方面发挥着关键作用。随着区块链技术的不断发展和成熟，实用型通证也在不断演进，呈现出更多的创新性和可能性。它们为探索新的经济模式和组织形式打开了大门，有望在未来塑造一个更加开放、透明、共享的数字经济时代。

奖励通证

奖励通证的主要目的是奖励用户对特定平台或服务的参与和贡献。通过发放奖励通证，项目方可以有效地激励用户在一定时间内与平台保持紧密的关系，并鼓励他们做出更多正面的贡献行为。例如，当用户在平台上进行交易、参与社区建设、贡献资源和时间或者完成特定的任务时，他们就有机会获得一定数量的奖励通证。这些通证通常可以在相应的平台上用于购买商品和服务，享受特定的权益，或者在各大交易所上进行交易，因而具有实际的经济价值。对于企业或项目方而言，奖励通证提供了一种新颖而有效的方式，用以吸引和维系用户，激发他们的积极性和创造力，从而促进平台的健康发展和生态繁荣。

以太坊域名服务（ENS）的空投策略是奖励通证在区块链领域得到成功应用的典型案例。ENS 是一种去中心化的域名系统，旨在将冗长、难以记忆的以太坊地址转化为简洁易用的域名。为了推广 ENS 的应用，吸引更多用户参与，并奖励早期支持者，ENS 项目方在 2021 年 11 月 9 日公布了一项大规模空投计划，将总量为 1 亿枚的 ENS 通证中的 25%（即 2 500 万枚）免费发放给符合条件的用户。只要用户在 2021 年 11 月 1 日之前注册过 ENS 的 .eth 二级域名，就可以获得相应的 ENS 通证奖励。值得注意的是，ENS 项目方还制定了一系列细化的空投策略，用户获得的奖励数量与他们持有 ENS 域名的时间和距离域名到期的时间成正比。这种策略不仅鼓励用户与平台形成长期而稳定的关系，更激励他们为 ENS 的发展做出持续的贡献。事实证明，ENS 的空投活动取得了巨大成功，不仅显著提升了平台的用户基数和域名注册量，还使 ENS 通证在多家交易所上市并快速增值，为早期支持者带来了可观的经济回报。

这一案例充分展示了奖励通证在吸引用户、促进生态建设、实现网络价值共享等方面的巨大潜力，为其他区块链项目提供了宝贵的经验和启示。ENS 空投的成功，为其他区块链项目如何设计和实施奖励通证提供了非常好的参考和启发。它展示了奖励通证在吸引用户、激励贡献、促进发展等方面的巨大潜力。通过合理设计奖励通证的分配规则和释放曲线，项目方可以将用户的利益与平台的长期发展紧密结合，从而形成一种互利共赢的正向循环。同时，奖励通证也为用户提供了一种全新的激励方式和价值实现途径，使他们能够在参与平台建设的过程中获得切实的回报，分享平台发展的成果。

另一个值得关注的奖励通证案例是 Optimism（OP）的空投活动。Optimism 是一个建立在以太坊网络之上的 Layer 2 扩容解决方案，旨在通过使用乐观卷叠（optimistic rollup）技术来提高以太坊的交易吞吐量和可扩展性。为了回馈早期用户，并激励更多的人参与 Optimism 生态系统的建设中来，Optimism 项目方在 2022 年 5 月 31 日发起了一场大规模的 OP 通证空投活动。根据空投规则，早期使用 Optimism 网络（如在 Optimism 上进行过交易、部署过智能合约、参与过网桥互换等）的用户都有资格获得一定数量的 OP 通证奖励。此外，Optimism 还为那些在以太坊主网上参与过 DAO 治理、多签钱包、Gitcoin 捐赠等活动的用户提供了额外的奖励。这种多维度的奖励机制，不仅考虑了用户在 Optimism 网络上的直接贡献，也考虑了他们在更广泛的以太坊生态系统中的参与度和影响力，从而更加全面而公平地回馈了不同类型的用户。与 ENS 类似，Optimism 的 OP 通证空投也获得了巨大的成功。大量用户通过各种方式参与到了 Optimism 网络的建设和生态发展中来，Optimism 的用户活跃度和网络使用率都得到了显著提升。OP 通证上线后，也受到了市场的广泛欢迎，价格在短时间内大幅上涨，为早期参与者带来了丰厚的回报。更重要的是，通过 OP 通证，Optimism 构建了一个由用户、开发者、项目方等多方利益相关者共同参与的生态系统，大家可以通过持有和使用 OP 通证来分享 Optimism 网络的发展成果，形成了一种良性的激励和协作机制。

ENS 和 Optimism 的案例充分展示了奖励通证在区块链领域的巨大潜力和广阔应用前景。通过合理设计和发放奖励通证，项目方可以有效激励用户参与，促进生态建设，实现网络价值的共享和增长。对于用户来说，奖励通证也提供了一种全新的激励方式和财富创造机会，令他们能够在参与平台建设的过程中获得收益。

产品或服务通证

产品或服务通证的主要功能是作为特定服务或产品的使用权凭证。持有这种通证，用户就可以在相应的平台或网络中获取和使用某种服务或产品。通常，用户需要使用这些通证在平台或网络内进行支付，以购买所需的服务或产品。这种通证模型为平台或网络的运作提供了一种新的经济驱动力，同时也为用户参与和使用这些服务或产品提供了一种便捷的方式。

basic attention token（BAT）就是一个成功应用产品或服务通证的典型案例。BAT 是一种用于数字广告和内容领域的实用型通证，致力于解决当前在线广告行业面临的一系列问题，如用户隐私侵犯、广告欺诈、广告收入分配不公等。BAT 通证主要应用于 Brave 浏览器，这是一款内置了隐私保护和广告拦截功能的新型网页浏览器。用户在使用 Brave 浏览器上网时，可以选择观看具有隐私保护的广告，并因此获得一定数量的 BAT 通证作为奖励。同时，用户也可以使用 BAT 通证来支持自己喜欢的内容创作者，如网站、博主等。内容创作者则可以通过接受用户的 BAT 打赏，获得直接的经济回报，而无须依赖传统的广告模式。对于广告主而言，他们可以使用 BAT 购买 Brave 平台上的广告位，利用 Brave

的隐私保护和精准投放功能，触达真正感兴趣的用户群体。BAT 通证的这种设计，在 Brave 浏览器的生态系统中形成了一个多方共赢的局面。用户可以在获得优质内容服务的同时，保护自己的隐私，并因观看广告而获得奖励；内容创作者能够获得更加直接和公平的经济回报，有动力创作更多的优质内容；而广告主则能够更加精准、高效地投放广告，提升广告转化率和投资回报率。BAT 通证作为这一切的纽带，有效地将用户注意力、内容价值和广告效果转化为真实的经济激励，从而驱动整个生态系统的良性发展。BAT 的案例充分展示了产品或服务通证在重塑商业模式、激励多方参与、促进价值流通等方面的巨大潜力。它为我们提供了一个全新的视角，去思考如何利用区块链技术和通证经济，来解决传统行业中的痛点和挑战，创造更加公平、高效、可持续的价值流通和分配机制。

总的来说，产品或服务通证在区块链领域有着广阔的应用前景。通过合理的设计和实施，这类通证可以为特定的产品或服务构建起一套全新的经济激励和价值流通体系，有效地将用户、提供者、开发者等多方利益关联起来，形成一个共生、共荣的生态网络。BAT 的案例就充分证明了产品或服务通证在促进协作、激发创新、重塑商业模式等方面的巨大潜力。随着区块链技术的不断发展和成熟，我们有理由相信，产品或服务通证将在越来越多的场景和行业中得到应用，为构建一个更加高效、透明、可信的数字经济时代贡献自己的力量。

治理通证

治理通证的核心功能在于为持有者提供在特定平台或网络中的投票权和治理权。通过持有和使用治理通证，用户可以积极地参与到平台的决策过程中，对平台的发展方向、规则制定、参数调整等重大事项进行投票和表决。这种参与机制为用户创造了真正意义上的“平台所有权”，让他们能够对自己使用的平台或服务产生实质性的影响力，成为平台治理的一部分。治理通证的引入，不仅增强了用户的参与感和归属感，也为项目方提供了一种与社区深度互动、共同推动平台进步的有效途径。

在众多的 DeFi 项目中，治理通证都发挥了至关重要的作用，成为平台去中心化治理的基石。以著名的去中心化借贷平台 Compound 为例，该平台在 2020 年 2 月引入了 COMP 治理通证，这标志着其治理机制的重大升级。在此之前，Compound 平台的管理权限主要掌握在核心团队手中，这与其去中心化的理念存在一定的矛盾。而 COMP 通证的推出，则将平台治理的权力分配给了所有的通证持有者。COMP 持有者不仅可以就平台的关键决策进行投票，如利润分配方案、费率调整等，还可以在社区论坛上参与相关议题的讨论和提案。为了方便用户参与治理，Compound 还采用了一种创新的无 Gas 投票和委托机制。用户可以在链下完成投票签名，并委托第三方将投票上传到链上，从而避免了 Gas 费用的支出。这种机制大大降低了治理参与的门槛，鼓励更多的用户积极地行使自己的治理权力。可以说，COMP 通证为 Compound 平台的去中心化治理提供了坚实的基础，让用户成为了真正的平台所有者和决策者。

另一个成功运用治理通证的项目是去中心化交易所 Uniswap。作为一个全球领先的 DeFi，Uniswap 在 2020 年 9 月推出了 UNI 治理通证，旨在将平台的控制权转移给社区。UNI 通证不仅是 Uniswap 生态系统的治理工具，也是一种价值捕获和分配的手段。Uniswap 将其 60% 的 UNI 通证分配给了平台用户、流动性提供者和社区成员，以回馈他们对平台发展所做的贡献。UNI 持有者可以通过 Uniswap 的治理平台对各种提案进行投票，决定平台费率、流动性挖矿计划、新功能开发等重要事项。同时，UNI 持有者还可以通过质押通证来获得平台手续费收入的分成，这为他们提供了长期的经济激励。Uniswap 通过 UNI 通证巧妙地将用户利益与平台利益绑定在一起，形成了一个激励相容、互利共赢的生态系统。UNI 通证不仅赋予了用户平台治理的权力，也让他们成为平台收益的受益者，极大地增强了用户的参与动力和忠诚度。

MakerDAO 是另一个将治理通证的功能发挥得淋漓尽致的项目。作为最早诞生的 DeFi 之一，MakerDAO 以其创新的抵押债仓机制和稳定币 DAI 而闻名。而支撑起这一切的，正是 MakerDAO 独特的治理通证 MKR。MKR 通证代表了对 MakerDAO 系统的管理权，持有 MKR 就意味着拥有对系统的治理权和决策权。MKR 持有者需要对一系列系统参数进行投票决策，如抵押品种类、抵押率、稳定费率、DAI 存款利率等。这些参数的调整直接关系到 DAI 的稳定性和系统的安全性，事关整个平台的命运。因此，MKR 持有者必须审慎地行使自己的投票权，并为自己的决策承担起相应的责任。例如，如果系统出现了不可抵押债仓，导致系统资不抵债，那么 MKR 持有者需要通过 MKR 拍卖来弥补系统亏空。可以说，MKR 通证不仅是 MakerDAO 治理的核心，也是维系整个系统稳定运行的关键。它将平台的管理权和风险责任都分配给了 MKR 持有者，形成了一套去中心化自治的运行机制。MakerDAO 的成功充分证明了治理通证在构建复杂 DeFi 中的重要作用，为后来的众多项目提供了宝贵的经验。

近年来，治理通证已经成为区块链项目实现去中心化治理的重要工具。它将项目方、用户、社区联结在一起，形成了一个利益相关、责任共担的生态共同体。通过治理通证，用户可以真正地参与到平台的决策中来，推动平台的不断进化和完善。项目方则可以通过让渡部分控制权，获得社区的信任和支持，实现更加透明和可信的运营。Compound、Uniswap、MakerDAO 等项目的成功实践，充分展示了治理通证的巨大潜力。随着越来越多的项目开始尝试和应用治理通证，我们有理由相信，去中心化治理将成为未来区块链项目的重要发展方向。而治理通证则将在推动区块链行业走向成熟和完善的进程中扮演越来越重要的角色。

数据通证

在数字经济时代，人类社会经济活动产生的数据量呈现出前所未有的指数级增长。面对如此海量的数据，我们亟须找到一种安全、高效的方式来存储、访问和利用这些宝贵的数据资源，使其真正成为推动社会进步和经济发展的“数据资产”。然而，要实现这一目标，我们必须妥善解决两个关键问题：一是如何确保数据的安全与隐私保护；二是如何促进数据的分享与流动。传统的数据管理模式往往难以平衡这两个看似矛盾的诉求，而数据通证化则为我们提供了一个全新的解决思路。所谓数据通证化，就是将数据集转换为通证的形式，并在区块链平台上进行流通和交易。通过这种方式，我们可以在保证数据安全和隐私的同时，最大限度地激活数据价值，实现数据要素的优化配置和高效利用。

GoodData Foundation（以下简称 GoodData）是一个典型的数据通证化应用案例。作为一个致力于加强数据保护并实现数据价值的区块链平台，GoodData的核心目标是通过创新的技术手段，在数据存储、使用和共享的全生命周期中实现安全与高效的平衡，让数据”可用而不可见”，从而充分释放数据价值。在GoodData 平台上，数据交易双方无须通过可能导致数据丢失或泄漏的中心化平台进行数据转移，而是通过数据通证的形式来实现数据的流通和交换。这种去中心化的数据交易机制，不仅最大限度地保护了数据拥有者的权益，也为数据需求方提供了一种安全、可信的数据获取渠道。

更重要的是，GoodData 还设计了一套丰富的激励机制，来鼓励各方参与数据交易，从而形成一个生机勃勃的数据经济生态。在这个生态中，数据通证化发挥了至关重要的作用，它不仅大大增加了数据的流动性，也让几乎所有参与者都能够从平台中获益。具体而言，数据拥有者可以在 GoodData 专有的区块链平台上发布自己的数据集，并获得相应的数据通证 GooD 作为回报；资源提供者可以通过共享数据集、模型、算法等，来赚取 GooD 通证；而数据需求方则可以通过购买 GooD 通证，来获得所需数据的使用权。此外，即便是普通用户，也可以通过质押 GooD 通证或为平台提供流动性，来获得一定的收益。这种多方参与、共建共享的数据经济模式，不仅激发了所有参与者的积极性，也为数据要素的高效配置和价值实现提供了一个理想的平台。

另一个值得关注的数据通证化项目是 Ocean Protocol。与 GoodData 类似，Ocean Protocol 也致力于打造一个去中心化的数据交易和共享生态，以解决当前数据经济面临的隐私保护、数据孤岛等问题。在 Ocean Protocol 平台上，数据提供者可以通过发布数据资产并将其通证化，来实现数据的安全共享和交换。数据通证不仅代表了对数据资产的所有权，也可以用于数据交易和访问控制。通过数据通证，数据提供者可以灵活地设置数据的定价、使用条件和访问权限，确保自己的权益得到充分保障。而数据需求方则可以通过购买和使用数据通证，来获取所需的数据资源，用于分析、挖掘和应用。

Ocean Protocol 的一大创新在于，它引入了一种基于 Balancer 的 AMM 机制，来促进数据通证的流动性和价格发现。每一个数据资产都对应一个独立的资金池，数据通证可以与其他通证（如 Ocean 平台币）进行自由兑换。这种机制不仅为数据通证提供了流动性支持，也为数据定价提供了市场化的参考基准。此外，Ocean Protocol 还设计了一套基于激励的数据治理模型，数据治理通证（Ocean DAO Token）持有者可以参与平台的重大决策，如数据共享规则的制定、数据质量的评估等。这种去中心化的治理机制有助于形成一个公平、透明、可信的数据交易环境，吸引更多的参与者加入数据经济生态。

总之，数据通证化已经成为数字经济时代的一个重要趋势和创新方向。通过将数据资产转化为通证形式并嵌入激励机制，数据通证化为数据要素的确权、定价、流通和应用开辟了新的发展空间。

3. RWA 核心要素一：法律监管

RWA 通证化作为一种创新的金融工具，在将其推向市场之前，必须首先确保其在法律框架内的合规性。对于这一领域的金融创新，合法性与遵循性是不可或缺的前提条件。为了维护金融市场的稳定，保护消费者的合法权益，全球各国的监管机构都在逐步建立起详尽且严格的法规体系，以规范和指导现实世界资产的通证化进程。在许多国家和地区，RWA 通证化可能会被界定为一种证券发行行为，因此需要遵守相应的证券法规。这就要求发行方在开展通证化业务之前，必须先取得适当的监管批准或持有相关的金融牌照。由此可见，深入研究并严格遵循这些监管规定，不仅是确保资产通证化流程和结果合法性的必要条件，更是 RWA 通证化成功的重要基石（见表 3-2）。

2023 年 11 月 2 日，SFC 发布了《有关中介人从事代币化证券相关活动的通函》（以下简称《通函》），为在香港开展 RWA 通证化提供了一系列明确的政策指引。首先，针对通证化证券的定义，SFC 作出了明确的规定。根据定义，通证化证券是指属于《证券及期货条例》附表 1 第 1 部第 1 条所界定的“证券”的传统金融工具（如债券或基金），且在其证券生命周期内运用了分布式账本技术（例如区块链）或类似技术。在定位方面，SFC 认为通证化证券是数字证券的一个子类别。从本质上讲，通证化证券是以通证形式包装的传统证券，现行针对传统证券市场的法律及监管规定仍适用于通证化证券。因此，中介机构开展的各类活动均受证券相关法规的约束，这些活动包括：分销通证化证券或就通证化证券提供意见、管理通证化基金的通证化证券、管理投资于通证化证券的基金，及在虚拟资产交易平台上进行通证化证券的第二市场买卖。

一方面，SFC 认为，如果符合所有适用要求和额外的风险保障措施，允许通证化产品进行一级交易是合适的。另一方面，SFC 对通证化产品的二级交易持更为谨慎的态度，认为需要提供与非通证化产品投资者类似的保护。总的来说，SFC 支持中介人采取措施将传统证券通证化。《通函》的重点是向中介人提供指引，以应对和管理因使用这项新的通证化技术而引起的新风险，从而推动通证化市场以稳健、负责任及可持续的方式发展。

表 3–2 各国家 / 地区通证化资产发行相关牌照 / 资质

国家或地区	活动	牌照 / 资质
美国	开设交易证券型通证的数字资产交易平台	进行证券型通证买卖交易的交易平台，需要向 SEC 登记注册为证券交易所或获得另类交易系统（ATS）许可
	募资中介注册	代替发行方进行证券型通证发售和交易的中介机构，需要向 SEC 或美国金融犯罪执法局（FinCEN）登记注册，成为经纪交易商或其他相关中介角色
	托管资金	处理投资者资金的钱包或托管服务可能需要向 FinCEN 登记注册为支付机构或在州监管机构获得支付业务牌照
	发行证券型通证	公司发行通证之前，必须在 MAS 提前备案，并且在发行和交易的过程中必须遵守《证券及期货法》（SFA）和《财务顾问法》（FAA）的相关要求，提交公开招股说明书，但在一些情形下，可以豁免公开招股说明书
新加坡	发行证券型通证，并豁免公开招股说明书	在证券型通证的发行方面，新加坡为了支持初创企业和其他组织更为便捷地进行融资，设定了一些豁免公开招股说明书的情况： 1. 小额发行：如果一个公司在 12 个月内的筹款额不超过 500 万新元，那么该公司可能不需要进行全面的证券注册； 2. 私募：公司在 12 个月内向不超过 50 个投资者进行私募融资，可能不需要进行证券的全面注册； 3. 仅面向机构投资者：如果证券的发行和销售仅面向机构投资者，那么可能不需要进行全面的证券注册； 4. 仅面向合格投资者：公司仅向合格投资者发行和销售证券，那么可能不需要进行全面的证券注册
	提供一系列资本市场服务，包括交易证券型通证、管理投资组合、提供投资建议等	资本市场服务（capital markets services，CMS）许可证
	运营证券型通证的交易平台	公认市场运营商（recognised market operator，RMO）许可证
中国香港特别行政区	虚拟资产服务提供商（VASP）牌照	所有在中国香港特别行政区经营业务或向中国香港投资者积极推广其服务的中心化虚拟资产交易所，不论它们有否提供证券型通证交易服务，都必须获 SFC 发牌并受其监管。持牌虚拟资产交易所被允许向零售投资者提供服务，但只有非证券且在传统金融指数之一中具有高流动性的通证可以向零售投资者提供

鉴于通证化证券在本质上是以通证形式包装的传统证券，SFC 在风险管控方面秉持“同一业务、同一风险、同一规则”的原则。不过，SFC 也意识到通证化证券相比传统证券而言，存在一些新的风险点：其一，通证化证券在交易过程中，其所有权的转移和记录方式有别于传统证券，可能引入额外风险；其二，通证化证券还面临区块链网络中断和网络安全方面的隐患。此外，分布式账本技术可分为私有许可链、公有许可链和公有非许可链三种类型，SFC 认为应根据不同类型采取差异化的监管措施：

- 对于私有许可链，由于参与节点通常较为可控，风险相对较低，可适度简化监管要求。
- 对于公有许可链，虽然公众可参与共识和交易验证，但发行人和节点仍需获得许可，应当履行必要的尽职调查和信息披露义务。
- 对于公有非许可链，由于完全开放、匿名性强，因此监管难度最大，可能需要通过合格投资者限制、投资额度管控等更为严格的措施来管理风险。

根据《通函》的要求，通证化投资产品的提供商需要承担一系列重要义务。例如，提供商应对所采用的通证化协议承担最终责任，确保其管理和运营的健全性，并妥善保存所有权记录，无论是否外包相关业务；应确保通证持有人的权益记录得到妥善保存，通证化安排与服务提供商兼容；应管理网络安全、数据隐私、系统中断等风险，制订业务连续性计划；不应在没有额外控制措施的情况下使用公共区块链；应根据要求向 SFC 证明通证化协议的健全性和记录的完整性；应按要求进行第三方审计，并取得满意的法律意见书。此外，产品提供商还应向证监会确认至少有一名具备相关经验及知识的员工来运营和监督通证化安排，并妥善管理所有权和技术新风险。对于计划寻求认可的新通证化产品，需要事前咨询 SFC ；而将现有产品通证化也须事前咨询，相关更改可能需要事先获得批准。

《通函》明确指出，分销证监会认可的通证化产品的中介应为受监管的中介，如持牌法团或注册机构。这些中介机构应遵守现行的规则和指引，如进行 KYC 以及适当性评估等。在信息披露方面，《通函》也提出了一系列要求。例如，通证化产品的发售文件应清楚地披露通证化安排的详细信息，特别是明确说明是采用区块链下结算还是链上结算作为最终结算方式；应披露通证所代表的所有权或权益，包括通证的法定所有权和实益所有权，以及产品的所有权或权益；应充分披露与通证化相关的风险，如网络安全风险、系统中断风险、技术缺陷风险、监管环境变化风险以及现有法律应用面临的挑战等。

除中国香港以外，新加坡也是全球数字资产和通证化创新的重要中心之一。MAS 对证券型通证采取了与传统证券类似的监管方式。根据新加坡 SFA，任何“资本市场产品”的要约或发行都需要遵守 SFA 的要求，包括注册、许可、信息披露等。数字通证如果符合“资本市场产品”的定义，如代表股权、债权等投资权益，那么其发行和交易就需要遵循 SFA。但与此同时，MAS 也为通证发行提供了一些豁免安排，如“小额发行”豁免（不超过 500 万新元或等值外币，12 个月内不超过 50 名投资者）、“私人配售”豁免（不超过 50 名投资者，无公开营销）、“机构投资者”豁免等。

2017 年 8 月 1 日，MAS 首次发布关于 ICO 监管的声明，表示对非证券属性的 ICO 不进行监管。同年 11 月，MAS 又发布了《数字通证发行指引》（*A Guide to Digital Token Offerings*，以下简称《指引》）。尽管当时 STO 这一概念尚未被提出，但《指引》对数字通证发行的监管规则进行了较为详尽的阐述。根据《指引》，如果某个数字通证属于 SFA 规定的资本市场产品，则将受到 MAS 的监管。根据 SFA，资本市场产品包括任何证券、集体投资计划中的单位、衍生品合约和现货外汇合约，以进行杠杆式外汇交易。这意味着数字通证并非一个单独的产品类型，而是可能构成股份、债券、商业信托份额、以证券为基础的衍生工具合约或集体投资计划份额等多种形态。因此，对具体数字通证的管理需要根据其所属产品类型，应用于不同的法律，如 SFA 和《支付服务法案》（*Payment Services Act*）等。

此外，MAS 还注意到中介机构在数字通证发行中扮演的重要角色。根据《指引》，中介机构不仅包括发行和交易数字通证的主体，还包括为数字通证提供投资建议的主体。因此，提供投资建议的主体应受到《财务顾问法》（*Financial Advisers Act*）的约束。值得一提的是，即使受监管主体部分位于海外，或虽然全部位于海外但能够吸引新加坡公众使用其顾问服务，也应被视为在新加坡提供投资建议服务，需要遵守相关法规。为了更加具体地阐明法律适用问题，MAS 在《指引》中还列举了一系列案例，为市场参与者提供了更加明确的合规指导。总的来说，新加坡对数字通证发行采取了较为审慎又兼顾创新的监管思路，在防范风险的同时，也为数字通证市场的健康发展留足了空间。

MAS 在《指引》中指出，任何以创新方式运用技术提供受 MAS 监管金融服务的公司，都可以申请参与监管沙盒。监管沙盒为金融科技公司提供了一个安全的环境，让其在有限的范围内测试创新产品和服务，同时降低对金融体系和消费者的潜在风险。对于申请加入监管沙盒的公司，MAS 将根据《金融科技监管沙盒指引》（*FinTech Regulatory Sandbox Guidelines*）中规定的标准进行评估。这些标准包括创新性、客户利益、风险管理措施的完善性等多个方面。通过监管沙盒，MAS 可以更好地平衡金融创新与风险防范，为金融科技的发展营造有利的制度环境。在《指引》的最后部分，MAS 强调，相关主体应仔细阅读指引内容，参考其中列举的案例，以更好地理解数字通证发行的合规要求。同时，如果市场参与者对指引有任何疑问或需要进一步澄清，应当以书面方式向 MAS 进行咨询。这充分体现了 MAS 在数字通证监管方面的开放和透明态度，有助于鼓励业界与监管机构保持积极沟通，共同推动数字通证市场规范有序发展。

而在美国，证券型通证发行主要有两种合规途径：一是根据《1933 年证券法》向 SEC 登记注册；二是在无须注册的情况下，通过获得豁免的方式进行证券发行，规避注册要求。具体而言，这些豁免条款包括小型 IPO（Regulation A+）、众筹豁免（Regulation CF）、私募股权融资（Regulation D）和美国境外发行证券（Regulation S）等。

- 小型 IPO 允许公司通过公开发行的方式在一定额度内筹集资金，同时允许向非合格投资者出售证券。

- 众筹豁免允许公司通过众筹的方式筹集资金，但筹资总额有限制。
- 私募股权融资允许公司在不必向 SEC 注册的情况下，向合格投资者私下发行证券。
- 美国境外发行证券规定，如果证券发行是在美国境外完成的，那么这个发行可能不需要遵守《1933 年证券法》的某些要求。

除了设定新的 RWA 通证化监管政策，还有许多国家选择在其现有的金融和证券法规框架内提供了对通证化及其交易的指导和规范，以适应快速发展的 RWA 领域。这种策略的优势在于，它可以为市场参与者提供一个熟悉和可预测的监管环境，同时确保 RWA 通证化活动的透明性、公平性和安全性。这也意味着，许多传统金融机构和交易所可以利用他们现有的许可和资质来探索这个新兴领域，而不需要从头开始寻求新的授权或遵循全新的法规。例如，德意志交易所和明迅银行开发了 D7 数字交易结算平台，这是一个在德国和欧盟监管框架内运作的平台，基于德意志交易所现有的牌照，提供并支持证券型通证的当日发行①、自动化直通式处理（straight through processing，STP）②，以及去中心化和自动结算和托管系统。

除了金融牌照和资质之外，在推进 RWA 的通证化时，还需要考虑一系列合规因素，包括 AML、KYC、税收、信息披露、司法管辖、知识产权保护和不动产法等（见表 3-3）。

表 3-3　RWA 通证化法律监管主要考虑因素和案例

监管要求	解释	案例
AML 和 KYC	通证化必须遵守 AML 和 KYC 规定	2022 年 10 月，美国财政部对数字资产交易所 Bittrex 实施了两项执法行动，罚款总计 5 300 万美元，因其涉嫌违反制裁和反洗钱法

① 这意味着证券型通证可以在同一天内被发行并开始交易，大大提高了市场的灵活性和效率。

② 指从交易发起到结算的全过程都是自动化，无须人工干预。这不仅提高了处理速度，而且减少了出错的可能性。

续表

监管要求	解释	案例
税收	RWA 通证化会影响投资者和发行方的纳税责任	根据美国国内收入署现行规定，从空投中接收数字资产、来自 DeFi 借贷的数字资产收入、来自区块奖励和交易手续费的数字资产挖矿收入、从流动资金池和计息账户中获得数字资产以及接收数字资产作为工资、报酬等都属于所得税事件，按照所得税规则进行计税；而将数字资产兑换为法币、赠送数字资产、使用数字资产购买商品和服务以及将一种加密资产更换为另一种加密资产等事件则涉及数字资产的资本利得税
信息披露	通证发行方需要真实、准确地披露底层资产信息	BUSD 稳定币因为储备资产构成和管理情况缺乏透明度，被美国纽约州金融服务部（NYDFS）命令停止发行
司法管辖和跨境合作	通证化可能会引发司法管辖问题，特别是底层资产和通证发行主体位于不同的司法管辖区，通证化过程受不同司法管辖区法律管辖的影响，甚至出现无法明确应该适用哪个或哪些司法管辖区法律等情况	Facebook（现名 Meta）的 Libra（后更名为 Diem Coin）稳定币就曾经面临许多国家和地区监管机构的质疑，遭遇多方阻力。美国参议院银行委员会对 Libra 提出监管审查；欧盟委员会强调 Libra 必须完全符合欧盟法规才能在欧洲运营。监管部门普遍认为，Libra 可能影响本国或本地区货币政策、金融稳定以及反洗钱规定。这凸显出通证化资产的全球化特点，需要各国监管部门加强沟通合作，协调政策，以实现跨境监管协作
底层资产托管和管理	底层资产的托管和管理是监管机构关心的重要问题	艺术品、贵金属和房地产等底层资产必须由专业的第三方机构进行妥善托管和管理，以确保资产的完好
知识产权保护	如果通证化资产涉及知识产权，还需要遵守相关的财产法律和知识产权法律	Planetary Tokenized 尝试利用区块链来管理可再生能源项目，但遇到电网专利问题，不得不支付特许使用费用来解决。一些艺术品通证化项目则需要向博物馆取得许可，并确保通证化后的艺术品不会触犯原作者权益
不动产法	在通证化过程中，如果涉及房地产，就需要提供完整的产权证明文件，以确保权属清晰。此外，处理不动产通常需要遵守一定的手续要求，因为这些资产可能受到城市规划和其他政策考虑的影响，超出私人的利益范畴	2019 年，贝克・麦坚时律师事务所作为法律顾问，为英国投资公司 Knight Dragon 的伦敦 Upper Riverside 项目的第四座大楼经济权益的通证化提供咨询服务，帮助其完成伦敦市中心首个物业通证化项目

总的来说，RWA 通证化作为一种新的资产管理和交易方式，具有巨大的潜力和价值，各国监管机构需要根据自身的法律环境和对区块链技术的理解，制定相应的监管政策，以确保通证化的健康发展。同时，通证化的实施方也需要充分了解并遵守这些法律规定。

4. RWA 核心要素二：金融框架

RWA 通证化的成功实施离不开稳健的金融框架。这一框架需要确保底层 RWA 得到准确评估，并具有足够的透明度。因此，设计一个健全的金融服务架构和风险管理策略，对于有效开展通证化业务至关重要。在实践中，RWA 通证化通常涉及多个法律主体和复杂的交易结构设计，需要综合考虑法律、会计、税务等多个维度的要求。

在架构选择方面，成立开曼群岛的 SPV 是一种常见的做法。这种架构通常包括两个关键主体：特殊目的公司（special purpose company，SPC）和特殊目的信托（special purpose trust，SPT）。SPC 作为发行通证的主体，通过出售通证募集资金，并将募集所得用于购买底层资产或资产支持证券。SPT 则作为通证持有人的受托人，代表通证持有人的利益，对 SPC 进行监督和管理。通过这种分工，SPC 和 SPT 形成了制衡机制，有助于保护通证持有人的权益。在这一架构下，SPC 通常会设立多个独立的子公司，每个子公司对应一个特定的资产组合或投资策略。这种安排被称为隔离单元（segregated portfolio）或保护单元（protected cell）。每个隔离单元都是独立核算、自负盈亏的，在法律和财务上相互隔离。这种机制有助于实现风险隔离和防火墙保护，即某一隔离单元的损失不会蔓延到其他单元或母公司。

另一种常见的架构是成立开曼群岛的有限合伙基金（limited partnership fund），并将基金份额进行通证化。在这一架构下，基金管理人作为普通合伙人（general partner，GP），负责基金的运营和投资决策；基金投资者作为有限合伙人，以认购基金份额的方式提供资金。基金管理人可以将募集到的资金投资于各类 RWA，如房地产、基础设施、知识产权等。同时，基金管理人还可以将基金份额进行通证化，在二级市场上向更广泛的投资者募集资金。通过这种方式，基金份额的流动性得到显著提升，有助于吸引更多的投资者参与。

尽管上述架构各有优势，但在实际操作中仍面临诸多问题和挑战。

一个核心问题是，如何确保通证与底层资产的一一对应，并保持同步。这需要建立可靠的技术和法律机制（如智能合约、数字证书等），以确保通证的发行、转让、清算等各个环节与底层资产的变动保持一致。此外，还需要建立健全的信息披露机制，确保通证持有人能够及时、准确、完整地了解底层资产的状况和风险。

另一个核心问题是如何管理通证化过程中的各类风险，如法律风险、操作风险、技术风险等。这需要制定完善的风险管理策略和应急预案，对各类风险进行识别、评估、监测和控制。例如，在法律风险方面，需要确保通证化方案符合各项法律法规的要求，并对潜在的法律风险进行评估和防范；在操作风险方面，需要建立健全的内部控制机制和业务流程，确保各项操作合规、有序、高效；在技术风险方面，需要选择成熟可靠的技术方案，并对系统的安全性、稳定性、可扩展性等进行充分论证和压力测试。

此外，通证化方案的设计还需要兼顾投资者的利益诉求和监管政策导向。例如，在投资者保护方面，可以考虑引入三方托管、投资者适当性管理、纠纷解决机制等安排，最大限度地保护投资者的合法权益；在合规方面，需要积极跟踪监管动态，确保通证化业务符合监管要求，并主动接受监管机构的指导和检查。

2023 年 9 月，美联储发布了关于名为《通证化：概述和金融稳定影响》（*Tokenization：Overview and Financial Stability Implications*）的工作论文，表示通证化是数字资产市场中全新的且快速增长的金融创新，并对通证化进行定义，认为与稳定币一样，通证化也会因为设计方案的不同而具有不同的特性。一般情况下，通证化通常包含以下 5 种特征，即基于区块链、拥有底层资产、一种捕获底层资产价值的机制、一种存储 / 托管资产的方式、一种对于通证 / 底层资产的赎回机制。对底层资产（链下资产，如房产、知识产权等）的准确评估是通证化的核心，需依赖于链下代理机构（如银行）进行评估和托管。而链上资产则依赖智能合约进行管理和估值。选择合适的架构和机构，可以确保资产的真实性和价值的稳定。

在设计 RWA 通证化方案时，需要综合考虑多个关键因素，包括底层区块链的选择、通证的底层资产类型、赎回机制等，以确保方案的可行性、合规性和可持续性。

首先，通证化方案设计需要考虑的一个关键因素是底层区块链的选择。区块链技术为通证的发行、存储和交易提供了基础设施。一些项目选择在需要许可的私有区块链上发行通证，这类区块链通常由一个集中的实体控制，该实体批准选定的参与方进入一个私有的生态系统中。另一些项目则选择在无需许可的公链（如以太坊）上发行通证。与私有区块链相比，在公链上发行通证，可以让更广泛的公众参与，且限制较少，但发行方对通证的控制力也相对更弱。项目方需要根据自身的业务特点、目标用户群体、合规要求等因素，权衡不同类型区块链的优劣，选择最适合的底层区块链。

其次，通证的底层资产类型也是一个需要重点考虑的因素。底层资产可以分为多种类型，如链上资产和链下资产、无形资产和有形资产等。链下资产是指独立于数字资产市场的 RWA，可以是有形的（如房地产、大宗商品等）或无形的（如知识产权、传统金融证券等）。对于链下资产的通证化，通常需要引入一个链下代理机构（如银行），负责评估底层资产的价值并提供托管服务。而链上资产的通证化则通常需要嵌入智能合约，以实现数字资产的自动化托管和价值评估。不同类型的底层资产在通证化过程中面临的挑战和风险有所不同，需要有针对性地设计相应的技术和制度安排。

赎回机制是 RWA 通证化方案设计中另一个需要考虑的关键因素。部分通证化项目（如某些稳定币）允许通证持有人将其通证兑换为相应的底层资产，从而在数字资产市场和 RWA 市场之间建立起直接的联系。除了赎回机制外，通证化资产还可以在二级市场（如中心化数字资产交易所、DeFi 等）进行交易。不过，也有一些证券型通证（如代表其他链上债权或股权的通证）可能并不包含赎回机制，而是赋予通证持有人其他权利，如与底层资产相关的现金流处置权等。项目方需要根据通证的具体属性和监管要求，合理设计赎回机制和二级市场交易机制。

此外，由于 RWA 通证化的证券型通证具有明显的证券属性，代表了实体资产的所有权或收益权，因此其结构设计需要借鉴传统金融证券化产品的相关经验。例如，此类通证可以以股份的形式发行，持有人享有分红或收益分配权，并可在交易所或场外进行流通交易。在信息披露和合规方面，证券型通证也需要参考证券市场的相关规范，如定期报告制度、内幕交易限制等。由于证券型通证在概念和规则设计上吸收了传统证券市场的成熟经验，因此能够更好地与监管框架相匹配。在设计 RWA 证券型通证时，除了关注通证的金融属性外，还需要特别留意与金融架构、金融风险等相关的问题。

RWA 通证化的关键环节之一，是在发行前对底层资产进行全面细致的尽职调查。以房地产通证化项目为例，专业的评估机构需要对标的房地产的地理位置、建筑质量、周边配套等因素进行实地考察和比较分析，以合理确定房产的市场价值。类似地，对知识产权资产的评估可能涉及专利的有效期、使用范围、关联行业前景等多个维度。由第三方专业机构出具的评估报告，是确保资产定价公允、合理的重要依据。同时，会计师事务所等中介机构还需对通证发行方的财务报表、底层资产的权属、发行流程的合规性等进行独立审计，以保证信息披露的真实、准确、完整。严谨的尽调和审计是 RWA 通证化的必要前提和基础性工作。

例如，Aspen Coin 是一个典型的房地产通证化项目。其底层资产是位于美国科罗拉多州的阿斯彭瑞吉度假酒店。在通证发行前，项目方聘请了专业的房地产评估机构，通过分析当地房地产市场行情、类似资产的交易案例、酒店的运营状况等因素，最终确定了该房地产的公允市价，并以此为基础确定了通证的发行规模和定价。此外，会计师事务所还对酒店的所有权结构、财务状况、后续运营安排等进行了独立审计，并在《数字资产证券发行与交易声明》（*Statement on Digital Asset Securities Issuance and Trading*）中予以充分披露，为潜在投资者提供了重要的信息支持和决策参考。

RWA 通证化也面临着独特的风险因素，发行方和投资者需要对相关风险保持关注并采取积极的管理措施，特别是在底层资产风险和合作方风险两个方面。

底层资产风险主要源自资产的标准化程度、流动性水平、定价机制等因素。总体而言，标准化程度高、流动性好、定价机制完善的标准化资产（如国债等），其通证化的难度相对较低，风险也更易于控制。相比之下，非标准化资产（如名画等）在确权、定价、交割等方面存在更大的不确定性，通证化的操作难度更高。由于不同国家和地区在法律体系、金融基础设施等方面存在差异，因此即便是同类资产，跨境通证化面临的具体风险点也不尽相同。在某些金融信息化水平较低的国家，债券等金融资产可能仍以实物形式存在，这就需要通证发行方在存续期内确保纸质债券的安全存管，以降低被盗、被调包的风险。

5. RWA 核心要素三：技术工具

在传统金融领域，资产的交易和管理方式受到种种限制和约束，因此金融服务的成本和费用一直居高不下。而随着技术的发展，数字资产时代已经来临，通证化是这场全球投融资体系数字革命的关键部分。为了实现 RWA 通证化，需要有一系列先进且精巧的技术工具，包括底层区块链基础设施、智能合约、数字身份、安全托管、预言机以及跨链技术工具等等。这些技术为 RWA 通证化提供了坚实的技术基础，确保了过程的安全、透明和高效。

区块链基础设施和 Layer 2 网络升级

资产通证化的区块链基础设施选择需要综合考虑多个因素，不同类型的区块链网络各有优劣，项目方需要根据自身的具体需求和业务特点，权衡各种因素，选择最合适的区块链网络作为通证化的底层技术架构。

一方面，项目方需要评估是需要实现资产和交易的公开透明还是更需要隐私保护。如果项目的核心诉求是提高信息披露的透明度，增强投资者信心，那么选择公开透明的公链可能更合适。相反，如果项目涉及敏感数据或需要保护交易对手的身份信息，那么具有隐私保护功能的联盟链或私有链可能是更好的选择。

另一方面，项目方需要考虑对交易性能的要求。如果项目需要支持高频次、低延迟、低成本的交易（如高流动性的金融资产交易），那么需要选择能够提供高每秒交易量（TPS）的区块链网络，并权衡交易性能与去中心化程度之间的平衡。相反，如果项目对交易频次和即时性要求不高（如房地产、艺术品等低流动性资产），则可以考虑选择去中心化程度更高但交易性能相对较低的区块链网络。同时，项目方需要评估所选区块链网络在合规性、安全性、生态成熟度等方面的表现。监管合规是 RWA 资产通证化的重中之重。项目方需要重点考察该区块链网络是否符合所在国家或地区的监管要求、是否具备必要的合规属性（如是否支持 KYC/AML 等）。选择具有良好安全记录、经过大规模验证的成熟公链，能够最大限度地降低安全风险、提升系统可靠性。选择生态系统健康、功能模块丰富的区块链网络，可以节约开发成本，提高服务的可扩展性。跨链需求也是项目方需要考虑的重要因素。随着通证经济的发展，不同区块链网络之间的互联互通需求日益凸显。如果 RWA 通证化项目需要接入多个不同的区块链网络，实现跨链资产交易和信息同步，就需要综合考虑不同区块链之间跨链的技术成本和用户体验。选择易于跨链、跨链成本较低的底层架构，能够显著提升通证的可流通性和可用性。

当前，RWA 通证主要采用公链和联盟链作为底层架构。作为一个开放、透明的分布式网络，公链在提升 RWA 通证化透明度和安全性方面具有独特优势，是 RWA 通证化的未来主流选择。但现阶段，公链在可扩展性方面仍存在一些挑战。例如，在交易高峰期，公链网络可能面临严重的拥堵问题，导致交易确认时间过长、交易费用过高等问题。2020 年 DeFi 热潮和 2021 年 NFT 狂热期间，以太坊网络的拥堵问题尤为突出，高峰时段用户不得不支付动辄数百美元的 Gas 费用来争取更快的交易确认。可以说，网络拥堵问题在一定程度上阻碍了公链在 RWA 通证化领域的应用拓展，特别不利于中小项目和高频交易的开展。

联盟链是许多金融机构青睐的 RWA 通证化技术路线。通过构建多中心的联盟链网络，能够在可控范围内实现信息共享和交易验证，在提升交易性能的同时，兼顾隐私保护、权限管理、合规属性等多个层面的需求。但是，联盟链作为封闭网络，参与方资格受到严格限制，可能会成为 RWA 通证化规模化发展的瓶颈。

少量 RWA 通证选择在私有链上发行，私有链网络通常由项目方独立运营，能够最大限度地满足定制化的需求。私有链交易性能通常较高，同时便于在链上植入传统的 KYC/AML 流程。但私有链网络缺乏开放性和包容性，不利于外部价值的引入，难以形成良性的通证经济生态。

公链、联盟链、私有链作为 RWA 通证化的潜在底层架构，分别代表了不同的技术路线和功能取向。公链更强调通证的公开、透明和可交易性，是大多数 RWA 通证的首选。而联盟链和私有链则更强调通证的可控、合规和高性能，适合特定的 RWA 通证化应用场景。

需要指出的是，随着区块链架构的创新发展，一些新兴的区块链网络开始尝试采用更加灵活的"混合架构"，在共识、权限、可扩展等多个层面实现差异化定制，为 RWA 通证化提供了更广阔的技术想象空间。

以上这些问题的本质都可以归结为"区块链不可能三角"① 所带来的影响和困局（见图 3-3），即去中心化、可扩展性和安全性这三方面无法同时实现最优化，必须有所取舍。以太坊区块链在重点保障去中心化和安全性这两个特性的情况下，其自身很难在可扩展性方面有显著的提升。但是，交易费用的巨大波动性和交易速度的不确定性对于 RWA 通证这类需求高度确定性的资产而言是致命的，因此必须找到其他方式来进一步优化公链性能，以解决这些固有问题，并满足 Web 3.0 时代的高级需求。

目前，诸多区块链技术开发者重点探索方向主要是 Layer 2，即通过在区块链上构建附加层次的区块链来扩展交易容量、提高交易效率，进而降低费用并提高交易速度，同时不牺牲其安全性和去中心化程度。

① "区块链不可能三角"出自以太坊社区成员詹姆斯・雷（James Ray）在 GitHub 上创建的一篇名为《分片区块链研究》（*On Sharding Blockchains*）的文章。这篇文章之所以被广泛传播，源于以太坊创始人维塔利克・布特林（Vitalik Buterin）的推广。

"区块链不可能三角"指的是一个区块链系统无法同时兼顾去中心化和可扩展性，开发者必须有所取舍。其中，去中心化指的是某个区块链拥有大量参与区块生产和验证的节点。通常，节点的数量越多，该区块链去中心化程度就越高，去中心化及其所带来的公平性是区块链技术的核心价值。安全性指的是获得网络控制权需要花费的成本。可拓展性指的是区块链的 TPS。

面对这一困局，各个公有链选择了不同的方向进行优化和取舍。例如，造成某个区块链可拓展性差的原因之一，是每笔交易都要在所有节点上达成一致，如果节点较多且较分散，则会制约速度的提升，所以有些区块链会通过降低去中心化程度来提高可拓展性。

图 3-3　区块链不可能三角

简单来说，Layer 2 类似于公链的“计算器”，负责完成烦琐的数据计算和交易确认，但是需要向 Layer 1 主链提交计算结果和计算证明。而 Layer 1 主链只需最后验证计算结果，并存储关键的数据信息，无须进行完整的数据计算和存储全部交易数据，这样就能有效提高公链处理交易的速度，增强可扩展性。如表 3-4 所示，Layer 2 有诸多技术实现方案，目前 Rollup 方案有较多开发者的支持和探索，是目前来看最有前途的 Layer 2 技术方案。Rollup 会先在 Layer 2 上执行交易，并将大批量的交易数据聚合、压缩后提交给以太坊等 Layer 1 主链进行最终核验，从而有效提高交易处理速度。Rollup 方案又具体包括 Optimistic Rollup 和 ZK Rollup 这两类 Layer 2 技术解决方案。

表 3-4　以太坊 Layer2 项目生态概览（截至 2024 年 7 月 4 日）

项目名称	上线时间	TVL（亿美元）	通证代码	技术
Arbitrum One	2021 年 9 月	160.0	ARB	Optimistic Rollup
Base	2023 年 8 月	68.0	无	Optimistic Rollup
OP Mainnet	2021 年 1 月	60.0	OP	Optimistic Rollup
Blast	2024 年 2 月	25.8	BLAST	Optimistic Rollup
ZKsync Era	2023 年 3 月	11.9	ZK	ZK Rollup

Optimistic Rollup，该方案的名称意为“乐观地相信人性本善”，所以该技术会假定绝大部分交易都是真实有效的，因此仅在怀疑存在欺诈时才进行验证。但是，为了确保这些交易参与者的安全，Optimistic Rollup 网络会提供一个约为 7 天的挑战期，Layer 2 网络的验证者可以通过提交欺诈证明（fraud proof）来质疑某笔交易存在问题并试图验证。在挑战期内，数字资产的所有者可以在 Layer 2 网络内使用他们的数字资产，但无法将数字资产取回至 Layer 1 区块链。另一个主要技术 ZK Rollup 则采用“零知识证明”[①] 技术，也就是将 Layer 2 上的大量交易打包，并分批次地提交回以太坊主网或其他 Layer 1 主链。然而，ZK Rollup 技术并不假定大部分交易是真实有效的，而是会使用有效性证明来立即验证各笔交易，这些有效性证明和打包数据都将被提交至 Layer 1 主链并进行校验。对比 Optimistic Rollup 和 ZK Rollup，欺诈证明假定大部分交易有效，而需要在固定时间窗口内识别并剔除无效或欺诈交易；有效性证明则是基于正向推理验证每笔交易的有效性。就如同解一道数学题，欺诈证明试图证明某个值不是解，难度相对较小，但是存在一定的风险；有效性证明则是正向解题，风险较低，但是难度较高，需要耗费巨大算力。所以，与 Optimistic Rollup 相比，ZK Rollup 开发成本和难度更高，通用性（主要指与以太坊虚拟机的兼容程度）也相对较差。但长期来看，ZK Rollup 潜力更大，安全性更高，未来也有机会大放异彩。

随着区块链技术的不断发展和创新，未来区块链网络的层次结构有望变得更加丰富和多元化。以太坊创始人维塔利克·布特林在 2022 年 9 月发表的论文《什么样的 Layer 3 才有意义？》（*What Kind of Layer3S Make Sense*）中提出，单纯在 Layer 2 上使用相同技术的 rollups 堆叠，并不能在可扩展性方面取得显著的提升。相反，他认为具有不同目标和功能的三层区块链网络架构可能更有前景。例如，Layer 2 专注于扩容，而 Layer 3 则用于实现定制化功能；Layer 2 提

① 零知识证明由莎菲·戈德瓦塞尔（Shafi Goldwasser）、迈卡利（S. Micali）和拉科夫（C. Rackoff）在 20 世纪 80 年代初提出，指的是证明者能够在不向验证者提供任何有用的信息的情况下，使验证者相信某个论断是正确的。例如，两位富翁想要知道谁更富有，但都不愿意透露自己的财富值。借助零知识证明，两位富翁在不需要告知对方自己的具体财富值的前提下，只需将自己的财富值都进行同一道运算，根据计算结果，就能知道谁更富有。

供通用的扩容能力，Layer 3 提供可定制化的扩容方案；Layer 2 实现无信任的扩展，Layer 3 则提供弱信任的扩展能力。

一些开发者进一步推测，Layer 3 未来可能更多地以“应用链”的形式出现，即每个去中心化应用（DApp）都对应一条专属的 Layer 3 链。这种架构设计可以为不同的应用场景提供更加灵活、高效的解决方案，满足各类 DApp 的特定需求。

随着 RWA 通证的爆发和 Web 3.0 生态的蓬勃发展，未来的数字世界不仅需要以太坊这样的主流公链作为信息高速公路的“主干道”，还需要更多的 Layer X 协议来搭建类似于辅路、立交桥、地铁等多层次的区块链基础设施。这种多层次、立体化的网络架构可以支持更加丰富多彩、创意无限的组合式创新，满足各类应用场景的差异化需求。

以 Polygon 为例，这是一个基于以太坊的 Layer 2 扩容解决方案，旨在提高以太坊的交易吞吐量和处理速度，同时降低交易费用。Polygon 采用了一种被称为 Plasma 的技术，通过将交易处理任务分担给多个侧链来实现扩容。这些侧链可以并行处理交易，然后将交易结果定期提交给以太坊主链进行最终确认。通过这种方式，Polygon 可以在保证安全性和去中心化的同时，显著提升以太坊网络的整体性能。Polygon 目前已经吸引了大量 DApp 开发者和用户的青睐，特别是在 DeFi、NFT、游戏等领域得到了广泛应用。Polygon 的成功证明了 Layer 2 扩容方案在促进区块链应用普及方面的巨大潜力。

除了可扩展性之外，隐私性也正在成为实现大规模机构级 RWA 交易的关键瓶颈。机构投资者和高净值个人在开展大规模 RWA 通证化交易时，对交易隐私和数据保护有着严格的合规要求。同时，为了保护市场免受恶意交易者的操纵，确保交易的安全性和公平性，一个能够提供充分隐私保护的公链平台变得越来越重要。

Aleo 就是一个专注于隐私保护的公链平台，它通过采用零知识证明技术，为用户提供了一个既安全又可编程的交易环境。在 Aleo 平台上，交易各方可以在确保个人信息和交易细节完全保密的前提下执行交易和智能合约。这种技术有助于交易者保护自己的交易策略和资产状况不被公开，从而有效防范潜在的安全风险和市场操纵行为。

从技术原理上看，Aleo 综合利用了一系列创新的密码学和区块链技术，包括但不限于零知识递归证明、去中心化网络结构、可编程智能合约系统等。这些技术的协同作用使得 Aleo 能够在保证隐私性的同时，高效处理大规模复杂交易。Aleo 的应用场景非常广泛，不仅可以满足金融领域对私密交易的需求，还能够在供应链管理、医疗数据共享、身份认证等任何需要隐私保护的场合发挥重要作用。对于 RWA 交易而言，隐私保护尤为关键，既要维护交易的高效透明，又要确保整个交易过程的隐私性和合规性。

总之，随着 RWA 通证化的不断发展，人们对区块链基础设施的要求也变得越来越高。一方面，区块链网络需要通过创新的 Layer X 架构来不断提升性能和扩展能力，以支撑规模化的 RWA 发行与交易；另一方面，随着机构投资者的广泛参与，对交易隐私和安全性的要求也日益提高。Aleo 等新型公链平台在隐私保护方面的探索，为未来 RWA 通证化市场的繁荣发展提供了重要的技术支撑。可以预见，随着区块链基础设施的日益完善和专业化，RWA 通证必将迎来更加广阔的发展前景。

数字钱包与通证托管

与传统证券不同，RWA 通证的一大特色就是可以以区块链地址为基础实现交易和转移。虽然每个人都可以轻易地为自己生成一个区块链上的地址，但这也存在一些可能严重威胁资产安全的潜在风险，如误操作、地址错误、私钥或助记词[①]泄露等。正是因为存在这些问题，数字钱包这一工具应运而生，成为数字资产管理中不可或缺的一部分。

数字钱包是管理和保护区块链资产的核心工具，主要负责存储私钥、生成交易签名以及管理地址等功能。通过加密技术，数字钱包确保了用户资产的安全，同时提供了友好的用户界面，方便用户执行和追踪交易。数字钱包种类繁多，按照私钥是否被托管，可以分为托管钱包和非托管钱包两大类。

托管钱包是指将用户私钥交由第三方托管的钱包，常见于数字资产交易所提供的钱包服务。在这种模式下，用户的私钥存储于交易所的服务器上，交易所负责资产的安全保管。托管钱包的优点是使用简便，用户无须担心私钥的管理问题，但缺点是用户需要完全信任第三方机构，一旦交易所遭到黑客攻击或发生信用危机，用户资产可能面临损失风险。

非托管钱包则是由用户自己掌控私钥的钱包，根据存储设备是否联网，非托管钱包可以进一步划分为热钱包和冷钱包两种类型。

热钱包是指私钥存储在联网设备上的钱包，例如 MetaMask 这款以浏览器插件形式提供的钱包，用户的私钥存储在个人电脑上。随着移动互联网的普及，MetaMask 也推出了手机 App 版本，将私钥存储在用户的智能手机中。其他知名的热钱包（如 imToken、TokenPocket、Coinbase Wallet 等）也主要以手机 App 的形式为用户提供便捷的钱包服务。热钱包连接互联网，为用户提供了高

① 在区块链世界中，钱包的地址、私钥、公钥和助记词构成了数字身份的核心。私钥是控制钱包资产的关键，而公钥则是由私钥衍生出的密钥，用于生成区块链地址。用户通过地址接收资产，地址是公开的，但它并不能揭露所有者的实际身份。当用户创建钱包时，会通过加密算法生成私钥，并由此生成公钥和地址。助记词是私钥的“人类可读”形式，通常由 12 或 24 个单词构成，用于恢复钱包。交易过程中，用户使用私钥对交易信息进行数字签名，以证明资产的所有权。公钥用于验证这一签名的有效性，确保交易确实是资产所有者发起的。因为从公钥到私钥的计算过程是不可逆的，所以即使公钥是公开的，也无法逆推出私钥，这就确保了用户资产的安全。可以说，私钥是用户的数字签名工具，公钥是对应的验证工具，地址是接收资产的目的地，助记词则是私钥的备份方式。这一系列加密措施构成了区块链安全性的基石。

度流动性和即时交易的优势，非常适合频繁交易、积极参与 Web 3.0 应用的用户群体。但热钱包的联网属性也带来了一定的安全隐患，特别是在面临恶意软件攻击或网络钓鱼等安全威胁时，用户资产可能会遭到窃取。

冷钱包，又称离线钱包或硬件钱包，采用不直接联网的设备来存储用户私钥，最大限度地隔绝了黑客盗取私钥的可能性，为用户资产提供了更高级别的安全保障。冷钱包通常需要配备专门的硬件设备，在进行区块链交易、需要私钥签名时，再通过扫描二维码、USB 连接、蓝牙通信等方式，将硬件钱包与电脑、手机等联网终端临时连接，完成交易签名后立即断开连接。Ledger 和 Trezor 是两款知名的硬件钱包品牌，它们采用独立的硬件设备保存私钥，配合正常联网的电脑端钱包客户端使用。用户在发起交易时，需要通过数据线或蓝牙将硬件钱包与电脑连接，完成交易签名。虽然冷钱包的使用方式相对复杂，购置和管理硬件设备的成本较高，但它能够为用户的数字资产提供更可靠的安全保障。不过需要指出的是，即便是使用冷钱包，如果用户操作不当、错误授权，仍然可能造成资产损失。

我们可以看到，数字钱包是连接用户和 Web 3.0 世界的重要桥梁，但当前的数字钱包产品对普通用户而言仍然过于复杂和不友好。由于区块链的去中心化属性，没有任何第三方机构托管用户资产，一旦私钥或助记词丢失、被盗，用户将无法操作钱包中的数字资产，且资产极可能被转移而无法追回。因此，未来的 Web 3.0 钱包必须在安全性和易用性方面有突破性的创新，才能推动数字钱包的大规模普及。

目前，业界正在探索多种技术路径来实现更安全、更易用的数字钱包，其中，多方安全计算（MPC）[①] 钱包和智能合约钱包备受关注。MPC 钱包优化对于用户私钥的加密安全技术方案。它通过将私钥碎片化，并对私钥进行多方安全计

① 多方安全计算是一种允许多个计算参与者协同完成计算任务，同时保护各自输入数据隐私的加密技术。它的核心思想是将计算过程分散到多个参与方，每个参与方处理一部分数据，并在不泄露各自私密信息的前提下，最终得到计算结果。在区块链钱包中，多方安全计算技术被用来分割私钥，通过多个不同的参与方（如不同设备或服务）来共同管理和签署交易，从而提高安全性。

算，在链下实现多签，将私钥碎片分散保存在多个设备上，以增强私钥的安全性。MPC 钱包的代表之一是 ZenGo，它采用数学计算将用户私钥替换为两份独立的密钥份额（mathematical secret shares），一份密钥份额储存在用户手机上，另一份则储存在 ZenGo 的服务器中。这样，即使其中一份密钥份额丢失或泄露，用户的数字资产仍然是安全的。

为了进一步防范服务提供商突然停运而导致资产无法访问的风险，ZenGo 引入了托管人和受托人的机制。托管人通常是一个专业的第三方服务，负责安全存储用户的密钥份额或备份数据，确保这些信息在非常规情况下得以安全释放。而受托人则是一个由用户指定或由服务商委托的独立实体，通常是专业的法律事务所或安全公司，它们的角色是在特定条件下（如服务提供商 ZenGo 停止运营）执行密钥或数据的安全释放过程。举例来说，如果 ZenGo 的服务不再可用，其托管人会根据预先设定的协议和用户的授权，将它所持有的密钥份额释放到一个安全的、预先指定的恢复渠道（如 Github 账户）。此时，受托人的律师事务所将介入，确保这一过程的合法性和安全性，保障用户能够根据指定的恢复程序和验证步骤，安全地获取他们的密钥份额。ZenGo 的数字钱包客户端每次启动时，都会检查指定的 Github 账户是否进入恢复模式，如果已经进入该模式，就会自动下载密钥份额，再加上用户手机中存储的另一份密钥份额，就可以恢复出完整的私钥。在用户发起数字资产转账或交易时，ZenGo 的服务器端和客户端（用户手机）将会使用这两份密钥份额进行通讯并签署交易，但不会将密钥份额本身暴露出来。这种方式大大提高了私钥的安全性，即使其中一方遭到攻击或泄露，也不会影响到用户的数字资产安全。

除了多方安全计算技术，ZenGo 还提供了简单易用的备份和恢复钱包的方法。用户不需要记录冗长烦琐的私钥或助记词，而是可以通过扫描面部来备份和恢复账户。如果用户不小心删除了 ZenGo 应用或者遗失了手机（导致存储在手机中的密钥份额丢失），只需通过面部 3D 扫描来验证身份，就能快速取回储存在 ZenGo 服务器中的备份数据，完成钱包恢复。

智能合约钱包是另一种下一代钱包的解决方案。在以太坊区块链的体系中，除了由用户自己掌握私钥的外部账户（externally owned accounts，EOA）外，还存在一种被称为“智能合约账户”的账户类型，它完全由智能合约代码控制。如果你向一个外部账户发送 1 枚 ETH，那么这个外部账户私钥的持有人可以自由控制这个 ETH，并将其发送给任何人。但如果你将 1 枚 ETH 发送到“智能合约账户”，那么这枚 ETH 只能由智能合约代码控制，例如执行锁定、解锁或转账等操作。目前，以太坊上的交易必须由外部账户发起，智能合约账户无法主动发起交易。

从 2015 年开始，以太坊开发者一直在积极探索如何将这两种账户的功能进行结合和加强，这就是所谓的账户抽象（account abstraction，AA）概念。简而言之，账户抽象旨在将两种账户的优势结合起来，让智能合约账户也可以像外部钱包一样主动发起交易。

账户抽象的讨论从 2015 年开始就备受关注，其中最广为人知的是以太坊创始人在 2021 年 9 月联合其他开发者发起的以太坊改进建议第 4337 号（EIP4337 提案）。它引入了用户操作（user operations）的概念，使智能合约账户也能够发起转账等操作。当用户使用智能合约账户时，就不再需要像使用外部账户那样处理助记词问题，也就是说，用户不需要记住助记词，就可以使用钱包，也不用担心因忘记助记词，而导致钱包资产丢失。相比之下，外部账户的功能主要局限于数字资产存储、转账和授权等基本操作。而实现了账户抽象的智能合约账户更像是一个智能化的数字资产管理系统，通过调用智能合约等方式，用户可以设置白名单账户、最大提取额度、好友代付等高级功能，这极大地提高了数字钱包的使用便捷性。

在 RWA 通证化过程中，数字资产托管机构扮演着关键角色。它需要保护 RWA 通证的安全（防止被窃取和非法挪用），并帮助资产发行人和投资者安全存储私钥和管理通证，根据指令进行交易结算。这是一个高度专业化的领域，对托管机构的安全技术实力和风险控制体系都有很高的要求。由于数字资产基于密码学，具有去中心化和不可篡改等特点，一旦私钥丢失或被黑客、内部员工、云服务提供商等相关人员窃取，数字资产就往往无法找回。因此，托管数字资产需要高度专业的安全技术能力，不仅包括私钥管理（生成、存储、签名、转移、销毁全生命周期管理），还包括资产转移与访问区块链智能合约等。同时，托管机构还需要建立完善的内控制度。虽然技术可以提供一定程度的保护，但人为因素导致的操作风险往往是导致安全事故的主要原因（如地址或金额填错，或者内部人员串通作恶）。因此，托管机构需要制定一套完善的制度，以防内部人员的恶意操作或疏忽大意。

此外，数字资产托管机构还需要具备一定的资质，能够积极遵守监管当局的政策要求。在许多国家和地区，数字资产托管业务已经或正在成为受到监管的金融服务，这意味着托管机构需要符合一系列合规要求，例如资本充足率、信息披露、客户保护、私钥治理策略、安全审计等级、保险等。

目前，市场上已经有一批能够提供专业数字资产托管业务的服务商，比如 Coinbase Custody、Safeheron 等。这些机构通过提供安全的存储解决方案，如冷存储、多重签名①和保险等多重保护措施，确保客户数字资产的安全。以 Safeheron 为例，该公司采用了 MPC、硬件隔离（TEE）②和零信任（zero trust）③等技术确保私钥安全，以防止来自黑客（外部）、员工（内部）与第三方软件或服务商对客户私钥以及资产管理全过程的威胁。同时，Safeheron 还提供基于可信硬件保护的审批策略引擎，帮助客户针对业务场景灵活的设计符合业务与合规需求的内控制度。如果客户遭遇极端风险，Safeheron 将提供数学资

① 多重签名是一种安全措施，要求多个独立方的授权才能执行某项交易或访问某些数据。在区块链背景下，它通常指需要多个私钥签名才能发送交易。这种机制增加了安全性，因为攻击者需要同时获取所有必要的私钥才能控制资金或资产。

② 硬件隔离，又称可信执行环境（trusted execution environment），是一种安全区域的概念，通常存在于主处理器内。它保证了代码和数据的完整性和保密性，即使是在有安全风险的主处理器或操作系统环境中也能运行信任的应用程序。

③ 零信任是一种安全概念，使用了这一技术的模型在默认情况下不信任任何实体，无论是内部还是外部。每个访问请求都必须进行严格验证，不管访问请求来自网络的哪一部分，都不能默认授予访问权限。

产保险服务[1]，为客户提供最后一道的安全保障。针对不同地区的不同合规要求，Safeheron 会有针对性地提供符合监管要求的托管服务。

区块链和 Layer 2 基础设施、智能合约设计、数字身份、数字钱包、安全托管、预言机、跨链技术等技术都是 RWA 通证化过程中的关键要素。每一个要素都需要根据具体的业务需求、市场环境和监管要求来选择和设计，同时，这些要素也需要协同工作，以实现一个安全、高效、合规的 RWA 通证化解决方案。因此，了解和掌握这些技术，是 RWA 通证项目方和投资者必须要做的。

① 数字资产保险服务是保险公司为数字资产持有者提供的保险产品，以保障他们免受盗窃、黑客攻击、技术故障等造成的财务损失。伦敦劳合社（Lloyd's of London）等传统保险机构已经开始提供这种保险，一些专门的保险服务提供商（如 Nexus Mutual 和 Evertas 等）也开始提供更具针对性的数字资产保险服务。

6. RWA 核心要素四：数据应用

RWA 通过实现通证化，让资产发行数据、交易数据和用户行为数据等关键数据在区块链上汇集，实现公开透明，大幅提高了资产运营方和投资者理解市场动态、预测市场趋势和管理投资风险的能力。然而，这也给数据的管理和应用带来了挑战。传统的数据处理和分析方法往往无法应对这种情况，这就是数据分析和人工智能技术能够发挥作用的地方，一批新兴 Web 3.0 金融数据平台和分析工具正在快速崛起。

由于区块链的设计原则是数据不可篡改和全节点共识，这使得从外部系统直接将数据传输到区块链上存在障碍。因此，智能合约并不能直接访问这些数据，它们需要一种机制来安全地导入这些外部信息，例如，数字资产在中心化交易所中的交易价格[①]、证券交易价格、各国货币汇率、大宗商品价格、指数数值、房产成交价格、天气数据等。

预言机就像一座桥梁，连接区块链内外的世界，为智能合约提供必要的外部数据，从而使得智能合约能够根据这些数据做出响应，这一过程被称为“喂价”。预言机被广泛应用在许多需要获取外部信息的去中心化应用中，比如 DeFi 中的去中心化交易平台和借贷平台、物流追踪、稳定币、区块链保险和预测市场[②]等。预言机的喂价功能保障了区块链上 DeFi 服务等智能合约应用能够基于准确的实际市场数据进行运作。

预言机系统运行的关键是要确保从外部世界获取的数据能够准确、安全地传递给区块链上的智能合约，数据的可靠性主要靠以下几种方式保障：

① 这是一类典型的外部数据，中心化交易所的价格是在区块链外部形成的，通常基于该交易所内部的供求关系和交易活动，这些交易所运行在中心化的服务器上，其交易数据并不自动与区块链同步。

② 预测市场是一种 DeFi 服务，允许用户对未来事件的各种可能结果下注，用户可以就各种公共事件（如选举结果、体育比赛或市场行为）的可能结果进行投注，如果预测正确，就可以根据市场的赔率获得回报。这种服务通常建立在区块链上，以确保交易透明、信息不可篡改和自动化执行结果。

- **数据来源的多样性**

  预言机通常不会只从单一数据源获取信息，而是从多个不同的数据源同时获取，然后对这些数据进行整合和处理。即使某个数据源出现问题或被篡改，也可以通过其他数据源得到正确的信息。

- **去中心化的运行机制**

  预言机系统通常也采用去中心化的运行方式，多个不同的预言机节点同步获取并验证数据。这样，即使某个节点被攻击或者出现问题，只要还有其他节点正常工作，就能保证数据的准确性。

- **激励和惩罚机制**

  预言机系统通常也会设置激励机制，鼓励节点提供准确的数据。同时，如果某个节点提供了错误的数据，就会受到某种形式的惩罚，比如失去抵押的数字资产。

- **数据验证**

  除了采用上述方法外，预言机系统也会对获取的数据进行一系列验证，以确保数据的准确性和一致性。

预言机在 RWA 通证化过程中发挥着重要作用。通证化过程实质上涉及将物理资产或其经济价值转化为区块链上的通证。转化过程必须保证信息准确性和实时性，特别是当涉及价值实时波动的资产（如股票、债券或基金）时，底层资产信息的同步至关重要。预言机可以从可靠的外部数据源实时获取资产相关数据，并将其传递给智能合约，以确保 RWA 通证与其底层资产的价值保持一致。

例如，如果要将一只基金通证化，就需要实时同步基金的净值、交易量、投资组合等关键信息。预言机可以帮助我们从现实世界获取这些信息，并安全地传输到区块链的智能合约中。这样，RWA 通证就能够准确反映其底层资产的实时价值和状态，投资者也可以根据这些信息做出明智的投资决策。

随着 RWA 通证化的发展，区块链上汇集了大量的资产发行、交易和用户行为数据，这为数据分析和人工智能技术的应用提供了广阔的空间。新兴的 Web 3.0

金融数据平台和分析工具正在快速崛起，以帮助资产运营方和投资者更好地理解市场动态、预测市场趋势和管理投资风险。同时，预言机作为连接区块链内外世界的“桥梁”，在 RWA 通证化过程中扮演着关键角色。它通过从外部可靠数据源获取实时资产信息，并将其安全地传输到区块链智能合约中，确保了 RWA 通证与其底层资产价值的同步。随着预言机技术的不断发展和完善，RWA 通证化将变得更加高效、透明和可靠，为 RWA 的数字化转型提供强大的技术支撑。

在 Web 3.0 快速发展的背景下，预言机技术作为连接现实世界数据与区块链智能合约的关键桥梁，越来越受到市场的重视，截至 2024 年 5 月 31 日，整个预言机市场呈现三足鼎立的格局，Chainlink、WINLink 和 Chronicle Labs 占据了整个预言机市场近 75% 的份额。Chainlink 以其独特的去中心化架构和高安全性设计，成为预言机赛道的“领头羊”。该项目由 SmartContract.com 公司开发，于 2017 年 9 月正式发布，吸引了包括谷歌、甲骨文在内的众多知名企业前来合作。Chainlink 是首个为以太坊提供去中心化预言机服务的项目，通过它链上智能合约和链下数据节点，利用奖惩机制和聚合模型来实现数据请求和馈送。

为了加强数据的可靠性和安全性，Chainlink 设计了一种机制，使得多个节点必须独立地验证同一数据源的信息，并将结果聚合后提供给智能合约。这样的设计既保证了数据质量，又提高了整个系统的去中心化程度和抗攻击能力。Chainlink 喂价体系是一个多层次的数据聚合过程，该体系的运作依靠三个关键层面的紧密协作，以确保喂价数据能够抵御操纵和攻击，从而支持 DeFi 的稳定运行。

首先是数据源层聚合。在这一层，Chainlink 首先从各种数据提供商处获取原始市场数据。这些数据提供商既包括传统的 DeFi，也包括链上去中心化交易所（如 Uniswap）。经过数据提供商的初步处理，原始数据会被聚合成权威的数据集，其中包括基于交易量和时间因素的加权平均价格，以及排除异常值和假交易量的修正。这一流程确保了喂价数据能够反映全市场的平均水平，而非个别市场的偏差。

其次是节点层聚合。经过数据源层的聚合后，Chainlink 网络中的多个节点运营商会采用这些数据进行第二次聚合。节点运营商是 Chainlink 网络的基石，负责从指定数据源提取信息，并将其传递给请求数据的智能合约。Chainlink 的节点运营商可以分为 DevOps 节点、企业节点和社区节点三大类。其中，DevOps 节点是专注于区块链基础设施的专业机构，具备维护 Web 3.0 基础设施、管理密钥以及提供数字资产服务的丰富经验；企业节点由全球各地的公司运营，包括国际电信巨头和大型企业，如德国电信的子公司 T-Systems、瑞士电信和 LexisNexis 等；社区节点则直接来自 Chainlink 社区，包括 Chainlink Oracle Olympics 的获奖者和其他社区贡献者。这一层的聚合作用是提高数据的可靠性和节点间的冗余度，减少对单一数据源的依赖，从而降低单点故障的风险。

最后是预言机网络层聚合。在 Chainlink 预言机网络层，所有参与的节点将各自的数据响应汇总到一起，通过一种共识机制形成最终的数据输出。通常，这个过程会在达到一定节点数后，对所有节点的数据取中位数作为最终结果。这样的设计进一步增强了数据的整体性和安全性，确保了即使在极端情况（如部分节点或数据源遭受攻击或下线）下，整个网络也能稳定提供可靠的喂价信息。

每个数据源在 Chainlink 网络中都有一个唯一的链上地址，智能合约可以通过调用该地址上预先定义的函数来查询所需的数据。这样的设计使得智能合约能够以一种自动化、可靠的方式访问链外数据，同时又不牺牲其去中心化的特性。截至 2023 年 11 月，已经有超过 1 700 个 Web 3.0 项目集成了 Chainlink 服务，Chainlink 在超过 15 个区块链上运行，在链上提供了超过 74 亿的数据点，并接入了 900 多个去中心化预言机网络。

Chainlink 预言机系统的工作流程包括六个主要步骤：

- **数据请求**

  首先，智能合约向预言机发出一个请求，表示需要一些特定的链外数据，例如，股票价格、天气信息等。

- **预言机节点选择**
  Chainlink 网络中的部分预言机节点将被选中以回应这个请求。这些节点能否被选中，取决于安全性、报价、历史表现等因素。
- **数据抓取**
  被选中的预言机节点会到指定的数据源去抓取数据。这些数据源中，有些是公开的应用程序编程接口（API）[①]，有些是专有数据库或其他数据提供方。
- **数据报告**
  抓取到数据后，预言机节点会将数据报告给区块链上的智能合约，同时通过安全的加密签名来证明数据的来源和完整性。
- **数据聚合**
  如果有多个预言机节点被选中，Chainlink 网络会对这些数据进行聚合和处理，以提供一个最终的可信赖的数据输入给智能合约。
- **数据使用**
  智能合约接收到这个最终的数据输入，并据此执行预定的操作。例如，如果智能合约是一个天气保险合约，那么它可能会在接收到某个地点的降雨数据后，自动支付保险金给保单持有人。

2021 年，Chainlink 发布了跨链互操作协议（Cross-Chain Interoperability Protocol，CCIP）。这是一种开源标准，通过提供一种标准化的消息格式和安全机制，允许区块链项目跨多个区块链网络发送和接收信息，旨在促进不同区块链网络之间的数据和消息的安全传输，以实现链与链之间的无缝连接。CCIP 的核心优势在于其去中心化的设计，能够确保跨链通信的安全性和可靠性。通过使用 CCIP，智能合约可以请求和接收存储在其他区块链网络上的数据，同时发送交易和消息到其他区块链网络上，且无须依赖单一的中心化服务。CCIP 的推出标志着 Chainlink 正在从一个专注于预言机服务的项目，逐步发展成为一个更加全面的跨链基础设施提供商。

① API 是一些预先定义的函数。应用程序将自身的服务能力封装成 API，并通过 API 网关开放给用户调用。

从 2023 年开始，Chainlink 已经与多个项目合作推进 RWA 通证化。2023 年 7 月，Chainlink 开始支持为 Backed Finance[①] 部分 RWA 通证喂价，包括提供美国国债 ETF IBO1、美国国债固收 ETF IBTA 以及追踪标普 500 指数的 ETF CSPX 等 RWA 价格等。2023 年 9 月，Chainlink 与美国存款信托和清算公司（DTCC）合作开展环球同业银行金融电讯协会（SWIFT）区块链互操作性项目，以实现传统金融资产的通证化转移。SWIFT 是一个全球性的金融电讯系统，为银行和其他金融机构提供安全、标准化的通信平台，以促进跨境金融交易的进行。不同国家的金融机构通过 SWIFT 国际结算系统与同业交换电文来完成跨境金融交易。在这个项目中，SWIFT 在后端使用 Chainlink 的跨链互操作协议（CCIP）来实现跨链消息传递和通证转移，而 DTCC 则充当通证发行方和中央证券存管机构（CSD）的角色。具体而言，DTCC 负责铸造和发行与 Chainlink CCIP 兼容的 BondTokens，并将其分发到 SWIFT 指定的测试钱包。这些 BondTokens 代表了传统的债券资产，通过与 Chainlink CCIP 的集成，可以实现这些资产在不同区块链网络之间的无缝转移和交易。

这个项目的意义在于，它展示了如何利用区块链技术和去中心化预言机服务，来实现传统金融资产的数字化转型。通过将债券等资产通证化，并利用 Chainlink 的 CCIP 实现跨链转移，可以大大提高这些资产的流动性和可访问性，同时降低交易成本和结算时间。这对于推动传统金融体系与 DeFi 的融合具有重要意义。

2024 年 5 月，Chainlink 宣布将为 Aave 协议的 RWA 计划提供预言机解决方案。Aave 是一个领先的 DeFi 借贷协议，允许用户抵押数字资产来借款或赚取存款利息。在 RWA 计划中，Aave 计划引入更多的 RWA（如房地产或公司债券）作为抵押品或借贷标的。为了支持这一计划，Chainlink 将与 Aave 合作开发定制化的数据馈送，以提供 DeFi 利率的总体视图，帮助 Aave 更好地了解和

① Backed Finance 是总部位于瑞士的受监管机构，能够通过某种金融工程技术，将现实世界中的证券资产转化为数字形式，并代表其经济权益的通证，从而能够在区块链网络上进行交易和处理。

管理其平台上的利率水平。此外，Chainlink 还将支持 Aave V4 版本中引入的模糊控制利率机制，该机制允许根据市场供需动态调整借贷利率，以维持平台的稳定性和吸引力。

Chainlink 还计划与 Aave 社区合作，研究如何利用预言机解决方案来实现利率调整的完全自动化，以及风险参数的动态调整。这将进一步提高 Aave 协议的效率和安全性，使其能够更好地应对市场变化和用户需求。

除了预言机之外，区块链数据聚合平台也在 Web 3.0 的金融体系中扮演着重要角色。Chainalysis[①]、Dune Analytics 等机构通过链上数据分析获得了政府、资本和市场的认可。Dune Analytics 是一个功能强大的区块链数据聚合分析平台，专门处理和挖掘以太坊区块链上的海量数据。以太坊作为全球最大的公链之一，每天都会产生大量的交易数据，包括转账记录、智能合约调用、通证发行等。这些数据虽然公开透明，但由于数量庞大且格式复杂，对普通用户来说难以直接分析和利用。Dune Analytics 针对这一痛点，为用户提供了一个预填充的数据库，将复杂的区块链数据转化为易于查询的 SQL 数据库格式。例如，以太坊的转账记录已经按照发送地址、接收地址和转账数量等维度进行了分类和整理。用户可以通过简单的 SQL 查询语句直接访问这些结构化的数据，无须为每次查询单独编写复杂的脚本或程序。这大大降低了数据分析的技术门槛，使更多的用户能够参与到区块链数据的研究和应用中来。

除提供便捷的数据访问服务外，Dune Analytics 还拥有一个活跃的用户社区，用户可以在平台上分享自己的数据分析成果。Dune Analytics 的主页展示了其他用户创建的热门数据集，涵盖了各种与以太坊生态相关的统计数据，例如 DeFi 项目的交易量、GAS 费用的变化趋势、NFT 平台的数据汇总等。这些数据

① Chainalysis 是第一家致力于区块链数据追踪的平台，目前已为 70 多个国家或地区的监管或执法机构、交易所、金融机构以及保险和网络安全公司提供数据、软件、服务和研究，包括基于区块链数据的自动交易监控、风险管理和商业分析等服务，并可发现数字资产相关的盗窃、欺诈和洗钱等违法犯罪行为。

集为不同领域的用户提供了宝贵的参考和启发。用户可以自由地浏览、复制和编辑这些数据集，根据自己的需求进行个性化的调整和扩展。Dune Analytics 提供了一套强大的查询和可视化工具，帮助用户深入挖掘数据中蕴含的价值。通过灵活的 SQL 查询，用户可以多维度地分析数据，发现不同指标之间的关联性和趋势。例如，用户可以研究特定 DeFi 项目的用户增长与交易量之间的关系，或者分析 NFT 市场在不同时期的表现特征。Dune Analytics 还支持丰富的图表和仪表盘功能，使复杂的数据能够以直观的可视化形式呈现出来，便于用户快速理解和解读。这些深入的数据分析和洞察，为数字资产领域的研究者和从业者提供了极具价值的决策支持。通过 Dune Analytics，用户能够实时监测市场动向，捕捉新兴的机会和风险，优化自己的投资策略和产品设计。同时，这些数据驱动的研究成果也有助于整个区块链行业的健康发展，促进行业的透明度和数据共享，为监管机构和公众提供了更加全面和客观的行业信息。

人工智能技术，尤其是机器学习和深度学习，在现代金融领域中扮演着越来越重要的角色。这些技术能够自动学习复杂的数据模式，并根据历史数据预测未来的趋势，从而极大地提高了投资决策的准确性和效率。对于 RWA 通证这一新兴的数字资产类别，人工智能技术同样展现出了巨大的应用潜力。

投资者可以利用机器学习和深度学习算法，深入分析 RWA 通证的历史交易数据，自动识别其价格变动的内在规律和影响因素。通过对大量历史数据的训练，人工智能模型能够准确把握资产价格的涨跌趋势，评估其潜在的风险和收益水平。这些模型不仅可以基于过去的数据进行回测和验证，还能够实时预测未来一段时间内的价格走势，为投资者的决策提供有力支持。

除直接的价格预测外，人工智能技术还可以通过多源数据的融合分析，更全面地评估 RWA 通证的投资价值和风险。例如，通过纳入宏观经济数据、市场情绪数据、社交媒体数据等多种数据源，人工智能模型能够捕捉可能影响资产价格的各种内外部因素，识别潜在的风险事件和机会，并及时向投资者发出预警或提供建议。这种多维度的数据分析可以帮助投资者构建更加稳健的投资策略，并有效管理风险。

人工智能技术在数字资产领域的应用，还体现在对交易行为和市场环境的深度剖析上。通过对 RWA 通证的交易记录进行细粒度的分析，机器学习算法可以自动检测异常交易模式，识别潜在的欺诈、洗钱或市场操纵行为，为投资者和监管机构提供预警和证据。同时，交易数据的聚类和关联分析，也有助于揭示市场中的主要参与者、竞争格局和流动性状况，为投资决策提供更加全面的背景信息。Nansen.ai 作为一家专业的区块链数据分析机构，其核心分析工具就充分利用了机器学习、算法和研究等人工智能技术，对链上行为进行深入剖析。通过识别智能合约的交互模式、资金流向和钱包行为等关键指标，Nansen.ai 的工具可以准确评估和预测市场走向，捕捉“聪明钱”的动向，并追踪具有重大影响力的“鲸鱼”账户。这些洞察帮助投资者把握市场脉搏，抢先发现新的投资机会。Nansen.ai 在 2022 年推出的 Price Estimator 产品，更是将深度学习技术直接应用于 NFT 市场的价格评估中。通过分析超过 800 个 NFT 系列的特征和交易数据，Price Estimator 利用先进的算法模型，对每个 NFT 的价值进行实时估算，并筛选出最具投资价值的稀有特征组合和顶级 NFT。这一工具极大地提高了 NFT 投资的精准度和效率，降低了收藏家的决策成本。

深入探讨 RWA 通证化，不仅揭示了其在区块链技术中的创新价值，还展现了其在全球金融体系中的实际应用与巨大潜力。这种资产形式在实体经济和数字经济之间搭建了一座全新的“桥梁”，将法律、金融、技术和数据四大元素有机结合，更加精准地满足了投资者的需求，显著提高了市场效率，同时为传统金融体系中的诸多问题提供了创新的解决方案。通过运用“RWA 2+4”研究方法，我们能够更深入地理解 RWA 通证化的理念、内在价值以及潜在的风险。这种方法论不仅帮助我们全面评估 RWA 通证化的各个方面，还能够预测其在未来金融生态中的角色和影响。RWA 的通证化，不仅将实体资产数字化，而且通过区块链技术和智能合约，实现资产的透明、可追踪和高度流动性。这一过程涉及对法律框架的适应和调整，以确保数字资产的合法性和受法律保护。

在未来，RWA 通证化与人工智能、大数据等前沿技术的紧密结合，将进一步推动金融体系的完善。例如，人工智能可以通过分析海量数据，提供更加精准的市场预测和风险评估；大数据技术则能帮助金融机构更好地理解市场动态和用户需求，从而设计出更加符合市场需求的金融产品。这些技术的融合，将大大提升金融服务的智能化和个性化水平。此外，RWA 通证化还有望在全球范围内推动金融普惠，使得更多的个人和机构能够参与到全球金融市场中来。通过区块链技术，资产的跨境转移变得更加便捷和高效，降低了交易成本和时间。这为那些在传统金融体系中无法获得充分服务的地区和人群，提供了新的金融机会，促进了全球金融市场的包容性发展。

总体来说，RWA 通证化不仅是区块链技术的一个重要应用场景，还是未来金融体系发展的一个重要方向。随着技术的不断进步和应用场景的拓展，RWA 通证化将会在全球金融市场中发挥越来越重要的作用。通过进一步的研究和探索，我们期待看到其在提高市场效率、增强金融包容性以及推动金融创新方面的更多突破和成就。

RWA
Tokenisation in
Web 3.0 Era

第4章

通证经济学原理与生态发展

1. 通证经济学的基本理论

随着数字技术的进步和行业需求的持续增长，《“十四五”国家信息化规划》强调了“现实世界与数字世界的日益融合”。在此背景下，基于区块链技术的通证经济快速发展，正在深刻地重塑社会关系和社会结构。现实世界与数字世界的有效结合方式和边界，已成为国内外政府和学者研究的焦点。本章旨在探讨通证经济生态的演进和发展，从新制度经济学的视角出发，分析通证经济的发展模式。在理论上，本章利用新制度经济学为通证经济的运作提供理论基础；在实践上，本章探讨如何理解通证经济与社会环境的相互作用，并推动区块链技术与通证经济的融合发展，这对于当前和未来具有重要的现实意义。

现实逻辑：通证经济的演进与发展

通证的内涵及发展

通证（token）这一概念的实际应用早于概念本身的提出，其翻译和理解随着时间不断演进。最初，token 被译为“代牌”，用于指代各种代用券和筹码，作为奖励手段以激励特定行为。在计算机科学中，token 则被译为“令牌”，用于承载登录和验证等信息。直到 2017 年，token 才被译为“通证”，尽管一些学者认为这一翻译未能完全反映其多面性，提议使用“共票”或“链券”等词可能更为贴切。也有观点认为，“通证”一词融合了“通行”和“证明”两层意义，象征着以诚信为核心的“通行证”。

通证在区块链世界中扮演着虚拟数字凭证的角色，代表着身份、权利和价值，具备使用权、收益权、参与权和投票权等多种属性。持有通证，个体便能参与各类活动，使用、处理和分配物资。

通证的发展大致经历了三个阶段：最初，在互联网时代，通证主要指用于登录验证的令牌；随后，随着以太坊 ERC-20 标准的出现，通证发展为一种可以在交易所直接交易的资产；现在，随着“通证”一词的普及，我们迎来了第三阶段，通证的内涵也得到了进一步的扩展。

本书认为，通证是一种“可流通的凭证”，或更准确地说，是“可流通的加密数字凭证”。它由三个基本要素构成：首先是“权益”，这表明通证具有固有价值，无论是有形商品、无形股权，还是信用或权利，都源自社会对其价值背书方信用的认可；其次是“加密”，由密码学技术保障通证的真实性，确保其可识别且防篡改，这是通证流通的基础；最后是“流通”，这意味着通证必须能在网络中流动，允许使用、转让、兑换和交易。这三个要素共同定义了通证的本质，使其成为一个统一的整体。

基于区块链的通证经济发展

区块链技术首次在比特币系统中被引入，代表了一种分散、公开且不可更改的基础数据记录技术。通证的存在与否，并不会改变区块链的本质；反过来，无论通证是否依赖区块链，其性质也不会发生改变。然而，不可否认的是，区块链和通证构成了最理想的生态合作伙伴。如果通证本身是一种流通凭证，那么在区块链技术和互联网平台的支持下，通证的存在不再仅仅是流通凭证，而是在实体经济中基于其固有和内在价值的存在。

通证被视为区块链技术中最有价值的应用之一，区块链为通证经济的运行提供了系统性的安全保障。目前，基于区块链的通证因其广泛的应用已被国内外金融机构及学者所认知，并被加以分类。例如，瑞士金融市场监督管理局（FINMA）将通证分为支付类、应用类及资产类；中国的多数学者倾向于接受 SEC 的分类，即产品或服务通证、奖励通证、功能通证和证券通证；还有学者提出支付类通证、实用类通证和证券类通证的分类方法。

通证在构建通证经济体中扮演了核心角色，其效力推动了通证经济模型的逐渐显现。通证将技术与经济形态相结合，引发了运营的革命性变革，并催生了一种新的经济模式——通证经济。这种经济模式以通证为激励机制，利用区块链平台工具，完成了生产、分配、交换、消费等一系列经济活动，简而言之，它利用通证的加密数字特性，通过激励机制重新定义生产关系的价值驱动经济模式。通证经济不仅是市场经济的延伸，还是社会生产关系变革的体现，它在社会分工细化与规范化的基础上，形成了更高级的社会生产交换形式。美国区块链科学研究所创始人梅兰妮·斯万（Melanie Swan）将区块链技术的发展分为三个时代，并发现通证经济的出现与区块链技术的发展紧密相连。通证概念植根于区块链 1.0 时代，比特币是区块链系统中一种具有高度价值和安全性的支付型通证；区块链 2.0 时代以以太坊网络的出现为标志，开启了通证经济时代；而区块链 3.0 时代则通过超越货币、经济和市场的公正应用以及效率和协作应用，将通证经济渗透到社会生活的各个方面，引领经济和社会的全面变革。

通证经济的理论支撑：基于新制度经济学的立论依据

通证经济是区块链技术中的一个重要概念，它涉及如何设计和利用数字通证来激励和调节网络参与者的行为。这种经济模式的理论支撑主要可以通过新制度经济学提供，该学派强调制度对经济活动的影响，以及成本在经济决策中的作用。

制度经济学区别于古典经济学的最大特点就是制度外生假设，它以经济活动与制度间的相互作用作为主要研究对象。经典制度经济学家认为，正是通过界定一系列可接受和不可接受的行为，制度为经济交换提供了一个结构，即游戏规则。20 世纪 60 年代，奥利弗·E. 威廉姆森（Oliver E.Williamson）提出了新制度经济学的概念。区别于旧制度学派，新制度经济学提出了交易费用、制度创新路径依赖等概念，更加明晰地界定了产权、成本、制度、主体等制度经济学的关键定义，形成了一系列经济学理论变革，逐渐跻身于主流经济学领域，并引起广泛关注。

有了这些理论的支撑，通证经济得以更好地设计和实施，以促进区块链技术及其应用的健康发展。新制度经济学提供了一套有力的工具和观点，帮助解释和优化通证经济中的各种现象和问题。

交易费用理论

消费者在进行交易时，关注的重点往往是既定花费为其自身带来的效用而非交易费用。罗纳德·科斯（Ronald H.Coase）在其 1937 年的论文《企业的性质》（*The Nature of the Firm*）一文中提出了交易费用理论。他认为，“交易费用应包括度量、界定和保障产权的费用，发现交易对象和交易价格的费用，讨价还价、订立合同的费用，督促契约条款严格履行的费用，等等”。总之，交易费用指在建立商品交易过程中没有被交易主考虑到而损耗掉的费用或成本，其中的时间成本、保险成本等都可以算作交易费用。新制度经济学就是这样一个侧重于交易成本的经济学研究领域，交易费用是其最基本的概念。

那么，交易费用为何与新制度经济学息息相关呢？

新制度经济学是研究新旧制度交替的经济学理论，新旧制度交替的根本来源于经济效率的提高，而交易成本的存在会影响市场运作效率。由于现实世界的不确定性、资源产权专有性、行为人决策的有限理性以及企业的机会主义倾向等，社会运转中的交易实现要付出代价或成本，例如，政治体制运行和调整时的政治型交易费用、参与市场运行时的市场型交易费用、主体内部运行产生的管理型交易费用等。在新制度经济学语境下，这些交易费用都将作为一种沉没成本纳入传统的供需分析框架，并规范了交易费用的识别计算分析，将交易费用纳入决策过程，进而实现资源配置效率合理。

在通证经济中，通证的设计和应用可以显著地减少交易成本。这一点得到了新制度经济学的支持，该学派强调交易成本在经济活动中的中心地位。传统市场中的交易成本包括寻找交易对手、协商合同条款、确保合同执行以及监督和适应合同变化的费用，尤其在信息不对称和信任缺失的环境中，这些成本尤为高昂。

通证化通过自动执行合约、提高交易速度、减少中介机构的参与，以及降低信息不对称和搜索成本等多种方式来降低这些成本。智能合约使得合同条款可以自动执行，这减少了监督和执行的成本，并降低了违约的可能性。区块链技术加速了交易验证，提高了市场流动性。其去中心化的特性使得交易双方可以直接进行交易，无须依赖中介机构，从而节省了费用和时间。

区块链技术是通证经济实现这些优势的核心。其去中心化特性不仅提高了系统的安全性和抗干扰能力，还通过透明性增强了市场参与者之间的信任。此外，区块链还简化了跨境交易流程，降低了涉及多个银行和支付处理机构的复杂性，尤其对全球交易来说，这一点极为重要。

总之，通证经济中的通证化和区块链技术的应用不仅符合新制度经济学关于交易成本的理论，还推动了经济理论的实际应用，这预示着更高效、更透明、更公平的经济运行模式的出现。这些技术的普及和应用正在重新塑造全球经济的交易结构和成本框架。

产权理论

产权的本质是一种社会关系。人类社会是人与人相互交流、相互交往的有机整体，只有在这样的有机整体中，人们才有相互尊重产权的必要性。从新制度经济学理论来看，产权是一种权利，作为社会的基础性规则，它规定了人与人之间的相互行为关系。

产权经济学家阿门 · A. 阿尔钦（Armen A. Alchian）认为："产权是一个社会所强制实施的选择一种经济品使用的权利。"产权的实质是一系列激励与约束机制，因而会进一步影响和激励行为，不同结构的产权会产生不同的激励，进而导致不同的效率结果。产权包括所有权、收益权、使用权、处置权等，是一系列权利所组成的权利束。交易的发生就意味着两束权利的交换。新制度经济学认为，交易中产权束的差异使得物品交换价值不同。产权安排将直接影响资源配置效率，对个体的激励将直接影响社会的经济效率。

产权理论是新制度经济学的核心组成部分，它探讨了产权安排如何影响经济资源的有效配置。产权不仅涵盖物理资产的所有权，还包括对资产的使用权、控制权和转让权。这一理论强调，产权的清晰界定和保护是确保市场交易顺畅和资源配置高效的基础。

在通证经济中，数字通证的概念为产权理论提供了一个新的实践领域。数字通证可以被视为一种特殊的产权形式，赋予持有者对网络资源的控制权和使用权。这些通证不仅是交易媒介，更是某种资源控制权的表现。例如，某些通证可能赋予持有者在区块链平台上的投票权或治理权，从而直接影响该平台资源的分配和使用策略。

从产权理论的视角看，通证经济中通证持有者的权利与传统的资产所有者的权利有许多相似之处，但也有其独特性。通证化的资产使得产权可以被分割成更小的单位，这提高了资产流动性，同时也允许更精细化的控制和管理。例如，治理通证允许持有者对网络升级、资金使用等关键决策进行投票，实质上，这种机制将经济决策权分散给了网络的多个参与者。

在区块链技术的帮助下，通证经济确保了产权的清晰界定和保护。区块链的不可篡改和透明性特征意味着一旦通证的所有权记录在链上，这种所有权就很难被非法改变。这种技术确保了资产所有权的清晰可追溯，降低了交易双方的不确定性和交易成本。

此外，通证经济中的智能合约技术进一步加强了产权的保护和执行。智能合约可以自动执行合约条款，这意味着合约中定义的产权转移或使用权的条件一旦得以满足，相关的操作就会自动发生，无须依赖第三方执行。

总之，通证经济通过区块链和智能合约技术，提供了一种新的产权表达和保护机制，这不仅改变了资产的所有权和使用权的管理方式，还推动了资源配置效率的提升。通过这些技术，新制度经济学中的产权理论在现代经济中找到了新的应用场景和实践机会。

企业理论

在新古典经济学理论中，生产制度体系是单一的市场机制，没有进行企业存在与内部组织等方面的分析，科斯运用交易费用分析工具，将生产制度体系拓展为包括企业与市场，且彼此存在替代关系的二重制度体系，开始了新制度经济学对企业存在与治理方面的深入研究。目前，主要产生了两大领域：从企业交易功能角度，以科斯、威廉姆森为代表的交易费用经济学的企业理论以及以桑福德·格罗斯曼（Sanford Grossman）、奥利弗·哈特（Oliver Hart）和约翰·摩尔（John Morre）为代表的产权经济学的企业理论；从企业功能角度，哈罗德·德姆塞茨（Harold Demsetz）和阿尔钦的团队生产企业理论。市场机制的运行需要成本的支持，企业的出现为节约市场运行成本创造了先决条件。

企业作为一个组织，允许企业家作为权威来支配资源，这使得交易费用得以节省。市场机制与企业同为资源配置的手段，二者可以互相替代，其根本动力即来源于交易费用的节省。那么，这是否代表着企业可以无限扩大以节约交易成本呢？当然不是。企业的管理也有成本，当利用企业方式组织交易的成本等于通过市场交易的成本时，企业规模就会达到最大。

契约理论是企业理论的重要分支，它深入探讨了企业本质上作为一种契约结构的运作机制。这种理论认为，企业内部和企业之间的关系，本质上可以视为一系列契约的集合，旨在协调各方利益，缓解潜在的利益冲突。通过这种方式，契约理论为理解企业的结构、策略和行为提供了一种框架。

在通证经济中，智能合约技术提供了一种创新的契约执行机制。智能合约是自动执行、不可篡改的程序，运行在区块链平台上，能够在不需要第三方中介的情况下，确保合约条款的准确执行。这些合约通常涉及通证的分配、使用和治理，从而直接关联到通证经济的核心活动。智能合约通过将合约条款编码为透明、自动执行的代码，极大地提升了合约的执行效率和信用，降低了监督和执行成本。

激励相容理论作为企业理论的另一重要分支，关注如何设计激励机制，以确保各方行为者的目标与组织的整体目标一致。在通证经济中，这种理论的应用尤为关键，因为通证的设计和分配直接影响参与者的行为和网络的整体功能。例如，通过提供通证奖励或分红，可以激励用户参与网络的维护、投票决策或其他关键活动，从而促进生态系统的健康和持续发展。

新制度经济学从更宏观的角度提供了分析和设计治理结构的工具。它考察不同的治理形式（如市场、层级及网络）对经济效率和资源分配的影响。在通证经济中，治理通证的应用允许通证持有者通过投票参与决策过程，实现对平台发展方向的共同影响。这种治理结构强调了透明度和参与度，旨在通过集体决策机制解决潜在的利益冲突，提高系统的适应性和响应性。

总之，通过契约理论和激励相容理论的“镜头”，我们可以更深入地理解通证经济中的企业行为和结构。智能合约的应用不仅展示了技术如何优化传统契约的功能，还突显了通证经济在设计有效的激励和治理机制方面的创新。这些理论和技术的融合，为现代经济体系提供了更高效、更透明和参与性更强的运作模式。

制度变迁理论

制度变迁理论是新制度经济学的一个重要内容。其代表人物道格拉斯·诺斯（Douglass North）认为，国家长期经济增长与社会发展离不开制度的决定性作用。技术的发展与革新推动了经济的增长，然而经济要想长期发展，只依赖技术的革新是远远不够的。当人们拥有制度创新与变迁的意识，并进一步通过制度的建立巩固技术革新的成果，才能推动经济社会的长期发展。制度变迁理论的三大基石是产权理论、国家理论和意识形态理论。制度变迁的原因、制度的起源以及制度变迁的动力、过程、形式等都是制度变迁理论的重要内容。制度变迁是一种相对收益较高的制度对收益较低制度的替代过程，因而节约交易费用是造成制度变迁的原因之一。

新制度经济学认为，制度是影响经济行为和经济绩效的重要因素。通证经济作为一种新兴的经济模式，其发展和普及可以看作制度变迁的一部分，它可能会对现有的经济制度产生影响，甚至引发新的制度创新。

新制度经济学强调制度（包括法律、规范、政策与文化习俗）对经济行为和经济绩效的深刻影响。制度提供了行为规范和交易框架，从而减少不确定性，降低交易成本，并促进经济活动的有效进行。通证经济作为一种基于区块链技术的新兴经济模式，不仅引入了通证作为交易媒介，还通过智能合约和去中心化的运营模式，重塑了交易和经济合作的基本规则。

通证经济的发展和普及本身就是一种制度变迁的体现。它挑战了传统的金融和经济系统，提供了一种替代的经济交互方式。例如，通过使用通证，通证经济允许价值在没有传统金融中介的情况下得以迅速、安全地转移。这种机制降低了交易成本，增加了市场的包容性，使得全球任何地方的个人和公司都能直接参与国际市场。

此外，通证经济还可能促进制度创新。由于基于区块链的透明性和不可篡改性，通证经济提供了一种新的方式来增强信任和合同执行，这可能会激发新的法律和监管框架的发展。例如，随着通证经济的扩展，各国政府和国际组织可能需要制定新的法律来规范通证的发行、流通及其与传统货币的关系。同时，通证经济也向社会提出了关于权力结构和资产分配的新问题。通证化可以使资产流动性增强，从而可能重新配置经济资源和影响社会的经济结构。这种可能性需要新的社会共识和制度设计来确保经济变革带来的利益可以公平分配，同时缓解可能的社会紧张。

通证经济不仅是新制度经济学视角下的一种经济活动形态，还是制度变迁的一个实例和催化剂。它的发展不仅改变了交易和价值存储的方式，还可能引发更广泛的经济和社会制度的变革。这要求政策制定者、经济学家和社会各界密切关注这种变革，理解其潜在影响，并积极参与新制度的设计和实施。

信息不对称问题理论与信号传递理论

制度经济学是一门研究经济制度如何影响经济行为的学科，其中，信息不对称和信号传递理论是其重要组成部分。信息不对称理论主要关注的是在经济交易中各方所持有信息的不对称，这种信息的不对称可能导致市场失灵，如“柠檬市场”现象，即质量较差的商品将质量较好的商品挤出市场。为了解决信息不对称带来的问题，经济主体往往采用各种信号传递机制，以证明其产品或服务的质量，或其自身的可靠性。

信号传递理论由迈克尔·斯宾塞（Michael Spence）提出，他在研究教育如何作为一种信号帮助雇主识别潜在雇员的能力时发展了这一理论。在这个理论框架中，具有高质量特征的个体或企业会通过一些成本较高的活动来发送信号，比如获取高等教育证书或提供高成本的保证服务，以区分自己与低质量的竞争者。这样的信号传递有助于减少市场的信息不对称情况，提高市场的整体效率。

在制度经济学中，信息不对称和信号传递理论共同解释了制度如何影响经济主体的决策以及市场效率。相关部门可以通过设计制度（如法律、规章和行业标准），来降低信息的不对称；通过强制披露信息、建立质量认证系统等方式，帮助消费者和投资者做出更明智的决策。同时，这些制度也塑造了信号的成本和信号的可信度，进一步影响市场的运作和资源的配置效率。

在通证经济中，通证的发行和持有可以作为一种信号传递机制，显示某个项目或网络的健康和潜在价值。通证的设计和分配机制可以向市场传递关于项目可信度和成功概率的信息。

在通证经济中，通证的发行和持有不仅代表了金融交易的媒介功能，还承载着重要的信息传递功能，这对于理解和评估某个项目或网络至关重要。通证本身的设计（如其总供应量、发行机制、分配方式以及如何通过各种活动获得通证）都细致地反映了创立者对其项目的长期愿景和运营策略。例如，一个限定供应量的通证可能旨在创造稀缺性，增加持有者的价值预期；而一个通过复杂算法或社区贡献获得的通证，则可能强调公平性和社区的参与度。

此外，通证的分配机制（如何决定哪些初期投资者、开发者、合作伙伴或用户能够首先获得通证）同样传递着重要的信号。一个公平且透明的分配机制可能会增强外界对项目整体健康和潜在价值的信心。如果通证主要集中在少数几个地址，可能会引发市场对于操控或过度中心化的担忧，从而影响项目的可信度和吸引力。

在实际操作中，项目方通常会通过各种通信策略来强化这些信号的传达。例如，他们可能会发布详细的白皮书，来描述通证的用途、技术细节和未来的路线图。通过社交媒体、社区讨论和合作伙伴关系的建立，项目方可以进一步加强其信号的可见性和影响力。

最终，这些信号的有效传达和市场的反应共同塑造了通证的市场表现。投资者和用户不仅仅是在评估一个通证的市场价格，更是在分析这些复杂信号中蕴含的深层次信息，如项目的可持续性、团队的可信度以及整个网络的生态健康。因此，在通证经济中，通证的发行和持有成为一个关键的策略工具，不仅被用于资金的筹集，还是项目成功与否的显著指标。

通证的经济效率分析

我们运用新制度经济学中的契约理论（Contract Theory），结合通证区块链技术的工作原理和模式特征，来分析通证对经济效率的影响。在新制度经济学中，契约的概念是指将所有市场的交易（无论是长期的还是短期的、显性的还是隐性的）都看作一种契约关系，是经济分析的基本要素。

交易成本

衡量一种经济模式或交易行为的效率的一个很重要的方法，是考察其交易成本的大小，下面我们运用契约理论中的交易成本理论（TCT）来分析区块链技术应用对交易成本的影响。与不完全契约理论（ICT）不同的是，交易成本理论认为，经济代理人交易中可以在不同的治理结构（市场、混合形式、公司）中做出选择，而不是在一系列契约中做出选择。同时，交易存在的重要条件是由于资产的专用性（即用于特定用途的资产被锁定后很难再作他用，否则会价值降低或变得毫无价值）。为了讨论不同治理结构（包含区块链）的交易成本，我们会运用赖尔登（Riordan MH）和威廉姆森的模型。具体如下：

在存在交易成本时，不同治理结构的交易成本分别为：$TC_M=v(A)$，$TC_{Hy}=\beta_0+w(A)$，$TC_F=\beta_1+x(A)$。其中，下标 M、Hy、F 分别表示治理结构为市场、混合形式和公司。β_0、β_1 为被选择治理结构的固定成本，并且 $\beta_1>\beta_0>0$；$v(A)$、$w(A)$、$x(A)$ 是专用性资产的递增函数，并且 $\frac{\partial v(A)}{\partial A}>\frac{\partial w(A)}{\partial A}>\frac{\partial x(A)}{\partial A}>0$。

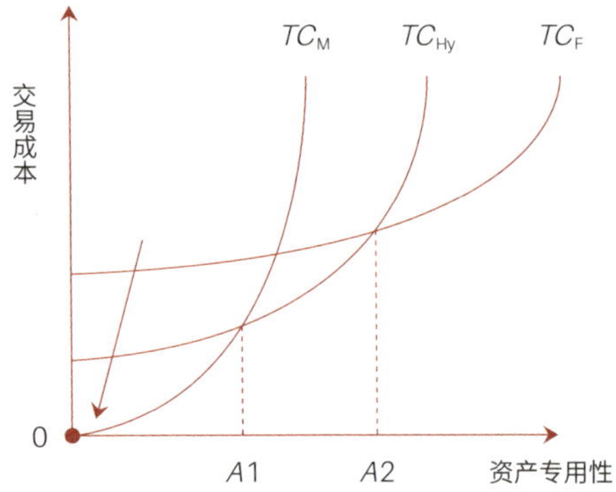

图 4–1　交易成本与资产专用性分析

从图 4-1 中可以看出，假定交易的不确定性和交易频率不变，$v(A)$、$w(A)$、$x(A)$ 分别表示治理结构为市场、市场和公司混合、公司形式的治理结构，A 表示资产的专用性程度。由于区块链是去中心化的系统，不存在中心节点，交易中全网各节点都是对等的，所以区块链的治理结构类似于市场的治理结构。一方面，与传统的经济模式或交易行为（基本上都是市场和公司混合、公司形式的治理结构）相比，市场的交易成本是最低的，因此可知区块链的交易成本非常低。另一方面，由于在区块链系统中的交易是自由开放的，当有交易需求的节点在网络中发出交易申请，有与该节点交易意愿的节点会立刻响应从而促成交易，因此基本上不存在资产的专用性，交易成本接近于 0。

契约履行

交易效率还体现在交易契约的履行情况，即在交易时是否完全按照契约条款及时履行相关的权利和义务。接下来，我们运用本杰明·克莱因（Benjamin Klein）的契约自我执行模型来分析应用区块链技术对交易契约履行的影响。

在一项交易中，交易者会对比从违反交易合同所能得到的短期收益（W_1）与由此被终止业务而失去的未来利润流的现值（W_2）两者的大小。当满足 $W_1<W_2$ 的条件时，可以保证契约履行。W_2 是对不履约的交易者实施终止业务的制裁时，对方可能失去的预期未来利润流的资本成本，即交易者的声誉成本，表达式为：$W_2=\Pi_0+\Pi_1/(1+r)+\Pi_2/(1+r)^2+\cdots\cdots$ 可见，交易各方的声誉资本大小决定了自我执行机制的效力。

应用区块链技术进行通证交易时，一方面，由于区块链的不可篡改性和公开透明性，交易者一旦做出有损于交易的行为或违约，由于数据不可更改、历史可回溯和信息全网公开，人们便不会和他进行下一次的交易，即交易者的声誉成本极大。另一方面，由于当前区块链应用于不同市场交易的智能合约技术将合约参与者的权利、义务以及触发条件全部嵌入处理硬件和软件中，能让交易合约按照计算机程序自动履行和终止，同时使违约的成本变得高到令人望而却步的程度，因此应用区块链技术的交易契约具有强大的自我执行机制。此外，应用区块链技术的交易契约也进一步避免了在传统交易中因违约而申请诉讼、法院强制执行等一大笔社会成本。

信息不对称

在经济模式或交易行为中，影响效率的另外一个重要因素是信息不对称。在交易缔约的过程中，有些信息，当事人一方知道而另一方不知道，甚至第三方也无法验证（即便可以验证，也要花费很大的成本，经济上是不划算的），但这些信息会影响交易的效率和交易双方的利益。根据信息不对称情况发生时间的不同，又可以将其划分为逆向选择（adverse selection）和道德风险（moral hazard）。逆向选择是交易之前发生的信息不对称，道德风险是交易之后发生的信息不对称。一直以来，为了提高交易的效率，实现自身利益的最大化，人们致力于解决交易当中存在的信息不对称问题，包括契约条款事前设计约束双方行为、契约执行中人工核实交易方真实情况等，但是由于自然条件的限制和人性自利使然，交易当中的信息不对称问题一直存在，因此应利用各种手段加以解决。

区块链技术可以比较好地解决信息不对称问题。首先，区块链系统中，网络上的所有节点都是透明可见的，而交易的最终确认结果也由共识算法保证了所有节点的一致性，即整个系统对所有交易节点都是公平、透明、可信的，保证了交易双方信息的对称。其次，由于区块链上发生的任意一笔交易都是有完整记录的，交易者可以很轻易地查到之前交易的情况，这就在最大程度上避免了逆向选择的发生，有助于找到最理想的交易对手。同时，由于交易数据是不可篡改的，任何好的和坏的交易情况都可以记录在每个区块中，这使得在交易中作恶的成本很高，因而降低了交易之后可能发生的道德风险。因此，区块链是解决交易当中信息不对称问题的理想方案。

DAO 组织与通证

在区块链技术的演进中，我们可以将智能货币（数字法币）视为区块链经济的 1.0 阶段，它代表着货币的数字化；智能合约则标志着 2.0 阶段，象征着契约的智能化；进一步地，智能社群的兴起可以被看作区块链经济 3.0 的体现，它超越了传统公司模式，与 DAO 的概念相契合。这种组织形式的创新是对公司制度的一次重大突破，正如公司制度在工业革命时期对人类社会扩展性的巨大推动一样。

美国经济学家布拉德福德·德龙（J. Bradford Delong）的研究指出，近 97% 的人类财富是在工业革命后的短短二三百年间创造的，公司制度的诞生与英国工业革命的兴起几乎同步，对经济发展起到了关键作用。有限责任公司的发明实现了人类合作的扩展性，而股份公司的出现则将公司转变为一个公共平台，股权的转让和流通变得可能。例如，在建设高速公路等大型基础设施项目时，股份有限公司为筹集资金提供了有效途径，投资者可以通过入股参与建设，也可以通过股份转让退出投资。

然而，公司的本质和界限问题，其核心在于交易成本。制度经济学的奠基人科斯曾提出疑问：如果市场如此完美，为何企业仍然存在？为何需要企业、合同等组织框架？1937 年，科斯提出了“交易成本”的概念，这一概念涵盖了市场交易或价格机制所需的成本，如议价、合同的订立与执行等。企业之所以产生，是因为内部管理成本低于市场交易成本。但是，企业规模的扩大并非无限制，当管理成本超过利润时，企业可能会面临崩溃，这被称为科斯的天花板理论。因此，当企业内部协调管理的边际成本与市场交易的边际成本相等时，企业便达到了规模的极限。

新制度经济学家进一步扩展了科斯的交易成本理论，以解释国家存在的原因及其与市场的界限。根据这一理论，交易成本的大小可以用来区分国家机制、企业机制和市场机制。但在现实中，还存在一种超越这三种机制的经济组织形式，如西方国家的社会企业，它们既非传统意义上的企业，也非国家机构，而是一种结合了公司特征、政府授权和公共利益的社会机构。此外，像美联储这样的中央银行，既是私营企业，又具有公共机构的性质。一些经济业务（如货币发行、金融交易、互联网基础设施、社会保障基金等）或与公共利益相关，或与政府利益相关，或具有社会性，或具有全球性。如果采用国家机制，可能会导致资源配置效率低下；如果采用企业机制，则可能因投资大、周期长、收益低而缺乏吸引力。这些经济业务的复杂性和多方利益相关者的存在，推高了交易成本，降低了企业机制、市场机制与国家机制的宏观调控效率。

DAO 可能是继国家机制、市场机制和企业机制之后的第四大制度创新。DAO 通过降低交易成本和实现资源的最优分配，平衡了国家与市场之间的冲突。DAO 是一个自我运作的组织，基于一系列公开、公平的规则，无须外部干预。这些规则通常以开源软件的形式存在，允许人们通过购买或提供服务成为股东。股东可以参与组织的运营和发展，并分享其利益。与传统企业相比，DAO 的运作更为自动和灵活，股权以通证形式在系统中体现，这简化了企业结构，降低了交易成本。DAO 的股权（通证）可以快速流通，其价值由市场决定，这进一步降低了交易成本。

在历史上，复式记账法、公司制度和私有财产的保护为资本主义的崛起奠定了基础，成为现代商业社会的基石。随着加密数字货币、DLT 和分布式自治组织的出现，它们必将对现代商业社会的结构和运作方式产生深远的影响。

通证和 DAO 之间的关系是区块链领域的关键互动之一，它们共同塑造了一种新型的组织和经济结构。在这一结构中，通证不仅是传递价值的工具，还是关键的治理和激励机制。

在 DAO 中，通证主要用于投票权的分配。持有更多的通证，意味着在 DAO 的决策过程中具有更大的发言权和影响力。这种基于通证的治理机制实现了权力的民主化分配，使得所有社区成员都可以参与重要决策的制定。此外，通证也用作激励措施，奖励那些为 DAO 贡献资源、完成任务或参与治理的成员。这种激励机制不仅增强了生态系统的活力，而且促进了组织的长期发展。

DAO 通过发行通证来筹集启动和运营所需的资本，这类似于传统企业中的股票发行。通证的持有者期望在项目成功后能够获得回报，从而与项目的成败紧密相连。在某些 DAO 中，通证还被用作内部货币，用于购买服务或产品，或在成员之间进行交易，从而增强了 DAO 内部的经济独立性和循环能力。

然而，通证在 DAO 中的应用也面临挑战。例如，通证持有过度集中可能导致治理权力的集中，这与 DAO 的去中心化精神背道而驰。此外，通证经济的波动性也可能影响 DAO 的稳定性和预测性。尽管存在这些挑战，通证和 DAO 之间的深入结合预示着一个更透明、更高效和去中心化的经济体系的未来。随着区块链技术和智能合约的持续发展，我们可以预见，这种关系将变得更加紧密，共同推动经济模式的创新和演变。

2. 通证经济生态的模型与设计

通证经济学是一个融合了通证概念和经济理论的新兴领域，其核心与经济学紧密相连。该学科专注于分析人们与通证之间的互动，特别是加密货币生成、分配和消亡的过程。经济学通常分为微观经济学和宏观经济学两大分支，本书将重点从微观视角审视比特币和以太坊这两个特定区块链的内部机制。

正如中央银行通过货币政策来调节货币供应，通证经济学将相似的政策应用于加密货币领域。这些政策构成了货币体系的基石，若不经过深思熟虑，货币体系就可能面临崩溃的风险。在通证经济学中，规则是通过代码形式实现的，并且因为需要获得网络中众多参与者的共识，这些规则的变更极为困难。这种去中心化的协议设计，使得加密货币在一定程度上比中央银行发行的货币更具可预测性。例如，货币的发行速率和时间表是预先确定的，而销毁率（即从流通中移除的速率）在一定程度上也是可预见的。与法币相比，这些特性为加密货币的投资者和持有者提供了更高的透明度。

通证经济学的设计包括通证的创造、流通引入以及从流通中移除等环节。激励机制在这一过程中扮演了关键角色。那么，如何激励网络参与者执行我们期望的操作呢？例如，为了将交易记录到区块链中，需要向矿工支付一定的费用。同样，为了鼓励人们质押通证以验证网络，也需要向他们提供一定的奖励。这种设计旨在引导人们在网络中的互动方式，以确保网络的健康运行和参与者的积极参与。

通证经济生态的模型

通证作为通证经济生态圈中的能量（价值）传输手段，代表着对标现实的价值体系。在一个成熟的通证经济生态系统中，通证所扮演的角色是多种多样的，其作用涵盖经济与社会的方方面面。通证经济作为全新的经济模式，通过量化经济、社会生态中的权利、义务、责任等，实现激励机制辐射构成生态的各个角色；以制度变革倒逼生产关系重新分配，实现系统的可持续能量循环，促进社会经济生态的全面协调发展。为了更清晰地了解每个组成部分在生态圈的作用机制，我们将其分为经济生态和社会生态，分别加以讨论。

经济生态

经济生态是通证经济生态圈的初始形态，正是因为经济的驱动，通证经济得以蓬勃发展。之所以说经济生态是初始形态，是因为通证经济目前可以落地并得以实验的方式，就是由项目方从公链上发行通证开始的。虽然我们也在不断探索未来通证经济的发展方向，但是区块链的倡议者果敢地迈出了第一步，从而使通证经济这个新兴的概念逐渐走进大众视野。

如图 4-2 所示，在通证的经济生态中，通证依旧是作为能量传输手段来链接每个商业链条。各企业，即发行通证的项目方作为生产者的角色，以区块链作为技术载体，通过发行通证进入整个经济体系。通过扮演不同的角色，通证不断进行价格发现和价值增长，同时又与生态圈外的价值体系相互关联。这个价格发现的过程，也是消费者逐渐参与并且发挥作用的过程。消费者通过与其他消费者或者生产者之间的价值交换，使通证得以流通。

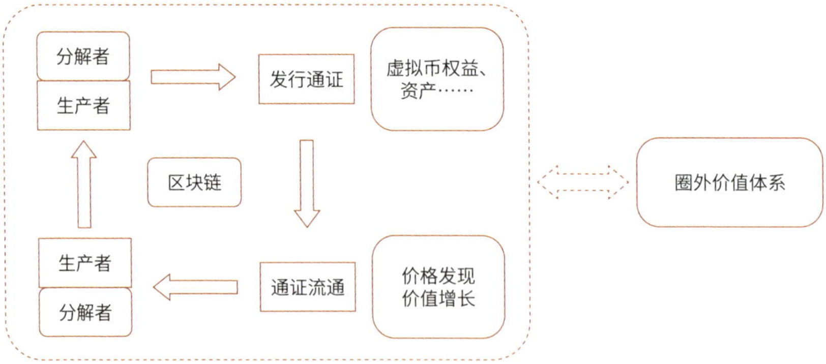

图 4-2　通证经济的经济生态体系

在此过程中，通证化的物品或服务以通证的形式存在于区块链上，而区块链的安全性、不可篡改性以及独有的信任机制让物品实现自由交换，使价值网络突破传统界限，从而实现从个人到组织乃至全社会的帕累托最优效应，即福利的最大化。

在经济生态中，消费者与生产者同时扮演着价值分解者的角色，即消费者消费通证使价值传递回生产者。同时，由于广泛的流通或应用场景的不断延伸，通证的价值也在不断被发掘并体现在价格上。当企业基于通证价值的上升而获得更多的资源，便可进一步扩展业务范围，增强业务能力，将构建更多的生态场景，进一步发行通证，使得该公司的通证更加广泛地流通。

社会生态

相比经济生态而言，社会生态属于更进一步的发展形态。其主要原因是，通证经济要想落地到社会层面，即获得社会的广泛认知，就需要有庞大的群众基础了解并认可通证经济的概念。

同时，国家权力机关的承认与构建健康的通证经济生态圈是社会生态发展的先决条件。对于健康的通证社会生态，生产者是国家权力机关或相关机构，他们从政府管理的角度出发，发行基于个人行为度量性层面或政策导向层面的通证。与经济生态不同的是，社会生态并不以盈利为目的，也不以流通性来衡量通证的效用。

政府发行通证是为了推动社会福利最大化或者社会公平，而以区块链为基础的通证经济恰恰为这个需求提供了可能。普通民众，即社会通证的消费者，通常是通过使用该通证来换取相应的福利。值得一提的是，在很多情况下，该通证还具有规范人们行为的作用，换句话说，它可能作为行为的标尺而广泛存在。

这就好像是自然界中的每块土地只有在合理规范的划分下，生物圈中的生物才能更有效率地生长。如图 4-3 所示，同经济生态一样，能量在消费者与生产者的价值传递过程中自行分解或自行积聚，从而使整个社会运行得更加有效，向着更加公平和幸福的标准迈进。

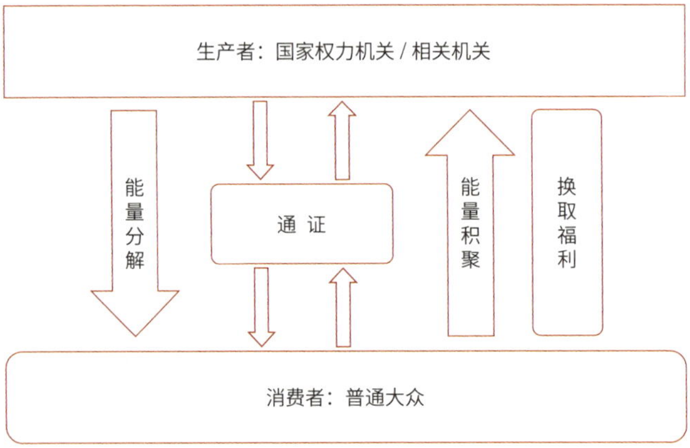

图 4–3 通证经济的社会生态体系

通证经济生态圈

从通证经济生态圈全局来看，构建一个稳定、发展的生态，生产者、消费者以及价值传导体系缺一不可。我们可以将经济生态、社会生态中的价值传导体系概括为两大类，一类为实际的使用需求，即用户在应用场景内以使用为目的而持有通证，另一类为投资与投机需求，即投资者以资产增值为目的而持有通证。

在实现使用需求层面，通证完成了价值创造的过程，即在这个过程中实现了流通，并能与现实对标。由此，通证不再是简单的符号或者名词。用户在社区中达成了接受该通证的普遍共识，而通过交换完成了价值创造的过程。在投资需求层面，通证则完成了价格发现的过程。投资者在这场博弈中只关心自己持有的通证能否在未来通过价格上涨去实现资产增值，而并不关心该通证是否具有更多的使用场景。投资者希望自己的资产能够保值，投机者则通过不断的交易为通证提供了流动性。

类比欧文·费雪（Irving Fishing）的货币数量论，货币流动性与物价水平之间呈现正相关，因而当通证的流动性增加时，价格会上涨，用户对该通证的信心会增加，从而正向激励用户更多地持有与使用。同时，如果有更多的用户使用该通证，发行方的信心会增加，同时，通证价格的上涨会使得发行方有更多的资金，从而构建更成熟而广阔的生态，增加通证的使用场景。此时，该通证的价值得到了提升，而后又会吸引投资者、投机者持有该通证，从而实现了正向的激励循环。

如图 4-4 所示，在理论上，实现通证生态圈的正向激励自循环是可行的。然而在实际中，如果通证的价格一直在上涨，用户拿它抵扣交易手续费就显得不那么合算，当用户既有投资需求又有使用需求的时候，生态圈理论的螺旋式上升便自相矛盾了。而经济学提到，人类具有多维度的价值观，不同人的需求不同，所以持有通证的目的也不同，当不同需求的人客观存在时，就可以解释选择多样性导致理论与现实差异的问题。

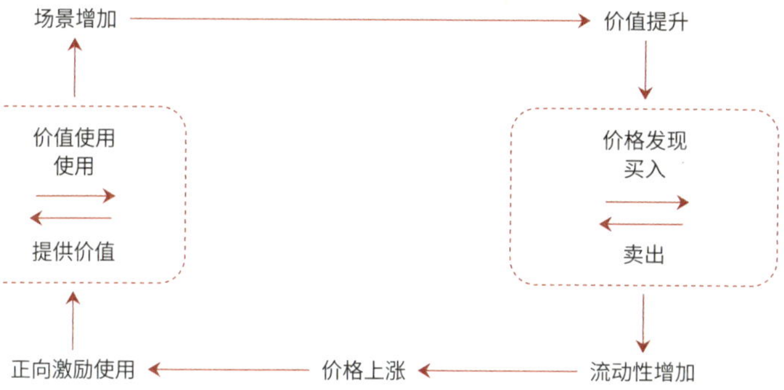

图 4-4　通证生态圈的价值传导体系

未来会有更多形式的生态圈等待我们去探索，以解决目前世界中存在的各种各样的问题。可能这种形式的通证既不属于经济生态，也不完全属于社会生态，但对现实世界又有着深远的意义。例如，可能会有基于“粉丝”团体的、以对偶像忠诚度为架构的通证，该通证的存在能够保证忠诚度较高的“粉丝”更有机会购得偶像的演唱会门票或者参与“粉丝”见面会。这种形式的通证在一定程度上保证了团体内的公平，也更大地提高了团体效率，即杜绝因“黄牛党”哄抬票价而造成的资源浪费。虽然与社会生态的作用在某些方面有共通之处，但通证的意义并不完全如此。

总之，虽然通证的形式将会越来越多样化，其意义也会越来越细分，但通证存在的意义从广义上来说都是为了维护社会公平，在提高经济社会效率的同时，调动利益相关者的积极性，从而实现生态的健康稳定发展。进一步而言，一个成熟的通证体系有助于社区自治的良性循环，是社区治理的权利要求。一旦在社区内部形成了利益共同体，各社区成员将共担风险、共享收益，社区的投票和表决也将变得更加便利。区块链社区使得用户与项目之间实现价值流转，同时互联网平台给二者提供了信息互换机制，这两条动能链共同构筑了一个合理的通证经济生态圈。因此，通证经济新应用旨在将经济生态、社会生态中设计的通证交换、平台功能、产业功能、社区、用户等融为一体，实现社区自治和事务治理，形成全新的通证经济生态圈（见图 4-5）。

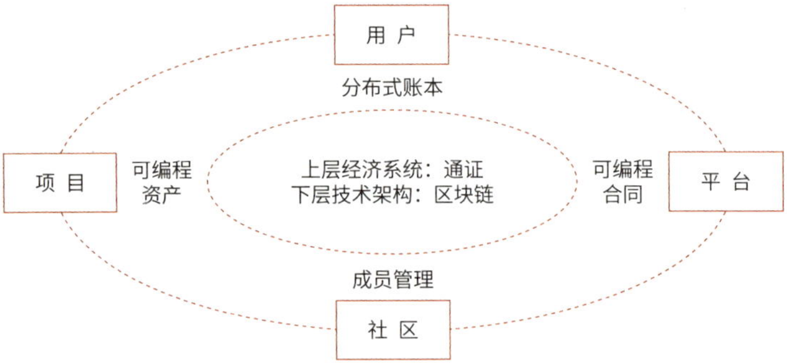

图 4-5　通证经济生态圈

通证经济生态的设计

通证经济的设计是未来具有广阔发展前景并将引领经济社会产生革新的新兴事物，而绝不是所谓的“新瓶装旧酒”。基于通证的使用性方面，区块链所带来的低成本、高效率、低交易费用的权益确定，使得个人所拥有的权益都可以进行数字化，这也使得原有的交易进程变得更便捷、更省钱、更高效，因而，对通证实用化、普及化的探索是人类固有的使命。如何构筑合理而健全的通证经济体系、发挥通证的使用性，是最基本的要求。

底层制度设计

通常，我们用能否实现纳什均衡来评价一个制度设计得好坏。如果一个制度能让参与者通过多次博弈后达到均衡状态，我们就认为这是一个好制度。如果一个制度总是让参与者相互博弈，但始终无法形成稳定的均衡，我们就认为这是一个坏制度。通证经济系统设计就是创造一个小型的规则生态体系，在既定的规则设计之下，形成设计者所希望的秩序，比如强调自由、激励、交换、个体。因此，底层制度设计对通证经济至关重要。

一个局部经济体要想具有通证经济的性质，发"通证"是一种必要的形式。首先，作为一种行为度量单位和鼓励惩罚代表物，如果没有实际的载体，将会失去意义，因此参与者做出特定行为以获取通证奖励的激励机制是通证经济实现资源有效配置的关键。其次，参与者对规则的共识也是制度发挥作用不可忽视的关键一步。区块链技术的冲击使得制度涉及的两个共识问题变得更加突出。其一是决策共识。它指代群体成员发展并同意某一个对群体最有利的决策，常见于政治活动和公司治理。它的主要内容是，在群体总量中存在着不同的利益群体，而群体之间存在着利益冲突。总群体中又有着一定的治理结构和议事规则，通过沟通以及矛盾的调和折中，形成对总群体最有利的普遍约束决策。在区块链世界中，比特币社区关于"扩容"的讨论以及以太坊在 DAO 项目被攻击后关于分叉的讨论，都可以通过决策共识理解。其二是市场共识。区块链资产交易形成均衡价格就是市场共识的体现。如果想通过区块链技术真正使通证活化，改变人们的经济状态，决策共识和市场共识是更需解决的两个问题。

交换经济内核

通证经济一般有一个交换经济内核，里面的其他活动围绕这个内核展开。交换经济是指在既定的生产情况下，经济主体的活动表现为把各自拥有的商品在彼此之间进行交换，或者说把社会的总资源和总产品在各个经济主体之间进行重新分配，以使社会福利达到最大。

交换经济存在的根源是人与人之间的资源禀赋或者社会分工不同。迈入互联网时代后，以互联网技术为依托，互联网交换经济概念应运而生。在互联网交换经济中，交换标的物指的是交换的物品。在这个过程中，交换的参与者即交换标的物的供给者和需求者。交换媒介一般是指法币，当然也可以是虚拟货币，甚至于可以不具备任何货币特征。交换经济的三大支柱分别是：交换标的物以及交换媒介的所有权在供给者和需求者之间转移；交换参与者的信息系统，包括交换目的、交换对象、交换数量；资源配置机制，此时需要考虑到参与者的禀赋、偏好，以实现高效匹配供需。

交换经济内核的通证经济依托区块链去中心化、去中介化的技术特点，使用通证作为交易媒介，可以让陌生人在没有第三方中介的情况下，彼此信任地实现价值流转，打通企业间的信息壁垒，增强企业间的信息流通，这极大地节约了社会成本，并可解决以往经济模式中的信息不对称、有限理性人等经济学局限，有望开创人类信息社会下的新经济模式。

交换媒介通证化

通证化的含义是，将互联网交换经济中的交换媒介替换成某一通证，先假设这个通证由某一中心主体发行和管理。这个通证应该具有以下 6 个特征：

- 由通证经济所在的网络社区发行和管理。
- 以数字形式存在。
- 网络社区建立了内部支付系统。
- 被网络社区的成员普遍接受和使用。
- 可以用来购买网络社区中的数据或实物商品。
- 可以为数据或实物商品标价。

通证化的两种分类分别是：第一，当存在价格机制时，在这种情况下交换媒介为法币或者虚拟电子货币，此时可以直接将该交换媒介通证化，比如电子商务和共享经济。第二，当不存在价格机制时，交换媒介不具备货币特征，此时需要利用通证化引入价格机制，如浏览器、搜索引擎等。在还未通证化的情况下，网民通过门户网站、搜索引擎免费获得了资讯，用以交换的是他们的个人偏好等大数据信息，门户网站基于此信息定向推送广告给用户。然而，真实情况是用户并不知道他们的数据被使用到了哪里、被使用了多少，或者是否进行了公平的交易，即被动地接受了过多的广告。

在通证化的情况下，门户网站如果想使用用户的数据，需要向用户支付一定数量的通证，用户也可以使用这些通证在门户网站购买所需资讯。通过引入价格机制，这场交易公开透明，且用户掌握了自己隐私数据的主导权，同时有效汇聚市场信息，提高资源配置效率。

区块链叠加

区块链叠加是指将中心主体发行和管理的通证通过区块链技术来实现，通过区块链的分布式账本记载相关经济活动以及交易信息，同时针对通证经济生态的每一位参与者，设计出合理的激励机制，从而令通证经济生态真正运转起来，实现可持续通证经济的循环运转过程。区块链叠加显示了区块链在经济学上的三重属性：去中心化的支付系统、分布式账本以及激励机制。这使得在未来通证经济的生态中能够真正实现能量和价值的传递传导机制，但是在其实际推行的过程中也伴随着复杂的交易成本和治理结构问题。

通证是一种可流通的凭证，有了区块链技术的依托，通证已不单单是作为可流通的凭证存在了。通证和区块链彼此成就，共同开启了通证经济的新篇章。不过，通证经济目前仍处于发展初期，开发者仍在不断探索、拓宽通证经济的应用场景。基于新制度经济学的视角，通证经济是社会“协作方式和生产关系”的一场变革，依托区块链技术的应用，能有效地降低交易成本，促使交易契约自我执行，实现社区共治、价值共享，是更高级的社会生产交换方式。通证经济必将引领新的商业模式，催生新的社区自治组织方式，实现社会生产关系的全面变革。总之，通证经济将作为桥梁，链接当今与未来。

广义的通证经济模型与设计：基于通证的价值互联网

区块链技术以其去中心化的核心特性，正逐渐转变我们对数字交易和资产管理的理解。这种技术使得价值传输不再依赖于传统的中心化机构（如银行），而是允许资产从一个个体直接转移到另一个个体，这从根本上提高了交易过程的透明度，并显著降低了欺诈的可能性。这种直接的价值转移模式在提高效率的同时增加了系统的安全性，因为所有的交易都是公开的、可验证的，且由网络中的多个节点共同维护记录。

在区块链上，价值的表示可以采用多种形式，其中，数字通证是最常见的一种。这些通证可以代表真实世界中的各种资产，如货币、股份、实物商品，甚至投票权等。区块链的这一特性不仅使资产数字化变得可能，而且通过加密技术确保了这些数字资产的安全和独特性。去中心化的网络实现了数字通证的流通和交易，大大简化了传统金融和商业操作的复杂性。

比特币和以太坊是区块链应用中的两个典型例子，它们使用不同的技术模型来管理网络中的交易和账户信息。比特币采用 UTXO 模型，每个交易输出都必须在未来的交易中被完全使用，以确保交易记录的清晰和一致性。而以太坊采用的账户模型则提供了更为灵活的交易处理方式，允许状态的即时更新，这对于执行复杂的智能合约来说是非常必要的。智能合约在本质上是一种存储在区块链上的程序，能够在满足预设条件时自动执行约定的操作，从而扩展区块链的功能，使其不再限于处理货币类型的资产。

在通证的分类上，区块链界定了两种主要的类型：可替代通证和不可替代通证。可替代通证（如 ERC-20 通证）的每个单位在价值和功能上都是相同的，这使得它非常适合用作交易媒介或权益证明。不可替代通证（如 ERC-721 通证）则因其独特性而被用于表示诸如艺术品、收藏物等不可复制的资产。这种分类不仅丰富了区块链的应用场景，还为不同需求的用户提供了更多的选择和灵活性。

区块链的去信任化特点说明，用户无须通过中心化的信任机构即可进行安全的交易。这种基于算法和协议的信任机制确保了即便完全陌生的双方也能在没有第三方担保的情况下安全交易，不仅降低了交易成本，而且减少了产生欺诈和错误的可能性。

展望未来，区块链技术的发展可能催生出一个由多个链组成的更广泛的互联网络，这些网络可以无缝地连接，实现资产和信息的跨链交换。这种多链互联构想将进一步推动全球经济的数字化转型，为数字经济的未来带来无限可能。

狭义的通证经济模型与设计：通证经济激励

在探讨了通证对数字经济的重要性之后，接下来我们将讨论其在实体经济中的应用，通常称之为“通证经济激励”。这种激励机制通过使用区块链上的通证来奖励或惩罚，以此调整商业活动中各参与方的行为。在众多区块链应用中，通证经济激励是一种主流的实践方式。

对于“区块链是什么”的问题，我们通常会用四句话进行回答：区块链是一个全球账本或分布式账本；它是一个事实确认机制；它是一个信任协议；同时，它也是一个结算平台。对于“区块链有什么用”的问题，答案也可以分为四个层面：区块链可以用作确权工具；它可以作为存证平台；它可以进行通证经济激励；它可以用作金融网络。

通证经济激励具有双重作用。其一，它利用区块链上通证的可信性，扩大了参与者的范围。信任的难以建立往往阻碍了合作，区块链的信任机制可以促使有利益冲突的各方也能够进行合作和交易。通证通过扩展信任范围，使我们更容易地将产业上下游及其他相关利益者纳入一个繁荣的产业生态中，这种生态可以被称作数字经济体。其二，在交易市场或产业联盟中，通证作为价值的象征，被用来激励参与者按照自身利益行动，通过协调通证，可以实现经济福利的最大化。

以优步、滴滴这样的打车平台为例，它不仅是车辆与乘客的交易市场，还是一个包括打车平台、车辆出租方、司机、乘客、金融机构及汽车制造商等在内的产业生态。在这样的打车平台中，可以应用多种通证来激励和协调各方行为：为管理者和员工提供通证，激励他们为公司市值增长而努力；为司机提供通证，以提高其服务质量；为顾客提供通证，鼓励他们更频繁地使用平台。这些通证共同促进了一个优质服务和长期繁荣的打车服务生态的形成。在一个数字经济体中，通常会有多种通证，它们适用于不同的场景和人群，这些通证既可以是可互换的，也可以是不可互换的。

随着区块链和通证应用的发展，我们可以逐步用通证来替代传统的多种复杂的技术系统。这样的替代带来的好处之一，是使用一种被证明为可信的、统一的技术。此外，当各种价值表示物都以通证形式存在后，它们可以更方便地进行兑换，也可以进行复杂编程和自动化处理，例如，实现一个主体的多种通证进行原子性操作，即要么全部完成，要么全部撤销、恢复原状。这说明了在数字经济体中应用通证所带来的价值。从多个数字经济体的角度看，我们也可以看到通证带来的整体市场效率的提升。

通证具有明确的或隐含的市场价格，由自由交易形成的价格信号将使市场更加有效。通证经济实践模型认为，通证支持用户与应用之间的互动，其价格信号与应用场景的大循环将进一步促进市场的优胜劣汰，使市场运作更高效。

比特币的通证经济生态模型与设计

比特币之所以具有吸引力，在很大程度上归功于其设计上的简洁性。让我们通过以下要点来深入理解其特性：比特币的总供应量被固定为 2 100 万枚，这一数字是硬编码在系统中的。大约每 10 分钟，矿工就能成功开采出一个新区块，并获得 6.25 枚比特币作为奖励。值得注意的是，比特币最初的区块奖励是 50 枚比特币，随后经历了几次减半，包括 25 个、12.5 个，直至当前的 6.25 个。每开采 21 万个区块，奖励就会减半，这意味着大约每 4 年，奖励就会减少一半。如果协议保持不变，预计到 2140 年左右，所有的比特币将被完全挖掘出来。

比特币的通胀率遵循每 4 年减半的规律。历史上，每次减半后，由于预期供应量的减少，比特币的价格都出现了显著上涨。在比特币的前两次减半事件中，其价值分别增长了约 9 000% 和 3 000%。目前，比特币的流通量已经接近其总供应量的 90%。这意味着每年新产生的比特币数量大约为 32.8 万枚。

交易费用是用户支付给矿工的费用，以确保他们的交易能够被包含在下一个区块中。这个费用的基础部分与交易的大小（以字节计）相关，而用户可以通过增加小费来提高交易的优先级，从而加快交易的处理速度。矿工通过挖矿获得新的比特币，并在市场出售时将其流通。

总体来说，比特币的机制是可预测的（见图 4-6），这种简单而优雅的设计使其易于理解和解释。虽然这并不直接帮助预测价格波动，但它的透明性和易于理解的特性有助于减少投资者在分析过程中可能遇到的不确定性。

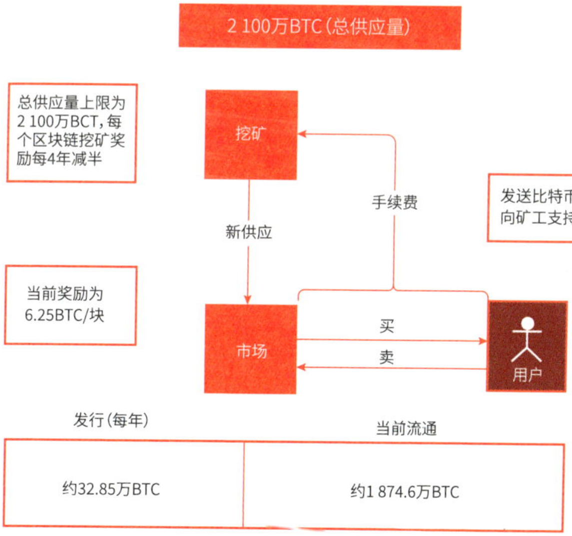

图 4-6　比特币通证经济模型与设计

以太坊的通证经济生态模型与设计

如图 4-7 所示，以太坊 1.0 与比特币网络在设计上有着相似之处，但随着 EIP-1599 的引入，以太坊的通证经济学和交易费用机制发生了显著变化。以太坊之前采用 PoW 机制，但已于 2022 年 9 月 15 日成功升级至以 PoS 为基础的以太坊 2.0。智能合约的引入极大地扩展了以太坊的实用性，催生了一个庞大的去中心化应用生态系统，带来了巨大的交易量。EIP-1559 协议更新旨在解决交易费用的不稳定性问题，为以太坊带来了新的经济动态。目前，以太坊的年供应量增长率约为 4.5%，区块奖励为 2 枚 ETH，孤块奖励为 1.75 枚 ETH。这些奖励已经根据系统先前的改变而进行了调整。以太坊的计算模型虽然不如比特币那样简单，但每天约有 1.35 万枚 ETH 作为区块奖励被释放，相当于每年新增约 490 万枚 ETH。

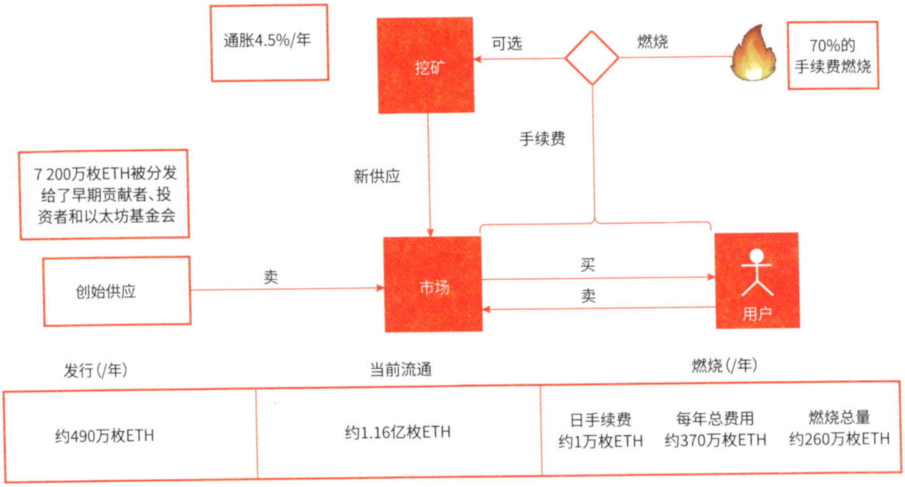

图 4-7 以太坊 1.0 通证经济模型与设计

与比特币的主要区别在于，并非所有的 ETH 都是通过挖掘产生的。实际上，大部分 ETH 作为预挖的创世区块的一部分被分配。目前，已挖掘和预挖掘的 ETH 总流通量约为 1.16 亿枚。

在 EIP-1599 实施之前，交易费用是通过拍卖机制确定的，用户可以通过出价来加快交易处理速度。这导致矿工倾向于选择出价最高的交易，而出价较低的用户则需要等待或提高出价。自 2021 年 8 月 4 日 EIP-1599 实施以来，交易费用被分为基本费用和小额优先费用。基本费用会根据网络状况动态调整，但其变化幅度不会超过前一个区块的 12.5%，这有效控制了费用波动。优先费用允许用户通过支付小费来获得交易处理的优先权，但由于受区块的总 Gas 限制，这种小费也受到限制。EIP-1599 的一个创新之处在于，它不仅设定了基本费用，还引入了费用销毁机制，将基本费用从流通中移除。如果向矿工支付基本费用而不销毁，将无法改善交易费用的不稳定性，因为链下协议可能会允许类似于拍卖的小费机制。假设大约 70% 的交易费用被销毁，这可能导致每年约 260 万枚 ETH 被销毁。考虑到每年新增的约 490 万枚 ETH，这实际上将导致以太坊的供应量减少。随着以太坊的进一步普及，我们甚至可能看到以太坊转向通货紧缩的状态。

通过 EIP-1599 的实施，以太坊不仅优化了交易费用机制，还可能对通证的供应量产生深远影响，为自身的未来发展增添了新的变数。

以太坊 2.0 的推出标志着网络的一次重大升级，旨在解决 1.0 版本面临的可扩展性问题。这一升级不仅改善了网络的性能，还引入了新的共识机制和经济模型。以太坊 2.0 的核心变化是从 PoW 转向 PoS 机制。这一转变意味着将不再需要传统的挖矿活动，而是由验证者通过质押 ETH 来保护网络安全。合并后，已开采和预开采的 ETH 供应保持流通，对用户没有直接影响。任何愿意质押 32 枚 ETH 的个人都可以成为验证者。随着质押的 ETH 数量增加，新 ETH 的发行量也会相应增加，但单个质押者的年回报率（APR）会降低。目前，已有约 600 万枚 ETH 被质押，这在一定程度上减少了市场上的流通量。

目前，以太坊 2.0 的信标链已经启动，允许用户进行质押。然而，这些质押的资金将被锁定，直到 1.0 版本和 2.0 版本正式合并。这造成了潜在的供应冲击，因为质押的 ETH 暂时退出了流通。成为验证者，意味着要承担相应的责任，包括存储数据、处理交易和添加新区块。如果验证者未能履行职责或有恶意行为，他们将面临处罚。EIP-1559 引入的费用燃烧机制将继续存在，并可能根据交易量的多少导致轻微的通货膨胀或通货紧缩。

通证经济学是加密货币项目成功的关键。一个设计良好的通证经济模型可以促进项目的采用和增长，而一个设计不良的模型可能导致项目失败。了解通证在协议中的流动，对于项目评估至关重要。比特币和以太坊之所以能够长期存在，很大程度上归功于它们的激励结构，这种结构鼓励用户参与网络并验证交易。比特币的通证经济学通过创建数字稀缺性，为网络提供了价值。以太坊通过引入智能合约，为 ETH 提供了实际用途。用户可以使用 ETH 支付在去中心化应用（如 Uniswap、AAVE 或 Maker）中的交易费用。加密货币领域的通证经济学是一个不断演进的实验。区块链和协议正在不断尝试和改进通证经济模型，以创造出更好的系统。

总之，以太坊 2.0 的升级是一个积极的步骤，旨在通过引入 PoS 机制和改进的通证经济模型，提高网络的可扩展性和效率。这些变化有望为以太坊带来更广泛的应用和更稳定的网络环境。

通证经济激励在一个数字经济体中的应用场景

当通证经济与现实世界的商业活动紧密结合时，它必须面对各国法律法规的挑战。例如，在美国，如果一个通证被归类为证券，它就需要遵守《1933 年证券法》和《1934 年证券交易法》（*Securities Exchange Act of 1934*）的规定，以及针对不同投资者群体的 Reg D、Reg A、Reg S 等注册或豁免规则。在中国，如果通证是作为客户预存的款项，它就会受到相应法律法规的约束。同样，如果通证关联用户数据和权益，那么它必须符合欧盟的《通用数据保护条例》（*General Data Protection Regulation，GDPR*）。

在忽略这些法律约束的前提下，我们可以探讨通证经济在商业经济体中的一般性应用。通证经济激励通常分为三个主要类别，以互联网打车平台为例：

- **股权或期权型通证**

  这类通证代表平台公司的股份或员工的期权，它们通常与公司的估值挂钩。

- **积分型通证**

  这类通证旨在吸引和保留用户，包括：用户预存的资金，如充值优惠或押金；消费积分，用户通过消费获得，可在特定条件下使用；用户的徽章、评分、等级和会员资格，这些通常与特定福利相关；用户获得的优惠券，可能由平台或第三方提供，具有特定使用条件。区块链技术使得这些通证的创建和兑换变得便捷，第三方服务提供者也可以在数字经济体中提供交换服务。

- **服务提供者权益型通证**

  这类通证代表服务提供者（如司机）的权益，使他们能够分享网络增长带来的价值。这类通证可能通过服务奖励获得，或通过投资行为获得，类似于比特币网络中矿工通过挖矿获得奖励。在价值分配方面，可以采取多种方案，包括传统分红、重视股价增长而不分红，或区块链特有的烧毁模式，通过减少通证总量来分配价值。这类通证的价值与数字经济体的表现密切相关，可能随着经济体的增长而增值，或因经济体的衰退而贬值。数字经济体中可能存在多种通证，但通常有一个主通证，代表整个经济体的价值。

理想情况下，数字经济体的主通证应反映服务提供者的权益。通证经济激励主要影响服务提供者的行为，商业经济体可以逐步引入通证经济，从积分系统开始，最终整合所有类型，形成一个统一的激励模型。

通证经济激励涉及将通证应用于数字经济体的多个方面，结合经济学、博弈论和行为经济学来激励参与者。区块链技术为这种激励机制提供了必要的技术支持。

3. 通证经济的生态建设

目前，RWA 通证化已经形成了完整的链上经济生态，吸引了大量的建设参与者。它们各自发挥着不同的作用，共同推动着这一新兴领域的发展。我们可以将这些建设参与者大致分为以下五类：

- **区块链技术公司**

  这些公司开发和维护着资产通证化所依赖的区块链平台（如以太坊、EOS 等），为资产通证化提供底层技术支持。它们致力于提高区块链的性能、安全性和可扩展性，为资产通证化创造更好的技术环境。

- **钱包和数字资产托管服务公司**

  这些公司通常采用冷钱包、多重签名等技术来增强安全性，并提供便捷的用户界面，方便用户进行资产管理，为用户提供安全的数字资产存储和管理服务，确保用户的通证资产得到妥善保管。

- **监管合规服务公司**

  资产通证化涉及复杂的法律和监管问题，这些公司为通证化项目提供法律咨询和合规审查服务，确保项目符合相关法规要求。它们帮助项目方制定合规策略，并协助其与监管机构进行沟通，以降低法律风险。

- **平台型通证化公司**

  这些平台连接了资产提供方、投资者和其他市场参与者，提供了一个进行通证的发行、认购和二级市场交易的统一场所。平台型公司通过标准化流程和智能合约技术，简化了通证化的操作，提高了市场效率。

- **专业型通证化公司**

  专注于为特定类型的资产提供通证化服务。这些公司通常在某一垂直领域具有深厚的专业知识，如房地产、艺术品、知识产权等。它们与资产提供方密切合作，设计定制化的通证化方案，并提供相关的估值、尽职调查和推广服务，帮助资产实现流动性。

这五类参与者分工协作、互为补充，共同构建了 RWA 通证化的经济生态。

区块链技术公司夯实了技术基础，钱包和数字资产托管服务公司确保了资产安全，监管合规服务公司保障了合规性，平台型通证化公司提供了发行和交易的基础设施，专业型通证化公司引入了各类优质资产。

图 4-8 展示了 RWA 行业的代表性板块和相关企业，随着越来越多的参与者加入，RWA 通证化生态必将更加丰富和完善，为实体经济注入新的活力。

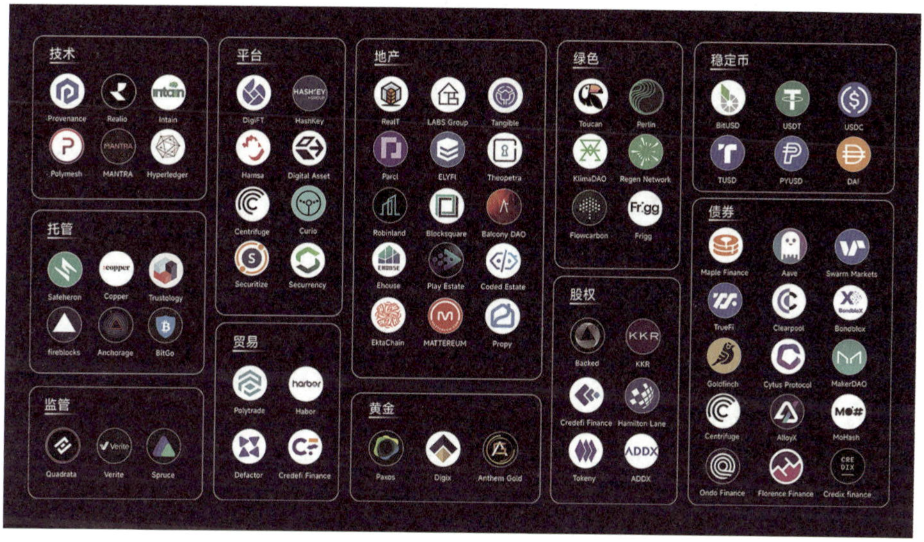

图 4-8　RWA 通证化的代表性板块和相关企业总览

区块链技术公司

区块链技术有许多种类，主要包括公有链、联盟链和私有链等。公有链（如以太坊等）是开放且去中心化的，任何人都可以参与其中。联盟链是公有链和私有链的中间类型，只允许特定的组织或实体进行交易和验证，如 R3 Corda 和 Hyperledger Fabric。私有链只允许特定的人或实体进行交易和验证，通常用于企业或组织内部。还有一些区块链专门针对处理RWA 通证化的特殊需求，例如：

- Provenance 区块链使得金融机构和金融科技公司能够大规模、无缝、安全地发行、交易和服务通证化的金融资产。

- Polymesh 是一个专为受监管资产通证构建的机构级区块链，旨在解决传统区块链在处理受监管资产通证时面临的一些问题，如身份验证、合规性和治理等。
- Realio 是一个与以太坊虚拟机兼容的专为 RWA 构建的区块链网络，并为资产通证化以及后续的交易和管理提供全套解决方案。
- MANTRA Chain 是为 Cosmos 生态系统中的受监管资产和现实世界资产提供支持的协议，旨在提供一个安全、透明、高效的环境，处理受监管资产和 RWA 的发行、交易。

钱包和数字资产托管服务公司

尽管许多钱包和数字资产托管服务公司都支持多种类型的数字资产，但一些服务商已经开始专门为 RWA 通证提供托管服务，例如：

- Safeheron 是一家基于可信执行环境多方安全计算的自托管技术解决方案提供商，在企业客户掌握私钥的前提下，提供一站式的资产管理安全解决方案，包含私钥管理的安全、资产转移的安全以及访问去中心化金融平台的安全。
- Anchorage 是一家提供全面数字资产托管服务的公司，包括对 RWA 的通证提供安全的存储和交易服务。作为一家受美国联邦监管的托管银行，Anchorage 可以为企业和机构投资者提供安全、合规的数字托管服务。
- Copper 是一家为机构投资者提供数字资产托管和清算服务的公司，该公司的 ClearLoop 技术可以实现即时的资产转移和交易结算，包括 RWA 的通证。
- Trustology 是一家提供高速、安全的数字资产托管服务的公司，支持托管各种类型的数字资产，包括 RWA 的通证。

监管合规服务公司

RWA 通证化需要满足各种监管要求，而监管合规服务公司可以帮助发行方和投资者确保他们的行为符合相关法规，避免潜在的法律风险。此类公司主要提供数字身份认证服务，例如：

- Quadrata Network 提供经过区块链验证的 KYC，让用户能以合法合规的方式投资于 RWA 通证。这不仅提高了交易的安全性，而且为企业处理 RWA 的通证化和交易提供了便利，让企业和投资者可以在全球范围内进行安全、合规的交易。
- Verite 是一套用于分布式数字身份的标准化协议。通过使用 Verite，企业和投资者可以在区块链上安全、高效地管理他们的身份信息，从而更好地参与 RWA 通证的交易。Verite 的协议可以被应用于各种 RWA，如房地产、金融资产或货物等。
- Spruce 是一个数字身份工具包，可以用于衡量投资者和发行者在交易 RWA 时的合规性。Spruce 提供了一系列工具和服务，帮助企业和投资者在区块链上管理他们的身份信息，从而满足各种法规要求。通过使用 Spruce，企业和投资者可以在享受 RWA 的通证化带来的好处的同时，确保他们的行为是合法合规的。

平台型通证化公司

目前，已有大量技术公司专注于在区块链上发售通证，帮助企业和机构完成 RWA 的通证化，我们可以将这些公司分为平台型和专业型。以下是具有代表性的平台型通证化公司：

- DigiFT 是 MAS 金融科技监管沙盒中首家，也是唯一一家符合监管要求的去中心化数字资产交易所。DigiFT 在以太坊公链上提供符合监管的去中心化金融方案，通过部署自动做市商（AMM）机制，提升由债券、股权等金融资产作为底层支持的证券型通证在二级市场交易的流动性。DigiFT发行的资产担保通证是一种新型证券，代表标的资产的经济权益。

- Centrifuge 提供了一种一站式解决方案，用于结构化信贷资产的证券化和通证化，可以帮助企业将各种类型的 RWA（如发票、房地产或艺术品）转化为可在开放市场上交易的通证。
- Securitize 提供了一套致力于提升通证化合规性的产品。该平台能够服务于通证的整个生命周期，从发行、交易到管理，为企业实现资产的通证化提供了全面的解决方案。
- Tokeny 是一家位于卢森堡的平台，提供机构级别的服务，允许发行、转移和管理数字证券，帮助企业和机构将各种类型的资产（如股权、债务或实物资产等）转化为可在全球范围内交易的数字证券。
- Curio Group 帮助企业实现资产通证化并与投资者连接，提升 RWA 的流动性。Curio Group 提供了从资产评估、通证化设计到通证发行和交易的一站式解决方案。
- Securrency 是一家数字证券发行和市场平台，为企业提供一种简单、安全的方式，将各种类型的资产（如股权、债务或实物资产等）转化为可在全球范围内交易的数字证券通证。

专业型通证化公司

专业型通证化公司覆盖了不同行业和类别[①]，以下是具有代表性的专业型通证化行业：

- **稳定币**

  作为 RWA 的数字化先锋和最成功的领域之一，稳定币成功地将数字资产的便利性与法币的稳定性融合在一起，充当了数字资产交易的价值尺度，为数字资产投资者提供了“入场通道”和“安全港”，并在现实世界的国

① 本书将在后续章节详细介绍相关公司典型案例。

际支付体系中扮演着越来越重要的角色。此外，稳定币也是 RWA 通证化的关键基础，而 RWA 通证化也会为稳定币提供更加多元化的价值支撑和储备来源。因此，稳定币已经成为联系数字资产和主流金融体系的桥梁。基于稳定币的发行方式，我们可以将稳定币分成以下三类：中心化稳定币（USDT、USDC、TUSD、PYUSD 等）、去中心化稳定币（DAI 等）和算法稳定币（USDD、UST、FRAX 等）。

- **债券和股权**

  Ondo 平台将机构级金融产品，如美国国债和公司债券，引入 DeFi，使得投资者可以在区块链上交易和投资各种机构级金融产品。Goldfinch 是一个去中心化的协议，允许新兴市场公司直接从全球投资者获得无须抵押的数字资产借款，而无须通过传统的金融机构。TrueFi 平台将无抵押贷款引到区块链上，让借款人可以无需提供抵押品就能获取贷款。Backed 开发了代表结构化金融产品所有权的 ERC-20 通证，每个 Backed 通证的背后都有不同类型的公开发行证券作为支持，比如 ABS、MBS、CDO 等资产支持证券。Maple Finance 平台将贷款业务的各个环节数字化，使得借款和投资过程更加透明、高效。

- **房地产**

  RealT 和 Parcl 这两家公司允许投资者通过通证参与投资房地产市场。这令投资者可以购买代表房地产价值的通证，而无须购买整个房产，大大降低了房地产的投资门槛，并提升了房地产资产的流动性。Robinland 公司通过以合法和去中心化的方式通证化机构级别的商业地产，使一般投资者可以直接投资以往通常只有大型机构投资者才能有机会投资的高质量的商业地产，并获取稳定的租金收入。

- **贸易融资**

  一些公司将应收账款、仓单等资产上链，使其可以进行交易。这种 RWA 通证化解决了传统贸易金融中的痛点，实现了资产的流动性提升、风险的削减、跨境融资成本的降低等效果，并使中小企业也可以便捷地获得所需的跨境融资。例如，Polytrade 公司是一家去中心化的贸易金融平台，专注于应收账款融资。它利用通证化的方式，使得账款和收据能够进行交易和流转，提高了贸易融资的效率，有助于促进更加高效和公平的国际贸易体系的发展。

- **贵金属和采矿权**

  贵金属通证具有很高的可分割性，每一个通证可以代表微小份额的金银资产，大幅降低了投资门槛，让更广泛的投资者群体可以参与投资。一些代表实物黄金的通证提供了与法币挂钩的稳定性，具有抗通胀的属性，比如 Paxos 推出了 Pax Gold（PAXG），这是一种价值等于 1 盎司[①] 实物黄金的通证。Digix 提供了一种名为 DGX 的黄金通证，每个 DGX 通证代表 1 克实物黄金。Anthem Gold 是一家提供黄金通证化服务的公司，他们发行的 AUG 通证每枚代表 1 克实物黄金。MetaBank 主导的老挝稀土矿产开采权的通证化项目，计划把矿产在勘探、开采、库存、销售业务的全流程中所产生的数据都记录在老挝国家区块链上。

- **环境资产**

  这类公司将环境资产（特别是碳信用）通证化，使投资者可以以更低的成本、更高的灵活性参与到环保和气候改变的行动中，同时也为这些环境项目开启了新的融资渠道。例如，Flowcarbon 公司的服务可以帮助企业和投资者更好地管理他们的碳信用，在整个碳信用生命周期中进行垂直整合。

资产通证化为资产的发行方和投资者打开了通向数字新世界的大门，让全球金融体系可以以更低的成本、更高的效率、更普惠且更安全的方式持续运行。这是 Web 3.0 技术带来的革命性改变，也是未来金融发展的关键趋势。随着 Web 3.0 时代的逐步到来，我们可以预见，蓬勃发展的 RWA 通证化生态将会快速崛起。但是，真正的价值不仅仅在于具体技术应用或策略的创新，更在于我们如何应用这些工具，以构建一个公平、透明且可持续的数字金融生态。RWA 的通证化或将是未来数字经济的关键动力，而我们正站在这一历史性变革的前沿，见证一个新时代的曙光，也有机会享受时代变革的红利。

---

① 1 盎司 =28.35 克。——编者注

4. 通证经济链接传统金融

通证经济的核心价值在于它是链接传统金融世界的桥梁，将具有明确货币价值的传统金融资产（如股权和债权）通证化，即转换为可交易的数字形式。构建 RWA，智能供需协议是关键。以 RWA 通证化为重点的区块链上协议开始发挥作用的前提，是供需双方构建以智能合约为基础的协议。此类协议是基于代码实现，代码审查需要专业的鉴定机构识别并审查。通过以上方法，RWA 通证化不再只是抽象概念，而是成为链上实用的关键组成部分，将现实世界估值和法律框架的影响力和信任度带入去中心化数字资产领域。

DeFi 允许用户直接从其加密货币钱包与智能合约进行交互。智能合约是自动执行的合约，协议条款被直接写入代码中，通过自动执行协议，使所有参与者都可以立即确定结果，而无需任何中间人的参与，也不会耗费时间。DeFi 类似于乐高积木，将基础的金融模块和不同的智能合约加以组合，来帮助投资者实现投资目标。智能合约之间可以相互调用拼接基础的金融模块。通常来说，DeFi 在公共区块链（主要是 ETH 和 Solana）上运行，而 RWA 是基础金融模块的重要组成部分。RWA 与 DeFi 的融合是传统金融资产和实物资产实现数字化的里程碑式的创新。

具体来看，这一融合的意义主要体现在以下四个方面：

第一，RWA 与 DeFi 紧密结合，市场潜力巨大。通过 RWA，企业或组织可以更便捷地利用 DeFi 生态系统获得融资，尤其是当企业或组织拥有无法快速变现的实物资产和金融资产，需要快速补充现金流时。RWA 不仅为 DeFi 提供了链下市场，推动了 DeFi 与现实世界的链接，还为传统金融客户群体提供了扩展投资范围的新机会。

第二，RWA 优化了传统金融资产交易模式。传统的金融和实物交易市场通常是人工密集型的，而区块链技术以其即时结算和全天候交易的特性，显著地降低了市场参与者的运营成本和准入门槛。通证化让流动性较差的资产能够被细分为小份额的投资组合，这减少了投资者在文书工作、金钱和时间上的消耗，从而实现了更公平的市场条件，同时催生了共享财产所有权等新商业和社会模式。

第三，RWA 通证化增加实物资产流动性。通证化一种特殊的证券化，核心功能为将低流动性资产转换为高流动性资产。通过把 RWA 引入 DeFi，不仅可以提升市场的有效性，还可以令投资者获得独特的投资机会和之前不可想象的流动性。通证化实际上并不能为一些本质上缺乏流动性的资产类别（如私募股权和信贷、基础设施、房地产和艺术品）增加流动性，但是能够充分利用直接与投资者社群交互、增加 DeFi 场景的应用等优势，减少因资产缺乏流动性而发行带来资产高额折价。同时，通证化能够将资产碎片化，能够将单位资产分割成较小的面额。这样，投资门槛的降低可以使得此前因高门槛而无法参与的投资者参与其中，并带来额外的流动性。这些功能的重要性已经在加密货币和 DeFi 市场中得到体现。

通证化股权应用实现路径：以铭文为例

比特币诞生于 2008 年，当时，比特币被设计成一种点对点的电子现金系统，可以在网络上实现无信任的两方交易。起初，比特币主要被应用在微型支付中，比较流行的场景包括网上游戏充值和小额购物。随着时间的推移，比特币的应用范围不断扩大。例如，二层网络及比特币铭文能够支持更强大的去中心化应用和现实世界权益赋能。

BRC-20 铭文通证 ORDI 诞生激活了比特币二层网络生态。2023 年 3 月，匿名开发者 Domo 基于 Ordinals 协议推出了 BRC-20。这是一种特定的 JSON 文本文件，也就是我们所说的铭文，被用于交易。ORDI 的总量为 2 100 万枚。随后，SATS 铭文诞生，SATS 来源于 Satoshis ，是比特币的最小单位，SATS 是对创造者中本聪的致敬。SATS 于 2023 年 3 月 9 日公平发射的无主通证，是 Unisat 钱包上第 9 个 BRC-20 铭文。这一铭文于 2023 年 9 月 24 日铭刻完，历时 6 个月，铭刻成本超过 2 000 万美元，36 000 多人参与其中。2023 年 10 月，比特币生态建设方 Unisat 钱包宣布收取 SATS 作为 Gas 费，之后在 Unisat 上所有交易手续费、LP 池子添加，都将使用 SATS。

基于 RWA 的比特币铭文可能是重要的未来发展方向之一。RWA 使得比特币铭文不仅仅是一串被简单记录在区块链上的文本或数据，而是变成了具有复杂属性和功能的通证。基于 RWA 的比特币铭文为创建新型数字资产产品提供了可能。这些产品可能具有独特的属性（如收入分享、投票权或其他金融衍生功能），满足市场多样化的需求，如 FUND 铭文于 2023 年 3 月 10 日公平发射的无主通证。目前，已经有部分现实世界资产发行方利用 FUND 给用户提供现实赋能和福利。FUND 可以被认为是 BRC-20 协议里 RWA 赛道的龙头铭文。

通证化债权应用实现路径：以数字债券为例

数字债券的定义与特性

通证化债券也被称为数字债券。数字债券是一种债务工具，国际资本市场协会（ICMA）将数字债券定义为利用 DLT 进行发行、交易和管理。与传统债券不同，数字债券的发行和交易不依赖金融中介机构，而是通过 DLT 系统，特别是区块链技术来实现。区块链是 DLT 的一个子集，由一系列安全连接的区块组成，每个区块都包含交易记录。

从市场结构和关键信息嵌入来看，数字债券可以在公共和私人区块链上发行。公共区块链是去中心化的，对所有人开放，而私人区块链则由单一实体控制，可能需要授权才能访问。在这种基础设施下，债券的关键信息如发行金额、到期日、息票等，可以嵌入基于代码的标识，从而增强债券的透明度和可追溯性。

从与传统债券对比的视角来看，数字债券具有潜在的变革性，这体现在五个方面。第一，高透明度。作为债券合同的一种，数字债券使用区块链数据库，提供加密安全且公开透明的总账操作，与传统的债券发行过程形成鲜明对比。第二，高市场效率。区块链的可编程性允许自动化债券生命周期的不同阶段，包括息票支付，从而提高发行和交易的速度，缩短结算时间。第三，去中介化。数字债券通过创建独特的数字资产，有潜力彻底改变金融资本市场，省去交易中的中间商，降低费用。第四，高市场可及性。数字债券可以被划分为更小的交易单位，允许更多样化的投资者买卖较小份额的债券，增加市场的流动性。第五，高安全性。分布式账本的去中心化、私有化和加密特性减少了网络攻击和金融欺诈的风险。

数字债券市场的市场规模与趋势

根据 DMI News 的统计，2023 年全球至少有 17 笔通证化债券发行。中国香港金管局在 2023 年 8 月发布的《香港债券市场代币化》报告中指出，截至 2023 年 3 月底，全球通证化债券的发行总额已经达到约 39 亿美元，该数据凸显了数字债券市场的快速增长。

从海外经验来看，许多大型金融机构旗下的金融科技平台在积极参与数字债券市场，并提供相关技术服务。例如，中国香港汇丰银行的 HSBC Orion 平台、高盛的 GS DAP™ 以及法国兴业银行的 SG-Forge 都在这一领域扮演着重要角色。其中最知名的当属为 SG-Forge，该公司为法国兴业银行旗下的金融科技平台，SG-Forge 通过 DeFi 协议 MakerDao 进行通证融资，在加密市场的参与度较深。2023 年，SG-Forge 推出了与欧元挂钩的稳定币，该稳定币被使用作为法国兴业银行发行的数字债券的结算媒介。该笔债券在太坊公共区块链上发行，已通过私募方式被两家顶级机构投资者 AXA 和 Generali 全额认购，这说明该发行方式得到了市场的认可。

当下，数字债券市场正在迅速发展，并且得到了金融机构和金融科技平台的广泛关注和参与。区块链技术和中央银行数字货币（central bank digital currencies，CBDC）的应用为债券市场带来了新的机遇，预示着金融市场运作方式的潜在变革。随着技术的不断进步和市场的逐步成熟，数字债券有望在未来发挥更加重要的作用。

数字债券市场的关键技术：RWA和DeFi

RWA 使得股票、债券、基金、收入分成协议、应收账款、房地产、艺术品、贵金属等各类金融资产和实物资产的权益在全球公开的区块链上记录、管理和交易。无论具有任何价值，在理论上，所有资产都可以通过通证化实现数字化，从而提高资产的流动性和可交易性。资产通证化的优势主要基于区块链的去中心化特性，它通过创建生态应用，解决了传统金融行业中存在的一些弊端，如中介成本高、交易效率低等。

数字债券的发行和交易主要依赖 RWA 和 DeFi 的技术结合。第一，两大技术的结合可以有效体现协同效应。RWA 通过将现实世界中的债权权利义务关系转化为区块链上的数字债券；DeFi 则利用智能合约执行环境，确保了这些交易的自动执行和安全性。第二，RWA 和 DeFi 的结合显著地提升了债券市场的交易效率。通过自动化的智能合约处理交易，数字债券减少了传统交易过程中的中介环节，从而降低了交易的时间和成本。同时，由于区块链技术的透明性和不可篡改性，操作风险得到了有效控制，市场的整体效率进一步增强。第三，RWA 和 DeFi 的结合使风险管理与监控更为便捷。区块链上的所有交易记录都是公开可查的，这有助于投资者和监管机构更有效地监控市场动态，及时发现并应对潜在的风险。第四，RWA 和 DeFi 的结合还促进了全球金融协作，有利于吸引跨境投资者。数字债券基于区块链技术发行和交易，具有全球可访问性。投资者可以不受地理限制，轻松地投资于全球范围内的债券市场。

数字债券的创新实践：以Ondo Finance为例

2021 年以来，为应对通胀，美联储多次加息，投资者选择购买美国国债，以获取较好的无风险收益。但是，投资门槛较高是普通零售投资者投资美国国债的一大痛点。即使是美国公民，烦琐的 KYC 和开户流程已经足以将大部分人拒之门外，非美国公民更是难上加难。因此，如何在合规的情况下，将美债引入区块链、降低投资门槛，是众多 RWA 协议最为关注的问题。

Ondo 目前较为成功的一点，就是在美国现有法律框架内初步解决了美债上链的合规问题。Ondo Finance 是聚焦于 RWA 赛道的金融协议，致力于利用区块链技术提供机构级的金融产品和服务，打造开放的、无需许可的、去中心化的投资银行。Ondo Finance 目前的核心业务是将无 / 低风险、稳定生息、可规模化的基金产品（如美国国债、货币市场基金等）引入区块链，为链上投资者提供一种替代稳定币的选择，并使持有者而非发行者赚取大部分底层资产获得的收益。Ondo Finance 的主营业务分为三类，分别是生息稳定币 Ondo US Dollar Yield Token（$USDY）、通证化美债基金 Short-Term US Government Treasuries（$OUSG），以及正在筹划推出的通证化货币市场基金 Ondo US Money Markets（$OMMF）。2023 年，Ondo Finance 所处的 RWA 美债赛道的总锁仓价值（total value locked）增长了 6 倍之多，是 RWA 行业的主要推动力量。

数字债券的创新实践：以香港数码绿色债券为例

2022 年，香港特别行政区政府财政司发布《有关香港虚拟资产发展的政策宣言》。自该纲领性文件发表以来，香港特别行政区政府频繁推出关于促进虚拟资产发展的政策，不遗余力地推动 Web 3.0 的发展。2023 年，SFC 发布了两份通函，分别是《有关中介人从事代币化证券相关活动的通函》及附录和《有关代币化证监会认可投资产品的通函》。两份通函更新并进一步阐明了 SFC 对于通证化证券的考虑因素和监管措施，包括对原有部分政策的厘清和放宽。

作为传统的金融中心，香港在数字资产方面逐渐积累起来丰富的实践经验。近期，针对大力发展数字虚拟资产，香港在三个领域推进实践项目落地，分别为同质化通证、数字债券和数字稳定币。目前，这三项计划均已完成或取得阶段性成果。2023 年，为了实践数字债券计划，香港特别行证区政府发行了总价值为 8 亿港元的数字债券，该数字债券具有 ESG 特征，是全球第一只具有绿色和数字特征的债券。2024 年，香港再发行约 60 亿港元数字绿色债券，以打造国际绿色科技及金融中心。为审慎起见，该债券发行采取两步走的策略：第一步为将债券存放在香港债务工具中央结算系统（CMU），第二步为对债券进行通证化。相较于传统债券发行模式，通证化绿色债券依旧显著地提升了发行效率，将交收程序从 5 个工作日（$T+5$）缩短至 1 个工作日。该数字债券的发行使用了高盛 DLT，权益被记录在 GS DAP™ 的通证化证券账户中，认购登记、证券交割、发行佣金分配、息票派付等环节以数字化形式在私有区块链网络上进行，并留存有法律效力的链上记录。

从香港数码绿色债券实践来看，通证化发行可以减少发行过程中的成本和时间，并让持有人清楚地了解募投项目的进展及每日碳减排量信息，整个债券的生命周期中都可以使用 DLT。其主要优势体现在三方面：第一，提高资产流动性。通证化将资产的持有权转换为数字通证，然后在区块链系统中进行存储、验证、传输，并允许非常细的分散，流动性更好。第二，可包含更多的信息。数字债券可以包含更多信息（如债项条款和 ESG 数据），将信息打包后与数字债券一起存储，在区块链浏览器中可以直接访问。第三，结算速度快。通证可通过区块链基础设施进行交易，以加快结算速度，增加流动性，从而降低成本。区块链网络 7×24 小时开放，无时间限制，可以实时结算。

海外数字债券发展对中国的启示

中国在数字债券领域的尝试起步较早。2019 年，中国银行使用区块链技术，构建数字债券发行系统，在该系统上测试发行专项债券，目的是解决小微企业融资难和融资贵问题。2020 年，中国建设银行和香港金融科技公司 Fusang 合作，通过建设银行马来西亚纳闽分行发售数字债券，已筹资近 30 亿美元。此次发行所筹集的资金以 2021 年 2 月到期的定期存款存入建设银行，这些票据会以数字通证形式在 Fusang 交易所上市，价格以美元和比特币报价，并通过 ERC-20 协议部署在以太坊区块链上。

中央国债登记结算有限责任公司作为中国金融基础设施的重要组成部分，深刻理解并积极响应国家战略，将区块链技术作为重点发展方向。自 2018 年起，该公司便着手研发区块链技术，积累了丰富的技术储备。2021 年，该公司成功研发出区块链数字债券发行的技术原型，在该领域实现了技术突破。进一步地，在 2022 年，该公司凭借其技术实力和创新能力，被选为国家区块链创新应用试点，同时推出了国内首个区块链数字债券发行的公用平台，为债券发行提供了一个安全、高效的新渠道。该公司在区块链数字债券发行方面成功支持了多只债券的发行工作，已经证明了其技术的成熟和稳定性。中央托管机构利用区块链技术提供数字债券服务，业务的参与主体均为债券市场的合法市场成员，债券品种和发行规模均经监管部门批准，业务规则、运行逻辑、受监管程度等均与传统债券相同。

区别于海外债券发行和交易强调在公链上的去中心化，中国的数字债券实践更强调在制度框架内运行，以规范合规的中心化管理为基础，各个金融机构共建共享数字债券发行系统。中央计算公司的数字债券基础设施采用的为私有联盟链技术，将中心化监管、DLT 和智能合约有机地结合起来。

区块链技术作为数字债券发行的基础，其交易架构要求市场参与者接入 DLT 节点，成为链上成员参与债券的全流程操作。然而，DLT 节点的建立与管理不仅成本高昂，对技术的要求也相当高，亟须系统建设方面的大力支持。进一步来看，区块链底层技术本身也存在成熟度不足的问题。

数字债券在中国普及需要搭配符合中国债券市场特征和生态的底层区块链技术。该技术更为强调交易数据的安全存储和智能合约的规范执行，以及网络高吞吐量支持大量交易，而不是过分强调去中心化。然而，目前区块链技术的安全性存在隐患，核心技术（如加密算法、智能合约、共识机制等）方面仍有待完善。此外，区块链的实际交易处理能力尚未达到债券市场的要求，短期内难以突破计算运行的瓶颈。最后，数字离岸债券的发行还面临技术创新与金融风险之间的平衡问题。

海外部分案例表明，数字债券的发行可能带来守法风险、履约风险和监管套利风险，对投资者保护构成新挑战。例如，由于系统不健全、监管合规无法及时跟踪所导致的票息和本金兑付不及时等问题。由于不同国家和地区对债券发行和交易具有不同的监管规则，直接沿用海外的做法可能不适用中国国情。

目前，香港特别行政区政府和监管机构正自上而下地推动香港成为全球虚拟资产金融中心，官方的认可凸显了香港在全球虚拟资产领域的竞争优势。据 SFC 公示，2024 年 4 月 29 日，6 只香港虚拟资产现货 ETF 正式发行，发行方为中资背景的资产管理公司。这说明香港特别行政区政府正积极地引导虚拟资产朝着合规方向发展。

近年来，随着中国金融市场双向开放的推进，以香港为枢纽的中资离岸债券市场蓬勃发展。中资企业在香港发行美元债和点心债的规模不断扩容。展望未来，中国在数字债券领域的探索应该以离岸市场为重要的试验场。通过在离岸市场先行先试，中国可以积累宝贵的经验，测试数字债券在不同监管环境和市场条件下的表现和适应性。这种试点方法有助于降低风险，同时为国内债券市场的数字化转型提供实践基础和参考模式。

数字离岸债券凭借其全球可投资性和交易性，正逐渐成为全球投资者的新宠。DLT 的应用，确保了交易数据的不可篡改和完全透明，这大大提升了国际投资者对中国离岸债券市场的信任度，有助于进一步拓宽其在国际市场上的吸引力。区块链技术的引入，为债券从发行到交易、再到最终的结算提供了全链条服务，这不仅优化了中国离岸债券市场的金融基础设施，还促进了跨境数字债券流通体系的建立，使中国债券市场更加国际化，提升了其在全球金融市场中的地位和影响力。此外，合规的数字资产平台与跨境数字货币支付系统的互联互通，为数字债券和数字稳定币的结合提供了新的可能性。这种融合不仅丰富了投资产品的种类，还为数字人民币在国际结算中的使用开辟了道路，进一步推动了人民币的国际化进程。

RWA
Tokenisation in
Web 3.0 Era

第5章

RWA与通证化在投融资中的典型案例

1. 债券

2023 年 2 月，香港特别行政区政府成功发行了 8 亿港元的通证化绿色债券①，成为全球首批由政府发行的通证化绿色债券。截至2023年3月底，全球已发行的通证化债券总金额已经达到 39 亿美元，其中的 90% 是在 2021—2023 年发行的。部分原因是，2021 年以来美联储开始持续加息，债券收益率上升，通证化债券的吸引力增加。

美国国债是美国财政部发行的债务证券，用于筹集美国联邦政府的开支。因得到美国联邦政府的全力担保，美国国债被视为全球最安全的投资标的之一。个人、银行、金融机构及各国政府和各国中央银行广泛持有美国国债。在经济不确定时，美国国债被视为资金的安全避风港。截至 2024 年 7 月 4 日，通证化的美国国债市场规模约为 18 亿美元，平均利率 4.95%（见图 5-1，其中 FOBXX 代表美国政府货币基金）。

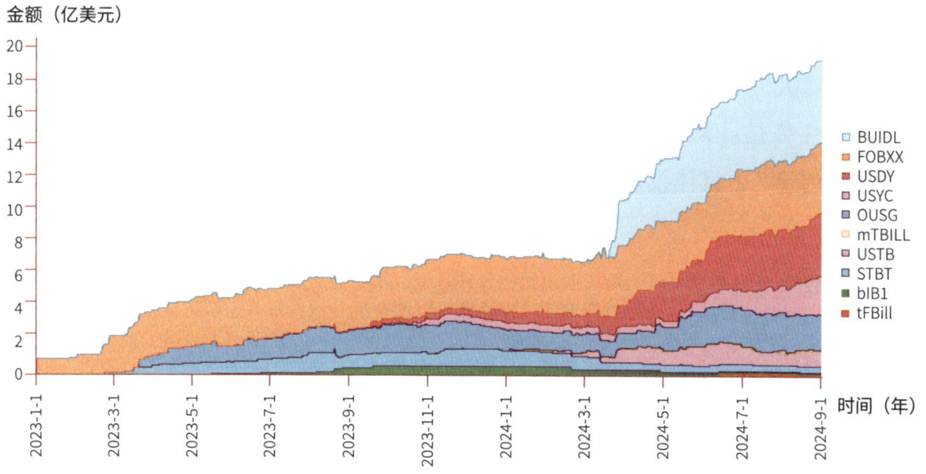

图 5-1　通证化的美国国债项目规模

资料来源：rwa.xyz 网站，截至 2024 年 7 月 4 日。

① 绿色债券是一种固定收益金融工具，专门用于支持与环境和气候相关的项目，如可再生能源、能效提升、污染防治、可持续水和废物管理、生物多样性保护等。债券资金的使用受到严格监管，以确保其对环境的积极影响。

具体而言，美国国债通证化项目可以分为以下几类：以美国国债ETF[①]为底层资产的Backed Finance、Swarm、MakerDAO和ARKS Labs等；以短期美国国债为底层资产的OpenEden、TrueFi和Matrixdock等；以美国国债、美国政府机构债券、现金/逆回购[②]、公司债等资产组合为底层资产的富兰克林邓普顿美国政府货币基金通证、Superstate Trust、Ondo Finance和Maple Finance等。在本章中，我们将重点介绍Ondo Finance美国政府债券通证化和香港特别行政区政府通证化绿色债券这两个项目。

案例：Ondo Finance美国政府债券通证化

Ondo Finance成立于2021年，由曾任高盛数字资产部门高管的Nathan Allman创立，其高管团队拥有在高盛、Fortress、Bridgewater和MakerDAO等行业领军机构的就职履历。截至2023年8月，Ondo已完成2 400万美元融资，硅谷著名天使投资者Peter Thiel的Founders Fund和著名的数字资产基金Pantera Capital领投A轮。

截至2023年9月，Ondo发行了4个债券通证，分别是：（1）OUSG通证，底层资产主要是贝莱德美国短期国债ETF[③]；（2）OMMF通证，底层资产为美国货币市场基金[④]，具体投资于高信用等级的美国政府债券、短期债券等债务工具；

① ETF是允许投资者在交易所上购买或出售的一种基金，其功能与股票类似，但通常代表的是一个特定的资产或资产组合。通过投资ETF，投资者可以便捷地分散投资并追踪特定指数的表现。美国国债ETF即追踪美国国债债券指数表现的ETF，例如iShares 20年期以上美国公债交易所交易基金（TLT）就旨在追踪美国20年期以上长期公债的表现。

② 现金/逆回购指的是一种短期借贷形式，投资者将资金借出并以证券作为抵押，到期后收回本金加上约定的利息。逆回购在金融市场中常用于调节流动性，同时为持有现金的投资者提供短期的投资途径。

③ 全称为iShares short treasury bond ETF，简称SHV，旨在追踪由剩余期限为一年或更短期限的美国国债组成的指数的投资结果，在纳斯达克交易所上市交易的ETF，资产规模约200亿美元（2023年9月），日均交易量近3亿美元，基金份额的流动性较强。

④ 货币市场基金（money market fund，MMF），又称货币基金，是共同基金的一种，指专门以货币市场为投资领域和对象的一种投资基金。在美国，其投资方向主要包括政府债券、银行存款证、回购协议、商业票据，以及其他高流动性、低风险的金融工具。此外，货币市场基金是大型银行融资的主要渠道。

（3）OSTB 通证，底层资产为 PIMCO 增强型短期到期主动型 ETF（MINT）[①]；（4）OHYG 通证，底层资产为 iShares iBoxx 高收益公司债 ETF[②]。截至 2024 年 7 月，最新版 Ondo 只保留了 2 个债券通证，分别是针对合格投资者的 OUSG 通证和针对零售投资者的 USDY 通证。

2023年版OUSG通证介绍

OUSG 是 Ondo 的旗舰产品，其主要合作伙伴是全球最大的资产管理公司贝莱德。在 2024 年 3 月贝莱德发布贝莱德美元机构数字流动性基金（BUIDL）前，2023 年版 OUSG 的底层资产实际上是 Ondo 短期美国政府债券基金（Ondo Short-Term US Government Bond Fund，以下简称“Ondo 基金”）的资金份额，而该基金持有的主要资产为贝莱德短期美国国债 ETF（SHV）的基金份额[③]，而 SHV 则全部持有美国短期国债，因此可以认为 OUSG 的底层资产是美国短期国债。

2023 年版 OUSG 通证在以太坊区块链上发行，截至 2023 年 8 月 28 日，该通证的发行规模为 1.56 亿美元，年化收益率为 5.06%。该通证可以在美国任何工作日铸造（即认购）和赎回，认购和赎回的价格的依据为“下一个每日资产净值”（the next daily NAV）[④]。投资者需要通过 KYC 和 AML，方可在 Ondo 平台购买 2023 年版 OUSG 通证。要成为 Ondo Finance 的投资者，必须同时是合格投资者[⑤]和合格购买者（qualified purchaser）[⑥]，合格投资者主要是基于个人的财

① 全称为 PIMCO enhanced short maturity active ETF，简称 MINT，是全球知名的 PIMCO（太平洋投资管理公司）旗下投资于短久期投资级别债务的产品。

② 全称为 iShares iBoxx $ high yield corporate bond ETF，简称 HYG，旨在追踪高收益公司债的投资表现，为投资者提供相对高的回报，同时也伴随较高的风险。

③ 除 SHV 之外，还会持有一小部分用于处理认购和赎回需求的稳定币和美元现金。

④ 该净值由基金管理人计算得出。

⑤ 合格投资者的概念在前文 Centrifuge 案例中已有提及。

⑥ 合格机构机构购买人是一类投资者，由于其成熟的投资经验，不需要证券法注册条款为投资者提供的监管保护。通常，QIB 是一家在自主基础上管理至少 1 亿美元证券投资的公司，或是在非关联证券中至少有 1000 万美元投资的注册经纪交易商。2020 年 8 月 26 日，SEC 通过了对 QIB 和合格投资者定义的修正案，扩大了有资格进入这些类别的实体列表，包括了任何尚未在合格机构买家定义中明确列出、但符合合格投资者资格并达到 1 亿美元证券所有权门槛的机构。这些修正案还允许这些实体专门为了获取所提供的证券而成立为 QIB。
根据 144A 规则，QIB 被允许在市场上交易受限制和控制证券，这增加了这些证券的流动性。

务状况或收入来定义，而合格购买者则是基于其投资组合的规模来定义。

投资者在完成认证后，就会被列入白名单，接下来需要查看并签署文件（有限合伙协议和认购文件等）。随后，投资者需要通过 Ondo 智能合约发出认购 OUSG 通证的请求，并将美元或稳定币（USDC 或 DAI）发送至 Ondo 在 Coinbase① 的数字资产账户。Ondo 会计算“下一个每日资产净值”并接受投资者的认购请求。如请求通过，投资者将收到 2023 年版 OUSG 通证，同时 Ondo 会通过证券经纪商和托管机构 Clear Street 托管的美元购买 SHV，以实现底层资产和通证的匹配。当 SHV 支付红利时，Ondo 基金将使用红利收益购买更多的 SHV，通证本身不支付利息，而是随着红利的再投资，积累底层资产，以提升通证价值。如果通证投资者希望定期获取利息，可以安排自动卖出部分通证。

当投资者需要卖出 2023 年版 OUSG 通证时，需要智能合约发送 2023 年版 OUSG 通证，以提交赎回请求。Ondo 将计算出下一个日常净资产值并确认投资者的赎回请求，随后进入赎回流程。如果 Ondo 没有足够的稳定币或美元立即处理赎回，那么需要在 Clear Street 出售足够 SHV 以满足赎回需求，这将需要 2 ～ 3 个工作日才能完成结算（即投资者收到他们的稳定币 / 美元）②。在完成 SHV 出售后，Clear Street 将所得的美元汇款给 Coinbase，Coinbase 将其转换为 USDC，随后 Ondo 将 USDC 发送到投资者的钱包，至此完成赎回流程。

2023 年版 OUSG 通证背后的架构实际上相当复杂（见图 5-2）。Ondo 采用了传统的基金结构，通过其母公司完全拥有的几家实体注册公司，发行和管理 OUSG 通证。同时，Ondo 严格选择了符合监管要求的第三方服务提供商进行合作，并将最底层资产持有在有破产保护的托管机构中，具体结构为：Ondo 母公司 Ondo Finance Inc 设立了一家一般合伙人公司 Ondo I GP，作为 Ondo 基金

① Coinbase 是美国第一家持有合规牌照的数字资产交易所，2021 年 4 月 14 日在纳斯达克上市。2021 年 9 月 20 日，Coinbase 推出机构投资者主经纪商解决方案 Coinbase Prime，可为机构投资者提供数字资产大宗经纪服务，融合交易、托管和融资于一体。

② 这是因为销售 ETF 后需要两个工作日才能获得美元或稳定币。

的管理者并协调各方。同时，Ondo Finance Inc 成立全资控股的 Ondo 资本公司 Ondo Capital Management LLC，以协助 Ondo I GP 管理 Ondo 基金，并设立和管理了一家有限合伙公司 Ondo I LP。Ondo I LP 是 Ondo 基金的发行方，负责接收投资者的美元资金、发行 OUSG 通证，以及购买或出售 Ondo 基金的底层资产 SHV。

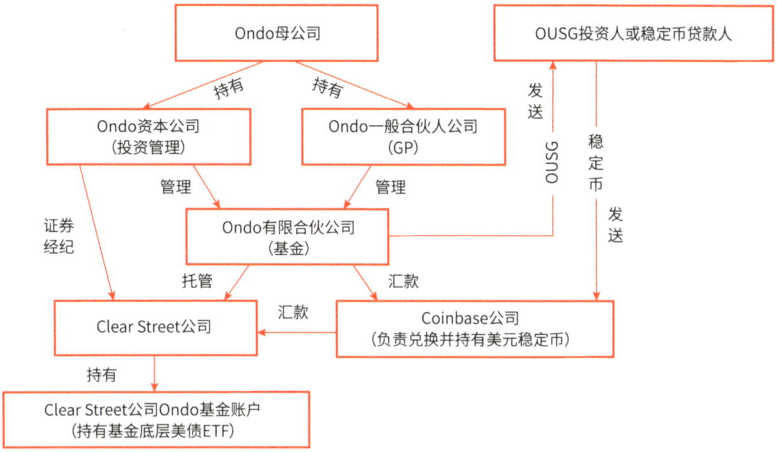

图 5-2　Ondo2023 年版 OUSG 通证背后的复杂架构

资料来源：根据 ondo.finance 网站信息整理。

此外，还有一系列公司为 Ondo 基金提供服务，包括：证券经纪商和托管机构 Clear Street 公司为 Ondo 基金管理保存在美国存管信托和结算公司（Depository Trust & Clearing Corporation，DTCC）[①] 账户中 SHV 基金份额；Coinbase Prime 公司帮助 Ondo 基金接收并托管稳定币，并实现稳定币和美元的相互兑换；NAV Consulting 公司提供包括每日计算基金资产净值在内的第三方管理服务；Richey May 为 Ondo 基金担任基金的税务顾问和审计师。

① 美国存管信托和结算公司是全球最大的金融交易后台服务机构，通过下属各分支机构，为股票、公司和市政债券、政府和抵押债券、场外衍生品以及新兴市场债券的交易提供清算、交割以及各种信息服务。

2024年版OUSG通证介绍

2024 年 3 月，贝莱德发布 BUIDL 后，Ondo 在 2024 年 4 月更新了最新版的 OUSG 通证。OUSG 通证提供对短期美国国债的流动性敞口，支持 7×24 小时通证化认购和赎回。投资美国国债是一种超低风险的投资选择，其优点是能够提供稳定回报和深度流动性。美国国债被广泛认为是风险最低、流动性最强的投资选项之一，对寻求安全、稳定和流动性的投资者具有吸引力。该投资组合目前大部分投资于 BUIDL，其余资金投资于贝莱德的联邦基金（TFDXX）、银行存款和 USDC，以满足流动性需求。未来，该投资组合可能包括其他美国国债基金和 / 或直接投资于美国国债。截至 2024 年 7 月 4 日，OUSG 通证规模是 2.24 亿美元，年化收益率为 4.86%。

如表 5-1 所示，2024 年版 OUSG 通证主要特点包括以下五点：

- **即时 24/7/365 铸造和赎回**

  通过官网使用 USDC 投资，投资者将立即收到与投资钱包地址相同的 OUSG 通证。投资者也可以即时将 OUSG 通证币赎回为 USDC。出于安全考虑并受服务合作伙伴的限制，在任何给定的 24 小时内可即时铸造或赎回的金额将限于官网显示的数额。

- **降低最低投资和赎回金额**

  对于即时交易，投资和赎回的最低金额均为 1 万美元。对于非即时交易，最低投资和赎回金额分别为 10 万美元和 5 万美元。

- **累积（OUSG 通证）和重置（rOUSG 通证）版本**

  OUSG 通证有两个版本：累积版（OUSG 通证）和保持 1 美元价格的重置版（rOUSG 通证）（见表 5-1）。随着底层资产价值的增长，OUSG 通证价格会逐渐上涨，而使用 rOUSG 通证，投资者只是在钱包中收到更多 rOUSG 通证；底层资产的收益实际上以额外 rOUSG 通证的形式来支付。例如，如果投资者持有 100 个 rOUSG 通证，OUSG 通证价格为 1.00 美元，然后上涨至 1.01 美元，rOUSG 通证价格将保持在 1.00 美元，但投资者的钱包现在将持有 101 个 rOUSG 通证。这种“重置”在 Ondo 每个工作日更新 OUSG 通证 价格时自动发生。

- **简单、即时的 OUSG 通证和 rOUSG 通证转换**

  投资者可以随时在 Ondo 的网站上轻松、即时地在 OUSG 通证和 rOUSG 通证之间来回转换。

- **免除管理费**

  Ondo 对 OUSG 通证的管理费维持在 0.15% 的低水平。这些费用已免除至 2025 年 1 月 1 日。

表 5–1　OUSG 和 rOUSG 的比较

分项	OUSG	rOUSG
通证类型	累积	重新分配（分配）
收益分配概况	通过提高赎回价格（每股净资产）来反映	每天以额外的 rOUSG 通证形式分发
通证价格	随着国库收益的增加而增加	保持在 1.00 美元
适用范围	买入并持有现金管理（有些托管人只支持累积通证），智能合约中的抵押品	计息结算或交换手段

■ 2024 版 OUSG 通证的工作原理

假设投资者想使用 10 万枚 USDC 对 OUSG 通证进行即时投资。当投资者进行存款时，智能合约会自动执行两个操作：首先，它会确定投资者应该收到多少枚 OUSG 通证。投资者收到的 OUSG 通证数量取决于将投资者存入的稳定币转换为等值美元（1USDC=1.00 美元），然后将该金额除以 OUSG 通证的当前净资产值（NAV）。例如，如果投资者存入价值 10 万美元的 10 万枚 USDC，而 NAV 为每通证 100 美元，则投资者将获得 10 万美元 /100 美元 =1 000OUSG 通证。然后，它将投资者存入的 USDC 转入基金的 Coinbase 账户。这些资金随后用于购买 OUSG 通证的底层资产。

在每个工作日结束时，Ondo 会根据底层资产的表现以及任何应计费用和 / 或开支来更新基金的净资产值（NAV）。然后通过将 OUSG 份额类别的 NAV 除以 OUSG 通证总数来计算每枚 OUSG 通证的 NAV。接下来，我们更新链上的 OUSG 通证价格以反映这一更新后的 NAV。最后，OUSG 通证价格的更新会自动触发 rOUSG 通证的重置，更新后的余额会自动反映在投资者的钱包中（如果投资者持有 rOUSG 通证）。

当投资者请求即时赎回 OUSG 通证时，类似的过程会反向进行。投资者赎回 OUSG 所获得的 USDC 数量取决于投资者赎回的 OUSG 数量乘以当时的 NAV（给出美元价值），然后以每枚 USDC 固定 1.00 美元的价值发送等量的 USDC。

USDY通证介绍

USDY 通证是一种由短期美国国债和银行活期存款担保的通证化票据。USDY 通证可供非美国个人和机构投资者使用，旨在将稳定币的可访问性与高质量的美元计价收益相结合。创建满足这些要求的产品，同时遵守适用的美国法律法规，确实会带来一些限制。例如，尽管投资者在 Ondo 收到存款后立即开始赚取利息，但 Ondo 只能在 40 ～ 50 天后铸造投资者的可转让 USDY 通证。此外，Ondo 只能通过银行电汇将赎回资金转入非美国银行账户。USDY 通证由 Ondo Finance 部分出资的 3.29% 保本头寸进行超额抵押，在 USDY 和 Ondo Finance 之间建立了紧密的联系。这种超额抵押还为美国国债的短期价格下跌提供了缓冲。截至 2024 年 7 月 4 日，USDY 通证规模是 3.31 亿美元，年化收益率为 5.30%。

■ USDY通证申购

一旦投资者完成审核流程后，投资人将收到一封电子邮件，被告知有资格进行投资的时间。从那时起，投资者可以随时存入 USDC 和 USDT。对于 10 万美元以上的存款，投资者也可以使用银行电汇。Ondo 处理投资者的资金后（通常在 2 ～ 3 个工作日内），投资者就会开始赚取利息。

投资者的购买将被分配到一个队列，该队列决定 Ondo 可以向投资者提供通证的日期。这种方法确保了遵守法律和监管要求。Ondo 一旦处理完投资者的资金，投资者就会收到一份临时全球证书，该证书赋予投资者在 Ondo 被允许向投资者提供实际通证时立即获得通证的权利。时间通常是是在 Ondo 处理投资者存款的 40 ～ 50 天后。这个日期会被列入投资者的临时全球证书。一旦到期，投资者将在指定的钱包中收到通证。然后，投资者可以自由地将通证转让给符合条件地区内的任何人。

■ USDY 通证赎回

为了遵守适用的美国法律法规，Ondo 只能通过银行电汇将美元赎回到非美国银行账户。如果投资者希望赎回，投资者需要在 Ondo 处理赎回请求之前向 Ondo 提供此类银行详细信息。临时全球证书（即在投资者的通证发行之前）的赎回仅适用于大于 10 万美元的金额；对于少于此金额的情况，投资者需要等到通证铸造后才能赎回。

OUSG 通证和 USDY 通证的对比

如表 5-2 所示，OUSG 通证和 USDY 通证都是机构级别的通证化现金等价物，但它们的目标受众和使用场景略有不同，具体体现在以下五个方面：

- OUSG 通证提供短期国债的通证化敞口。USDY 通证由通证化国债和银行存款担保。
- OUSG 通证代表持有国债和货币市场基金的基金的会员 / 股权权益。USDY 通证是一种计息票据。
- OUSG 通证和 USDY 通证都是总回报工具：底层资产支付的任何利息都会被再投资，使这些通证的价值随着时间的推移而普遍增加。
- OUSG 通证仅向合格投资者开放，但遍及全球；USDY 通证仅向符合条件的地区开放，但不需要投资者认证。
- OUSG 通证可以在二级市场随时交易，但仅限于完成 Ondo 审核流程的投资者。USDY 有一个受限期，在此期间不能交易，但之后可以在符合条件的地区内自由交易。

表 5-2 OUSG 和 USDY 的比较

	OUSG	USDY
抵押品	短期美国国债（SHV）	短期美国国债和银行存款，外加股权从属关系
回报率	跟踪 Black Rock 的 SHV 短期国债 ETF，扣除费用；略有利率风险	Ondo 金融公司确定的浮动利率；没有利率风险造成的本金波动
投资者地域	全球（美国和非美国）	非美国
投资者资格	机构（合格采购商）	零售与机构
发行人	Ondo I LP	Ondo USDY LLC
法律结构	有限合伙权益	优先担保贷款

Flux Finance 协议介绍

除了发行一系列通证之外，Ondo 团队还开发了去中心化借贷平台 Flux Finance 协议（Flux），并出售给了 Neptune Foundation。Flux 采用点对池（p2pool）模型，支持超额抵押的借贷，功能包括以下三点：

- 贷款人可以通过将稳定币提供给 Flux 来赚取利息，USDC 稳定币贷款人不会有任何限制。
- 借款人可以用存入的抵押品借入稳定币。使用 OUSG 通证作为抵押品的 USDC 借款人需要满足 OUSG 通证的权限要求。
- Flux 由 Ondo DAO 管理。

Flux 协议由一个 DAO 管理，目标是为用户提供针对美债收益的杠杆服务，允许 OUSG 持有者将其作为抵押品，从平台借出稳定币。那些不符合购买 OUSG 通证的零售用户，可以通过在 Flux Finance 上出借 USDC 稳定币给 OUSG 通证持有者，间接获得美债的稳定收益。

■ fTokens通证

用户可以将资产存入 Flux，以铸造 fTokens，这是代表协议中余额的 ERC-20 通证。一些存入的资产可以由协议出借，并为用户赚取利息作为回报。例如，用户可以将 USDC 存入 Flux，以铸造 fUSDC。通过这样做，用户的 USDC 将可供借款人使用，而用户将赚取 USDC 供应利率。贷款人通过铸造 fTokens 来赚取利息。协议赚取的利息不会被分配；相反，fTokens 的兑换率会发生变化，用户能够随时赎回资产。借款人将 fTokens 作为抵押品，以借入其他资产。抵押品 fTokens 也会赚取利息，可能抵消部分借款成本。fTokens 通常可以转让。但是，对于需要许可的资产，fTokens 会遵守底层资产的转让限制，这可能导致借款人账户流动性为负的转账也将失败。

■ 贷款

贷款人将资产提供给 Flux 市场（即将资产存入池中），并为其中的资产集体赚取利息（即供应利率）。然后，协议将这些资产提供给借款人，借款人将其他资产作为抵押品存入协议。用户可以通过存入资产来铸造 fTokens，以成为贷款人。协议赚取的利息不会被分配；相反，fTokens 的兑换率会增加，随着利息的赚取，用户将能够随时间赎回更多资产。贷款人赚取的利率（供应利率）会波动，取决于市场的利用率（即已借出的存款资产的百分比）。尽管不太可能，但在极端情况下，如果协议累积坏账，贷款人可能会损失资金。

■ 借款

Flux 是一个超额抵押借贷协议。借款人必须提供价值超过债务的抵押品，以证明偿还债务的能力。每种资产都有相应的抵押率：可以借入的价值份额。抵押率为零的资产不能被用作抵押品。

如贷款人一样，借款人铸造 fTokens，并将其作为抵押品存入。在使用资产作为抵押品时，投资者提供的资产仍然会赚取利息（即供应利率），这可能会抵消投资者的借款成本（即借款利率）。

资产的借款利率根据其利用率（即已借出的资产池的百分比）而波动。随着利用率的增加，借款利率会上升，平衡特定资产的供需关系。一旦利用率超过阈值（“拐点”），借款利率会急剧上升，激励借款人偿还部分债务，以维持足够的流动性供贷款人使用。

借款人应监控其头寸，以确保其贷款价值比（LTV）保持在健康水平。如果账户流动性（即其资产的综合抵押因子）变为负值，借款人的账户将可被清算，并可能产生少量清算费用。

■ 清算

Flux 实现了自主的超额抵押借贷。借款人的抵押品价值应始终高于借款余额，以确保协议及其贷款人不会遭受损失。在 Flux 上，清算应该相当罕见。受支持的市场，尤其是符合抵押品条件的市场，通常不会非常不稳定。然而，在某些极端情况下，借款人的权益可能变得过低，账户可能需要被清算：其部分抵押品被出售以偿还债务。第三方清算人（通常是机器人）受到激励承担这一角色，因为与预言机价格相比，它可以以略低的价格购买抵押品。为避免被清算，投资者应监控账户的贷款价值比（LTV），以确保其保持在健康水平。

■ 治理

Flux 由 Ondo DAO 治理。Ondo 发布 ONDO 通证，其持有者通过链上治理提案的方式控制该协议，包括经济参数和智能合约升级。ONDO 通证最初不可转让，仅用于治理。Flux Finance 通过让用户以美债获利并重复借贷获得杠杆，拓展了 Ondo 通证化债券的应用场景。Flux Finance 使美债的收益可以更广泛地分配给去中心化平台的用户，降低投资门槛，实现美债收益通证化产生的最大回报。ONDO 通证在 Ondo Finance 平台转型之初发行，并在 Coinlist 公开销售，销售后通证进入一年的锁定期，随后按月线性释放。经过链上社区投票，ONDO 在 2024 年 1 月 18 日解锁流通。此通证在 Ondo DAO 和 Flux Finance 中扮演治理角色，而其是否将与 RWA 产品直接关联则尚未公布。但社区对此持开放态度，未来可能将 ONDO 通证纳入，作为 USDY 等 RWA 产品的一部分激励机制。

Flux 丰富了 OUSG 的应用场景，提升其通证的投资价值。同时，Flux 也使美债的收益可以更广泛地分销给去中心化平台的用户，降低投资门槛，实现美债收益的普惠化。

案例：桑坦德银行为第一家发行公共区块链债券的机构

2019 年 9 月，西班牙最大的银行桑坦德银行创新性地发行了首个价值 2 000 万美元的“端到端”区块链债券，开启了金融领域的全新篇章。与传统债券的发行模式不同，这一债券直接在区块链上发行和存储，实现了全流程的数字化和自动化。通过将债券、现金和加密密钥等关键要素进行通证化，并将其登记在区块链上，桑坦德银行确保了整个交易过程的安全性和合规性。这一创新举措充分利用了区块链技术的优势，简化了债券发行和管理的流程。通过自动化操作，桑坦德银行显著地减少了中间环节，提高了交易效率，缩短了结算时间。同时，区块链上的智能合约和时间锁机制也有效降低了交易对手风险，为投资者提供了更可靠的保障。

这次“端到端”区块链债券的发行采用了以太坊区块链系统，得到了金融科技公司 Nivaura 和律师事务所 Allen & Overy 的专业支持。Nivaura 提供了技术解决方案，确保了发行过程的顺利进行；Allen & Overy 则从法律角度为项目保驾护航，确保了合规性和投资者权益。

桑坦德银行此次发行的债券期限为一年，季度票息率为 1.98%。在债券存续期内，所有相关数据和权益都以数字形式记录在区块链上，由桑坦德证券服务公司负责托管。这种创新的存储方式不仅提高了数据的安全性和不可篡改性，也为投资者提供了便捷的查询和管理渠道。

通过这一开创性的尝试，桑坦德银行展示了传统金融机构拥抱前沿科技、引领行业变革的决心和勇气。“端到端”区块链债券的成功发行，为债券市场乃至整个金融领域的数字化转型提供了宝贵的经验和启示。它不仅证明了区块链技术在提高效率、降低成本、优化流程方面的巨大潜力，也为监管机构探索创新型金融产品的合规路径提供了参考。

案例：瑞银集团全球首只由大型金融机构发行的利用区块链结算的债券

2022 年 11 月，瑞士银行业巨头瑞银集团（UBS）推出了一项革命性创新——瑞银数字债券。这是全球首个由大型金融机构发行，并利用区块链技术进行结算的数字债券产品，标志着区块链技术在传统金融领域的创新应用迈出了重要一步。这次发行的数字债券总金额为 3 亿瑞士法郎，期限为 3 年。与传统债券不同的是，该数字债券从发行、交易到最终兑付赎回的全过程都在区块链上完成。这种全流程的数字化不仅简化了操作流程，提高了自动化程度，还极大地缩短了交易时间。得益于区块链技术的应用，这种数字债券实现了 24 小时交易，相比传统债券的有限交易时间，具有明显优势。

瑞银数字债券吸引了来自欧洲和亚洲的资产管理公司及银行等机构投资者的广泛关注和参与。这表明了市场对于创新型数字债券产品的认可和信心，也反映了投资者对于提高效率、降低成本的数字化金融服务的强烈需求。值得一提的是，瑞银数字债券是市场上首支可以同时在区块链平台和传统交易所公开交易的电子债券。其中，区块链交易平台为 SIX Digital Exchange（SDX），传统交易所为 SIX Swiss Exchange。这种双重交易渠道的设计，既满足了不同投资者的交易习惯和需求，也促进了数字债券与传统债券市场的融合，有利于提高市场流动性和交易活跃度。

在债券的具体设计上，瑞银数字债券为高级无担保数字债券，三年期，发行总量为 375 000 000 瑞士法郎，票面利率为 2.33%，ISIN 编码为 CH 1228837865。发行日期为 2022 年 11 月 14 日，到期日期为 2025 年 11 月 14 日。这些关键要素的设计，充分考虑了投资者的风险偏好和收益诉求，确保了数字债券的吸引力和竞争力。

在技术选择上，瑞银数字债券采用了基于联盟链架构的区块链技术。与公有链不同，联盟链要求参与节点进行实名认证，具有更高的可信度和安全性。同时，该项目严格按照瑞士金融监管的要求进行设计，确保监管机构能够实时查询和跟踪全流程数据，保证了数字债券在合规性方面与传统债券的一致性。这种兼顾创新与监管的平衡之道，为数字化金融产品的发展提供了有益借鉴。

瑞银数字债券的成功发行，充分展示了区块链技术在提升效率、降低成本、优化流程等方面的巨大潜力，证明了这一新兴技术正在深刻影响和改造传统金融市场。它不仅为债券市场的数字化转型开辟了新的路径，也为金融领域的创新发展注入了新的动力。

案例：中银国际第一笔中资机构发行的通证化证券

2023 年 6 月，中银国际在香港成功发行了 2 亿元全数字结构化票据，成为第一家在香港发行通证化证券的中资金融机构。这标志着中国投资银行业正式迈入 RWA 通证化的新时代，开启了数字化转型的新征程。

中银国际此次发行的数字票据，全流程应用了区块链技术，实现了端到端的数字化，从发行、交易到清算结算，全部在区块链上完成，大大提升了效率，降低了成本。投资者可以通过区块链实时查询票据信息，这提高了透明度和可信度。这种创新模式不仅为投资银行业务的数字化升级提供了可资借鉴的成功案例，还为其他金融产品和服务的数字化转型指明了方向。

值得一提的是，这次数字票据的发行是中银国际与瑞银在数字结构化票据领域的深度合作的结果。该产品由瑞银首创，并面向亚太区客户销售，双方在适用法律和区块链技术选型上都进行了创新探索。这是亚太地区首个根据中国香港法律和瑞士法律构成，并在以太坊公有链上进行通证化的此类产品，成功地将受监管证券引入了公共区块链。这不仅开创了法律适用的先河，而且拓展了区块链技术的应用场景。

在技术选择上，该数字票据基于以太坊公有链开发，发行和流转的全过程都通过区块链完成。以太坊作为全球最大的开源公有链平台，具有良好的技术生态和社区支持，为数字票据的发行和交易提供了可靠的基础设施。同时，公有链的透明性和可追溯性，也为监管机构的监督和审计提供了便利。

当然，将受监管的金融产品引入公共区块链，也对合规性提出了更高的要求。中银国际严格按照监管要求进行运营，以确保数字票据在发行、交易、清算等各个环节都合法合规。这为其他金融机构开展类似业务提供了有益的经验和借鉴。

中银国际发行全数字结构化票据，是中国投资银行业数字化转型的重要开端。它不仅为行业开辟了一条创新之路，还为区块链技术在金融领域的应用探索了新的可能。未来，随着越来越多的金融机构加入数字化转型的浪潮，中国投资银行业必将迎来更加智能化、高效化、普惠化的发展新局面，为客户创造更大价值，为经济发展贡献更多力量。

案例：香港 Evergreen 通证化绿色债券

为探索区块链技术通证化债券的机会和潜力，香港金管局和国际结算银行创新枢纽辖下香港中心在 2021 年合作，对在香港发行通证化绿色债券进行了概念测试。2023 年 2 月，香港特别行政区政府成功发行了 8 亿港元的通证化绿色债券（Evergreen 项目），这成为全球首批只由政府发行的通证化绿色债券。

香港的《证券及期货条例》没有明确规定债务证券必须采用纸质形式，因此现有法规中的许可制度、发行制度等也适用于数字化债券的发行和流通。对于公司发行人，公司条例中的招股说明书规定同样适用于其发行的数字化债券。在 Evergreen 项目中，通证化绿色债券仅面向《证券及期货条例》定义的“专业投资者”发行。

因此，在香港，数字化债券可以采用“非原生”发行，即先在链下发行后再进行通证化；也可以采用“原生”发行，即直接在区块链平台上发行。当前法规并未强制要求必须采用某种特定形式，通证化债券也可被视为合规的形式，但发行人需要考虑遵循公司条例等相关规定。

如图 5-3 所示，Evergreen 项目的发行和认购流程被巧妙地分为区块链下和区块链上两部分。在整个债券通证化之前，簿记建档、定价等工作仍在链下完成，以确保流程的传统性和可靠性。在簿记建档和定价日当天，香港债务工具中央结算系统（CMU）会在链上创建代表通证化债券的实际权益的智能合约，以及代表港元现金通证的智能合约指令，此时平台认证的参与者（如分销商）需要将相应的资金转移到 CMU 管理的即时支付结算系统（RTGS）账户中，然后就可以通过智能合约参与平台上的认购流程。

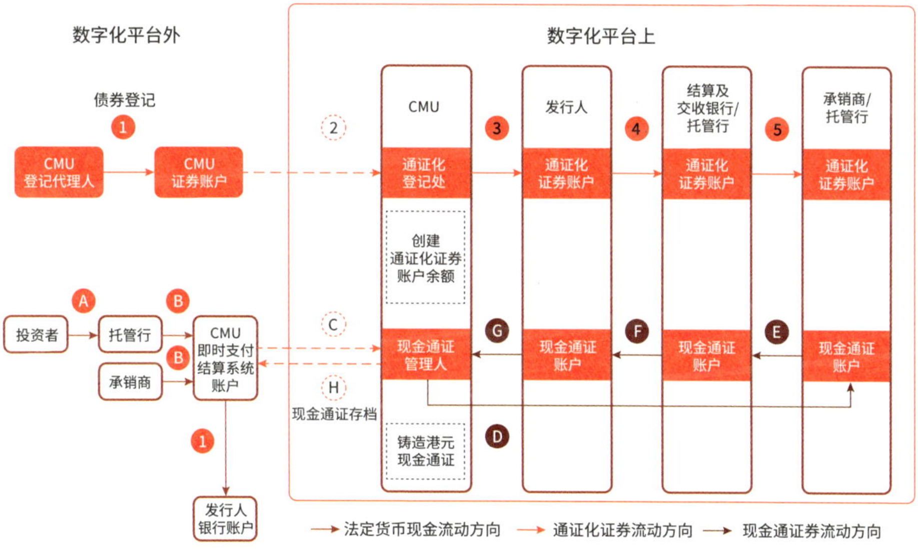

图 5-3　Evergreen 项目发行的工作流程

资料来源：香港金管局。

随后，所有与数字化交易相关的活动都在高盛公司的区块链数字化平台 GS

DAP[1] 上完成，包括但不限于资金的转移、债券的认购以及后续的交易。该平台仅向平台参与方开放，包括通证化绿色债券的发行人（即香港特别行政区政府）、香港的中央证券托管机构（即 CMU）、发行人支付代理人、发行人代理人、分销商、托管行和二级市场交易商。每名参与方在数字化平台中都被分派了相应角色与职责功能。非直接平台参与者（如银行已经做过 KYC 的客户）将通过托管行持有其权益。

在该项目中，数字化平台使用在以太坊运行的节点间通讯和共识账本 Hyperledger Besu 作为 Layer 1 区块链，这是一个私有的的以太坊区块链，用于保存节点间的通信和作为共识层；同时使用支持隐私的可互操作区块链网络 Canton Network 作为 Layer 2 区块链，可在参与节点之间保持一致的执行效率。在该项目中，不同参与者对某些智能合约的可见性取决于其是否为相关智能合约的签署者和观察者。

最后，债券生命周期内的各种支付和清算活动（如利息支付和本金偿还等）都是通过数字平台、由香港金管局铸造的港元现金通证来进行的，智能合约自动处理这些支付和清算的操作。其他数字化证券交易使用非金融管理局或任何中央银行铸造的数字化通证进行，其可能是为单笔交易专门设计的通证，具有灵活性，但在交易对手方风险、运作风险以及流动性方面都是极其不稳定的。采用统一的港元现金通证进行交易，确保了此次 Evergreen 项目整个流程的顺利进行。

Evergreen 通证化绿色债券的最大特点就是结合了 DLT，实现了金融业务流程的高度数字化和自动化。这种无纸化、高效且透明的操作方式，在通证化债券的创建过程中，可以消除对物理证书和手动标记的需求，节省工时，并减少手动处理错误的风险。

---

① GS DAP 平台基于美国区块链技术公司 Digital Asset 开源的 Daml 智能合约语言和隐私区块链 Canton 开发，数字资产通过其隐私协议确保数据仅与有资格的利益相关者共享，同时支持全球连接资产所需的可扩展性。2022 年 11 月，欧洲投资银行（EIB）使用该平台发行了 1 亿欧元的两年期数字债券。

通过 DLT 平台，各方在链上进行交互，实时验证并提高处理效率。此外，DLT 还保障了原子交易，使债券交易和现金支付可以在 DLT 平台上进行，并即时进行结算，这减少了结算延迟和结算风险。更值得一提的，这是 Evergreen 绿色债券通证化对于跨平台、稳定币及标准化的探索。它不仅推动了资产之间、公链与 DLT 平台之间的互操作性和连通性，还促进了链上资产的标准化，为全球性的资产分类和监管框架提供了有力的参照。

2. 供应链金融

中小企业在国际贸易融资中面临诸多困境，这限制了它们的发展。融资难、高利息、资金短缺、复杂流程、信息不对称以及供需不匹配，都是中小企业获得可负担贸易融资的“绊脚石”。尽管全球贸易融资市场规模巨大，但中小企业的融资缺口仍达 1.7 万亿美元。

鉴于中小企业的迫切融资需求，一些供应链金融通证技术项目（如 Polytrade 和 OpenTrade 等）应运而生。这些项目致力于通过区块链技术解决方案来简化中小企业的应收账款融资，利用加密资产提供新的融资渠道来满足中小企业的贸易融资需求。

Polytrade 公司概况

Polytrade 由印度团队于 2021 年成立，旨在通过为区块链贸易融资平台，为短期财务需求的中小企业提供资金，在转型为区块链平台之前，Polytrade 的前身是成立于 2014 年、总部位于中国香港的 Riqueza Capital。团队拥有丰富的传统贸易融资经验。到 2020 年，Riqueza Capital 已经为 5 000 名卖家提供了贸易融资，为其中 250 名卖家提供了融资服务，总价值达到 5 亿美元。2021 年上线至今的 Polytrade 平台已经完成超过 1 100 万美元的借款，涉及的贸易领域包括打包贷款（占比 37%）、服装企业（16%）、皮革生成商（13%）等。2023 年 3 月，Polytrade 完成了种子轮融资，投资方主要包括 Matrix Partners、Polygon Ventures、Alpha Wave Global 等。

Polytrade 1.0

平台的模式

最常见的贸易缺口（即供应商 / 卖家）需要等待很长时间才能获得所供货物

的付款。企业舍销意味着企业不能及时回收货款，本可用于其他投资并获得收益，便产生了机会成本。如图 5-4 所示，Polytrade 在弥合这一差距方面发挥了重要作用，它能在较短的时间内向卖方提供资金，当销售额增加，可将大量的购货发票直接自动地转化为资金。贷款人以折扣价从供应商处购买到期发票，然后收取全部发票金额，从而产生利润或收益。

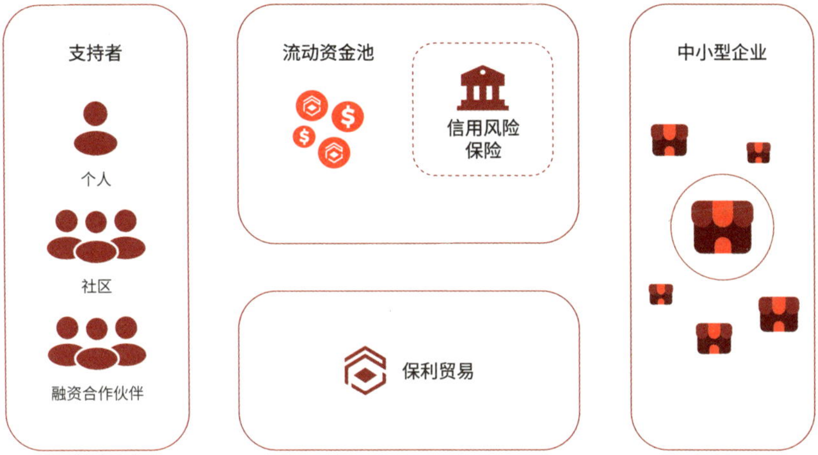

图 5-4　Polytrade 如何连接投资人与中小企业融资

平台的核心

Polytrade 通过运用区块链和算法，实现了对资产、借款人、风险和治理的智能化优化，确保了贸易融资业务的安全性和效率，具体体现在以下四个方面：

- 资产评估：利用区块链记录资产数据和支付历史，通过算法评级，确保底层资产质量。
- 借款人评估：根据区块链数据和提交材料，通过算法评估借款人信用，决定借款利率。
- 风险管理：避免过度集中单一资产或借款人，设置集中度上限，调整算法，以确保风险分散。
- 治理方式：采用加权抵押投票治理，抵押越多，投票权重越大，且由治理团队制定系统规则。

平台的通证

TRADE 是参与 Polytrade 平台治理的通证，持有者可以通过投票参与协议升级决策。同时，它也是平台内用于支付服务费、奖励参与者、实现协议激励、进行质押并获得收益的通用通证。此外，TRADE 还可用于平台内结算和清算。其总发行量为 10 亿枚，发行在多链上，发行结构合理。Polytrade 通过设计 TRADE 通证，达到了统一通证支付、参与治理、实现内生增长的目的。

平台的获利模式

Polytrade 通过差价收益、信息服务、交易服务、转让服务以及保险业务组合进行盈利。这些盈利渠道保证了业务的成长性和可持续性。Polytrade 在创造自身价值的同时，也使各方受益。具体体现在以下五个方面：

- 通过贷款人协议，Polytrade 可以赚取净利息差价。这是贷款人的贷款利率与借款人的借款利率之差，再减去保险成本。
- 在 Polytrade ZK-ID 平台上，当第三方想获取信息时，Polytrade 可以收取访问费用。这种知识产权保护机制可以鼓励更多数据提供方加入。
- 在 Polytrade RWA 市场中，每进行一笔交易，Polytrade 就可以收取一笔交易费。
- Polytrade 还会在贷款资产转让时收取服务费。
- 通过提供保险和担保服务，Polytrade 也可以获得一定收入。

案例参考

约翰经营着一家家具制造厂，他将家具卖给宜家，采用 3 个月的信用付款期。这意味着，约翰在发货给宜家后，要 3 个月后才能收到销售款项。在这 3 个月里，约翰需要支付员工工资、电费，购买原材料，以准备未来订单等各种费用。这时，Polytrade 的作用就显现出来了（见图 5-5）。Polytrade 可以直接收购这张发票，并立即支付 95% 的款项给约翰。3 个月后，Polytrade 从宜家那里收回全额发票款。多出的 5% 是 Polytrade 的收入，也是其承担风险立即支付资金给约翰的回报。简而言之，Polytrade 使用投资者的资金，来为像约翰这样的中小企业提供融资。Polytrade 利用这些资金为企业融资，并定期向投资者支付利息。通过这种模式，Polytrade 帮助解决了中小企业的短期资金需求，实现了资金的快速流动，使各方都能获益。这种通证化融资为实体经济提供了新的可能。

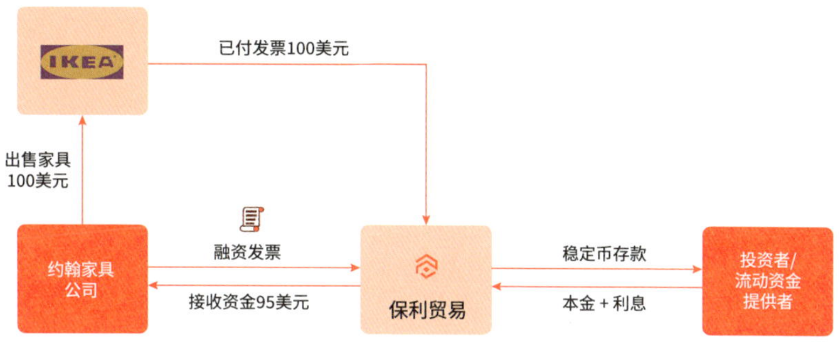

图 5-5　约翰使用 Polytrade 的流程

Polytrade 2.0

经过 1 年半的开发，Polytrade 于 2024 年 1 月初发布了 Polytrade 2.0 平台。2.0 平台将扩展到贸易金融之外，由两个独特但相互关联的业务线组成，分别是 RWA 市场和机构技术。这两个业务线都以 Polytrade 的核心交易市场、通证化技术和 ERC-6960 协议技术为基础，并融合了 Polytrade 积累的传统金融和去中心化金融的丰富经验。

RWA 市场

RWA 市场是 Polytrade 2.0 的核心产品，旨在通过解决传统市场生态系统中遇到的关键问题，聚合和整合链上 RWA。Polytrade 2.0 的 RWA 市场包含以下核心功能：

- 发现（discovery）指的是使买家能够更轻松地在一个单一的地方找到不断增长的宇宙中的 RWA。平台对 RWA 的定义比传统金融资产更广泛，包括创作者版税、商品、实物商品等资产，除了传统资产（如贸易融资、结构性信贷、国债、房地产、创作者版税等）。RWA 市场上的资产将包括由第三方协议在链上发行的资产，以及链下资产发起者发起的资产，包括 Polytrade 的贸易融资资产等。
- 入表和资格（onboarding & eligibility）表示资产买家的一个关键痛点，即与每个 RWA 协议单独进行 KYC 和入表，以及购买 RWA 相关的地理、票面金额和认证限制带来的额外复杂性。市场将通过过滤用户可以积极参与的地方并减少入职中的冗余来简化流程。
- 考虑（consideration）是指为用户提供工具和信息，使他们能够有意义地在不同资产之间做出决策，并有意义地实现与此类投资相关的意图。这包括在标准化分类法中提供 RWA 的重要属性，包括风险、回报、流动性、评级（如果有）、结构、资格的预期，并将它们映射到潜在的用户意图（储蓄、国库、长期、投机等）中。
- 投资规模（ticket sizes）是小型投资者受益于 RWA 的一个主要障碍。通过 Polytrade 的技术（ERC-6960），RWA 可以通过用户主导的细分变得更容易获得。
- 可用性（usability）是指使 RWA 资产更具互操作性，例如，让用户利用或借入他们的 RWA。其中的一个关键部分是使用 ERC-6960，允许协议在 RWA 的通用标准上自由构建。现有的通证标准缺乏同时支持可替代和非可替代通证的分数所有权的能力。虽然 ERC-6150 是 ERC-721 的扩展，它标准化了 NFT 在树状结构中的分层表示的接口，但其实现仅限于 NFT。这突显了对一个更全面的标准的需求，该标准提供了与 ERC-1155 相同的功能，但具有更高的灵活性和对分层表示和分数所有权的支持。
- 二级流动性（secondary liquidity）是资产持有人的主要障碍。如果没有转移 RWA 通证的地方，我们就无法建立一个蓬勃发展的 RWA 生态系统，该系统具有实现资产管理、有效价格发现和投资组合创建的基本组件。

Polytrade 相信，解决这些核心组件将导致需求聚合（demand aggregation），这对 RWA 生态系统的成熟至关重要。类似于 OpenSea 和 Blur 如何创造 Art NFT 市场，RWA 的单一网关将为 RWA 创造一个真实而蓬勃发展的市场。

机构技术

Polytrade 团队意识到其他机构对他们的核心技术的兴趣激增，包括用于通证化任何实物资产或实物资产的 ERC-6960 以及 Polytrade 交易市场。Polytrade 既是万事达信用卡 StartPath Cohort 的一部分，也是万事达信用卡 MTN 网络上的首批应用之一。

Polytrade 2.0 的机构技术业务线包括与大型银行、机构和企业合作，使用 Polytrade 的一套前端和后端技术来解决他们的挑战，包括 ERC-6960、市场、贷方协议、合规反洗钱管理、贷方工作流管理器和贷方管理员。机构技术业务线采用的收入模式包括平台费用、订阅、实施和服务收入等。

评估

Polytrade 团队在官网公布了评估 Polytrade 2.0 平台的关键指标，包括：

- 市场和忠诚度门户上的总用户数。
- 通过市场（一级或二级）对资产的总投资。
- 为机构部署的技术的交易量。
- **总交易量**

  这是指通过 Polytrade 平台进行的所有交易的总和，包括市场交易量和机构部署交易量。
- **收入 / 费用**

  （1）市场的交易费、一级费用、渠道合作伙伴联盟收入、上市费和生态系统费用；

  （2）Polytrade 门户网站上向用户分发合作伙伴空投和分发收入；

  （3）机构技术的平台费和设置费。

3. 抵押信贷

抵押信贷通证化是指将抵押信贷的债权转化为区块链上发行和流转的数字通证。通证化不仅可以提高债权的流动性，降低交易成本，而且为抵押信贷市场带来了更高的透明度和效率。目前，抵押信贷通证化领域主要有两种不同类型的项目：一类支持足额抵押信贷的通证化，如 Centrifuge；另一类支持非足额抵押的信贷通证化，如 Goldfinch。

Centrifuge——足额抵押信贷的通证化的代表项目

Centrifuge 成立于 2017 年，是首批探索 RWA 通证化的项目之一。该项目致力于通过去中心化的方式，解决抵押信贷市场流动性不足和不透明性问题，为实体资产的融资提供全新的解决方案。截至 2024 年 7 月 4 日，Centrifuge 总融资额超过 6 亿美元，约 1 500 个项目通过 Centrifuge 完成了抵押融资。

Centrifuge 的创始团队有着丰富的 Web 2.0 创业经验。联合创始人兼 CEO 是卢卡斯·沃格尔桑（Lucas Vogelsang）。在创立 Centrifuge 之前，沃格尔桑曾创办电子商务创业公司 DeinDeal，并成功将其出售。后来，沃格尔桑移居硅谷，加入 Taulia 公司，担任技术经理。另一位联合创始人兼现任首席运营官（COO）是马丁·昆塞尔（Martin Quensel）。昆塞尔的职业生涯始于 SAP，他曾在那里担任软件开发人员和架构师。在共同创办 Centrifuge 之前，昆塞尔是 Taulia 的联合创始人之一。

Centrifuge 将房地产贷款、发票、小额信贷和消费金融资产等 RWA 转换为 NFT 并形成资产池（asset pool）[①]，并让资产池的流动性提供者在法律框架下有追索权，为 DeFi 用户提供了一种相对稳定的收益来源。传统的 RWA 融资过程

① Centrifuge 的资产池具体是指将一系列 RWA（如应收账款、房地产贷款等）进行通证化后，将这些 RWA 通证聚合在一起，形成一个可以使用 DeFi 方式交易的流动性池。这样，投资者可以直接在区块链上交易这些资产池中的 RWA 通证，让资产流动性大幅提升。

需要有许多中介机构参与，例如，一家企业发行债券融资时，整个过程可能涉及各牵头经办人、投资银行、律师、付款代理人、财务代理人、审计师、登记员、过户代理人、计算代理人、上市代理人、评级公司等等多家机构，而这些中介机构的参与会增加融资成本。如果能用智能合约替代各个机构的职能，就可以大大减少对中介机构的依赖，实现更加低成本、开放、透明和高效的融资方式。

Centrifuge 正是将链上操作与链下资产的交易联系起来，去除众多中介环节，使企业融资过程变得更加开放、高效，并且成本更低，为中小企业提供了与大型企业同等的融资机会。

如图 5-6 所示，Centrifuge 构建了一个复杂而精细的金融工程和数字技术结合框架。在这个框架中，最底层是 P2P 信息传输协议，也就是区块链的底层传输网络；中间层是通证化的核心架构，即在 Centrifuge 体系内完成 RWA 通证化并实现通证的抵押和借贷等业务。在中间层中，Centrifuge Chain 作为底层区块链，为所有参与方提供了不可更改、统一的数据来源，同时负责处理 RWA NFT 的创建、转移和抵押，以及与以太坊的跨链交互。Centrifuge Chain 上的 NFT、锚点（anchor）[①] 和身份（identities）[②] 为 RWA 提供了通证化和验证的基础，确保这些 RWA 通证与其在现实世界的实际资产相匹配。中间层还包括了 Tinlake 及其他的 DApp。通过使用 Tinlake，RWA 的拥有者可将 RWA NFT 抵押，转换成分级的 ERC-20 通证，再将其质押借贷获得稳定币。这样，RWA 的拥有者能够基于 DeFi 获得借款完成融资，让 RWA 真正融入广阔的 DeFi。2023 年 7 月，Centrifuge 正式推出了升级版应用程序 Centrifuge App，将所有 Centrifuge 服务整合到一起，并逐渐替换 Tinlake。不过为了便于读者理解，我们在后文对不同部分仍然分开介绍。

① 锚点是指通过一系列数据处理和加密技术，将实体资产的信息转换成一个可验证的哈希值，并将其存储在 Centrifuge Chain 上，以确保资产信息的准确性和安全性。

② 身份基于去中心化身份标准（如 ERC-725），允许所有参与方拥有自己的链上数字身份，用于进行身份验证和资产所有权证明。

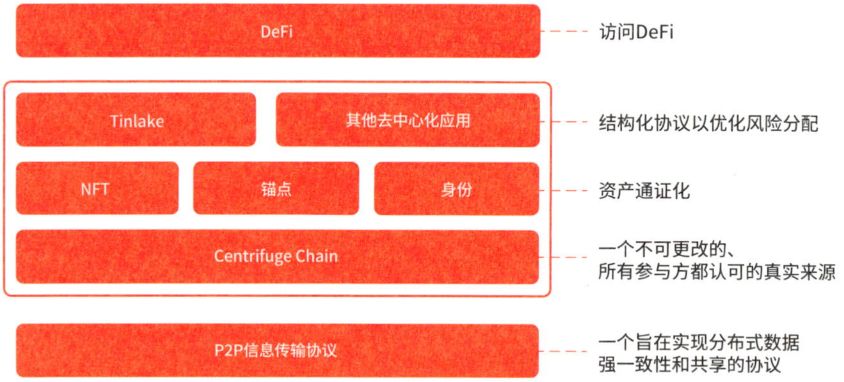

图 5-6　Centrifuge 整体架构和主要组成部分

Centrifuge 认为，在处理 RWA 通证化的问题上，使用专属的区块链有着诸多优势，因此基于 Substrate① 框架开发了 Centrifuge Chain，这是一个基于 Polkadot② 构建的区块链，Gas 手续费相对较低，可扩展性也较为出色，具有更强的灵活性。最具特色的是，Centrifuge Chain 保留专用的区块空间③，用于处理与 RWA 通证相关的交易，以保证这方面交易始终有足够的区块空间进行，即使在因区块链上交易量大增而导致网络拥堵的极端情况下，也可以确保与 RWA 相关的金融活动不会受到影响，这对于那些需要保证交易可以一直流畅进行的大型机构具有很强的吸引力。

Centrifuge 的另一个关键构件是 Tinlake，这是一个基于以太坊的 DApp，可将各种 RWA NFT 转化为符合 ERC-20 标准的通证。如图 5-7 所示，为了在

① Substrate 是一个用于构建区块链的开源的、模块化的和可扩展的区块链开发框架。Substrate 可以用作开发公链、联盟链和私有链的基础，可以在短时间内构建完整的、可配置的区块链系统。同时，开发者也可以将可以将构建的区块链作为平行链部署到 Polkadot 网络中，从而实现各链之间的通信、资产交易并共享安全性等。

② Polkadot 是一个可扩展的异构多链区块链，由一个相互协作的去中心化区块链网络组成。在这个网络中，中继链与并行运行的平行链交互，所有平行链共享中继链的安全性。Centrifuge Chain 就是 Polkadot 的一条平行链。

③ 区块空间指的是区块链上存储交易数据的容量。在区块链网络中，每个区块都有一个最大容量限制，这限制了它可以包含多少交易数据。区块空间越大，理论上每次可以处理的交易数量就越多，从而可能提高网络的吞吐量。然而，由于每个区块的空间有限，交易者通常需要通过支付交易费用来竞争这些空间。在 Centrifuge Chain 中专门为 RWA 通证交易保留区块空间，意味着这些交易可以优先得到处理，即使在网络拥堵时也能确保顺畅进行。

Centrifuge 上创建 RWA 通证，每个资产发起人需要将 RWA 转化为 NFT，这些 NFT 包含了资产定价、融资和估值所需的重要信息，同时内嵌相关法律文件，以确保资产的真实性和合法性。同时，资产发起人需要在 Tinlake 上创建资产池，并将 RWA NFT 放入资产池中，将 RWA 通证作为质押物，以最终获得稳定币借款。不同类型的 RWA 对应不同的资产池，截至 2023 年 11 月 6 日，Centrifuge 共有包括信贷、贸易、商业房地产、自愿碳抵消、音乐流媒体、美国国债等在内的 16 个资产池。

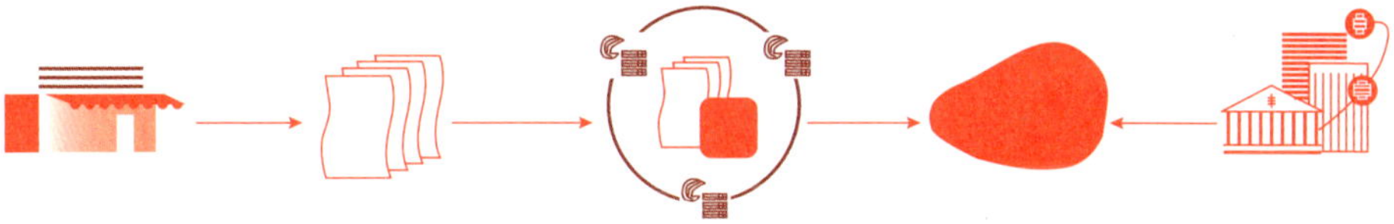

图 5-7　Centrifuge 的 RWA 通证创建流程

Tinlake 采用了一种结构化[①] 的方法，可以基于 RWA NFT 生成多种风险和收益不同的通证，以满足各类投资者[②] 的不同风险偏好和收益需求。具体而言，Tinlake 的结构化产品主要可以生成两种 ERC-20 通证，分别是 DROP 和 TIN。DROP 通证代表资产池的优先级部分，一般对应固定收益率，该类型通证的持有者在 RWA 产生的收益分配中具有优先权，承担的风险相对较小，但回报也相对较低。TIN 通证则代表资产池的劣后级部分，一般对应浮动收益率，该类型通证的持有者在 RWA 收益分配中的优先级相对较低，虽然承担着更大的风险，但可能获得更大的收益。在 Tinlake 平台上，投资者可以依据自身的风险承受能力

① 在金融工程中，结构化通常是指通过金融工具的设计和组合，创造出满足特定投资或融资需求的金融产品的过程。结构化产品涵盖了广泛的工具，包括衍生品、债务和股权工具等，可以为投资者提供收益优化、风险管理或税务效益等多样化的金融解决方案。在结构化金融中，通常会涉及不同的资本层级：包括优先级（senior tranche），这一层级的投资者通常优先获得现金流偿付，在资产池发生违约时，优先级投资者享有较高的还款优先权。因此这部分通常被认为风险较低，收益也相对较低；劣后级（subordinate tranche，也称次级或 junior tranche），这一层级的投资者在优先级投资者获得完全偿付后才能获得剩余的现金流，所以面临更高的违约风险。作为风险的补偿，该层级的投资者通常能获得更高的收益。

② 投资者通过在 Centrifuge 的资产池中购买 DROP 或 TIN 通证，为资产发行人提供用于资产融资的资金，以赚取收益和 CFG 通证奖励。

和收益期望，选择购入 DROP 通证或 TIN 通证。TIN 通证有一个最低认购比例，如果 TIN 的认购比例过低，那么投资者将无法继续增持 DROP 通证。这种设计强化了 RWA 资产池的风险管理。

在过去的 4 年中，Tinlake 为 Centrifuge 做出了重大贡献，包括为 MakerDAO 创建全球首个 RWA 资产池，与 Aave 合作推出 RWA 市场，以及与 BlockTower 合作将首个信贷基金的运营上链。2024 年 5 月，为了提供更优质的用户体验，Centrifuge 推出了全新的安全、可靠、简洁的升级版 DApp，以逐步取代 Tinlake 协议。不过，Tinlake 的部分核心功能和业务逻辑仍然适用，如资产上链、投资结构化分层、链上净值和循环资金池等。

此外，Centrifuge 还发行了原生通证 CFG，该通证有多种用途。一是用于支付 Centrifuge Chain 链上交易的 Gas 费，在执行链上交易（如转账或执行智能合约）时，需要支付 Gas 费用，CFG 可以被用来支付这些费用；二是参与治理活动，Centrifuge 的升级和参数调整需要通过社区投票决定，持有 CFG 的用户可以参与投票，影响项目的发展方向；三是保障 Centrifuge Chain 的安全性，通过将 CFG 质押，节点可以参与 Centrifuge Chain 的验证过程，如果行为不当，抵押的 CFG 就可能会被削减，这为保持区块链网络安全提供了激励。

了解了 Centrifuge 的多层结构，我们再从法律架构角度对 Centrifuge 上的 RWA 融资流程进行解析（见图 5-8）。Centrifuge 的法律基础是美国的资产证券化法律。如果投资者是美国公民，他就需要满足 SEC 对合格投资者的定义。同时，受美国制裁的国家的公民也无法投资 Centrifuge 的产品。目前，Centrifuge 也正在开发适用于非美国司法管辖区的 RWA 通证化产品结构。

整个融资流程涉及链下的审核、进行 KYC、设立 SPV，以及建立链上的资产池和为资产池提供流动性等诸多步骤。

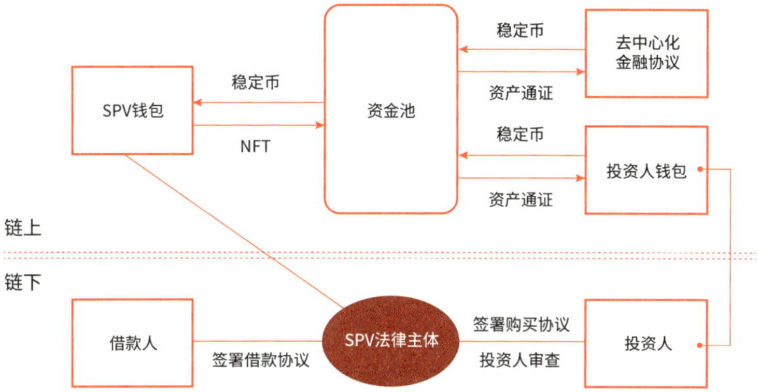

图 5–8　Centrifuge 法律架构

资料来源：根据 centrifuge.io 网站文档整理。

首先，资产发起人需要为其设立的每个资产池成立一个专门的 SPV。SPV 是独立的法律实体，其设立目的是确保资产池的安全性不会受到资产发起人整体财务状况的影响。即便资产发起人破产，SPV 也可以确保资产池能够独立运作，并负责处理与资产池相关的所有法律和财务事宜。

接下来，一旦有借款人[①]希望通过使用 RWA 作为抵押物以获取融资时，资产发起人就会介入，执行资产的承销工作，同时也可能作为投资者购买部分 TIN 通证。资产发起人负责将借款人的 RWA 转换为 NFT。随后，借款人会与 SPV 签订融资协议，并请求资产发起人将其 RWA NFT 抵押锁定在与 SPV 关联的资产池中。一旦 NFT 被锁定，相应的 DAI 就会从 Centrifuge 的资产池中被提取出来，并直接转移到借款人的钱包，或者转移到 SPV 的钱包，再由 SPV 将 DAI 兑换为美元并转账到借款人的银行账户。

同时，投资者在完成了 KYC 等合规流程后，需要阅读并签署资产池的

① 在 Centrifuge 平台上，借款人通常是需要资金的实体。需要强调的是，借款人和资产发起人是两个密切相关但有所区别的角色，借款人是实际持有 RWA 并寻求融资的一方，而资产发起人则涉及创建和管理资产池以及将 RWA 转换为链上资产的过程。资产发起人通常也会对资产池有更深的管理和财务参与。在某些情况下，如果资产发起人直接持有需要融资的资产，那他们也可能是借款人。

投资摘要和 SPV 的认购协议，这些文件概述了投资结构、风险、条款和条件。经过认证的投资者的钱包地址将被 SPV 纳入白名单，投资者随后就可以在 Centrifuge 对应的资产池上使用稳定币 DAI 购买 DROP 或 TIN 通证，这一行为被称为“为资产池提供流动性”。当投资者使用稳定币 DAI 购买 DROP 或 TIN 通证时，他实际上是将 DAI 转移到 Centrifuge 资产池的智能合约中。这些资金将成为资产池的一部分，用于满足借款人的融资需求。

投资者可以随时请求赎回 DROP 和 TIN 通证①，但系统内置的机制确保 DROP 通证赎回优先于 TIN 通证，同时会要求维持 TIN 通证的最低持有比例，以保护不同级别投资者的利益。在 NFT 抵押到期时，借款人需偿还借款本金和利息，抵押的现实世界资产 NFT 则被释放并返还给资产发起人。

Centrifuge 与 MakerDAO 是主要的合作伙伴。MakerDAO 自主决定将哪些 Centrifuge 的资产池中引入其生态。Centrifuge 上有多个 MakerDAO 相关的资产池，这些资产池和 MakerDAO 的金库（vault）② 集成，金库充当资金源提供流动性。也就是说，部分资产池的 DROP 持有者可以将该通证作为质押物，在 MakerDAO 上借出稳定币 DAI（见图 5-9）。

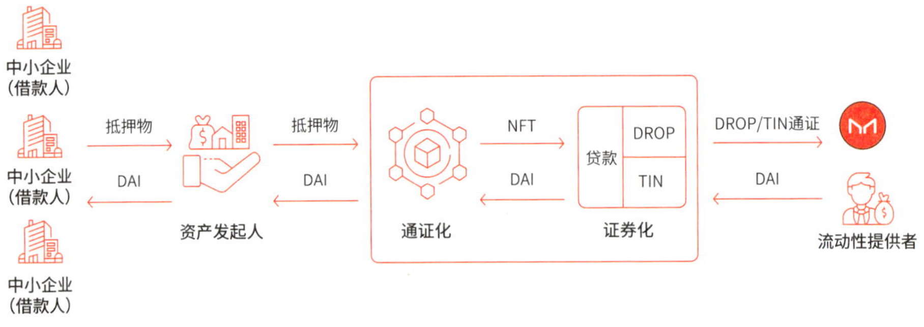

图 5-9　Centrifuge 与 MakerDAO 的合作机制

① TIN 或 DROP 的投资者可以在一个时期内的任何时间将自己的 DAI 锁定在 Centrifuge 资产池中，然后在该时期结束时执行投资和赎回，通常每 24 小时执行一次。

② Maker Vault 即 Maker 协议的金库，是用户存放质押品并生成 DAI 的地方。一旦用户退回，Maker Vault 也会销毁 DAI。

此外，Centrifuge 的每个资产池内都设有一个备用储备池，储备池中的资金可以被资产发行人借出或被投资人赎回，但不会产生利息。通常情况下，储备池中没有资金剩余。但 Maker 金库集成的资产池可以直接使用 MakerDAO 的金库作为资金来源，这意味着只要没有触及金库的债务上限，Centrifuge 的投资者就可以从 MakerDAO 的金库中提取资金来完成赎回流程，从而为资产池中的流动性提供了额外保障。

通过这样的合作，Centrifuge 上的资产发起人能够通过 RWA 通证化，并在 MakerDAO 上抵押 DROP 通证，以获得 DAI。这不仅为资产发起人和借款人提供了新的融资渠道，也为 MakerDAO 带来了多元化的投资选择。

例如，2022 年 12 月，MakerDAO、Centrifuge 与 BlockTower Credit[①] 共同设立了一只 2.2 亿美元的基金。其中，MakerDAO 部署 4 个金库，并提供 1.5 亿美元的优先级资金，而 BlockTower 提供 7 000 万美元的劣后级资金，共同创建一个 2.2 亿美元的 Centrifuge 资产池，以通过通证化将 RWA 连接到 DeFi。而 Centrifuge 上还有多个与 MakerDAO 相关的资产池，其中最大的资产池是由 BlockTower 发起的 BlockTower Series 3 和 BlockTower Series 4，优先级资金主要来自 MakerDAO，劣后级资金由 BlockTower 提供。

截至 2024 年 7 月 4 日，BlockTower Series 3 资产池规模有超过 9 900 万美元，BlockTower Series 4 资产池规模超过 1.01 亿美元。图 5-10 展示了 Block Tower 构建的资金管理架构。

① BlockTower Capital 是一家数字资产投资公司和投资组合管理公司，BlockTower Credit 为其旗下业务分支，主要投资现实世界信贷资产，为金融科技发起者和非银行贷款机构提供传统资产支持证券和结构性贷款解决方案（如汽车贷款、贸易融资），并利用区块链技术追求更好的经风险调整后回报。

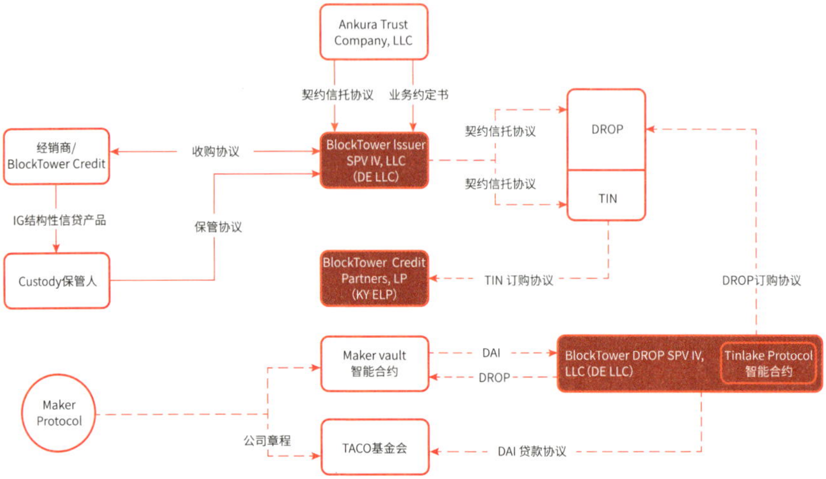

图 5-10　BlockTower 的资金管理架构

另一个头部 DeFi 借贷平台 Aave 也与 Centrifuge 建立了合作关系，创造了一个专门的 RWA 抵押借贷市场平台，可为包括发票、房产等 RWA 提供融资。在 Aave 上，投资者可以存入 USDC，并获得收益。借款人则可以通过抵押 RWA 来借入 USDC。Centrifuge 与这些头部 DeFi 协议的深度合作，体现了其在实现 RWA 通证化方面的先驱地位和技术成熟度，通过架起传统企业与 DeFi 之间的融资桥梁，为 DeFi 注入了新的资产和活力。

不过值得注意的是，尽管 Centrifuge 采用了独立 SPV 隔离资产与债务风险，并与 Securitize 合作进行严格的 KYC/AML 验证，RWA 资产池中仍出现了一些坏账。截至 2024 年 7 月 4 日，Centrifuge 协议上的违约事件共发生了 62 笔，违约贷款金额近 2 918 万美元，占贷款总额的 4.8%。

在违约事件发生后，资产池的风险分摊机制确保了违约造成的损失按照预设的顺序被分摊。具体来说，当资产池中的资产出现价值下降或违约时，损失首先由 TIN 的持有者承担。如果资产池的价值下降或违约的总额小于 TIN 的价值，那么这些损失将完全由持有 TIN 的投资者承担。但如果 TIN 承担的损失达到其上限，DROP 投资者就需要开始分摊超出部份的减值损失。如果 RWA 出现违约，实际的损失处理也会涉及法律程序，寻求通过重组或其他法律手段弥补部分损失，包括涉及与债务人协商新的偿还计划、资产清算或其他债务重组措施，旨在减少违约造成的损失。

尽管 RWA 通证化可以使非流动性资产变得易于交易，实现资产的分割和数字化，吸引更多投资者参与，为资产发行人和投资者创造更高的投融资效率。但这一模式无法改变 RWA 固有的风险特性，尤其是信用风险和市场风险。因此，RWA 的质量评估和风险控制机制成为确保 RWA 通证化持久健康发展的关键。

Goldfinch 非足额抵押信贷通证化

Goldfinch 是一个由 Coinbase 前高管团队于 2020 年 7 月创建的平台，旨在向非洲、东南亚和拉丁美洲等新兴市场的企业提供无抵押信用贷款。自 2020 年成立以来，Goldfinch 已成功完成了逾 1 亿美元的无抵押借款。与其他借贷项目不同，Goldfinch 的通证化借贷并非由抵押品保障，而是依赖于借款人的信誉和偿还能力，并接受稳定币 USDC 作为投资和借款的资产。截至 2024 年 7 月 4 日，Goldfinch 总融资额超过 1.1 亿美元。

Goldfinch 发行了 GFI 通证，将其作为激励各个参与者和保障借款流程顺利运转的工具。GFI 通证在整个业务中发挥着关键作用，包括投票治理、作为审计者的质押、给审计者的奖励、社区的拨款、支持者的质押，以及作为整个平台的激励机制，以确保借贷生态系统的健康稳定发展。

借款人池（borrower pool）[①] 是 Goldfinch 的核心机制之一，它是一系列智能合约的集合，旨在为特定借款人或项目提供资金。这个池子不仅代表了对借款人

① 借款人池是针对特定借款人交易设立的投资池。它实质上是一个智能合约，内置了借款人提出的一系列融资条款，包括利率和还款计划。通过这个借款人池，借款人可以按照这些条款借出资金，并按期还款。借款人池分为优先级池和劣后级池。

信用的支持，也是资金分配的基本单位。每个借款人池都内置了一套融资条款，包括借款的金额、利率、还款计划以及抵押期限[①]。借款人可以根据这些条款从池中提取资金，并在规定期限内偿还。借款人池的资金结构分为两个层次：劣后级部分和优先级部分。在出现违约时，劣后级资金通常将首先承担损失，因此也被称作“第一损失资本”。相对应的，优先级资金只有在初级资金无法覆盖损失时才会被动用，因此这部分资金也被称为“第二损失资本”。

如图 5-11 所示，在 Goldfinch 协议中，贷款流程涉及多个参与方，分别为投资者、借款人和审计师。投资者可分为资助者（backers）和流动性提供者（liquidity providers），二者分别承担不同层次的风险和潜在收益。资助者通常是有风险评估能力的投资者，负责对借款人池进行自行分析和评估，并决定是否为其提供资金支持。决定支持借款人后，资助者将投入劣后级资金。而流动性提供者则提供优先级资金，享受较低风险下的稳定回报。

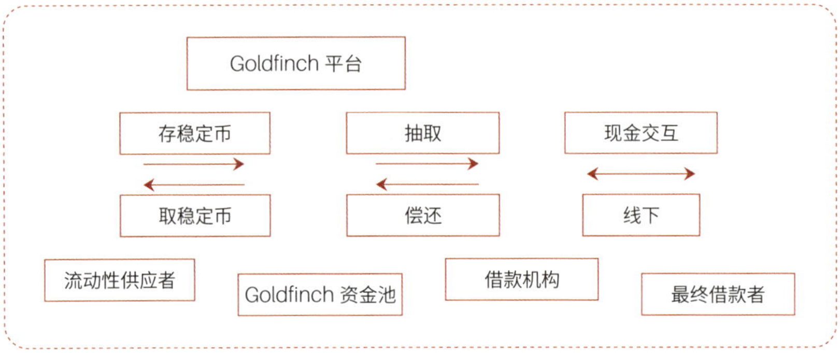

图 5-11　Goldfinch 平台参与方

资料来源：根据 goldfinch finance 网站整理。

流动性提供者以 USDC 形式向优先级池提供资金后，会收到等量的 FIDU 通证。也就是说，流动性提供者代表了流动性提供者在优先级池的存款。流动性提供者可以在任何时间赎回 FIDU 通证（将 FIDU 通证转换为 USDC）。赎回率基于优先级池的净资产价值，并减去 0.5% 的提现费用。如果赎回请求在执行前

① 抵押期限具体指的是借款人必须偿还贷款本金和利息、解锁 NFT 的时间框架。

被取消，流动性提供者则会收取总请求金额的 1% 作为罚金。

借款人即寻求融资的企业。Goldfinch 中的所有借款人都是现实世界中的实体机构，它们需要提供企业的详细资料供 Goldfinch 社区成员审核，以最大限度地降低欺诈风险。

此外，借款人如果想要使用 Goldfinch 协议进行融资，需要支付 GFI 通证。这是因为，GFI 通证不仅是协议的治理通证，还是参与协议生态系统所必需的准入门票。通过支付 GFI 通证，借款人展示了其参与协议的诚意，并为协议中的审计师等其他参与方提供了激励。

审计师在协议中扮演了重要角色，即 Goldfinch 的借款批准人，属于独立的第三方实体。审计师的任务是对借款人的身份和信誉进行验证。一旦审计师通过了借款人的审核，该借款人就可以创建自己的借款人池，并向社区的投资者筹集资金。在具体的借款流程中，审计师需要质押足够的 GFI 通证，Goldfinch 会随机选择审计师，进行详尽的检查，以防止欺诈活动，并在验证完借款人的身份后获得相应的 GFI 通证奖励。

与基于资产超额抵押的贷款方式不同，Goldfinch 的借款者评估同时依赖于其他参与方的集体判断，例如，资助者也会对借款人进行尽职调查，以识别和评估贷款风险，甚至有权与借款人独立签订协议，以便在发生欺诈时拥有法律追索权；审计师则需要在借款人提交借款请求之前，对其身份和借款细节进行审查。Goldfinch 鼓励审计师和资助者通过直接与借款人交流来执行他们的尽职调查工作，这种真实世界的直接的人际互动增强了对借款人的信任和理解，也为创建记录在区块链上不可篡改的信用历史奠定了基础。

下面，我们通过一个虚拟案例来解释通过 Goldfinch 协议筹集资金的步骤。企业家甲是一个想要寻找新的融资方式的咖啡店主。他了解了 Goldfinch 协议，并决定尝试通过此协议来筹集资金。以下是他的具体操作步骤：

- **步骤一：创建借款人池**

  企业家甲首先要在 Goldfinch 社区提出建立一个借款人池。他需要详细地描述他的咖啡店规划，以及借款金额、利率和还款期限等交易条款。此外，他还需要提供企业的具体材料，供社区成员进行审核。

- **步骤二：审查借款人池**

  Goldfinch 社区的资助者和审计师开始对企业家甲的借款人池进行尽职调查。他们直接与企业家甲联系，讨论和协商借款条款。在评估了企业家甲的企业和信用风险之后，一部分资助者选择向该借款人池投入劣后级资金。这部分资金的风险相对较高，如果企业家甲的企业无法偿还借款，这部分资金将被先行减记。

- **步骤三：分配优先级资金**

  在劣后级资金被投入后，优先级资金池会自动分配资本到该借款人池。借款人池可以获得的优先级资金是劣后级资金的 3 倍。

- **步骤四：完成借款**

  当优先级资金被分配完毕后，企业家甲的借款流程就完成了。他可以从 Goldfinch 协议中提取出 USDC，用于他的企业运营。同时，他需要按照约定的交易条款，定期偿还借款本金和利息。通过以上操作，企业家甲就可以成功地通过 Goldfinch 协议筹集到资金。这个过程是去中心化的，借款人可以直接与资金提供者进行交互，而无须通过任何中间机构。这使得金融服务更加透明、高效和公正，也降低了融资成本。

- **步骤五：清偿本息**

  借款人在偿还本金时，需要支付利息的 10% 作为协议费，该协议费优先用于支付给资助者，其次是流动性提供者，最后用于协议收益。

Goldfinch 协议收入来源

如图 5-12 所示，Goldfinch 设计了一个既能获得收入，又具有正向引导效果的协议收费机制，使平台实现可持续发展，具体描述如下：

- 借款者在偿还本金时，需要支付利息的 10% 作为协议费，该协议费将优先用于支付给优先级投资者，其次是一般投资者，最后用于协议收益。

- 流动性提供者从 FIDU 赎回 USDC 时，需要支付 0.5% 的提取费用。
- 如果赎回请求在执行前被取消，则收取总请求金额的 1% 作为罚金。
- 以上收入都将存入协议金库，GFI 通证持有者可以对使用进行决策。

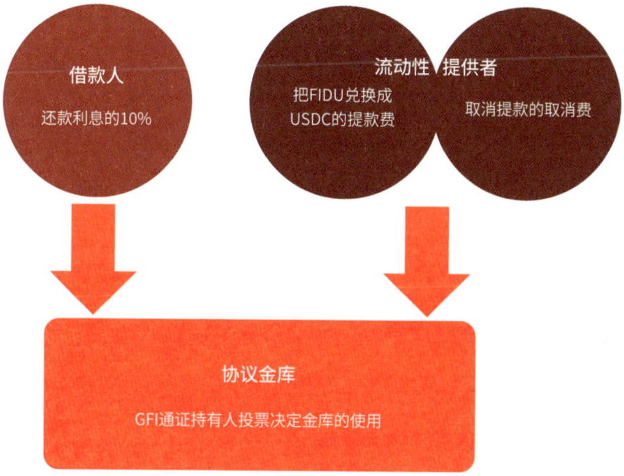

图 5-12　Goldfinch 协议收费机制

自 Goldfinch 上线开始，有多家专业借贷公司参与并获益，比如墨西哥的 PayJoy、越南的 Aspire 以及尼日利亚的 QuickCheck。这三家借贷企业通过 Goldfinch 协议获取了 100 万美元，并分配给数千名最终借款人。随着借款者的增加，Goldfinch 也开始为企业提供更大金额的的借款。例如，Goldfinch 向 Y Combinator 支持的现金管理和信贷金融科技公司 Float 提供了 1 000 万美元借款；帮助 Float 完成了 1 700 万美元的种子轮融资，以扩展其服务非洲企业的业务；为合作伙伴 Brex 提供了 500 万美元的信用借款额度，帮助 Brex 的用户获取流动资金，以应对新冠疫情的经营挑战；为拉美汽车租赁公司 Kavak 提供 5 000 万美元债务融资，帮助其扩大在墨西哥和巴西的业务规模。

但与 Centrifuge 类似，该平台也遭遇了多次严重的坏账事件。2021 年 10 月，乌干达的贷款机构 Tugende 从 Goldfinch 获取了 500 万美元的贷款，用于拓展在肯尼亚的业务。然而，Tugende 未能按时偿还贷款，从 2023 年 6 月开始违约。

尽管 Warbler Labs——Goldfinch 背后的公司与 Tugende 达成了贷款重组的协议，未来可能会收回这 500 万美元贷款，这一事件依然暴露了平台在风险管理方面的不足。更为严重的是，2023 年 10 月，Goldfinch 的一个价值 2 000 万美元的借贷池出现了明显的坏账风险，其中大约 700 万美元面临损失。这个贷款池原本是由 Stratos 基金在 2022 年 2 月以 11% 的年利率担保的。Stratos 基金在房地产科技公司 REZI 和其他数字资产领域的投资的收益未能达到预期，这引发了金融损失。Warbler Labs 承诺会补偿投资者所有的损失，但这次事件依旧凸显了协议在处理 RWA 时可能面临的高风险。

从这些事件可以看出，尽管提供了新的资金来源和贷款机会，但在暴雷事件频发的背景下，RWA 平台的风险管理和信用评估机制仍需加强。在实践中，RWA 平台和参与者必须建立严格的风险管理框架，包括但不限于信用评估、市场分析、流动性管理以及法律合规性检查。与此同时，投资者也需要增强风险意识，理解 RWA 通证化的复杂性，并进行详尽的尽职调查，以确保投资决策的合理性。

4. 房地产

根据 Statista 全球统计数据库提供的指标和数据，预计 2024 年全球房地产市场的价值将达到 634.9 万亿美元，而 2024—2028 年，全球房地产市场预计将以 3.41% 的复合年增长率增长，预计到 2028 年，房地产市场规模将增至 729.4 万亿美元。Statista 同时预测，2024 年全球住宅房地产市场规模约为 518.9 万亿美元。

房地产通证化目前主要围绕两大方向：一是对房地产物权进行通证化，提升资产流动性，并实现资产的碎片化，让投资者可以购买代表房产部分所有权的通证，降低投资门槛，同时让房地产突破地域限制，可以对接全球投资者，以解决传统房地产市场中存在的流动性不足、交易成本高等问题。二是对房地产金融产品进行通证化，通过对房地产基金、信托、租金收益、抵押贷款等金融产品进行通证化，吸引更多的投资者参与，以拓展融资渠道。

案例：Aspen Coin，首例通证化房地产所有权项目

阿斯彭瑞吉度假酒店以其优雅的装潢、一流的设施和令人叹为观止的自然环境而闻名。2018 年 10 月，阿斯彭瑞吉度假酒店创新性地推出了一项总额为 1 800 万美元的房地产通证化项目——Aspen Coin，成为全球首例将酒店所有权通过区块链技术进行数字化表示和分割的案例。这一开创性举措为房地产行业开辟了全新的融资渠道和投资模式（见图 5-13）。

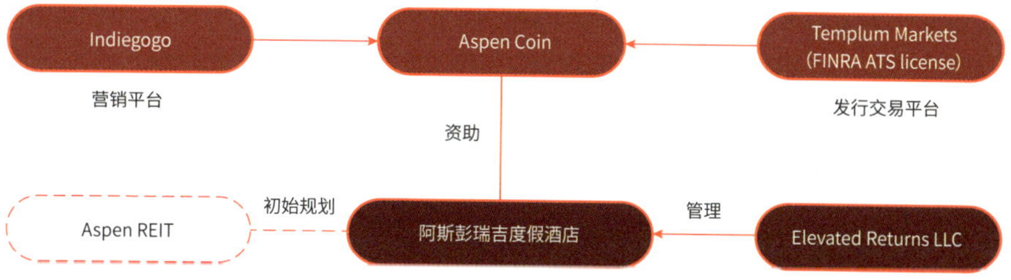

图 5-13　Aspen Coin 的基本流程结构

通证化的标的资产是阿斯彭瑞吉度假酒店的部分所有权，投资者可以通过购买通证的方式，获得与酒店经营收益挂钩的经济利益，包括来自 REIT 的收入分配，但不享有投票权。这种通证化的产权设计一方面为原本难以流通的房地产资产提供了流动性；另一方面也大大降低了投资门槛，使更多的合格投资者能够参与其中。

这次通证发行严格遵循美国《1933 年证券法》D 条例的豁免规范，确保合规性和投资者保护。发行和交易过程由两家专业机构负责：Indiegogo 作为营销和推广合作伙伴，为合格投资者提供通证购买渠道；Templum Markets 则担任技术提供商和交易平台，负责通证的实际发行和二级市场交易。这种分工协作的模式类似于传统 IPO 中的保荐人和交易所角色。

在技术选型上，Templum Markets 最初采用以太坊区块链，之后迁移至 Tezos 系统以提升性能。通证交易目前限定在由 Templum Markets 运营的平台内进行，以符合美国证券监管要求。2020 年 8 月，tZERO 平台也开始上线 Aspen Coin 的交易服务。

Aspen Coin 的推出对于房地产行业具有里程碑式的意义。通过将数字通证这一金融创新工具与传统不动产相结合，Aspen Coin 开启了房地产投资和所有权管理的崭新模式。对发行方而言，通证化盘活了原本难以变现的资产，拓宽了融资渠道；对投资者而言，较低的投资门槛和灵活的交易方式提高了他们的参与度和收益率。从宏观的视角来看，Aspen Coin 尝试将数字经济的活力注入实体经济这一行为，推动了金融体系与房地产行业的协同发展，同时也为监管机构提供了宝贵的创新案例。

案例：RealT，房地产通证化平台

RealT 成立于 2019 年，是一个专注于实现房地产通证化的平台。在该平台上，投资者只需投入 50 美元，就可以购买美国房地产的部分所有权。RealT

于 2019 年推出，目前已建立了一个充满活力且参与度极高的投资者社区。截至 2024 年 3 月，RealT 拥有来自 154 个国家的约 16 100 名活跃投资者，已将价值 1.01 亿美元的约 535 处房产产进行通证化，包括独栋住宅、大型住宅等多种类型。

基于以太坊区块链，RealT 发行以实体房产为基础的通证，使投资者可以用相对较小的金额购买和交易房产的所有权。比如，RealT 在 2019 年底推出的 9943 Marlowe Street 项目。该项目的底层资产是一栋位于美国底特律的独立住宅，总价值为 63 000 美元。RealT 将该房产所有权划分为 1 000 份，每份价格为 63 美元。投资者只需要支付 63 美元，就可以购买该房产 1/1 000 的所有权。投资者可以在 RealT 的平台上用数字资产或法币购买通证。一旦购买成功，通证就会被发送到投资者的以太坊钱包地址。投资者也可以在 RealT 的交易平台上出售他们持有的通证。

通过智能合约，RealT 明确规定了每个通证与底层房产的映射关系，以及租金收益的分配规则。房屋租金等收益会通过智能合约每天自动进行分配，RealT 选择使用稳定币 DAI，也就是根据投资者持有的通证数量，相应的租金收益会自动以 DAI 的形式发送到投资者的钱包地址。RealT 采用了一系列有限责任公司（LLC）的法律结构，每个 LLC 独立持有一个房产资产，自主制定管理策略，使投资者可以直接参与治理，实现资产隔离和风险分散。

房地产通证化也面临诸多复杂问题。首先，通证化后，链上、链下信息仍然存在一定程度的割裂，导致交易和租赁反而增加了不确定性，而优质的房产并不愁在线下出售，通证化过程的复杂性甚至在一定程度上降低了交易效率，这导致优质资产通证化的案例仍然稀缺。因为房屋出租和管理问题，如租客违约等意外情况，造成通证持有人获得的实际收益可能远低于预期。其次，在一些情况下，通证化后的房产碎片化的所有权的流动性反而可能相对较弱。再次，通证化房地产平台目前的商业模式依然较为传统，缺乏通证赋能等 Web 3.0 的原生打法。最后，平台过度依赖外包公司的租赁服务和区域性资源，导致现有的房地产通证化项目 90% 集中在美国，其他国家和地区的房地产通证项目鲜有人问津。未来，随着房地产通证化的商业模式的逐步成熟和多样化，众筹地产项目、共享房屋等模式将进一步落地，房地产通证的功能和流动性有望增强，最终房地产通证化的价值将充分显现。

案例：太极资本，香港首支房地产 STO

2023 年 9 月 10 日，香港太极资本集团有限公司（以下简称“太极资本”）宣布推出 PRINCE 通证（PRINCE token），这成为香港首个面向专业投资者的房地产 STO。本次 STO 为首个 SFC 准许的基金通证化集资模式，通过太极资本子公司持有的相关虚拟资产牌照，以及其在 Web 3.0 方面的技术优势、在资本市场和营运均有丰富经验的团队完成。这标志着香港在数字资产和金融科技领域迈出了重要的一步，为未来更多的创新和发展奠定了基础。

太极资本通过利用区块链技术和智能合约，旨在为传统金融行业带来变革，提高效率、降低成本，并为投资者提供更多的选择和机会。本次 STO 集资所得将用作收购位于九龙区太子旅游景点的 5 个零售物业，这些物业位于香港的核心商业区，具有较高的投资价值和增值潜力。

PRINCE 通证是由太极资本旗下资本市场及财富管理业务子公司——先锋资产管理有限公司（以下简称“先锋公司”）管理的封闭型基金所发行的证券型通证。与传统的房地产基金不同，PRINCE 通证的入场费仅为 1 000 港元，大大降低了投资门槛，让更多的投资者有机会参与房地产投资，分享物业带来的租金收入和资本增值。这种创新的投资模式有助于降低房地产投资门槛，让更多的投资者可以参与。为了保障投资者的权益，太极资本采取了一系列措施来确保 PRINCE 通证的安全性和合规性。认购协议完成后，先锋公司将安排相关投资者于 ON1ON Custody 开设数字钱包账户，用于分配和储存 PRINCE 通证。ON1ON Custody 是太极资本的另一子公司，拥有香港信托或公司服务提供商牌照，并获得美国注册会计师协会（AICPA）SOC 2 认证，是一家值得信赖的虚拟资产托管机构。储存于 ON1ON Custody 中的 PRINCE 通证还会获得一份本地保险公司提供的虚拟资产保障，这进一步增强了投资者的信心。

与传统基金由基金行政管理人（fund administrator）以账簿进行记录不同，PRINCE 通证于公共以太坊区块链进行最终结算。这种创新的技术应用不仅提高了交易的透明度和效率，还为投资者提供了更大的灵活性。通过区块链技术，投资者可以在认购 PRINCE 通证后立即获得场外交易的二级市场，大大提高了资产的流动性。

此外，如果获得监管机构的批准，先锋公司还计划将 PRINCE 通证于太极资本旗下经营虚拟资产交易业务的附属公司的 HKbitEX 平台挂牌上市，24 小时全天候自动交易，进一步提升流动性。这将为投资者提供更多的交易选择，有助于建立一个更加活跃和健康的二级市场。

除了为投资者带来新的机遇外，PRINCE 通证的发行模式也为房地产投资者及发展商开辟了崭新的融资渠道。在当前利率高企的环境下，通过发行通证来募集资金，可以帮助投资者和发展商对冲高昂的银行贷款利率，有效降低融资成本。

太极资本集团主席高寒博士表示："我们很高兴推出香港首个 STO，这为房地产行业集资模式带来革命性的改变。透过太极资本受监管的 Web 3.0 金融基建，我们提供从 STO 的产品结构设计、通证化、托管和通证管理等一站式方案，同时也将提供二级市场，全方位地为资产方和投资者带来崭新机遇。我们乐见分别来自资本市场及房地产行业对香港首个房地产 STO 项目的积极反应，这表明市场对这种创新的融资模式有着强烈的需求和信心。"

PRINCE 通证的推出恰逢其时，这得益于香港当前有利的宏观环境。在本地物业市场方面，自内地与香港于 2024 年 2 月全面通关后，内地访港旅客大增，加上旅客消费意欲有所提升，促使零售业销售额增长。这些积极因素均有利于香港零售物业市场的持续复苏，为 PRINCE 通证投资的物业带来了更好的租金收入和增值前景。

总的来说，PRINCE 通证的发行是一个具有开创性意义的基金通证化项目，它令投资者可以以较低的入场门槛参与房地产投资，并有望受惠于短中期的投资回报和资本增值机会。随着受监管的 Web 3.0 基建的陆续出现，投资者将来还有机会利用 24 小时全天候自动化交易平台来增加资产流动性，真正实现随时随地的投资和交易。对于一些受制于资产负债表或规模较小的发展商来说，通证化模式也提供了一种新的途径来开展市区发展等资本密集型项目。通过发行通证募集部分资金，发展商可以在项目前期持有较小部分股份，同时兼顾项目管理权，待后期再决定是否买断发展项目。这种灵活的股权结构有助于发展商优化资本配置，提高了项目的可行性和收益率。

太极资本旗下 HKBitEX Co 的 CTO 吴小川表示，数据要素发展经历资源化、资产化、资本化等阶段，STO 涵盖了这几个重要阶段，未来数据要素市场将达万亿级，期待数据资产进一步拓展金融属性，带动金融创新。吴小川介绍，香港对 STO 研究了很长时间，这个案例对业界而言有鼓舞作用，从监管角度看也有借鉴作用。

展望未来，高寒博士表示："我们会以房地产为起点，继续支持更多与大中华区经济密切相关的行业及垂直行业的融资需求，推动数字金融的发展。通过持续的创新和探索，太极资本希望成为数字资产和金融科技领域的引领者，为投资者和产业发展带来更多的机会和价值。"

5. 私募股权

私募股权基金历来被视为一种回报率较高的投资选择。近年来，全球数据显示，私募股权基金的平均回报率远高于传统的公开市场投资。例如，花旗财富管理平台全球资产配置团队对未来 10 年全球股票、全球债券、私募股权和房地产的战略回报预期分别为 10%、5.1%、18.6% 和 10.6%。事实上，私募股权基金的长期性质和专业的基金管理方法，使其能够在复杂的市场环境中实现相对低的风险。这些基金通过对未上市公司的直接投资，往往能够实现更深度的价值挖掘，从而带来可观的收益。

此类基金一般有着很高的投资门槛，投资者至少需要投资 50 万美元或更多的资金，才有机会参与投资此类基金，这导致此类基金的流动性很弱，且不利于投资者进行多元化的资产配置。然而通过通证化，私募股权基金可以被分割成相对较小的单位，使更多的投资者能够享受到私募股权投资的益处。

案例：SPiCE Venture Capital，典型的通证化私募股权基金

SPiCE Venture Capital（以下简称 SPiCE VC）是一家专注于区块链和科技初创企业投资的风险投资基金，总部位于以色列。2018 年 10 月，SPiCE VC 通过发行证券型通证的方式，成功募集了 1 500 万美元，成为全球首个完全通证化的风险投资基金（见图 5-14）。这一创新性举措开启了风险投资行业的新篇章，为传统的投融资模式注入了数字经济的活力。

SPiCE VC 通证目前已在马来西亚数字资产交易所 Fusang Exchange 和美国数字资产交易所 Open Finance Network 上市交易，为投资者提供了前所未有的流动性。与传统的风险投资和私募股权基金权益不同，SPiCE VC 通证持有人无须承诺长期出资和锁定期，而是可以通过二级市场自由买卖，更快地实现投资回报和退出，这种灵活性和便捷性极大地提高了投资者的参与度和信心。

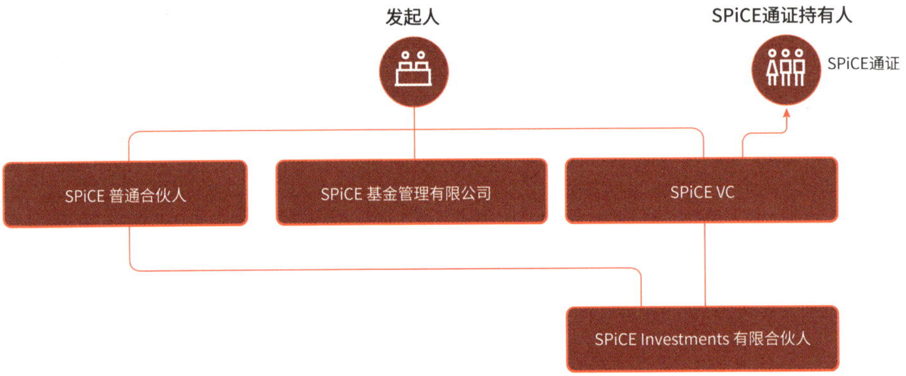

图 5-14　SPiCE VC 的基本流程结构

SPiCE VC 通证化的标的资产是基金的有限合伙（LP）权益，投资者可以按比例享有基金投资项目的净收益分配。目前，这些通证仅面向专业投资者发行。在通证发行过程中，SPiCE VC 聘请了国际律师事务所来协助准备发行备忘录，并提供全球监管合规建议，确保项目的合法性和投资者保护。

在技术选型上，SPiCE VC 采用以太坊公共区块链系统，以实现通证的可替换性和标准化。SPiCE VC 通证在 Open Finance Network 和 Fusang Exchange 上市交易，因此同时受到美国和马来西亚纳闽证券法律法规的监管。这种多重监管的框架为通证持有人提供了更全面的保障。

SPiCE VC 的通证化方案充分利用了区块链技术的优势，简化了传统的证券发行和交易流程。通过将投资者的身份验证与个性化加密密钥有机结合，通证化方案去除了中间环节，提高了交易效率，有效降低了人为操作错误的风险。同时，虚拟资产交易所的全天候市场准入和 T+0 的即时结算机制，大大提升了通证的流动性和交易便利性。

SPiCE VC 的成功实践为风险投资行业树立了标杆。SPiCE VC 通过通证化盘活了原本难以流通的基金权益，为投资者创造了更多的选择和机会。展望未来，SPiCE VC 计划开展第二轮融资，目标金额高达 1 亿美元。这一宏大愿景彰显了市场对通证化风险投资模式的认可和期待。随着监管环境的进一步完善和技术架构的不断升级，通证化有望成为风险投资和私募股权领域的主流趋势，为行业发展注入新动力。

SPiCE VC 的创新之举不仅开拓了风险投资的新边界，而且也为整个金融行业的数字化转型提供了宝贵的经验和启示。通过将区块链技术与传统金融工具相结合，SPiCE VC 探索出一条融合创新与合规的发展路径，为更多的机构和投资者搭建起连接数字经济与实体经济的桥梁。随着越来越多的优秀项目和机构加入通证化浪潮，这一崭新的金融生态必将迎来更加繁荣和多元的未来。

案例：Hamilton Lane 和 Securitize 合作实现私募基金通证化

Hamilton Lane 与 Securitize 的合作案例就是私募股权基金通证化的一个典型代表。Securitize 成立于 2014 年，旨在通过区块链技术将各类 RWA 进行通证化，侧重于将传统的金融产品和服务（如债券、股票、房地产投资等）转化为区块链上的通证，进一步提高这些资产的价值、流动性、透明度和普惠性。Securitize 提供了一套完整的工具，供企业在区块链上创建、发行和管理自己的通证。此外，Securitize 还提供了一个合规性框架，以确保通证能够符合相关法律和规定，但这也意味着某些交易可能会受到限制。例如，某些证券型通证只能在一级市场出售，投资者只能持有到期。

Securitize 还为投资者提供了一种名为 DS Protocol 的技术，允许通证持有者直接在其数字钱包中接收分红，不需要通过传统的银行或其他金融机构。这极大地简化了分红流程，提高了效率。Securitize 的平台也支持赎回机制。当通证发行方决定回购通证时，通证持有者可以迅速将他们的通证出售给项目方。

Securitize 通过区块链技术改变了资产交易的方式，使更广泛的投资者群体能够接触到顶级的金融产品。其代表性项目包括：与富达投资集团[①]合作，将一只私募房地产基金通证化，额度为5亿美元，在Algorand[②]公链上发行；与富兰克林邓普顿基金管理公司[③]合作，在Stellar[④]公链上通证化一只政府债券基金，额度为1.5亿美元；与红杉资本中国基金合作，通证化其在中国的投资组合，涉及20多家未上市科技公司；与资产管理公司P10合作，在以太坊区块链上通证化私募股权和风险投资基金。

Hamilton Lane是一家大型私募基金，不仅在资产规模上位列全球前列，而且在私募投资领域中被普遍视为行业的领导者和标杆。截至2023年6月30日，其管理的资产共计含有1 173亿美元的全权委托资产和7 007亿美元的非全权委托资产。Hamilton Lane主要面向机构投资者和高净值人群募资，通过定制化的基金结构，投资非上市企业股权。这类股权投资回报率相对高，但传统基金模式存在门槛高、流动性差等问题。2021年，Hamilton Lane在以太坊测试网[⑤]上通证化了一只规模1亿美元的房地产基金。2022年6月，Hamilton Lane携手Securitize，在Polygon[⑥]区块链上完成了一只规模高达21亿美元的私募股权基金的通证化。这只基金名称为Hamilton Lane Polygon Fund，主要投资于Hamilton Lane旗下数百家全球顶级的未上市的高成长公司。该基金按比例被分

① 富达投资集团成立于1946年，是全球最大的资产管理公司之一。截至2022年12月，其管理资产达10.3万亿美元。

② Algorand是由麻省理工学院教授、图灵奖得主希尔维奥·米卡利（Silvio Micali）教授于2017年发起的区块链项目，2019年6月正式上线主网。

③ 富兰克林邓普顿基金管理公司是一家全球投资管理组织，为超过155个国家的客户提供服务，截至2023年3月31日，旗下管理的资产约为1.4万亿美元。

④ Stellar是一个去中心化、快速、可扩展且独特的可持续金融产品和区块链网络。它既是一个跨币种交易系统，也是一个数字资产发行平台，旨在连接世界金融基础设施。全球金融机构在Stellar网络上发行资产并结算支付，该网络已拥有超过700万个账户。

⑤ 以太坊测试网是以太坊的一个仿真环境，为开发者提供一个与主网相似但不消耗实际资金的环境，用于在真实区块链条件下测试新的应用程序或智能合约。

⑥ Polygon，之前被称为Matic Network，是一个多链可扩展的平台，为以太坊兼容的区块链网络提供框架，以实现更快速、低成本、更可靠的交易。Polygon的优势在于：它采用了多种网络验证和安全机制，使在其上构建的应用可以达到接近实时的交易确认速度，同时大大降低了交易成本。选择Polygon公链，是因为其具有高速、低费用的优势，非常适合该规模和种类的资产通证化。Polygon的高吞吐量和极低的交易费用确保了大量小额交易能够高效、经济地进行，这使Hamilton Lane Polygon Fund的通证化进程更为流畅和高效。

割为 2 100 万个通证，每个通证代表一定的基金份额，但其价值仅为 100 美元。投资者最低只需要投资 2 万美元即可参与购买此通证，这个额度远低于传统私募股权基金 50 万美元的投资门槛。

Hamilton Lane 与 Securitize 的合作案例表明，通证化可以提高私募股权基金的流动性和可交易性，使这种以前稀缺的资产能够被分片，使传统私募基金投资降低了门槛，能面向更广泛的投资者进行发行和交易，拓宽了募资渠道，并给予一般投资者参与顶级私募股权基金的难得机会（投资者只需买入一些价值几百美元的通证，就可以享受相应的价值增长），也能让投资者实现更优的资产配置。同时，区块链的不可篡改特性也提升了私募股权基金的透明度和审计效率，减少簿记等方面的重复性工作，降低人工成本，还提高了基金份额的流动性和交易的安全性，使区块链在未来可以和 DeFi 业务充分融合。

正如 Hamilton Lane 数字资产主管维克托·琼格（Victor Jung）所评论的那样："自公司成立以来，我们一直致力于为客户服务，为依靠我们的人们提供增强的财务福祉。与 Securitize 的合作，是我们进一步促进新一代投资者获得私募股权市场的强劲回报和表现机会的最新举措，而区块链技术的使用也提高了可用性和透明度。"

6. 碳信用

近期，全球频繁出现极端天气，这再次引发人们对气候变化的广泛关注。联合国政府间气候变化专门委员会在 2022 年 2 月发布的评估报告指出，未来 20 年如果全球变暖超过 1.5℃，世界将不可避免地面临各种气候灾害。更多的热浪、干旱和洪水将超出动植物的承受范围，导致大规模物种死亡。极端天气也将使数百万人面临严重的粮食和用水不安全问题，基础设施和沿海低地居民区存在重大风险。该委员会在 2022 年 4 月的报告显示，虽然 2010—2019 年全球温室气体排放增速有所放缓，但排放总量仍处于很高水平，2021 年碳排放量更是增加了 5.5%。为将升温控制在 1.5℃以内，地球仅剩排放配额 5 000 亿吨，这意味着排放量必须在 2025 年前达峰并下降。

在这样的背景下，碳信用就成为全球关注的核心话题。碳信用，也称碳排放权或碳减排额度，代表了减少或避免排放 1 吨二氧化碳等效的温室气体到大气中的权利。简而言之，碳信用是量化并证明一个实体（如企业或国家）减少或吸收的二氧化碳排放量的证书，这个证书在全球碳交易市场中是可量化、可交易的。全球碳交易市场旨在通过经济手段鼓励企业和个人减少温室气体的排放，而碳交易的基本原理就是通过市场机制为温室气体的排放定价。在具体的实施中，政府或其他监管机构会为每个行业或企业设定一个碳排放上限，超过这个上限的企业需要购买额外的碳信用，而那些排放量较低的企业可以出售其多余的碳信用，以获得额外收益。这为企业创造了一个经济激励，鼓励其采用清洁技术和实施节能措施。在碳交易的实际操作中，那些通过清洁能源项目、植树造林、高效节能技术等方式实现减排的企业或项目可以生成碳信用。这些碳信用随后可以在合规或自愿碳市场上进行交易。其中，合规碳市场通常是由政府或跨国组织设立的，如欧洲碳排放交易体系（EU ETS），自愿碳市场则是那些不受强制性碳减排规定约束的实体自愿参与的。

通过区块链技术，碳交易市场的透明度和效率大大提高，从而确保碳信用的真实性和不可篡改性。这也有助于打击那些试图通过欺诈或错误申报来获取额外碳信用的行为。随着气候变化临界点逼近，碳中和必将成为 Web 3.0 行业需要面对的重要问题，区块链行业也应对气候变化做出更多行动。近年来，一些新兴的区块链项目（如 Toucan 和 Klima）正在探索如何更有效地利用区块链技术来促进碳市场的透明化和安全性。通过这样的方式，区块链技术不仅有助于解决全球气候危机，同时也为 Web 3.0 和其他数字产业提供了新的增长机会。

案例：Toucan，碳信用通证平台

Toucan 于 2021 年 10 月推出，致力于让碳信用实现通证化并融入去中心化数字金融体系。自推出以来，Toucan 通证化的碳信用项目累计超过 50 个，涵盖了风电、可再生能源等多个领域，极大地丰富了环境类数字资产。该平台已通证化的碳信用总量超过 2 000 万，碳交易总量突破 40 亿美元，为碳市场注入了新的流动性，累计抵消的碳信用达到 300 吨①。

通过 Toucan Protocol 在链上转让传统碳信用的过程大致可以理解为：第一步，用户可以从 Verra② 和 Gold Standard③ 等碳信用标准机构购买一批已登记的、特定项目和年份的碳信用额的碳信用额；第二步则是将这些额度通过 Toucan 平台的碳信用桥（toucan carbon bridge）转移到链上，并允许任何人将其碳信用额度从传统登记系统转移到 Toucan 的区块链智能合约系统 Open Climate Registry 上，以实现通证化。Toucan 社区中受信任的成员被称为“验证者”（toucan verifier），他们将对碳信用额度进行审核，确保只有来自可信来源的碳信用可以成为 BatchNFT 支持的 NFT，每一个 NFT 包含碳类型、年份、地点和碳吨位等详细信息。类型可能涉及不同的减排项目，如再造林、可再生能源项目或垃圾处理等；年份则指该项目实施或碳信用登记的时间，即碳减排或中和的实际发生时

① 这相当于减排了 300 吨二氧化碳。

② Verra 是一个非营利组织，用于登记碳信用。企业通过 Verra 的核证碳标准进行认证后，实现碳减排或抵消数量。它类似于中国碳交易体系中的自愿减排量（CCER）。

③ Gold Standard 是一个公认的非营利碳信用认证机构，由多个非政府组织于 2003 年共同创建。它为减排项目提供标准，确保这些项目真实、可验证地为环境做出贡献，同时带来社会和经济上的积极变化。

间。由于 NFT 的特性，TCO2（可替代的通证化碳信用的总称）能确保每一份碳信用的透明性和真实性。为了提高流动性，BatchNFT 还会被细分为可替换的 TCO2 通证。1 个 TCO2 通证就代表 1 吨碳信用（代表 1tCO2e，即 1 吨二氧化碳当量）。在转化为 TCO2 通证后，Verra 等机构会注销对应的碳信用记录。需要碳信用的企业可以直接使用这些 TCO2 通证，用于抵消自身碳排放，就像在传统注册机构一样。抵消一个碳通证，会永久性地将其从流通市场中移除。

用户可以将 TCO2 通证存入 Toucan 的碳池。当 TCO2 通证存入碳池后，就会创建一个碳池通证并发放给用户。碳池解决了自愿碳市场上碳信用方面一直存在的一个问题：购买或出售碳信用可能困难且耗时。通过将类似的碳信用汇集在一起，并为每个存入的碳信用创建一个同质化的、可互换的碳池通证，可以有效增强碳资产的流动性。

目前存在两个碳池，分别是基础碳池（base carbon pool）和自然碳池（nature carbon pool）。其中，基础碳池由 Klima DAO[①] 设计，其碳池通证名称为 BCT（base carbon tonne）。Klima DAO 与 Toucan 之间的关系是合作伙伴，每个 BCT 通证代表 Verra 认证的 1 吨二氧化碳当量。用户可以将 TCO2 通证存入基础碳池，以获取 BCT 通证，BCT 通证也可以换回 TCO2 通证。BCT 通证不仅可以作为一种资产供投资者进行资产配置，也可以作为 DeFi 的一种新型抵押品。此外，基于 BCT 通证，金融机构也可以将碳信用转化为具有生息能力的资产，甚至发行以碳信用为基础的绿色稳定币。艺术家也可以将碳信用融入绿色 NFT 项目。

自然碳池只接受与自然基础项目相关[②] 的 TCO2 通证，该碳池的通证名为 NCT。Toucan 平台正在与碳和通证领域的专家和组织合作，设计更多类型的碳

① Klima DAO 以真实碳资产作为支持，在市场上购买并囤积碳信用额度，将碳信用锁定在国库中，以推动自愿碳市场 VCM 中碳信用的价格升值，进而促使更多个人或集体采取行动减排。
② 主要指那些与生态系统保护、恢复和管理相关的项目，这些项目直接针对自然环境，例如再造林、湿地恢复、野生动植物保护等。

池，以满足希望为地球做出贡献的不同人群和组织的需求。

整体来看，Toucan 通过通证化建立起碳市场与数字金融体系之间的连接，保留了碳信用的真实属性，也通过转换为碳池中的同质化通证，为碳信用市场提供了流动性，为企业以更加简便的方式参与碳中和提供了可能性。

7. 新能源资产

在全球能源转型的背景下，区块链、大数据、人工智能和物联网等新兴技术的结合，正在为传统产业带来新的生机。在 2024 年 8 月，在蚂蚁数科和香港金管局 Ensemble 项目支持下，内地上市的新能源公司朗新科技旗下新电途作为新能源数字化平台的运营方和服务方，将平台上运营的部分充电桩作为 RWA 的锚定资产，在香港成功获得首笔现实世界资产通证化跨境融资，金额约 1 亿元，这笔融资将用于新能源领域的储能和充电桩产业。这一交易不仅为新能源领城注入了全新资金，也具有重要的创新实践意义，充分展示了通过区块链实现实物资产风险及资本市场提效的巨大潜力。蚂蚁链为此次通证化提供了全面技术支持。蚂蚁链的安全、透明和不可篡改的数据特性，为企业解决了在现实世界资产上链时面临的各类风险。通过蚂蚁链的区块链技术，可以实时记录实物资产的运营状态并将数据安全地上传到区块链。这种技术提高了企业的资产估值，并使各参与方能够评估资产价值并协同管理风险，最终提高企业的融资效率和可及性。

通过将部分充电桩作为 RWA 的锚定资产，朗新集团旗下的新电途平台利用可信数据在区块链上发行了“充电桩”数字资产，使每一项数字资产都代表了相应充电桩的部分收益权。这种创新的资产管理方式，不仅提高了效率，而且还为投资者提供了一个透明可信的绿色投资环境（见图 5-15）。

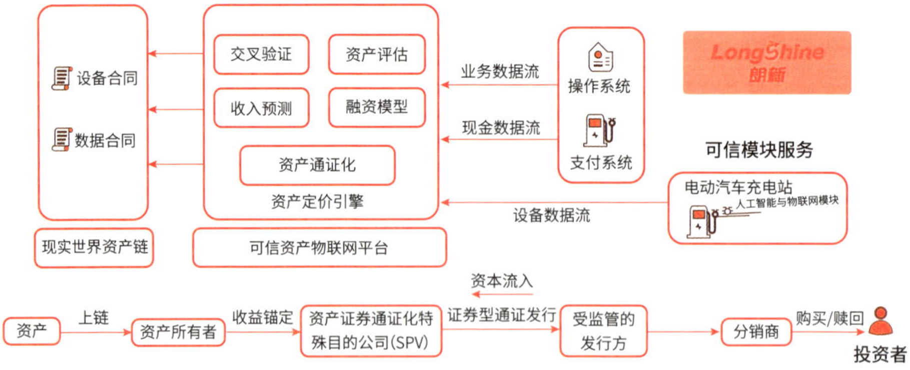

图 5-15　朗新集团“充电桩”数字资产发行流程

在中国，新能源产业的市场潜力巨大，但仍存在众多中小型运营商面临融资困境。据统计①，目前85%的公共充电服务由民营企业提供，其中82%以上的运营商仅拥有10个以下的充电站，50%以上的投资小于100万元。这些运营商主要以本地化服务为主，尽管能够获得地域资源，但面对融资渠道的缺乏，仍有大量融资需求未能得到有效解决。RWA上链融资的模式不仅运用了多种现代技术，还为新能源资产的投资和运营者提供了一个独特而广泛的融资渠道。这一新方式为全球投资者，尤其是中国境外的投资者，打开了通向中国新能源市场的新大门，形成了资产与资金之间的有效链接。

朗新集团董事长徐长军表示，朗新集团在"能源数字化、能源互联网"双轮战略的引领下，更好地将新兴技术应用于新能源的数字化建设和运营实践。"在储能和充电场景中，我们为用户提供智能便捷的服务，为合作伙伴源源不断地创造收益与价值，同时也助力构建清洁低碳、安全高效的能源体系。"

通过这次创新实践，新能源RWA融资方法将有助于盘活中小型储能、充电桩运营商的优质资产，提升重资产流动性，促进投融资良性循环，加速中国绿色能源结构的转型。新资本的引入不仅将推动新能源向智能化、绿色化迈进，更是对中国新能源产业发展的强有力支持。首个新能源实体资产RWA项目的落地，意味着蚂蚁数科实现了用区块链通证技术助力现实世界资产可信数据流转。将实体资产到数字化，再打通新的融资渠道，以RWA为代表的产业Web 3.0正在步入真正赋能实体企业的拐点时刻。

① 资料来源于朗新集团官网。

8. 贵金属

贵金属通证化具有多个优势。以黄金为例，它提供了一种新的、高效的方式来投资实物黄金，而无须处理实际的物理黄金。首先，与传统的黄金投资相比，通证化避免了存储、保险和运输实物黄金的麻烦和成本。其次，黄金通证化可以提供更高的流动性，因为通证可以在数字资产市场上自由买卖。再次，黄金通证化还可以带来更高的金融包容性，因为它允许投资者以更低的价格购买黄金的一部分，这对于许多人来说，比购买一整块黄金更为可达。最后，通过使用区块链技术，黄金通证化可以提供更高的透明度和安全性，因为每一笔交易都会被永久记录在区块链上，而通证的所有权也可以通过数字签名得到验证。

案例：Paxos Gold，黄金通证

Paxos Trust 成立于 2015 年，是一家在区块链技术应用和数字资产服务方面积极探索的公司，持有美国纽约州金融服务局颁发的信托牌照。该公司发行的黄金通证名为 PAXG，是一种基于以太坊区块链的 ERC-20 通证。

每个 PAXG 通证代表 1 盎司在仓库中存储的伦敦 Good Delivery① 黄金的所有权，这些金条的质量由伦敦金银市场协会（LBMA）管理和定义。截至 2023 年 7 月 31 日，Paxos Trust 发行的黄金通证数量为 248 343 盎司，时价约折合 4.76 亿美元。

黄金通证 PAXG 具有以下特点：

- 可追溯：PAXG 通证的发行和存储是基于以太坊区块链的，这意味着每一个 PAXG 通证的交易记录都会被永久地写入区块链，并且是公开、透明且不可篡改的。在发行 PAXG 通证时，每盎司黄金的具体信息（如金条

① 伦敦金银市场协会设定的一系列规格和标准，确保金条或银条在全球范围内都能够被公认并易于交易。被认证为“Good Delivery”的金条或银条，其纯度、重量和尺寸都满足特定的标准。

的序列号、重量、纯度等），都会被编码到相应的通证上。这种机制确保了每一个 PAXG 通证都可以直接追溯到其对应的实体黄金。

- 可赎回：PAXG 通证可以以多种形式兑换为实体黄金，如可以将 PAXG 通证兑换成完整的伦敦 Good Delivery 金条，或通过指定黄金零售商将小额 PAXG 通证兑换成实体黄金，也可以兑换为非实体黄金权益①或法定货币。
- 受监管：由于持有金融牌照，因此 Paxos Trust Company 发行的产品（包括 PAXG 通证在内），都会受到纽约金融服务部的监管，对客户资产保护和运营标准有较高要求。托管资产与公司资产严格分开，即使 Paxos Trust Company 破产，PAXG 通证对应的实物黄金也不会被作为公司财产的一部分而被清算。此外，Paxos 每月都会接受审计，以确保实物黄金库存足以支持流通中的通证。PAXG 通证的流通和交易也会受到监控，以防涉及欺诈或洗钱。
- 普惠性。PAXG 通证的投资门槛（0.01PAXG，折合时价 15 ~ 20 美元）相对较低，使普通人也可以较为容易地投资黄金。
- 低费用：相比传统黄金投资产品，PAXG 相关的费用相对低，对于在区块链上进行的交易，Paxos 交易费用率仅为 0.02%②。没有存储费用，创造或销毁费用基于交易量进行分级。
- 高流动性：Paxos 通证发行在以太坊区块链上，因此可以在全球范围内实现 7 × 24 小时的即时转账或交易，令黄金交易更加容易和快速。
- 可编程性。基于智能合约的数字化和可编程等特性，PAXG 通证更易于兑换、交易、抵押或以其他方式使用。智能合约和预言机让 PAXG 通证的赎回价值实现与黄金的每盎司价格 1∶1 挂钩。

因此，相比直接持有传统的黄金 ETF、黄金期货、伦敦 Good Delivery 金条

① 非实体黄金权益通常指的是金融市场上的黄金衍生品，如纸黄金、黄金 ETF 或黄金期货。这意味着投资者拥有的是黄金的经济价值，而不是实际的物理黄金。兑换为法币，意味着投资者可以将持有的 PAXG 通证卖出，以换取相应的货币。

② 交易者还需要支付以太坊区块链的 Gas 费。

或纸黄金[①]等黄金产品，通过Paxos通证投资黄金市场具有一定优势（见表5-3）。

表 5-3　Paxos 黄金通证和其他黄金投资产品的异同

分项	Paxos 黄金通证	黄金 ETF	黄金期货	伦敦金银市场金条	纸黄金
托管费	无	年化 0.19% ～ 0.4% 费率	无	年化 0.05% ～ 0.25% 费率	年化 0 ～ 0.1% 费率
最低购买量	0.01 金衡盎司黄金（时价为 15 ～ 20 美元）	1 股 ETF（约 200 美元）	1 个合约（约 2 000 美元）	通常为 70 万美元等价金条	各机构要求不一
交割时间	即时	T+2	合约到期日	T+2	T+2
能否拆分存储	能	不一定	否	能	否
能否兑换实物黄金	能	否	否	能	否
监管机构	纽约州金融服务局	SEC 等机构	美国商品期货交易委员会	无	无

香港汇丰银行黄金通证

2024 年 3 月 27 日，汇丰银行在中国香港宣布推出首个面向香港零售投资者的汇丰黄金通证。该产品不仅是汇丰银行在数字资产领域的重要里程碑，也是香港首个获 SFC 认可的零售黄金通证产品。这标志着香港在推动实物资产数字化和普及化方面迈出了关键的一步，为普通投资者提供了更加便捷、灵活的黄金投资渠道。

汇丰黄金通证由该行自主研发的数字资产平台 HSBC Orion 提供技术支持和运作保障。汇丰银行的香港客户现在可以通过“HSBC HK App”手机应用程序和线上理财平台，随时随地地进行黄金通证的交易。这种无缝连接的数字化体

① 黄金 ETF 是一种允许投资者间接投资黄金的金融工具。与直接购买和持有实物黄金相比，黄金 ETF 提供了一种更为方便且低成本的投资方式；黄金期货是在期货交易所上交易的合约，允许买卖双方以事先约定的价格和日期进行黄金交易；伦敦金银市场金条是指满足 LBMA 的 Good Delivery 标准的金条；纸黄金是金融市场上的一种衍生品，允许投资者在不持有实物黄金的情况下进行黄金投资。

验，让投资黄金变得前所未有的简单和高效。

汇丰黄金通证是由汇丰银行作为发行人推出的一款创新数字化产品，利用区块链技术将实物黄金的所有权以数字形式进行记录和存储。每个汇丰黄金通证代表了伦敦金银市场协会认证的 0.001 盎司伦敦金的部分所有权。投资者在交易黄金通证时并不涉及实物黄金的实际交收，所有与黄金通证相对应的实物黄金均由汇丰银行负责持有，并被安全地储存在位于英格兰和威尔士的金库中，以确保资产的安全性和可靠性。

黄金交易须符合伦敦金银市场协会规定的重量、尺寸、纯度等要求。一根金条的所有权可在多个投资者之间进行分割，交易单位为金衡盎司。典型的伦敦金条含有 350 ～ 430 金衡盎司的黄金，纯度不低于 99.5%。黄金以美元计价，为方便香港投资者，汇丰银行将美元价格转换为港元。

汇丰黄金通证在香港市场的交易门槛较低，最低交易额仅为 1 枚通证，相当于 0.001 盎司黄金，这大大降低了黄金投资的准入门槛，让更多的普通投资者有机会参与黄金市场。单笔最高交易额可达 500 万个通证，即 5 000 盎司黄金，足以满足高净值客户和机构投资者的需求。汇丰黄金通证以港元计价，交易时间覆盖 7 × 24 小时，为投资者提供充分的灵活性和便利性。不过，黄金的实际结算仍须在伦敦及中国香港的营业日进行。

所有汇丰黄金通证将被记录在汇丰银行运营的分布式账本上。购买黄金通证，实质上是购买了相应黄金的所有权份额，通证本身不具有除代表黄金所有权以外的任何权利或价值。汇丰银行是该产品的发行人和平台运营商，其指定的处置代理人将在特定情况下有义务清算黄金。该产品受产品条款和条件以及买卖协议的约束，根据香港法例，该产品被视为集体投资计划，受《证券及期货条例》第 IV 部分的监管。图 5-16 展示了汇丰黄金通证的结算购买流程。

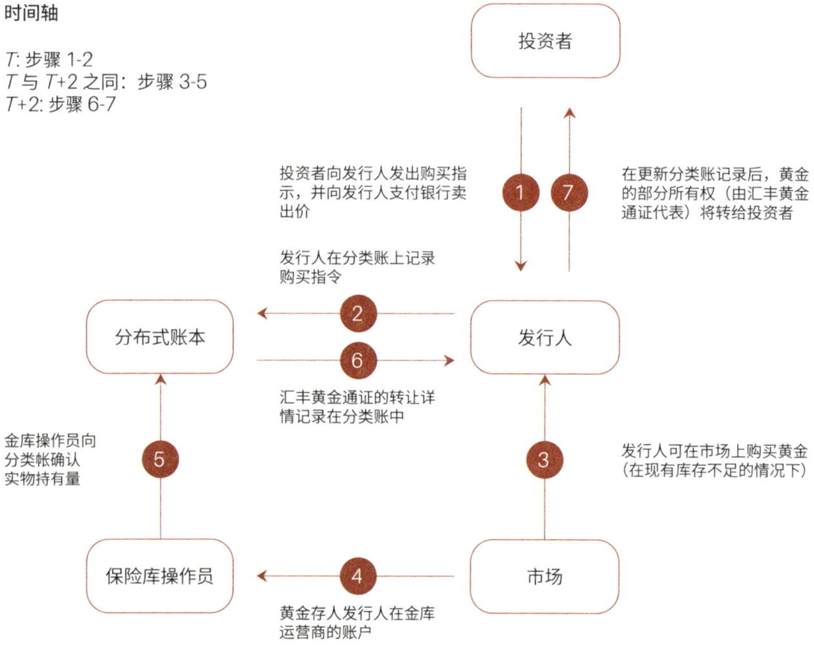

图 5-16 结算购买指示

总的来说，汇丰黄金通证的推出是香港金融创新的重要里程碑，标志着 RWA 通证化进程的加速。在监管机构和业界的共同努力下，香港有望成为全球贵金属资产通证化的先行者和示范区，为投资者带来更加丰富、便捷的投资体验，为行业发展注入新活力。

9. 指数基金

ETF 是一种在证券交易所交易，提供投资人参与指数表现的指数基金。ETF 跟踪标的指数变化，且在证券交易所上市交易的基金。投资人可以如买卖股票那般简单地去买卖标的指数的 ETF，获得与该指数基本相同的报酬率。根据伦敦证券交易所 2024 年 1 月发布的报告，全球 ETF 行业的管理资产从 2022 年 12 月底的 9.2 万亿美元增加到 2023 年 12 月底的 11.1 万亿美元。这种增长不仅是数量上的里程碑，还对市场动态产生了实质性影响。ETF 通常在市场波动期间起到流动性提供者的作用，以稳定市场。此外，其税收效率高的结构为投资者提供了更有利的税后回报。尽管传统 ETF 取得了成功，但链上 ETF 和类似通证指数跟踪工具的应用相对较慢。链上 ETF 被定义为代表一篮子底层通证所有权的通证，这些通证可以交易。赎回 ETF 通证可获得底层资产的比例份额。相反，创建链上 ETF 通证，需要给出一些底层资产并获得相应数量的 ETF 通证。我们将重点缩小到基于指数的 ETF 上。

沃伦·巴菲特曾经说过，通过定期投资指数基金，一个“菜鸟”投资者都可以胜过大多数投资专家。在传统金融领域，指数基金为寻求稳定、长期回报的投资者提供了一种风险相对较低的投资方式。

指数基金的主要优势在于，在分散投资组合风险的同时节约成本。假设一只 ETF 包含 20 只权重相等的底层资产，且这些资产来自不同行业以实现一定程度的多元化。投资者购买了 20 股该 ETF（通过一个订单），这相当于间接持有每项底层资产各 1 股。如果投资者不通过 ETF 而是直接购买这 20 项资产，最坏情况下需要执行 20 个交易订单，为所有交易支付手续费，且卖出时可能要为全部 20 笔交易缴纳资本利得税（相比之下，ETF 只有一笔交易）。尽管 ETF 也有管理费等相关费用，但通常低于通过多笔交易产生的成本。

通证化指数基金赛道兴起于 2017 年，Invictus Capital 推出了首批通证化加密指数基金之一，使用种子资金购买基础资产。在此，我们将分析通证化指数基金生态系统中的三个关键项目：Index Coop、Alongside 和 infinix finance，并与传统指数基金进行比较。

Index Coop

Index Coop 是由 Set Labs 在 2020 年作为 DAO 推出的，旨在发行和维护数字资产领域最优秀的指数基金。其产品最初建立在 Set Protocol 协议之上，但自 2023 年初以来，Index Coop 成为发行产品的主要平台。这一举措使 Index Coop 能够控制其平台上的产品，有助于满足未来可能对指数提供协议施加的潜在监管要求。在上一轮加密市场处于牛市的 2021 年 11 月，Index Coop 取得历史最高 TVL，超过 5 亿美元。截至 2024 年 7 月 4 日，Index Coop 拥有 6 个链上 ETF 产品，总 TVL 达到 7 800 万美元。接下来，着重分析了它们与 Defi-Pulse 合作推出的旗舰产品 Defi-Pulse 指数（DPI），以及其背后的一些关键机制。

DPI 是一个按市值加权的指数，跟踪 DeFi 领域一些最大协议的表现。该指数根据每个通证的流通供应价值进行加权，旨在跟踪 DeFi 中具有显著使用量且致力于持续维护和开发的项目。截至 2024 年 7 月 4 日，DPI 的指数组成如图 5-17 所示。

Uniswap	30.7%
Maker	21.8%
Lido DAO	14.4%
AAVE	12.5%
Synthetix Network Token	5.5%
Pendle	4.7%
Rocket Pool	3.4%
Compound	3.3%
yearn.finance	2.1%
Balancer	1.5%
Wrapped Ether	0.0%

图 5-17　DPI 指数组成（截至 2024 年 7 月 4 日）

计算 DPI 的方法是根据流通供应的市值对指数中的通证进行加权。为避免过度集中，指数成分的最大配置上限为 25%。超过 25% 的任何超额权重将按比例重新分配给 DPI 的其余成分。DPI 考虑了可分为四个维度的广泛特征。其中，两个维度用于评估通证的特征，一个维度用于评估项目的特征，还有一个维度用于评估协议的特征。纳入标准是选择哪些通证将被纳入指数的基础。在通证的描述性特征方面，通证必须在以太坊区块链上可用，不能被相关司法管辖区的有关当局视为证券，且必须是无记名工具。指数不包括包装通证、通证化衍生品、合成资产、与实物资产挂钩的通证以及代表对其他通证的权益的通证。关于通证的供应特征，必须能够合理预测通证未来 5 年的供应量，且 5 年供应量的至少 7.5% 必须目前已流通。通证的经济性不能具有显著不利于被动持有者的锁定、铸造或其他模式。

在项目的吸引力特征方面，该项目必须被广泛认为正在构建有用的协议或产品，不包括专注于竞争性交易 / 持有、具有庞氏骗局特征或主要用于娱乐的项目。该项目的协议必须具有显著的使用量，且协议或产品必须在有资格被纳入指数之前至少已经推出 180 天。此外，协议或项目不得资不抵债。

在协议的用户安全特征方面，安全专业人员必须已经审查过该协议，以确定在不同情况下遵循了安全最佳实践以维护用户资产的安全。或者，该协议必须已经运行了足够长的时间，在 DeFi 中就其安全性达成共识。如果发生安全事件，团队必须及时做出响应并在事后负责任地处理该事件，为协议用户提供可靠的解决方案，并为 DeFi 提供充分的文件以提供有关该事件的透明度。此外，选定的通证必须在各种交易平台上具有足够的流动性。

为确保 DPI 遵循指数规范，该项目目前每季度（1 月、4 月、7 月和 10 月）进行一次再平衡。再平衡提案（包括指数目标权重等关键参数）必须由 Set 的管理者提交。一旦提交，宽限期就开始，将允许 Set 通证持有者决定是否退出或在满意提案的情况下继续持有。这减轻了前面提到的管理者和 Set 通证持有者之间的一些信任问题。再平衡分两个阶段进行维护：

- **确定阶段**

  确定阶段在再平衡月份的第三周进行，这一阶段确定下一次重组所需要的变更。流通供应量确定：DPI 目前参考 CoinGecko 的流通供应量数据。流通供应量也在季度的最后一周确定并在重组前公布。添加和删除：季度最后一周确定要从指数计算中添加和删除的通证，并在重组前公布。

- **重组阶段**

  根据确定阶段结束后公布的指令，对指数成分进行调整、添加和删除。新的指数权重、添加和删除在每月重组时纳入指数，重组在每月的第一个工作日进行。随着指数跟踪的资产增长，重组窗口将扩展到一天以上，以降低重组对市场的影响。

根据 2023 年 5 月的 DPI 再平衡情况（见表 5–4），可以了解链上 ETF 遵守指数规范的成本。

表 5–4　DPI 再平衡情况（2023 年 5 月）

通证	平衡前权重	目标权重（%）	权重变化（%）
UNI	24.91	24.97	0.03
AAVE	19.65	16.59	−3.06
SNX	14.87	12.63	−2.24
MKR	12.32	10.31	−2.01
LDO	0	10.03	10.03
LRC	8.79	7.34	−1.45
RPL	0	4.99	4.99
COMP	5.46	4.57	−0.89
YFI	5.33	4.48	−0.85
BAL	4.68	4.09	−0.59
SUSHI	3.96	0	−3.96

资料来源：Scalar。

2024 年 6 月 19 日，Index Coop 宣布联合 Fortunafi 推出新的 RWA 指数通证，即 Fortunafi RWA，为非美国投资者提供访问 RWA 相关通证的新途径。该产品包含 Maker、Ondo Finance、Ethena 等项目，涵盖房地产通证化和美国国债等多种投资。为吸引早期投资者，Index Coop 使用产品收入通证（PRTs），持有人可分享 RWA 指数的收入。

截至 2024 年 5 月 22 日，Fortunafi RWA 指数潜在的发行组合如表 5–5 所示。

表 5–5　Fortunafi RWA 指数（截至 2024 年 5 月 22 日）

项目名	通证	市值（单位：10 亿美元）	介绍	权重（%）
MakerDAO	MKR	2.72	链上 RWA 贷款	25
Ohdo	ONDO	1.12	RWA 基金基础设施	25
Ethena	ENA	1.27	链上原生收益	25
Centrifuge	CFG	0.34	链上 RWA 贷款	11.5
Canto	CANTO	0.07	第一层区块链	6.8
Maple Finance	MPL	0.06	链上 RWA 贷款	6.7
RWA	—	—	—	100

Fortunafi RWA 指数方法论由 Fortunafi 提供和管理。重组和再平衡将每季度进行一次，资产必须满足以下标准：底层协议必须在 DefiLlama 上市；TVL 的 90 天移动平均值必须超过 3 000 万美元；通证日交易量的 90 天移动平均值必须超过 50 万美元；根据方法论制定者的决定，协议必须以 RWA 为中心；协议和通证必须通过人工审查过程，以确定它是否合适；协议必须公开审计；通证必须在以太坊主网上可用，可以考虑将包装或桥接的通证纳入其中。

Fortunafi RWA 指数的权重将与基础通证的市值成正比。单个成分的最大权重将限制在 25%；超额权重将在权重小于 25% 的通证之间平均分配。方法论制定者 Fortunafi 有权根据主观因素添加或删除成分，包括但不限于项目的积极开发、其对 RWA 领域的承诺等。投资者可以在 Fortunafi 的月度 RWA 和稳定币回顾报告以及季度行业状况报告中查看对指数月度和季度表现的评论。

Alongside

Alongside 是一个加密指数平台，允许投资者通过指数投资加密货币，由奥斯汀·戴蒙德（Austin Diamond）和车俊昊（Jun Ho Hong）于 2021 年 10 月共同创立。公司团队之前曾在谷歌、Omni（被 Coinbase 收购）和 Maze 等公司构建了数百万人使用的产品。2023 年 2 月，Alongside 获得了 a16z 领投的 1 100 万美元的融资，CoinbaseVentures、Franklin Templeton Investments、Village Globa、Not Boring Capital 和一些天使投资人也参与了此轮融资。

2023 年 1 月，Alongside 推出了其首款通证化指数 Alongside Crypto Market Index（AMKT），让人们可以通过单一通证广泛接触整个加密资产市场。与 Index Coop 类似，AMKT 也是一个由 DAO 管理的指数，为投资者构建基于指数的通证化 ETF 产品。两者的主要区别在于其产品的底层实现，这是 Alongside 希望提供高度多样化指数的一个功能。目前，DAO 只批准了 AMKT 可以投资跟踪 16 个链上通证。AMKT 指数是链无关的，而 Index Coop 的 DPI 受限于以太坊上可用的资产以及桥接资产（如 wBTC），这限制了指数的多样性。Alongside 采用类似的市场份额加权方法来确定指数中资产的权重，关键区别在于对市场份额较高的加密资产（如比特币）没有上限。

AMKT 指数通证成分要求

AMKT 指数必须仅包括流通供应市值前 15 种加密通证的敞口，只有满足以下要求的资产才能被添加到 Alongside 网络中：

- 资产必须在多个可信的交易所 / 交易场所进行交易。在支持的交易场所上的资产成熟度必须超过 30 天。这确保了在发行和赎回成分股时的平稳交易和流动性，有助于促进通证流动性。
- 稳定币不符合纳入 AMKT 的条件。
- 资产不得存在已知漏洞，且必须满足 DAO 确定的行业安全标准。这可确保 AMKT 通证持有者不会在知情的情况下暴露于关键错误。

- 无论是在资产发行的司法管辖区，还是 AMKT 网络中相关方所在的司法管辖区，一项资产不得在司法或其他最终政府程序中被认定为违法。

图 5-18 展示了 AMKT 指数最新的成分和比例。

Bitcoin	64.39%	TON	1.03%	ShibaInu	0.54%
Ethereum	20.49%	Dogecoin	0.88%	Polkadot	0.50%
Binance	4.26%	Cardano	0.73%	Chainlink	0.44%
Solana	3.59%	Avalanche	0.59%	BitcoinCash	0.36%
Ripple	1.37%	Polygon	0.56%	Uniswap	0.27%

图 5-18　AMKT 指数最新的成分和比例（截至 2024 年 7 月 4 日）

AMKT通证机制

AMKT 通证的流通供应量由市场决定，由 AMKT DAO 决定指数通证的发行与销毁，销毁方式是将 AMKT 指数通证兑换为数字资产。目前该指数通证支持 Coinbase、Metamask、Rainbow、BitGo 等钱包，并已在 Uniswap、SushiSwap 等多个 DEX 及 Gate.io 等交易所上线交易。这些资产（不包括比特币和 ETH）由托管服务（Coinbase Prime）持有，由 Chainlink 储备证明（PoR）监控，以确保 AMKT 得到完全支持。显然，与 DPI 相比，AMKT 在信任方面有一些妥协，但这是为了跟踪更广泛加密生态系统的指数所必须做出的权衡。与 DPI 不同，赎回或创建 AMKT 并非无须许可，事实上，它与传统 ETF 相同，只有商家（相当于 AP）有权赎回或创建通证。迄今为止，单一地址铸造了 AKMT 流通供应量的 99% 以上。因此，套利价格差异仅限于由 Alongside DAO 列入白名单的商家。

AMKT通证赎回

只有商户地址才可以发起赎回指数通证。为了做到这一点，需要在合约中调用“销毁”函数，其中包含要销毁的通证数量。之后，金额将从商家的指数通证余额（链上）中扣除，并减少指数通证的供应。商户创建一个销毁交易指令，然后随机销毁 n 个指数通证。网络观察到指数通证被销毁，并指示托管人向商户释放基础资产。托管人随后向商户发放相应金额的基础资产。

AMKT通证重组

重组由 DAO 管理，DAO 预计将公布指数中成分的更新列表，以及链上指数中基础资产的期望权重。不同指数的重组频率可能不同，但 AMKT 每季度都会进行重组。在重建指数通证期间，可能必须暂停新的通证发行或赎回。DAO 发布了更新的基础资产列表和链上指数中每项资产的新权重。托管人执行基础资产交易，以实现期望的权重。网络验证托管人现在持有正确的基础资产权重。

AMKT通证系统运作

每个指数通证都由 Coinbase Prime 中持有的一定比例的资产支持。AMKT 指数通证旨在衡量加密交易所可用数字资产的市场表现。这些指数是根据供应、可用性和流动性等属性组成的。Alongside 的指数由参与者网络构建，参与者通过将抵押品存入金库来铸造或销毁通证。这为 Alongside 指数提供了一些特殊功能，如完全抵押（每个通证都由该通证所代表的资产完全支持）、可赎回（每个通证都可以为指数成分股赎回）和可编程性（通证作为 ERC-20 通证分发，使它们可以与 DeFi 应用程序完全组合）。

AMKT通证治理

AMKT 由 AMKT DAO 管理。每个 AMKT 通证都赋予持有者投票权（用户在行使 AMKT DAO 治理投票权之前必须进行 KYC），以建立一个真正中立的基准。DAO 由两个机构组成：基准的第一个实施（AMKT 通证）的持有者；一组 AMKT 治理管理员。AMKT 治理管理员是一群来自整个加密生态系统且价值观一致的人员。他们的职责包括拥有首次实施 AMKT 基准的智能合约（即 AMKT 通证）、与 AMKT 通证持有者合作判断资产是否适合 AMKT 资产宇宙，以及与 AMKT 通证持有者合作起草和采用基准章程。

Alongside 在合规框架的方面，选择一个服务实体来执行需要法律实体的任务。AMKT DAO 选择的是 Battery Labs，它代表 Alongside DAO 执行以下与指数相关的示例功能：KYC 相关活动、持有机构托管账户、操作前端、协调审计职能。AMKT 网络需要及时履行发行、赎回和重组职责。此外，商户和托管人必须根据当地法律法规完成 KYC 和 AML 检查。Battery Labs Limited 须尽职尽责，确保商户存款和管理安全。相关司法管辖区的法律可能禁止将通证转移到某些地址。作为管理智能合约的一部分，管理员可以限制 AMKT 进出这些地址，以符合相关地区的法规。

infinix finance

infinix finance（以下简称 infinix）成立于 2023 年，是一个完全去中心化的链上指数通证交易平台。在 infinix 上，1 个指数通证 =1 个链上主题 / 行业通证篮子（GameFi、SocialFi、AI、RWA 等）。infinix 允许普通用户和专业用户生成独特的指数并调整参数。在 infinix 平台上中，用户只须持有一个通证，就可以轻松进入加密货币投资。infinix 通过聚合 RWA 通证的分散流动性，并为所有实际收益通证提供了独特的二级市场交易平台，最大限度地提高资本效率，并允许用户在加密市场中实现最佳实际收益。

infinix 于 2024 年 6 月发布了第一款在 Solana 公链上的指数通证，并且聚合了 Solana 生态内的多个去中心化协议，如 Raydium 等。Raydium 是建立在 Solana 上的首个 AMM 和流通性提供商，其核心产品是 Raydium DEX。Raydium 的独特性在于，与 Serum 订单簿的集成使市场参与者能够更灵活地交易数字资产，并且 Raydium 的流动性池为 Serum 的订单簿做出贡献，增强了整体流动性。这种集成确保了 Serum 上的任何人都可以对 Raydium 上的订单进行交易，反之亦然。竞品 AMM 在这种情况下通常会选择取消掉期，交易者承担 Gas 和交易亏损。Raydium 将交易者的订单执行到所谓的“最优价格”并取消其余部分。

infinix 通过聚合流动性，吸引传统赛道投资者，确保用户能够进行无缝交易，并获得更优的价格发现。这种多协议流动性的聚合方法不仅提高了平台的效率，也为用户带来了更好的交易体验。infinix 的一个重要目标是吸引传统股票投资用户进入 DeFi 领域。平台提供了一个简单易用的界面，让用户能够轻松进入链上市场。通过使用指数通证，用户可以一键捕捉多样化的主题或行业 Beta，而无须对单个通证进行广泛研究。此外，用户还可以根据市场变化及时交易特定指数通证，以获得最佳 Alpha 收益。通过减少交易次数，infinix 能够帮助用户最大限度地降低交易成本，提高投资回报。通过投资一篮子通证，用户可以有效分散风险，实现更稳健的投资组合。

除了聚合流动性，infinix 还致力于提高 RWA 的可访问性和互操作性。用户可以在平台上直接访问来自 Solana 的各类 RWA，或通过跨链桥将其他链上的 RWA 转移到 Solana。这种高度的可访问性，加上平台提供的高流动性和资本效率，使越来越多的 RWA 发行人选择通过 infinix 将其资产通证化，并在 Solana 上进行交易。

指数通证的前景虽然仍处于起步阶段，但在 infinix 等机构的引领下正在迅速发展。从投资者需求来看，到目前为止，指数通证的受欢迎程度远不及传统 ETF。这可能是因为，加密原生投资者认为他们可以通过持续选择正确的资产来跑赢市场，或者是加密资产之间相对较高的相关性使以分散投资为重点的指数吸引力降低。

随着加密货币的持续普及，链上 ETF 有望吸引更多的主流投资者进入这个领域。链上 ETF 具有几个独特的优势，如更低的准入门槛、更高的流动性、更强的透明度、更广的投资范围以及更低的成本。投资者无须了解单个加密资产的复杂性，只需购买一个涵盖多个资产的 ETF 即可参与市场。指数通证由智能合约自动执行，交易和结算更加高效，提供更好的流动性。此外，指数通证的持仓、交易和费用数据都公开透明，投资者可以随时了解自己的投资状况。指数通证还可以覆盖更多创新的细分领域（如 DeFi、NFT、Web 3.0 等），以满足不同投资者的需求。基于去中心化架构，指数通证可以显著降低管理和交易费用，让投资者获得更高的净收益。

目前尽管指数通证的规模和影响力还无法与传统 ETF 相提并论，但随着加密市场的不断发展，以及监管环境的日趋成熟，对链上投资者的吸引力也越来越大，多元化指数通证的价值主张可能会变得越来越引人注目，以此回报那些今天为之奠定基础的人。

第6章

稳定币—数字资产与真实世界的桥梁

稳定币在 Web 3.0 世界中扮演着不可或缺的角色。作为 RWA 数字化的先驱和最成功的领域之一，稳定币巧妙地融合了数字资产的便利性和传统金融资产的稳定性。它不仅充当了数字资产交易的价值尺度，为数字资产投资者提供了便捷的“入场通道”和安全的“避风港”，而且在现实世界的国际支付体系中也发挥着日益重要的作用。此外，稳定币不仅是 RWA 数字化的关键基础，而且随着 RWA 数字化进程的推进，稳定币也会获得更加多元化的价值支撑和储备来源。因此，稳定币已经成为连接数字资产和传统金融体系的重要桥梁。最早的稳定币 BitUSD 是 2014 年 7 月发行的。根据稳定币的发行方式和价值依托，我们可以将其分为以下三类：中心化稳定币、去中心化稳定币和算法稳定币。随着数字经济的不断发展，稳定币将在数字资产的普及和应用中发挥越来越重要的作用，成为数字经济时代不可或缺的重要组成部分之一。

在金融体系中，货币的五大职能分别是：价值尺度、流通手段、贮藏手段、支付手段和世界货币。目前，比特币、以太坊等数字资产已被逐步认可具有价值存储和避险资产等特质，因此许多机构将其作为投资组合分散化、多元化的工具，用于提升投资组合的夏普比率。但是，这类数字资产的价格波动极大，无法实现价值尺度、流通手段、支付手段等货币职能，因此很难用于支付场景。试想，如果有一种数字资产，既具有可编程性、去中心化等数字资产的优势，同时又有更坚实的价值支撑使市场价格更加稳定，那么这种数字资产能否在数字世界中扮演货币的角色？于是，一种价值稳定的数字资产应运而生，它就是稳定币。稳定币指的是在区块链上发行的，以通证形态存在的，价格锚定某种（或一篮子）法币的数字资产。相比于一般的数字资产，稳定币在发行时以资产作为抵押，与某种法币汇率保持稳定，因而具备一定程度的货币属性，同时又兼具数字资产的技术优势，因此在国际支付等场景可以发挥巨大价值。稳定币不要求使用者开设银行账户，只需拥有联网设备就可进行支付，可服务于传统金融无法服务到的群体[①]，极大地提高了金融服务的普惠性。另外，基于区块链的基础设施，

① 根据世界银行的资料显示，截至 2018 年，全球有 17 亿成年人没有银行账户，而无银行账户人口占世界总数比例最高的三个国家都位于亚洲——中国（13%、2.25 亿人）、印度（11%、1.9 亿人）、印度尼西亚（6%、9 600 万人）。在亚太地区，尚未办理银行账户及非银行用户的个人和企业的市场规模预计为 550 亿～1 150 亿美元。

稳定币可以实现点对点支付，支付即结算，效率高、成本低。这些优势也让稳定币的普及成为必然。

最早的稳定币是2014年7月发行的BitUSD。BitUSD是在比特股（BitShares）平台质押其原始通证BTS后生成的稳定币，但BitUSD由于在价格稳定的机制上设计有所缺陷，因此并没有成为一个强大的稳定币系统。2014—2016年，稳定币市场处于早期探索阶段，USDT作为比特币和其他数字资产之间的交易媒介，开始在各大交易平台中流行。2017年之后，除了USDT外，其他中心化稳定币如USDC、PAX和GUSD开始出现并抢占了一小部分市场，其他类别，如去中心化稳定币DAI和算法稳定币AMPL也开始出现在大众视野里。2019年，稳定币的市场规模开始加速扩张，并在2020年之后逐步上升（见图6-1）。数据显示，稳定币的总市值在2022年5月一度最高超过1 800亿美元，截至2024年7月4日总市值超过1 600亿美元。

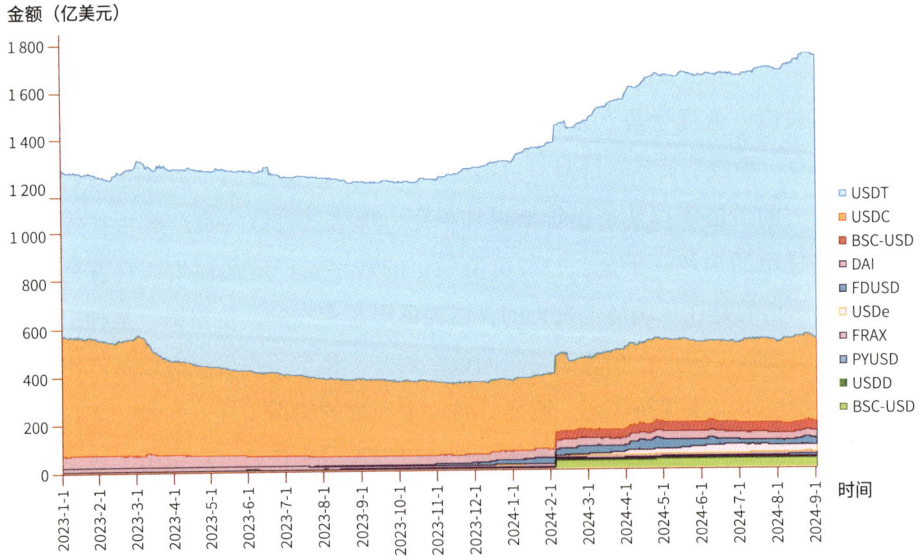

图6-1　前7大稳定币市值变化（截至2023年9月16日）

基于稳定币的发行方式和价值依托，我们可以将稳定币分成以下三类：

- **中心化稳定币**

  这类稳定币由中心化机构发行，以法币存款、债券、票据等低风险 RWA 为储备资产。这类稳定币的储备资产市值一般接近甚至超过稳定币的发行规模，包括 USDT、USDC、TUSD、BUSD、USDP、GUSD 等。

- **去中心化稳定币**

  这类稳定币基于在区块链的去中心化智能合约上质押数字资产（包括原生数字通证、RWA 通证，甚至其他稳定币），发行锚定法币价格的数字资产，包括 DAI 等。

- **算法稳定币**

  这类稳定币通过智能合约内嵌的算法机制自动调节其流通量，从而实现兑某个法定货币价格（汇率）的稳定。这类稳定币包括 USDD、UST、FRAX 等。

1. 稳定币的基石：中性化稳定币

2014 年，Bitfinex 旗下的泰达公司推出了锚定美元的稳定币 USDT。USDT 的推出最初只是为了帮助 Bitfinex 解决资金通道和流动性的问题。Bitfinex 是一家成立于 2012 年的数字资产交易平台，直到现在也是交易量较为活跃的平台之一。2014 年，Bitfinex 公司在富国银行的 1.4 亿美元存款被冻结。当时，用户在交易平台购买数字资产时，一般会使用法币直接购买，卖出数字资产时也直接使用法币结算。因此在其被冻结 1.4 亿美元后，平台的现金流十分脆弱，随时可能“爆雷”。所以，Bitfinex 想到一个解决方案，通过第三方公司，也就是泰达公司发行 USDT 来吸收美元存款，用以弥补 Bitfinex 的流动性危机。

成立之初，泰达公司在官方网站上介绍称，每一枚 USDT 都是按照 1∶1 的比例在银行存放了等比例的美元，任何时候都是 100% 由储备金支持。简单来说，泰达每收取用户 1 美元，就会发行 1 枚 USDT 给用户；当用户交回 1 枚 USDT 时，泰达就会把 1 美元还给用户。Bitfinex 从 2015 年初开始使用 USDT 作为其交易平台的入金[①]通道，这样 USDT 的储备资产就变成了 Bitfinex 平台上的沉淀资金。如果使用 USDT 的人足够多，流动性足够好，那么就会有更多的用户一直持有 USDT 在平台进行交易，将 USDT 兑换回美元的人就会更少，使交易平台沉淀的美元存款越多。这就帮助 Bitfinex 平台很好地解决了资金通道的问题和流动性危机。

随着时间的推移和监管政策的变化，USDT 这个用于解决危机的产物，开始被更广泛地使用。由于没有任何国家或地区的监管当局对泰达公司实施监管，早期甚至没有会计师事务所对其储备资产进行审计，因此 USDT 是否对应足额的美元储备，以及这些美元储备到底在谁的手上，事实上一直是个谜团。直到 2017 年 9 月，泰达公司才首次公布了由美国的会计事务所 Friedman LLP（现

① 入金是指把用户的资金从银行卡转入交易账户，USDT 法币入金也就是通过法币购买 USDT，并将其资金转入交易平台的账户的行为。

被 Marcum LL 合并）发表的审计报告。该报告表明，截至 2017 年 9 月 15 日，泰达拥有相应的 4.43 亿美元资金作为 USDT 的支撑。到了 2019 年 3 月，泰达的官方网站悄悄更改了储备金的描述，由承诺“1：1 美元储备”改为“每一枚 USDT 对应相应的储备资产，这些储备资产包括传统货币、现金等价物、其他资产和来自借给第三方的应收账款”。

2019 年 4 月，纽约州总检察长发表声明，已经获得法院命令起诉 Bitfinex 和泰达的母公司 iFinex，理由是 Bitfinex 为掩盖 8.5 亿美元的损失，动用了泰达公司发行 USDT 的储备金。根据《华尔街日报》报道，纽约州司法部部长表示，Bitfinex 在 2018 年曾将 8.5 亿美元交给总部位于巴拿马的第三方支付处理公司 Crypto Capital 来处理客户的提现请求。在接下来的几个月里，Crypto Capital 并没有完成提现需求。根据 Bitfinex 的说法，Crypto Capital 拒绝处理客户的提款请求，也拒绝把资金归还，因此 Bitfinex 难以履行客户的提现需求。为了解决资金流动性危机，Bitfinex 开始考虑动用泰达的 USDT 现金储备用于支付用户的提现需求。后来，Bitfinex 与泰达达成了一项协议。根据该协议，Bitfinex 按照三年还款期限和 6.5% 的贷款利率从泰达手中拿到一笔金额高达 9 亿美元的信用贷款额度，交易于 2019 年 3 月 19 日左右完成。这也就是泰达在官网修改储备资产来源并包含“来自借给第三方的应收账款”的原因。直到 2021 年 2 月 23 日，Bitfinex 和泰达才与纽约州检察院达成了和解，和解条件之一是两家公司需要向纽约州检察院支付 1 850 万美元的罚款。

自 2017 年开始，USDT 启动了它的疯狂印钞之路。2017 年 1 月 1 日，USDT 的总市值仅为 995 万美元。截至 2017 年底，USDT 的总市值已经从年初的 995 万美元飙升至 13.78 亿美元。到了 2023 年 7 月 4 日，USDT 的总市值已超过 1 117 亿美元，占稳定币总市场的 70%（见图 6-2）。

这些稳定币分别发行在 Omni[①]、以太坊、波场（Tron）等 10 余种区块链协

① Omni 是指比特币区块链上的 Omni LaMPSyer 协议，它基于比特币网络的 Omni—USDT，充币地址是 BTC 地址，充提币走 BTC，地址以 1 开头。

议中（见图 6-3）。其中，在以太坊和波场公链上发行的 USDT 资产最多，基于 TRC-20 的 USDT 超过 482 亿美元，而基于 ERC-20 的 USDT 则在 390 亿美元左右。

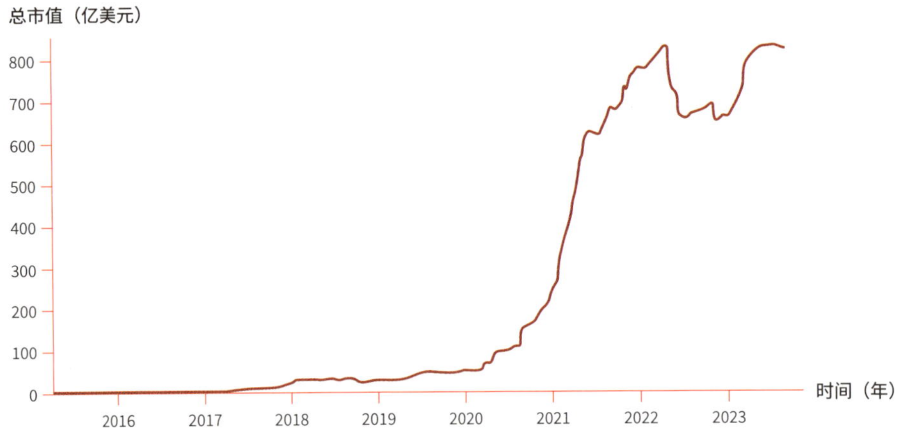

图 6-2　2016—2023 年 USDT 的总市值变化

资料来源：CoinMarketCap。

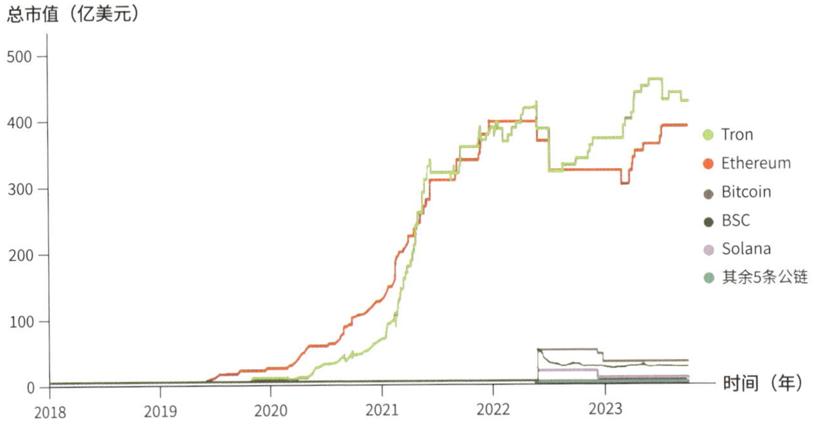

图 6-3　USDT 在不同区块链上的发行情况

资料来源：The Block。

回顾 USDT 漫长的发展历程，我们可以将其细分为三大关键时期。第一大关键时期是 2014—2017 年，这一时期可以被称为 USDT 的蛰伏期。在这一时期，USDT 主要在其所属的交易所中发挥作用，为用户提供了一个稳定的价值锚定工具。稳定币像传统的货币一样为用户展示了区块链的世界，让新入场的参与者能更轻松地适应数字资产的生态，并按照他们熟悉的方式进行仓位管理。当时，USDT 几乎是稳定币市场中的唯一选择，为众多数字资产投资者提供了价值存储和交易的平台。第二大关键时期是 2017—2019 年，可以称为 USDT 的发展期。在这一时期，随着数字资产市场的火爆和交易量的激增，USDT 逐渐成为数字资产交易的首选媒介。它不仅在自家的交易平台上活跃，更是在全球各大交易所中担任了重要的交易角色。与此同时，虽然其他受到更严格监管的稳定币也开始浮出水面，但 USDT 仍然在市场中保持主导地位。自 2020 年开始，随着美联储实施宽松的货币政策并大幅增发货币，USDT 和其他中心化稳定币也跟随其步伐加速增发。这不仅进一步推高了数字资产市场的总市值，也使其总市值达到了历史新高。第三大关键时期是 2022 年 5 月—2024 年 7 月，稳定币的总市值从最高点 1 800 亿美元下跌至 1 600 亿美元，跌幅过 10%，而 USDT 则在小幅回调后持续上涨。这种发展趋势的背离有助于我们更深刻地理解 USDT 背后的市场动力和需求变化。尽管数字资产市场总市值经历了波动，USDT 的发行量却呈现出持续增长的态势，这显示出它在交易所外的支付功能开始崭露头角，逐渐从主要的交易媒介转变为更加多元化的支付工具。到了 2024 年，这种支付功能在某些特定的领域表现得尤为明显。尽管 USDT 持续增长的现象很少被公开讨论，但它的确在市场中留下了不可磨灭的印迹。

到了 2024 年，USDT 不仅成为稳定币市场的绝对龙头，还实现了堪称恐怖的盈利。根据官方披露的信息，泰达在 2024 年第一季度增长迅速，USDT 增加 225 亿美元，规模超过 1 100 亿美元，并在第一季度实现了创纪录的 45.2 亿美元的净利润。在 2022 年期间，泰达将其商业票据持有量减少至零，并开始购买美国国债作为泰达储备。截至 2024 年第一季度，泰达的国债直接持有量达历史新高，超过 738 亿美元，占其总储备的 67% 以上。事实上，如果按照拥有多少美国国债的顺序对世界上所有国家及公司进行排名，泰达将仅次于墨西哥。美国国债持续上升的收益率也使泰达的收益颇丰。从数据上看，虽然泰达只创立了 10 年，但其在 2023 年第一季度创造的利润额首次超过了运营 30 多年的全球最大的资产管理公司贝莱德，并且超出利润额达 3 亿多美元，甚至它报告的利润额比奈飞、星巴克、Paypal 以及许多其他标普 500 公司都要高。

尽管 USDT 的发行规模一路狂飙，但对于 USDT 储备资产合规与否质疑声不断。2021 年 10 月 15 日，CFTC 对泰达处以 4 100 万美元的罚款，称其在 2016—2019 年涉嫌误导投资者，"每 1 枚稳定币 USDT 背后都有 1 美元支持"这样的表述并非"100% 准确"。USDT 的发行，实际上依靠的是泰达公司的信用。

USDT 在国际市场中的使用范围并不局限于合法的交易领域。2022 年 4 月，我国公安部官方新闻发布会上表示，从资金通道看，传统的三方支付、对公账户洗钱占比已减少，大量利用跑分平台加数字货币洗钱，尤其是利用 USDT 危害最为严重。随着数字资产市场的持续扩大和其背后的经济活动日益增多，将 USDT 这样的稳定币合规化的呼声也越来越高。

实际上，正是由于这种未监管的货币形式在非法活动中的盛行，使许多国家和地区的政府和监管机构对数字资产采取了更为审慎的态度。这也反映了一个不容忽视的事实：在当前的经济环境下，稳定币的合规化已经迫在眉睫。为了确保数字资产市场的健康稳定发展，各方面都需要采取措施，加强对稳定币及其相关交易的监管，从而确保它们在经济发展中起积极作用，同时最大程度地减少其带来的潜在风险。

泰达也一直在努力解决合规问题。2022 年 5 月，泰达发布了 2022 年第一季度储备资产审计报告，报告显示该公司总储备资产超过 824 亿美元，其中 86% 是现金或现金等价物，总计 705.9 亿美元，剩余部分为公司债券（37.3 亿美元）、担保贷款（31.5 亿美元）和价值 49.6 亿美元的数字资产等投资。截至 2024 年第一季度，泰达的总资产约为 1 102 亿美元，负债总额约为 1 040 亿美元，储备准备金约为 62 亿美元，利润达到创纪录的 45.2 亿美元所有泰达稳定币均与相应法币以 1∶1 锚定，100% 由泰达储备支持。在这些储备中，现金、现金等价物及其他短期存款占比为 84.05%，剩下的分别为担保贷款（4.29%）、贵金属（3.31%）、其他投资（3.45%）、比特币（4.87%）以及企业债券（0.02%）。在这 84.05% 的现金及现金等价物中，美国国库券占比为 79.88%，隔夜逆回购协议占比为 12.2%，货币市场基金占比为 6.77%。其他如定期逆回购协议（0.9%）、其他投资（0.11%）以及非美国国库券（0.13%）等也是其储备资产的来源（见图 6-4）。除此之外，泰达也曾多次配合执法机关将有问题的 USDT 地址进行了冻结处理，这些地址被封锁后不能进行接收和转账操作。数据显示，自 2017 年 11 月以来，泰达已将以太坊区块链上的 692 个地址列入黑名单。

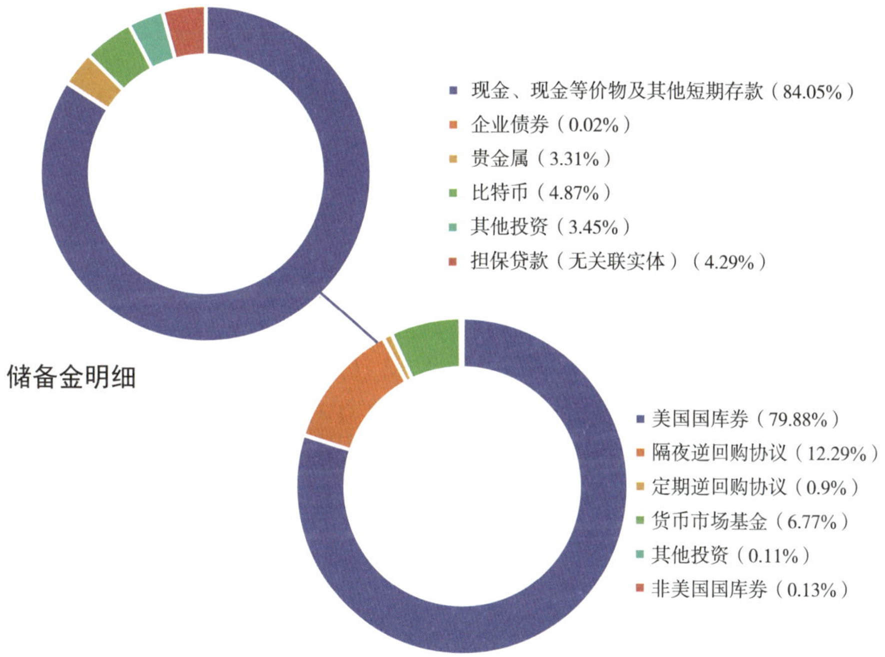

图 6-4　USDT 的储备金明细（截至 2024 年第一季度）

资料来源：USDT 官网。

2020 年 6 月，USDC 背后的实体 Centre 联盟首次激活黑名单函数功能，将某个拥有 10 万枚 USDC 的地址列入黑名单，列入黑名单的地址将无法通过

USDC 智能合约执行交易（接收或发送）。据 CENTRE 联盟反馈，其是根据有关部门的要求冻结了该地址的资产，但他们从未回应到底是哪个部门、什么人要求冻结的，以及有什么法律依据。2021 年 4 月 23 日，Centre 联盟又冻结了 7 个地址，其中最大的一个地址上存有 1 700 多枚 ETH，但审计不透明等问题使得 USDT 的发展受到一定限制，也为接下来合规稳定币的出现埋下了伏笔。

2018 年 9 月，由 Circle 和 Coinbase 联合发行的美元合规稳定币 USDC 诞生。Circle 是一家持有美国金融全牌照的金融服务提供商，也是首批获得 BitLicense① 牌照的数字资产机构，Circle遵守美国政府法律及法规，受美国政府和美国金融犯罪执法局（FinCEN）的监管。和 USDT 不同的是，稳定币 USDC 的运行依赖于 CENTRE 联盟，且其储备资产托管于银行，第三方审计机构均富会计师事务所（Grant Thornton）会每月公开审计 USDC 的财务状况，尽可能地保障客户的资金安全。

2020年4月，USDC的发行方Circle的联合创始人兼首席执行官杰里米·阿莱尔（Jeremy Allaire）表示，通过与 Coinbase 合作，USDC 出现爆炸式增长。新用户来自电子商务市场、广告网络、奢侈品生产商、招聘平台、数字内容市场、点对点借贷平台、支付公司等。同年 12 月，支付巨头 Visa 宣布，计划将 Visa 的 600 万商户与 USDC 进行连接。Visa 本身不会保管 USDC，但可以帮助选择 Visa 信用卡发卡机构将 USDC 软件集成到其平台中，从而实现 USDC 的发送和接收。

2022 年 7 月 14 日，Circle 发布的 USDC 月度报告明细显示，截至当年 6 月 30 日，USDC 的流通量约为 555.69 亿美元，而其持有的现金和国债的储备资产共计价值为 557 亿美元，储备金包括 135.8 亿美元现金，被存放在纽约梅隆银行、纽约社区银行和美国合众银行等共计 8 家银行中。同时，Circle 也披露了其

① BitLicense 由美国纽约州金融服务局颁发，用于数字资产活动的营业执照。这些规定仅限于涉及纽约或纽约居民的活动。由于条件苛刻，BitLicense 的申请难度极大。

所持有的全部 3 个月期美国国债的情况，其所持有的 2022 年 7 月 5 日至 2022 年 9 月 29 日的 19 个国债证券，全部价值约为 421.22 亿美元。

USDC 与 USDT 的发行量相比有较大差距，由于需要遵守法律法规和受监管的原因，USDC 在透明度、安全型、稳定性以及与 DeFi 的适配上做出了极大的努力，越来越多用户开始认可并使用它。在 2021 年之后，USDC 的发行量一路上涨，从 2021 年 1 月的 40 亿飙升至 2022 年 6 月的 558 亿（见图 6-5）。但在这之后，USDC 的发行量一直呈下降趋势，一路跌破 300 亿美元，并回落至 2021 年 8 月的水平。截至 2024 年 7 月 4 日，USDC 的流通量仅为 293 亿美元，这与 USDC 在 2023 年美国银行连环倒闭事件中受到的波及相关。

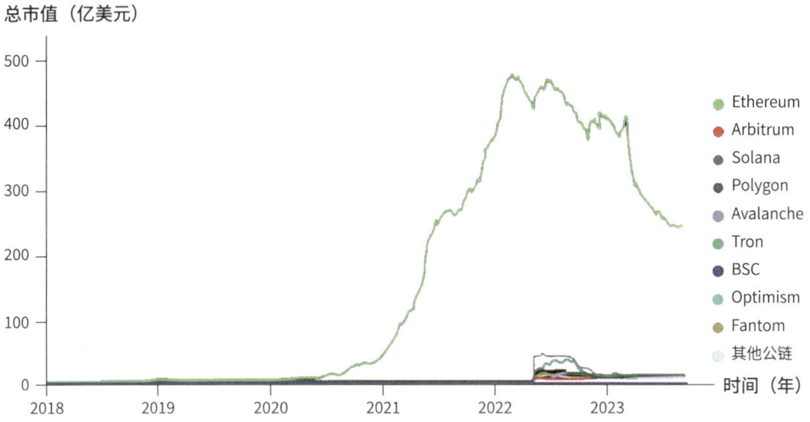

图 6-5　USDC 在不同区块链上的发行情况（截至 2023 年）

资料来源：The Block。

2023 年 3 月 10 日，硅谷银行[①] 在遭受存款挤兑后申请破产，成为美国历史上第二大规模的银行倒闭事件。而 Circle 作为 USDC 的主要发行方，在硅谷银行拥有 33 亿美元的现金储备。此次破产事件导致投资者对 USDC 的信心急剧下滑，引发了一场未曾预料的挤兑风波。在混乱中，USDC 的价格从 1 美元骤跌

① 硅谷银行是一家专注于私募股权投资、风险投资和科技型企业融资的中小型银行，资产规模曾达 2 000 亿美元。

至 0.878 美元，其他主流稳定币（如 DAI 和 BUSD）的价值也出现了较大价差。这场危机不仅体现了银行系统的脆弱性，而且还暴露出，即使是在数字资产领域中，所谓的“稳定币”也会受到传统金融体系波动的影响。此后许多用户和投资者开始重新评估他们的资产配置策略，这使 USDC 成为被舍弃的一份子。

除 USDC 外，受到合规监管的稳定币还有很多。美国纽约州金融服务局在 2018 年 9 月，也授权数字资产交易平台及托管机构 Gemini Trust 和金融科技公司 Paxos Trust（以下简称 Paxos），允许它们各自发行挂钩美元的稳定币 GUSD 和 PAX。两家公司需要保证满足该州的反洗钱等监管标准，并履行化解风险的流程。目前二者在稳定币市场中已经不再占据优势，反而是 Paxos 与其他机构合作运营的两个稳定币项目 BUSD 和 PYUSD 陆续成为市场关注的焦点，但二者的命运迥异，一个成功获得市场认可，另一个则因监管原因被迫叫停。

2023 年 8 月 8 日，美国金融科技公司 PayPal 正式推出稳定币 PYUSD，标志着它成为第一家采用数字资产进行支付和转账的主流金融服务公司。PYUSD 的价值将与美元挂钩，以 1∶1 的比例由现金存款、美国短期公债和其他等价现金储备作为担保。为增加透明度和信任度，PayPal 表示从 9 月开始发布 PYUSD 的公开月度储备报告，详细说明组成其储备的资产。此外，Paxos 还将委托独立的第三方会计师事务所对 PYUSD 的储备资产价值进行公开鉴证，按照美国注册会计师协会（AICPA）制定的鉴证标准进行，以确保其准确性和可靠性。2023 年 9 月 13 日，Paxos 发布首份 PYUSD 透明度报告，其中披露了 PYUSD 截至美国东部时间 8 月 31 日的相关未审计数据，包括未偿通证总额（total tokens outstanding）约为 4 437 万美元；美国国债抵押逆回购协议中抵押品的当前市值为 4 386 万美元，名义头寸价值为 4 300 万美元；存放于受保存款机构其他现金存款中抵押品的当前市场价值约为 150 万美元；总净资产中抵押品的当前市场价值为 4 536 万美元，名义头寸价值为 4 450 万美元。值得注意的是，PYUSD 及其储备资产将受到纽约金融服务局的严格监管，这意味着即使在 Paxos 破产的情况下，客户资产也不会用于偿还 Paxos 的负债。

PYUSD 的目标是可以将其随时兑换为美元，也可以将其兑换为 PayPal 提供的其他数字资产。为了实现这一目标，PayPal 将 PYUSD 引入其支付应用程序 Venmo，使用户能够在 PayPal 和 Venmo 钱包之间自由发送和接收通证。此外，作为基于以太坊区块链的 ERC-20 通证，PYUSD 还可以转移到与 PayPal 兼容的第三方钱包，为用户提供更广泛的选择和灵活性。Github 页面信息则显示，PYUSD 智能合约中还包含用于冻结或暂停特定地址链上功能的操作，如冻结某地址的转账功能，并可提供对智能合约行为的更多控制。2023 年 9 月 11 日，PayPal 于 9 月 11 日正式推出了 Web 3.0 支付的新入口和出口通道，允许美国用户通过 MetaMask 将数字资产直接从钱包转换为美元，存入 PayPal 余额中。PayPal 在全球拥有 4.3 亿用户，凭借这一优势，PYUSD 有望成为真正意义上的“数字美元”，并在全球范围内实现广泛使用。

PYUSD 推出的时间点正值 Paxos 与监管机构博弈，这使 PayPal 也不愿因为监管风险而急于推出 PYUSD。监管部门对数字资产的合规性要求越来越高，稳定币想要在主流商业场景大规模流通，积极拥抱监管是必然的选择。PYUSD 的推出是 PayPal 深化数字资产业务的重要一步。实际上，发行稳定币并非 PayPal 首次涉足数字资产领域。早在 2014 年，PayPal 就通过与数字资产交易所合作开通了比特币付款功能。多年来，PayPal 一直在不断探索数字资产领域。除了创建增加数字货币实用性的产品和服务外，PayPal 还致力于提高消费者和商家对数字资产、稳定币以及 CBDC 的理解，并通过提供教育内容帮助用户了解相关知识和风险。PYUSD 的发行将有助推动 PayPal 构建基于 Web 3.0 的商业场景，也能简化数字环境中的支付体验。或许，PYUSD 还将促使监管部门加快推出稳定币的政策框架，其对于数字资产在全球普及中的作用同样值得期待。

2. 稳定币的重要实验：去中心化稳定币

去中心化稳定币的先驱和代表是由 MakerDAO 发行的 DAI。从 2015 年开始，MakerDAO 团队与来自全球的开发者开始计划开发一种基于以太坊区块链的智能合约，通过质押数字资产发行稳定币。经过两年的努力，MakerDAO 于 2017 年 12 月发布了第一版白皮书，这标志着稳定币 DAI 的诞生。

DAI 的发行过程完全去中心化，任何人都可以在 MakerDao 平台上通过质押数字资产的方式生成 DAI。具体操作需要通过 MakerDao 的智能合约 CDP（抵押债务头寸）来实现。CDP 会保存用户质押的数字资产，并允许用户据此生成相应数量的 DAI，但生成 DAI 的同时也意味着产生了相应的债务，只有偿还了借出的 DAI，用户才能赎回质押的资产。

为确保 DAI 的稳定性，CDP 中质押资产的价值必须显著高于借出的 DAI 价值，即质押率要远大于 100%。以 150% 的质押率为例，如果用户想生成 100 枚 DAI，就需要质押价值至少 150 美元的 ETH 或其他数字资产。具体操作时，用户需要通过发送交易到 MakerDao 平台来创建 CDP，并明确质押资产的种类和数量，之后就可以从 CDP 中提取指定数量的 DAI。CDP 会记录用户借出的 DAI 数量，并将等值的质押资产锁定。

用户偿还债务时，除了要归还借出的 DAI 本金，还需要支付一定比例的稳定费。稳定费比例通常按年化利率计算，截至 2024 年 7 月，MakerDao 平台上 ERC-20 类别通证的稳定费比例约为 8%。因此，假设用户想在一年后赎回 100 枚 DAI 对应的抵押物，需要归还本金 100 DAI 加上 8 枚 DAI 的利息。完成还款后，CDP 中锁定的资产就会全部释放给用户。

尽管需要超额质押资产，MakerDao 的这一模式仍然吸引了大量用户。主要原因是用户可以利用生成的 DAI 进行杠杆交易，从而放大投资收益。在不出售 ETH 的情况下，用户可以用 ETH 质押生成 DAI，然后用 DAI 购买更多的数字资产，这有效扩大了投资的敞口。

MakerDAO 最初推出的是单质押 DAI 系统，只接受 ETH 作为质押物，这一方案虽然简单透明，但其可扩展性和灵活性都比较有限。为了让更多持有其他类型数字资产的用户也能使用该系统，MakerDAO 在 2019 年推出了多质押 DAI 系统。新系统允许除 ETH 之外的各种数字资产用于质押生成 DAI，这有效扩大了 DAI 的供给规模，从而吸引了更多用户加入。

DAI 的设计巧妙利用了反馈机制和智能合约的特点，在无须中央权威机构的情况下实现了其稳定性。其核心机制如下：DAI 的目标价格被设定为与美元 1∶1 挂钩，这为其在市场中确立了一个基准点。该目标价格不仅为债务抵押比例提供了依据，也确定了在系统全局清算时 DAI 持有者应获得的抵押资产价值，但仅靠这种设定并不足以确保 DAI 始终与美元保持 1∶1 的比率。因此，当 DAI 的市场价格偏离目标价格时，系统会启动一个名为“目标价变化率反馈机制”的机制。该反馈机制通过 CDP 自动运行，当市场需求变化导致 DAI 价格偏离目标价格时，该机制会自动调整目标价格的增长率，以引导市场力量对 DAI 的供需进行调节。

具体而言，当 DAI 的市场价格低于目标价格时，系统会自动提高目标价格的增长率。这会使生成 DAI 变得更昂贵，同时，由于目标价格的提高，持有 DAI 将变得更加有利可图。这两个效应一合并，会导致 DAI 的供给减少、需求增加，从而推动 DAI 的市场价格上升，回到目标价格附近。反之，当 DAI 的市场价格超过目标价格时，系统会自动降低目标价格的增长率。这使生成 DAI 更加便宜，并削弱了持有 DAI 的吸引力，最终会导致 DAI 的供给增加、需求减少，从而使其市场价格下跌至目标价格附近。通过这种自调节的机制，DAI 实现了与美元的软锚定，而这一切都是通过一个自动运行的 CDP 来实现的，无须人为干预。

尽管 DAI 通过区块链上的 CDP 发行，并实现了一定程度的分布式治理，但这并不意味着 DAI 没有风险。DAI 的风险主要源于黑客攻击和 CDP 的缺陷，例如，抱有恶意的开发者会在漏洞修复前利用 CDP 的漏洞进行破坏或盗窃。

如果 ETH 或其他数字资产价格暴跌，会导致用户在 CDP 中锁定资产的价值低于借出的 DAI，那么这时该如何应对？考虑到数字资产的高波动性，MakerDAO 设有一个清算阈值，每种 CDP 类型都有其独特的清算阈值，这一阈值由 MKR 的持有者来决定，并基于这种 CDP 类型的特定质押资产风险来决定。当 CDP 低于其清算阈值时，清算程序便会启动。清算被触发后，系统中的清算人（通常是链上的套利机器人，也有部分用户靠清算获利）会开始监控这些质押资产不足的仓位，并向合约发送请求来触发清算程序。被清算的质押品会被转移到 MakerDAO 的拍卖模块中，并开始一个自动拍卖过程，确保系统内的债务能够得到有效偿还。清算人可以使用手中的 DAI 参与拍卖，购买这些质押品。在整个清算过程中，质押不足的仓位不仅需要偿还原始债务和稳定费，还需要支付额外的清算罚金。以 ETH 为例，其清算罚金为 13%，其中 3% 奖励给参与清算的清算人，其余 10% 归入 MakerDao 系统，作为对系统稳定性的补偿。如果 MakerDao 系统中的资金不足以完成购买，系统会进入特殊的“债务竞卖”模式，通过增发 MKR 并公开售出，从而募集足够的 DAI。然后，这些募集来的 DAI 会用于购买并出售那些被清算的质押品。这样，MakerDao 系统既确保了自身的资金流稳定，又能够继续运行。当拍卖结束时，如果系统中得到的 DAI 足以偿还所有债务和清算罚金，剩下的质押品将通过反向竞拍的方式退还给原仓位持有者。这意味着，尽管用户的质押品在某一时刻可能不足以支持其债务，但通过这一清算机制，系统确保了资金的流动性和稳定性，同时也在一定程度上保障了用户的权益。

这样做也存在一定问题和风险，数字资产的价格经常暴涨暴跌，价格波动常常在短时间内发生，质押率可能在几分钟内就跌破 100%，资产根本来不及清算。针对这一问题，MakerDao 团队发行了治理通证 MKR，让持有 MKR 的用户拥有一定的智能合约管理权限。例如 CDP 中的质押率就由 MKR 持有者投票决定。持有者需要将 MKR 锁定在投票合约中，每一枚 MKR 对应一个投票权，持有者可以通过投票参与治理。作为管理系统的回报，MKR 持有者会获得手续费收入，但如果持有者没有认真行使治理权，精心设计 CDP 中 DAI 的质押率、清算阈值、稳定费等各种参数，致使系统运行失败导致“破产”，那么最终遭受损失的也会是 MKR 持有者。

MakerDAO 不仅是稳定币、DeFi、DAO 治理等 Web 3.0 新模式的先行探索者，也是最早尝试将 RWA 通证引入 DeFi 的机构之一。2020 年 9 月，MakerDAO 开始尝试使用房地产项目通证作为抵押物生成 DAI。MakerDAO 与 Centrifuge 合作，帮助房地产开发担保贷款项目 6s Capital 实现通证化，并接受该房地产开发担保贷款通证作为 DAI 的一部分抵押物。2020 年 12 月，MakerDAO 与美国房地产公司 UPRETS 就 RWA 通证化和抵押借贷的模式和可行性展开研究。2021 年 4 月，MakerDAO 开始向房地产投资者贷款服务提供商 New Silver 发放以 RWA 通证作为抵押物的 DAI 贷款，开放了 500 万美元的信贷额度。对 New Silver 来说，该合作可以让其通过获取 DAI 的方式，更简单快捷地筹集资金，高效开展相关业务。图 6-6 展示了 2023 年 9 月的 DAI 状况。

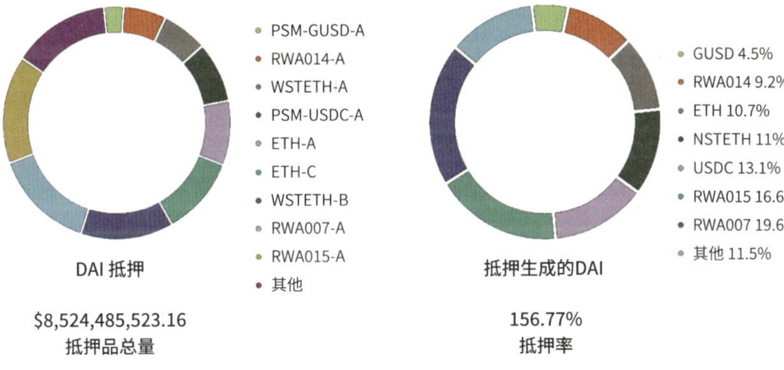

图 6-6　2023 年 9 月 12 日 DAI 状况

资料来源：MakerBurn。

2022 年 5 月，MakerDAO 推出了 Endgame 计划，明确提出将 RWA 纳入质押框架是构建储备资产组合的关键举措。法国兴业银行的子公司 SG-Forge 也曾两次向 MakerDAO 伸出橄榄枝。2021 年 10 月，该机构向 MakerDAO 提交了一份关于证券型通证再融资的提案，旨在为 2020 年在以太坊上发行的担保债券通证 OFH（由法国兴业银行的欧元计价担保债券支持的数字担保债券）进行再融资。2022年7月，它又向MakerDAO提出了3 000万枚DAI的债务融资请求。随后，MakerDAO 社区通过投票决定接受 OFH 通证作为 MakerDao 协议的 RWA 质押物类型，并在 2022 年 8 月 2 日成功上线。法国兴业银行曾将其在 MakerDAO 的尝试描述为“在受监管和开源计划的十字路口所进行的社会性实验”。目前，DAI 的抵押品组成已经相对多元化，包括 ETH、部分 RWA 和各类稳定币（见图 6-7）。根据 MakerBurn① 的数据，截至 2024 年 7 月 4 日，共有 11 个 RWA 通证项目、总计超过 30 亿美元的 RWA 通证可以作为 DAE 的质押物。根据 Dune 的数据，这些 RWA 资产显著增加了 MakerDAO 的利润。截至 2024 年 7 月 4 日，RWA 占 MakerDAO 总资产的 37% 左右，贡献了超过 23% 的收益。

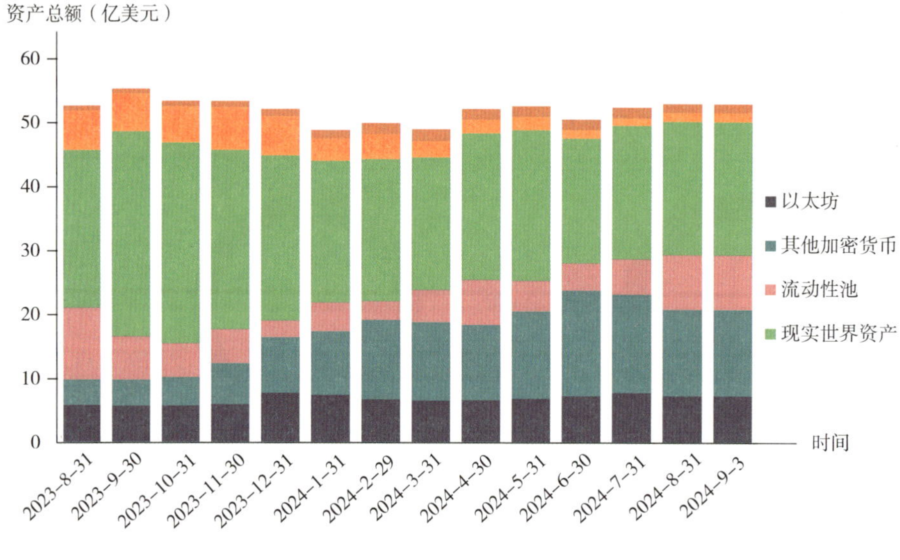

图 6-7　MakerDAO 的资产构成（截至 2023 年 9 月 1 日）

资料来源：Dune.com。

MakerDAO 不仅与 Centrifuge 合作紧密，而且还与威尔明顿储蓄基金协会（Wilmington Savings Fund Society，WSFS）签订了一份信托协议，旨在探索

① MakerBurn 是对 MakerDAO CDP 项目的实时追踪，观察抵押债仓及稳定性费率的变化情况的平台。

RWA 的价值如何被带入区块链生态。WSFS 在此次合作中担任受托人的角色，保证 RWA 在区块链上的信任度。为了实现这一目标，MakerDAO 在开曼群岛成立了 RWA 基金会作为 WSFS 的客户，以 WSFS 作为 RWA 担保及审核方管理多个 RWA，新的 RWA 装入只需由 RWA 基金会发起成立的 SPV。在这个架构中，RWA 基金会本身不直接持有任何 RWA，而是拥有实际持有 RWA 的 SPV。MakerDAO 经由 DAO 决议后设定各个项目的 RWA 基金会，基金会则负责管理其成立的对应 SPV，每种抵押品类型可以有一个基金会，但每种抵押品类型（或任何混合组合）也可以是一个 SPV。这意味着 MakerDAO 可以为每个 SPV 选择正确的管辖权 / 法律结构，并为每个 SPV 定义一组规则。例如，MakerDao 在美国的投资可以通过其成员管理的在特拉华州成立的有限责任公司（RWA 基金会作为唯一成员）或通过在特拉华州成立的法定信托（RWA 基金会作为信托发起人）进行。MakerDAO 将向 RWA 基金会出借 DAI，该基金会将向 SPV 出借 DAI 以投资 RWA 资产（见图 6-8）。

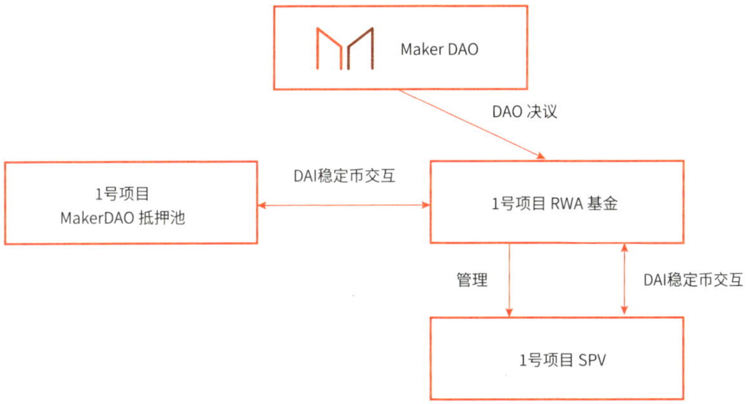

图 6-8　MakerDAO 投资 RWA 架构

资料来源：根据 MakerDao 官网整理。

SPV 是一种独立的法律实体，专门用于持有特定资产，帮助公司实现与公司其他业务的资产和负债隔离的目的。在围绕 SPV 架构实行的投资逻辑中，SPV 充当核心角色，管理资产并与各方利益相关者互动（见图 6-9）。资产持有人作为该架构的关键参与者，负责管理 SPV，带来交易流并管理各类贷款。为了确保整个系统的稳定、做好风险控制，资产持有人需要确保他们在良好的财务状况下，无主要的法律风险。特别是当资产持有人管理多个可以拥有相同资产类型的 SPV 时，要确保这些 SPV 中的资产分布是均衡的，避免出现资源的不平等分配。另外，通证发行平台在整个系统中也扮演着至关重要的角色，它主要负责弥合 SPV 债务和债务通证（如 Centrifuge 模型中的 DROP 通证）之间的差距，而股权投资者和联合投资者则是 SPV 的主要风险承担者，股权投资者是第一个承受损失的群体，在诸如 Centrifuge 等模型中，资产持有人需要拥有部分股权才能参与其中，以确保在发生违约或其他风险事件时，他们能够执行相应的合同和条款。通过 SPV 架构，企业可以将 RWA 切分为多个小份额，然后发行为通证。不过，与传统的资产证券化不同，MakerDAO 的 SPV 中不存在结算和资金托管的角色，而是增加了通证化的发行平台。这也是区块链技术的一大特点，它能够自动实现资产的发行、转移和结算，且无须第三方机构的参与。

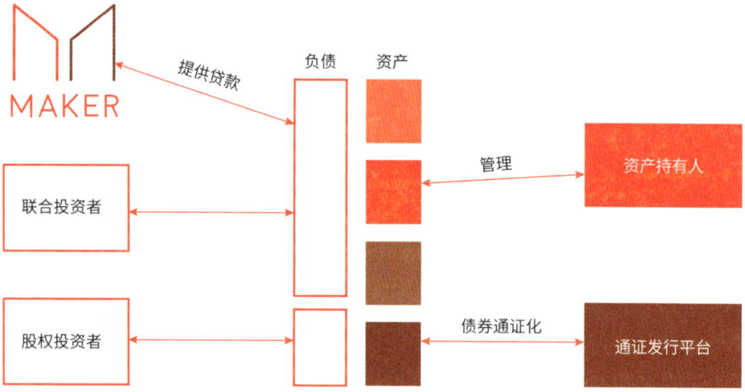

图 6-9　MakerDAO 的 SPV 架构

资料来源：根据 MakerDAO 官网内容整理。

同时，每个 SPV 可以采取 ABS 的管理模式。在这个模式下，MakerDAO 可以选择投资优先级资产，这部分资产可以优先获得收益分配，而其他投资者则可以选择投资劣后级资产，这些资产只有在优先级资产的收益率达到预期水平时才能参与收益分配。例如，在音乐产业版权管理中，创作者可根据预估的资产收入来为其音乐定价。当这些资产数据传输到 Centrifuge 平台，它会被转换成不同的 NFT。此 NFT 随后可以用作抵押，进而衍生出两种不同级别的资产：DROP 与 TIN。DROP 被视为优先级资产，在兑现和利息支付上享有优先权，但其利息则较为保守。相比之下，TIN 作为劣后级资产，尽管其潜在回报更高，但在偿还利息时则需等待 DROP 资产先行。这两种资产均提供利息，而投资者可以使用 DAI 来购入。对于已售出的 DROP 和 TIN，发行者有责任在规定时限内完成回购。通过这种模式，音乐创作者能够提前获取资金支持其继续创作，同时投资者也能从中获得部分的版权回报，进一步鼓励音乐创作领域的繁荣。

通过这一系列做法，MakerDAO 实现了抵押品的多元化，降低了依赖 ETH 等价格波动性较大的原生数字资产为抵押品所带来的风险，强化了 DeFi 与中心化金融（CeFi）的链接，使 MakerDAO 逐步成为 RWA 进入 DeFi 世界的重要桥梁，通过数字经济赋能实体经济，有助于 MakerDAO 的长期发展。

此外，MakerDAO 还在用其自身的特点打造“可再生金融”（Regenerative Finance，ReFi）① 生态，反哺现实世界。2022 年 6 月，MakerDAO 联合全球植树造林的非营利组织 One Tree Planted 策划推出了一个活动，以推动 DeFi 在改善气候和环境方面的努力。该活动的主要内容是：每当有人开设一个新的 Maker 金库②，One Tree Planted 就会自动收到 MakerDAO 的订单，在现实世界中植树造林。Maker 金库的用户在为打造绿色地球做出自己贡献的同时，还可以获得名为 Nature 的 POAP③ 系列数字徽章，以记录自己的付出和善举。该 POAP 系列数字徽章由知名荷兰裔加拿大艺术家瑞安·库普曼斯（Ryan Koopmans）设计，包含四种不同的 POAP，每种 POAP 上都有不同种类和不同寓意的植物，代表了 Maker 金库用户旅程中达成的不同里程碑，用以记录其辛勤付出和所创造出的社会价值。这个合作意味着 MakerDAO 已经借助 DAI 开始探索 ReFi，代表

① ReFi 旨在通过 Web 3.0 技术扭转气候变化趋势，即利用区块链技术的透明机制，将现实中的自然资产引入区块链上，同时引入激励机制，对为绿色发展做出贡献的行为进行奖励，以推动可持续性发展。

② 即用户存放质押品，并生成 DAI 的地方。

③ POAP（proof of attendance protocol），即出席证明协议，证明某人曾参与过某个活动的数字证明，我们可以将其视为 NFT 徽章或数字徽章。

了 MakerDAO 希望更好地赋能和反哺现实世界的努力。

当然，为 DAI 的抵押品纳入 RWA 确实为 MakerDAO 的生态提供了一种多样化的增长机会，拓宽了其所拥有的数字资产的范畴，扩大了 MakerDAD 协议的应用场景和潜在市场，但每种数字资产背后都隐藏着其特有的风险，RWA 同样不例外。一方面，RWA 的引入为 MakerDAO 增添了新的风险维度。与传统的数字资产相比，RWA 往往相对不中心化，这使其更易受到外部经济和政治因素的影响。RWA 可能会面临各种制裁、资产冻结或其他宏观经济问题的冲击。另一方面，虽然 RWA 可能为 MakerDAO 带来一定的稳健收益，但它们的流动性特性相对较弱。考虑到 DAI 的金融市场定位，一旦出现大规模的流动性压力或挤兑事件，RWA 的流动性约束可能会导致赎回时间延长和交易成本上升，从而对 MakerDAO 系统的整体稳定性构成挑战。

3. 算法稳定币：引爆加密行业的“雷曼时刻”

提到算法稳定币，就必须提到一位诺贝尔经济学奖获得者——弗里德里希·奥古斯特·冯·哈耶克（Friedrich August von Hayek）。面对 20 世纪 50 年代以来世界各国通货膨胀不断加剧，哈耶克在其晚年的最后一本经济学专著《货币的非国家化》（*The Denationalization of Money*）中，从经济自由主义的立场出发，在进一步研究的基础上提出了货币非国家化的设想。

曾担任比特币开发者大会项目主管的米兰理工大学教授费迪南多·阿梅特拉诺（Ferdinando Ametrano），基于哈耶克对货币的理论和思想，在 2014 年撰写了一篇名为《哈耶克货币：加密货币价格稳定解决方案》（*Hayek Maney：The Cryptocurrency Price Stability Solution*）的论文。阿梅特拉诺在文中表示，由于其通缩性本质，比特币已经无法充分执行我们对货币作为价值尺度这一职能的要求，并由此提出了一种建立在规则之上、供应弹性的数字资产，可以根据需求“重新调整供应量”，也就是 Rebase 机制，比如按比例改变稳定币持有者手中的稳定币数量。算法稳定币，是与“哈耶克货币”理念几乎完全契合的数字资产。

Terraform Labs 提出的 UST 是算法稳定币的一个典型代表，而 Terra 是为算法稳定币量身定制的区块链生态系统。这个生态系统依赖 UST 和 LUNA 两大核心通证运作。UST 作为该生态的算法稳定币，与美元汇率保持稳定。LUNA 则扮演了生态治理通证的角色，同时也是确保 UST 价格稳定性的关键。

具体来说，1 枚 UST 的稳定性与价值 1 美元的 LUNA 的紧密关联（见图 6-10）。这并不是简单的 1∶1 绑定，而是一个动态的平衡机制。当 UST 被铸造或销毁时，对应价值的 LUNA 也会被销毁或生成。这个机制的运作原理是：每当需要铸造 1 个 UST，系统就会要求用户按照当前的市场价格，销毁相应价值的 LUNA；反之，当用户销毁 UST，他们会收到相应价值的 LUNA。

图 6–10　UST 和 LUNA 的紧密关联

当 UST 的价格高于 1 美元时，这意味着市场上对 UST 的需求增加。为了获得利润，用户可以销毁手中的 LUNA，生成等价值的 UST。这些新生成的 UST 被投放到市场，有助于拉低 UST 的价格，使后者回归到 1 美元的标准。当 UST 价格跌至 1 美元以下时，为了平衡市场，用户可以低价购入 UST 并销毁，从而获得等价值的 LUNA。这些新生成的 LUNA 可以随后在市场上出售，用户既能从中获利，又能推动 UST 的价格回升。在这个机制下，如果想买 UST 的人越多，就会消耗越多的 LUNA，从而推高 LUNA 的价格。

UST 和 LUNA 的这种独特机制，为 Terra 生态系统赢得了大量关注。同时，为了进一步创造 UST 的使用场景，刺激用户持有 UST，减少市场中流通的 UST 数量，Terra 还创建了一个名为 Anchor Protocol 的去中心化固定利率借贷协议。在 Anchor 平台上存入 UST 的年化收益率约为 19.5%，远超其他去中心化借贷协议。该协议成功吸引了大量流动资金，让 Terra 生态系统一度在全球范围内获得了广泛认可。短短几年时间里，UST 的交易量和市场占有率逐步攀升，成为数字资产市场上最受欢迎的稳定币之一，市值也从 2021 年初的 1.8 亿美元增长到 2022 年 5 月的近 188 亿美元。同时，LUNA 也积累了大量社区支持，LUNA 的市值从 2021 年初的 3.2 亿美元增长到 2022 年 4 月的近 408 亿美元，多次跻身数字资产的市值排行榜前五，充分显示了其生态价值和用户的信任度。

然而，UST 迅速取得巨大成功的背后隐藏着深刻危机。UST 价格稳定机制的关键在于用户可以随时在 UST 和 LUNA 之间进行等价值兑换，且市场的供需关系能够保持相对平衡，使 UST 的价格能够快速回到 1 美元。但是，如果 UST 的价格长期低于 1 美元，那么市场中将 UST 兑换为 LUNA 的行为则会越来越多，导致 LUNA 的供应量大幅上涨，进一步导致 LUNA 的价格快速下跌。一旦

LUNA 的价格变低，每个 UST 能够兑换的 LUNA 数量就会越来越多，这将进一步加剧市场上对于 LUNA 的抛压，加速 LUNA 价格下跌。如果 LUNA 的价格一直下跌，投资者的信心将急剧下降。这将导致用户不愿从市场上购买 UST 兑换 LUNA 以维护 UST 价格，甚至还会一同抛售手中的 UST 和 LUNA，最终导致 LUNA 和 UST 的价格一起暴跌甚至崩盘。这个过程即所谓的“死亡螺旋”（见图 6-11）。

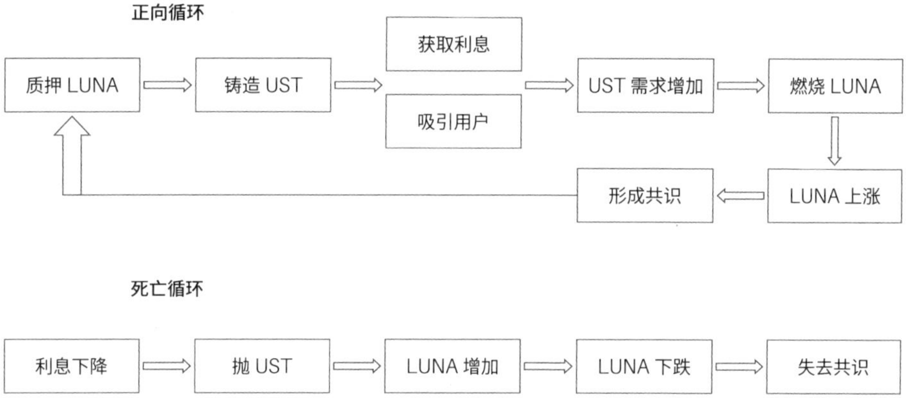

图 6-11　UST 和 LUNA 的“死亡螺旋”

除此之外，尽量 Anchor Protocol 的高固定存款利率策略创造了一个巨大的 UST 需求，但也为其引入了巨大的不稳定风险。当市场信心受到挑战并与外部经济压力相结合时，整个 UST 稳定币体系的脆弱性被完全暴露，从而加剧 Terra 生态系统的崩溃。

2022 年 5 月，受整体金融市场下跌的影响，数字资产市场遭受着巨大的考验。5 月 8 日，UST 及 LUNA 价格开始出现崩溃迹象。到 5 月 15 日，UST 的单价就从 0.995 美元快速跌至 0.133 美元，LUNA 的单价也从 68.5 美元最低跌至 0.000 17 美元。二者的迅速下滑（见图 6-12、图 6-13）导致大量重仓投资 UST 和 LUNA 的机构投资者出现资金流动性问题。受该事件影响，其他许多数字资产的价格也出现了大幅度回调，致使机构遭遇了“连环踩踏式”清算和爆仓。UST 的崩溃引发了数字资产市场在 2022 年的“雷曼时刻”。

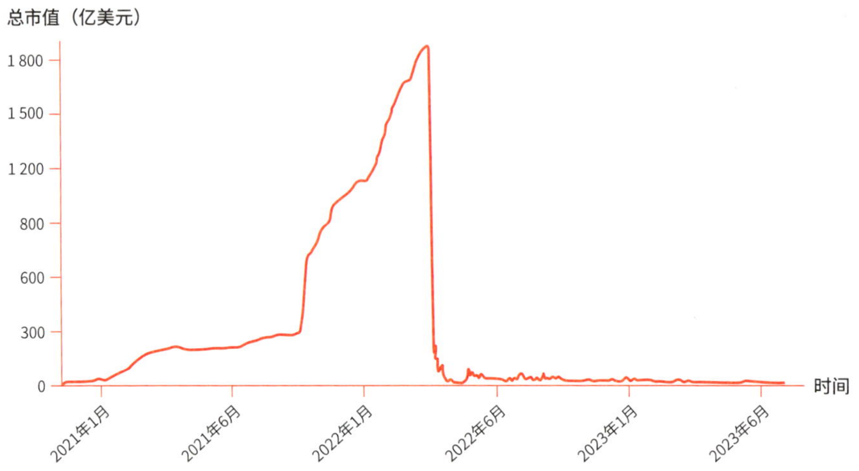

图 6-12 2021—2023 年 UST 总市值变化

资料来源：CoinMarketCap。

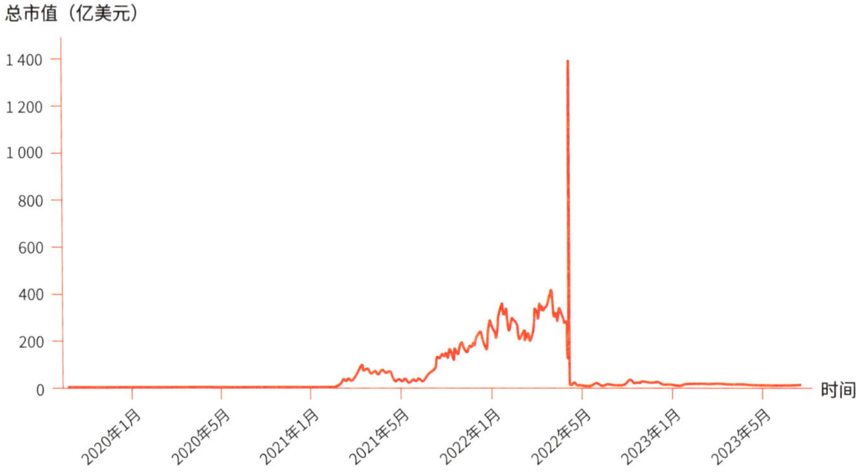

图 6-13 2020—2023 年 LUNA 总市值变化

资料来源：CoinMarketCap。

在 LUNA 项目失败后，Terra 推出了“Terra 生态系统修复计划”，内容涉及创建一个没有算法稳定币的新 Terra 链，旧链被称为 Terra Classic（通证为 Luna Classic，LUNC），新链被称为 Terra（通证为 LUNA）。同时，该修复计划还会给 Luna Classic 抵押者、Luna Classic 持有者、剩余 UST 持有者和 Terra Classic

的重要程序开发人员发放新的通证，用以补偿投资者的损失等。

但这一生态系统修复计划也没有成功。2022 年 9 月 14 日，韩国警方正式对 Terra form Labs 的创始人权道亨（Do Kwon）发出逮捕令，国际刑警组织也对此人发出了红色通缉令。10 月 5 日，韩国公布了权道亨的护照返还命令书，按照韩国《护照法》第 13 条，命令书公布 14 天后权道亨的护照即失去效力，也就是权道亨变成非法滞留者身份，新加坡政府可以将其驱逐。

2023 年 2 月 17 日，SEC 向美国纽约州南区联邦地区法院提起诉讼，指控总部位于新加坡的 Terraform Labs 及其创始人权道亨策划了数十亿美元的数字资产证券欺诈，涉及算法稳定币和其他数字资产证券，违反了美国《证券法》和《交易法》的注册和反欺诈规定。3 月 23 日，黑山内政部长菲利普・阿季奇（Filip Adzic）宣布权道亨在黑山波德戈里察机场因伪造证件被警方拘留，韩国官员随后也证实了权道亨确实在黑山被捕。在黑山警方逮捕权道亨数小时后，纽约南区联邦检察官对权道亨提起刑事欺诈指控，根据诉状，权道亨被控串谋诈骗、商品欺诈、证券欺诈、电汇欺诈和串谋操纵市场。根据韩国检方预估，Terra 案涉案人员犯罪所得至少为 4 145 亿韩元（约合 21.8 亿元），其中 Do Kwon 的犯罪所得估计达 914 亿韩元（约合 4.8 亿元），但权道亨在韩国几乎没有任何财产，他似乎将很大一部分财产换成了比特币。2023 年 6 月，权道亨在黑山因伪造护照被判处监禁 4 个月，后引渡至美国。2024 年 4 月 5 日，美国陪审团裁定权道亨和 Terraform Labs 需对欺诈行为负责。

权道亨和他的 UST 的故事令人唏嘘不已。实际上除了完全由算法控制的稳定币外，市场中也出现了诸如 FRAX 这类将资产质押和算法调控相结合的稳定币设计。在 FRAX 的系统中存在两种通证：FRAX 和 FXS。其中，FRAX 是一种锚定美元的稳定币，而 FXS 则是其对应的治理通证。FRAX 系统中有一个特定的指标，即质押率 R（其值范围为 0 ～ 1）。这个抵押率根据预设的算法每小时调整一次，且每次的调整幅度为 0.25%。当系统刚开始运行时，质押率被设定为 1。换句话说，此时如果用户想要铸造 1 枚 FRAX，就需要提供相当于 1 美元的资产并全额质押。但随着时间的推移，这个质押率可能会降低，当质押率降到 0.5 时，这个用户只需要质押 0.5 美元的其他稳定币就可以铸造 1 枚 FRAX；而当抵押率为 0 时，FRAX 成为一种纯算法稳定币，完全不需要任何形式的质押物。FRAX 的设计独特之处在于其套利激励机制。当 FRAX 的市场价格超过 1 美元时，人们可以以 1 美元的成本铸造并销售它，从而获得利润。这种机制鼓励了更多的 FRAX 被铸造，从而将其价格降回 1 美元。相反，如果 FRAX 的价格低于 1 美元，用户可以通过销毁 FRAX 获得等同于 1 美元价值的资产组合，包括质押的通证和 FXS，这种机制为用户提供了购买和销毁 FRAX 的动力，从而有助于稳定其价格。同时，这样的设计也确保了 FRAX 的价格能够稳定在 1 美元左右。

在 UST 和 FRAX 外，算法稳定币的代表还有以的 Rebase 机制为基础的 AMPL、如 UST 一样采取多资产方案的 Basis Cash，以及采取质押锁仓机制的 Empty Set Dollar（ESD），但目前这类算法稳定币项目几乎全部失败。虽然不同的算法稳定币在设计机制上存在些许差异，但整体设计思路是一致的。

4. 全球稳定币的区域发展与监管

在 Web 3.0 时代，稳定币对于打通数字资产进入传统资产管理领域有着高度的重要性，它也日益成为全球金融支付体系的重要组成部分，甚至已经开始对 SWIFT 形成实质性的挑战。2024 年，稳定币流通量超过 1 580 亿美元，实现的月均交易额达到 1.38 万亿美元。稳定币的汇款成本极低，汇款效率极快，过程更可控、更安全。2020 年 6 月，欧洲区块链银行 Bank Frick 就开始尝试使用稳定币 USDC 代替 SWIFT 进行跨境转账。

稳定币也不是法外之地，尽管目前世界各国对于稳定币的监管政策还不够完善，但是随着稳定币发行规模和使用场景的迅速扩大，以及背后的风险因素逐步明晰，稳定币的合规问题日益凸显，各国金融监管机构和执法机关也开始将稳定币发行商逐步纳入监管范畴。总的来说，全球各主要国家及地区监管当局对于稳定币的监管立场不尽相同，相应的监管框架及立法也正处于不同阶段。

美国对于稳定币的监管和立法探索

2022 年 8 月，美国财政部海外资产控制办公室（OFAC）将与基于以太坊的去中心化隐私协议 Tornado Cash 相关的以太坊地址列入制裁实体名单中，导致部分 USDC 被冻结，这是该机构第一次对智能合约应用进行制裁。这次事件引发了业界在隐私安全、去中心化以及合规性方面的争论，也让人们开始担忧此事会波及 DeFi。尤其是 DAI 作为目前市值最大的去中心化稳定币，其资产储备中 USDC 占比较高，若监管机构未来加大对 USDC 的冻结范围，也会严重影响其质押贷款业务和用户权益。

2021 年 11 月，美国总统金融市场工作组、美国联邦存款保险公司和美国货币监理署联合发布了一份名为《关于稳定币的报告》（*Report on Stablecoins*）的报告。为了解决支付型稳定币的风险，该报告建议美国国会迅速立法，以确保支付型稳定币及其相关安排受到统一且全面的美国政府框架下的监管，以填补目前稳定币在市场诚信、投资者保护和非法交易等方面的立法空白。

2022 年 3 月 31 日，美国参议员比尔·哈格蒂（Bill Hagerty）提交了《稳定币透明度法案》（*The Stablecoin Transparency Act*），该法案旨在提高稳定币市场的透明度，并为储备资产设定标准。2022 年 4 月 6 日，美国参议院银行委员会成员帕特·图米（Pat Toomey）公布了《稳定币储备透明度和统一安全交易法案》（*The Stablecoin TRUST Act*）讨论草案，拟将支付型稳定币的发行方限定为以下三大类机构：（1）在美国某州注册的汇款服务提供商（money transmitters registered with a state）；（2）持有专门为稳定币发行人设计的新的联邦许可证（entities with a new federal license tailored for stablecoin issuers）；（3）受保的存款机构（insured depository institutions）。同时要求支付稳定币发行人需要披露其储备资产、制定赎回政策和接受注册会计师事务所的定期审计。在 2022 年 5 月，美国证券交易委员会主席加里·根斯勒（Gary Gensler）对美国众议院拨款金融服务小组委员会表示，数字资产交易平台也要注意审查稳定币是否会被认定为是证券。2023 年 4 月，美国国会接连出台两个版本的稳定币立法草案，即“美国草案”。美国国会先后进行了两次听证会，宣布在接下来将发布第三版“美国草案”，并有望得到共和党和民主党的支持从而正式通过。在听证会上，美国国会议员多次强调，美国和美元在代表未来趋势的数字资产领域可能会失去领先地位，因此相关立法工作的紧迫性不言而喻。

2024 年 4 月 17 日，美国参议员柯尔斯滕·吉利布兰德（Kirsten Gillibrand）和辛西娅·拉米斯（Cynthia Lummis）提出了《Lummis-Gillibrand 支付型稳定币法案》（*Lummis-Gillibrand Payment Stablecoin Act*）。该法案要求稳定币发行者持有与其通证价值相等的现金或现金等价物储备以支持其通证。根据官方声明，该法案禁止没有现金或现金等件物支持的算法稳定币，并规定发行者和用户不得将稳定币用于非法或未经授权的用途，如洗钱。总的来说，该法案致力于创造一个鼓励“负责任”的创新框架，并指出了稳定币在国际快速交易、降低费用、为新项目和应用程序提供数字化优势方面的有利用例。声明同时表示，该法案旨在为稳定币发行者建立起“美国政府和州的监管制度”，以维护双重银行体系。

美国的双重银行体系是指全美银行和州银行有不同的监管机构，美国货币监理署监管全美银行，而州监管机构监管州银行。然而，一家银行可以同时受到州和美国政府的监管。《Lummis-Gillibrand 支付稳定币法案》将赋予美国政府和州实体在稳定币发放和执行方面的权力。

吉利布兰德在声明中表示：“稳定币的监管框架对于促进负责任的创新、保护消费者，以及打击洗钱和非法金融行为都至关重要。它通过强制一对一储备、禁止算法稳定币以及要求稳定币发行人遵守美国反洗钱和制裁规则来保护消费者。为了起草尽可能最强有力的法案，我们的办公室与美国政府和州的相关机构密切合作，我相信这项立法能够在参议院和众议院获得必要的支持。”

拉米斯在一份声明中表示，该法案还满足了“美国不断发展的金融业使其日益增长的需求”，这呼应了关于双重银行体系和美元主导地位的观点。

该法案为非存款类金融机构发行支付型稳定币设定了 100 亿美元的限额。该法案称，一旦发行超过该金额，发行人必须是“已被授权为国家支付稳定币发行人的存款机构”。

目前，美国最大的稳定币发行机构 Circle（USDC 流通量达 330 亿美元）并非存款信托机构。第二大稳定币发行机构 Paxos 尽管其市值远低于 100 亿美元的界限，但其确实通过纽约金融服务局获得了有限目的信托执照。一名美国参议院工作人员将 100 亿美元的限额描述为小型社区银行与具有系统性风险潜力的较大区域金融机构之间的大致界限。

该法案中另一个值得注意的消费者保护措施是，如果稳定币发行者遇到破产问题，该法案允许采取保管和解决措施。根据官方声明，FDIC 为所有支付型稳定币发行者建立了详细的接管制度，包括优先顺序、索赔的有效性，以及将支付型稳定币归类为客户资产而非发行者资产。

被视为最有可能在美国通过的加密货币特定立法建议长期以来一直建议稳定币立法，但进展一直缓慢。美国众议院金融服务委员会主席帕特里克·麦特里克·麦克亨利（Patrick McHenry）和成员玛克辛·沃特斯（Maxine Waters）多年来一直致力于稳定币立法。2023 年，一项法案在委员会中取得了进展，但在时任美国众议院议长凯文·麦卡锡（Kevin McCarthy）被罢免后，进展停滞不前。

直到 2024 年 4 月初，稳定币立法在美国再次取得进展。美国参议院多数党领袖查尔斯·舒默（Charles）与麦克亨利和沃特斯会面，讨论可能将稳定币立法附加到重新授权美国联邦航空管理局的法案上。4 月 16 日，美国参议院银行委员会主席谢罗德·布朗（Sherrod Brown）表示，稳定币立法如果包含某些特定的保障措施，可能会取得进展。如果本次《Lummis-Gillibrand 支付稳定币法案》成功通过，无疑对 Circl（USDC 发行商）的许多挑战者，都将是一记重拳。

欧盟的稳定币监管和发行

继 2017 年比特币牛市之后，欧洲民众对数字资产的投资激增，导致欧洲监管机构于 2018 年初就开始注意到不受监管的虚拟资产，可能对大众投资者和市场构成重大威胁，包括洗钱和恐怖主义融资风险，遂开始研究。欧盟旋即发布《金融科技行动计划》（*FinTech Action Plan*），授权欧洲银行管理局（EBA）和欧洲证券和市场管理局（ESMA），审议欧盟既有的金融服务监管框架，是否对数字资产具有可适用性，随即发现多数数字资产超出欧盟既有管制范围，不受欧盟约束。因此，欧洲监管机构开始计划制定新的数字资产监管框架。

早在 2020 年 9 月，欧盟委员会就通过了关于数字资产市场监管的提案。2021 年 2 月至 6 月，针对如何监管数字资产市场，欧洲中央银行、欧洲经济和社会委员会（EDPB）和欧洲数据保护监督员（EDPS）分别提出了意见。2022 年 6 月，欧洲议会和欧盟国家代表就《加密资产市场监管法案》（简称 MiCA）达成临时协议。2023 年 4 月欧洲议会正式投票批准首个数字资产法规 MiCA。

MiCA 可能将于 2025 年 1 月开始实施，其中稳定币相关规则将在 12 个月的过渡期后于 2024 年 6 月 30 日开始生效。这意味着欧盟将成为世界上首个引入全面数字资产法规的主要司法管辖区。MiCA 是迄今最具实质性作用的数字资产监管框架，内容长达 168 页，主要针对欧盟目前不受监管的数字资产、市场和服务提供商，并为其提供法律框架，同时为成员国提供单一许可制度服务。MiCA 是欧盟首次针对数字资产建立全面监管机制，制定明确规则来建立市场秩序，同时为数字资产提供法律层面的明确性，从而确保消费者和投资者的权益。

MiCA 中也包括较为完善的稳定币监管方案，对稳定币发行、流通、资本金或自有股本监管、储备管理、信息披露监管和消费者保护等诸多方面做出了具体规定。总体来看，MiCA 的监管限制较多，且仅允许发行与欧元挂钩的稳定币，并要求稳定币必须由受监管的欧盟信用机构发行，非银行机构无法发行。MiCA 对稳定币发行方的储备资产范围和构成有更多要求，同时对稳定币的治理、运营、风险管理等方面也有明确规定。

根据 MiCA 规定，有两种数字资产可以被理解成稳定币。第一种是资产参考通证（Asset-Referenced Tokens，ART），即通过参考其他法币、商品或数字资产（一种、多种或资产组合）的价值以稳定自身价值的数字资产，如可以用等价黄金储备作为资产支持。第二种是电子货币通证（E-Money Tokens，EMT），即通过参考其他法币价值以稳定自身价值的数字资产。EMT 与 ART 的区别在于是否支持通证价格的底层资产配置。ART 使用的是非现金资产或一篮子货币，而 EMT 则是仅使用单一货币，更接近于电子货币的概念。MiCA 要求 EMT 需要由 100% 基础资产支撑，例如，如果发行人发行了价值 10 万欧元的、与欧元挂钩的 EMT，那么发行人需要持有等价于 10 万欧元的资产（或欧元计价资产），并存储在某个受监管认可的地方，如保险库或银行账户。

2024 年 7 月 2 日，欧洲加密资产市场迎来历史性的一刻：Circle 获得 MiCA 正式批准，可以在欧洲发行稳定币。这一决策不仅为稳定币在欧洲的广泛流通铺平了道路，也为数字资产的监管设立了新的标杆。Circle 为著名的 USDC 欧洲稳定币的发行方，其获得 MiCA 的批准意味着可在欧洲发行与美元等值挂钩的稳定币。这一批准为更广泛的稳定币流通打开了大门，提供了一种稳定且受监管的替代选择，用以对抗像比特币这样波动性较大的加密货币。MiCA 批准 Circle 发行稳定币可能会对加密资产市场有如下重要影响：

- **市场更加规范**

  （1）提供统一的监管框架：MiCA 提供了一个统一的监管框架，使加密资产市场的参与者（包括发行人、交易所和服务提供商）在欧盟范围内有明确的法律和合规要求。

  （2）透明度和合规性：通过要求发布白皮书、定期报告和信息披露，MiCA 提高了市场的透明度和合规性，有助于减少欺诈和市场操纵行为。

- **强化投资者保护机制**

  （1）信息披露：MiCA 要求加密资产发行人和服务提供商提供详细的白皮书和定期报告，确保投资者能够获得充分的信息，从而做出更明智的投资决策。

  （2）保障投资者权益：MiCA 通过严格的监管要求和投诉机制，切实保护投资者权益，减少投资者的投资风险。

- **提升市场稳定性**

  （1）金融稳定性：MiCA 通过严格的资本要求和风险管理措施，确保加密资产市场的金融稳定性，减少市场波动和系统性风险。

  （2）风险控制：通过对稳定币等高风险资产的严格监管，MiCA 有助于控制市场风险，保护金融系统的稳定性。

- **数据和隐私保护**

  （1）数据安全：MiCA 要求加密资产服务提供商遵守数据保护和隐私规定，确保用户数据的安全和隐私。

  （2）数据使用透明度：通过提高数据使用的透明度，MiCA 有助于增强用户信任，促进市场的健康发展。

- **国际竞争力**

  （1）全球竞争力：MiCA 提供了一个统一的监管框架，使欧盟在全球加密资产市场中具有更大的竞争优势。通过规范市场行为和保护投资者，欧盟可以吸引更多的国际企业投资。

（2）跨境合作：MiCA 能在一定程度上推动欧盟与其他国家和地区在加密资产监管方面的合作，促进全球市场的互联互通和共同发展。

新加坡对于稳定币的监管框架

新加坡的稳定币监管框架历经一系列发展：从 2019 年修订《支付服务法案》（RSA）开始，到 2022 年公开征求意见，再到 2023 年 8 月 15 日最终完成定稿，并发布《对公众咨询的回应：提议的稳定币相关活动的监管方法》（*Response to Public Consultation on Proposed Regulatory Approach for Stablecoin-related Activities*）。

MAS 表示，当受到良好监管并保持价值稳定性时，稳定币可以作为值得信赖的交换媒介来支持创新，包括在区块链上购买和销售数字资产。

新加坡对于稳定币的监管框架主要包括四个部分：

第一，适用范围。MAS 允许稳定币服务商发行与单一货币锚定的稳定币（SCS），包括新加坡元和 G10 国家的货币。G10 国家的货币包括澳元、加拿大元、英镑、欧元、日元、新西兰元、挪威克朗、瑞典克朗、瑞士法郎和美元。但是，MAS 不允许发行与一篮子货币挂钩的稳定币，也不允许挂钩其他数字资产和基于算法发行的稳定币。稳定币发行主体分为银行和非银行两类，非银行发行者需要满足一定的流通规模（500 万新元以上）并申请大型支付机构许可（Major Payment Institution Licence，MPI）牌照[①]，银行需要发行 100% 资产抵押的稳定币（见图 6-14）。

---

① MPI 牌照是由 MPS 颁发的金融许可证。它是一种高级别的支付机构牌照，适用于处理较高交易额和更复杂的支付业务。因为涉及更高的资本要求和更严格的审查，MPI 牌照申请流程更加复杂。

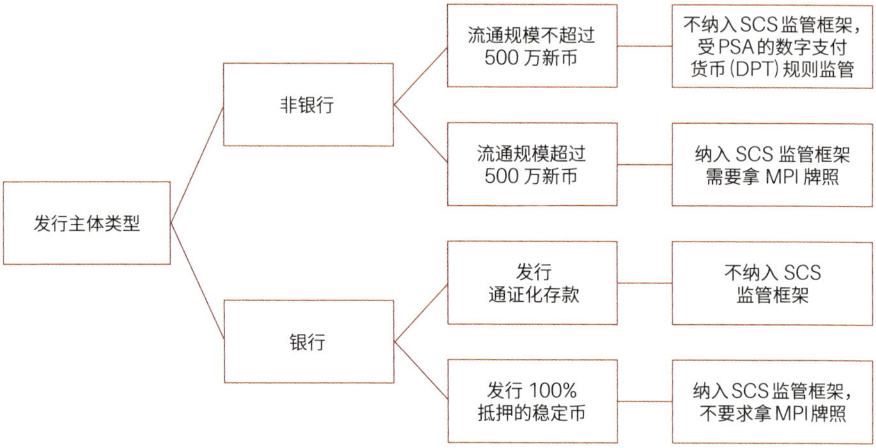

图 6-14　新加坡稳定币监管框架的资产适用范围

第二，储备金管理。MAS 规定稳定币的储备金只能投向现金、现金等价物以及剩余期限为 3 个月的债务证券，且这些证券只能由以下机构发行：发行货币的政府或中央银行，或具有政府和国际性质的债券发行机构，且该机构的最低信用评级为“AA-”。稳定币发行方需要成立信托机构并开设隔离账户，托管方需要具有一定的资质。储备金的每日市值要高于稳定币的流通规模，赎回时限为 5 天，并需要发布月度审计报告。

第三，从业资质。MAS 对稳定币发行方的资质进行了规定，包括基本资本要求、偿付能力要求和业务限制要求。发行方的资本金不得少于 100 万新元或年度运营费用的 50%，需要有足够的流动性资产来满足赎回需求。

第四，业务限制。发行方不能从事借贷、抵押、交易和资产管理等业务。这项禁止并不包括发行方的关联企业。发行方以外的其他公司可以为稳定币提供类似业务，包括稳定币发行方未参股的姊妹公司。

对比欧盟的 MiCA，MAS 的稳定币监管框架更为开放和灵活，且有多个主要货币可以作为挂钩对象，发行主体也可以是通过审批的非银行机构，对储备资产范围和构成的要求也更灵活、有原则，但两者在保护消费者权益和监控稳定币本身稳定性等方面都提出了明确要求。

基于新加坡的监管框架发行稳定币也可能存在一些挑战。首先，MAS 限制了储备金的类别，如新元稳定币的储备资产必须是新元资产，而非美元资产，但新元可投资产种类和深度有限，这对储备金管理是挑战，并可能限制稳定币的发行量。其次是跨司法管辖区问题。MAS 提出两个解决方案，但因现实因素无法实现，因此要求稳定币发行商初期不允许跨司法管辖区发行。再次，从稳定币发行方的收益来看，发行方仍旧可以将客户购买稳定币的钱用于投资（当然投资的对象需要有高流动性和低风险性）。MAS 不允许稳定币发行方给购买者提供质存利息或投资收益等形式的回报，实际上等于让发行方独自享有收益，但同时也降低了这些发行方的商业竞争力。最后，相关牌照的申请难度也值得关注。发行合规稳定币的成本相对高，需要对自有资本、偿付能力和营业范围有明确规定，且非银行发行商需要申请 PMI 牌照，这将花费大量时间和资源。因此，目前在 MAS 的稳定币监管框架下，银行或大公司发行稳定币的可能性更高，非银行的中小企业基于该框架发行稳定币的可行性还有待观察。

2023 年 9 月初，新加坡 DCS Card Centre（以下简称 DCS）宣布推出支付通证 DCS Tokens（DUS），并在 PlatON 网络上率先部署发行。此次发行标志着区块链支付清算领域取得重大突破，DCS 也成为 MAS 发布有关单一货币稳定币的监管框架新规后，首家提出旨在促进 Web 2.0 和 Web 3.0 生态系统之间转换的倡议的金融机构。

DCS 是根据新加坡《银行法》接受 MAS 监管，并获得发行信用卡和记账卡 Charge Card 许可证的金融机构。DCS 将会持续引领新一代数字支付领域跨时代的创新与融合。

DUS 是一种结合了数字资产和传统金融的创新产品。DUS 是由 DCS 处理的信用卡交易产生的，并且只能作为卡消费额度的兑换来退还给 DCS 银行账户。

DUS 具有价值稳定性，每 1 枚 DUS 等价于 1 美元，并作为 Web 3.0 和 Web 2.0 全球卡支付之间的可信连接。用户可以在 D-Vault 上即时兑换 DUS，增加 DCS 持卡人的消费限额或支付未结算余额至法币。D-Vault 是 DCS 卡应用程序内的一个功能，支持银行转账和转换数字资产，可以让用户无缝优化并在 Web 2.0 和 Web 3.0 之间切换，充分利用两者的便利性和效率。

2024 年 7 月初，Paxos 宣布，其新加坡子公司 Paxos Digital Singapore Pte. Ltd. 已获得 MAS 的批准，成为主要支付机构，得以提供数字支付通证服务。这意味着 Paxos 可以在新加坡发行符合当地法规的稳定币。

截至目前，包括 Paxos、Blockchain.com、Circle 和 Coinbase 在内的 19 家企业已经获得了新加坡的 MPI 牌照。根据 MAS 的要求，获得 MPI 牌照的公司必须具备至少 250 000 新加坡元的基础资本，并在新加坡设有永久营业场所或注册办公室。

Paxos 的战略主管沃尔特·赫瑟特（Walter Hessert）表示："在像 MAS 这样设有严格监管标准的机构批准下发行稳定币，标志着金融服务民主化的重要进步。获得 MAS 的批准对于 Paxos 及我们的全球合作伙伴而言，是一个里程碑事件，使我们能够为全球更多用户提供安全的美元使用服务。"

此外，Paxos 还宣布已与新加坡星展银行达成合作，合作内容包括现金管理和托管稳定币储备资产。星展银行客户科学部门的负责人埃维·特尼斯（Evy Theunis）指出："这次合作进一步扩展了我们在数字资产生态系统中的参与，多年来，星展银行一直是这一领域的领导者和创新者。"

目前，Paxos 已在美国、阿联酋和新加坡获得了发行稳定币的授权。通过这些合作与批准，Paxos 正在全球中心化稳定币市场中逐步扩大其影响力，为更多用户提供安全、符合规定的稳定币服务。

中国香港的稳定币发行人“沙盒”

2022 年 1 月 12 日，香港金管局发布了一份讨论文件，旨在将香港的监管框架扩展到稳定币，同时邀请业界人士和公众对数字资产（在香港也称“虚拟资产”）和稳定币的监管模式提出意见。该讨论文件描述了香港金管局对作为支付工具的稳定币等数字资产的监管模式的构想。香港金管局认为，稳定币正越来越被视为一种可广泛接受的支付方式，稳定币使用量的增长实际上增加了其融入主流金融体系的可能性，但也可能引发更为广泛的货币和金融稳定性问题，因此稳定币已经成为监管部门重点关注的领域。

2023 年 1 月，香港金管局发布了《关于加密资产和稳定币的讨论文件结论》，表示将优先监管那些声称与法定货币挂钩的稳定币，无论该稳定币是通过算法还是套利机制与法币挂钩，无论该稳定币主要是用于零售、批发还是数字资产交易，只要声称与法定货币挂钩的稳定币，都将成为监管的重点。香港金管局指出，稳定币活动的强制性许可制度可能与目前由 SFC 负责的虚拟资产服务提供商的许可制度有所重叠，因此香港金管局表示将进一步咨询其他监管机构的意见，以考虑如何避免未来出现监管套利的情况。

2024 年 3 月 12 日，香港金管局正式推出稳定币发行人沙盒，希望通过沙盒向有意在香港发行法币稳定币的机构传达监管期望，并收集参与者对拟议监管要求的意见。

首先，让我们来了解一个概念：沙盒。沙盒是近年新兴的金融监管用语，应用于金融科技领域，主要指监管机构允许金融机构在推出新服务和产品前，在风险可控和规模较小的环境下进行测试并收集数据和用户意见，从而加快相关产品及服务推出的时间，并确保服务及产品符合监管要求。

稳定币发行人沙盒沿用了类似的概念，在稳定币监管制度落实前，香港金管局可以透过沙盒，向计划在香港发行法币稳定币的机构传达监管期望且提供指引，并让监管部门收集沙盒参与者对拟议监管要求的意见，以确保制度的设计切合监管目标。沙盒参与者可以测试预期业务模式的可行性，并可直接与香港金管局沟通及了解如何遵守未来的监管要求。

其次，让我们打开香港稳定币发行人沙盒一探究竟。对于稳定币发行人来说，如何向香港金管局申请参与沙盒呢？其实不难，在此，笔者简单梳理了申请程序：

- 如有意申请参与沙盒，可通过发送电子邮件的方式向金管局表达意向。
- 香港金管局在评估过程中可能与申请人联系，以索取更多资料。处理流程所需的时间取决于多项因素，包括申请人的商业模式的复杂性、所提供资料是否充足和全面、对于香港金管局后续问题和要求的回应速度和周全程度。

如果想要通过香港金管局的申请，需要符合以下几个条件：

- 申请人需要有在香港发行法币稳定币的真实意愿和合理计划。
- 申请人需要有参与沙盒的具体计划。
- 申请人需要能够符合拟议监管要求的合理预期。

这里要注意的是，香港金管局将考虑一系列因素对沙盒申请人进行评估。成功成为沙盒参与者并不意味着能获得香港金管局的任何认可，或有资格受到香港金管局或香港其他金融监管机构的现时或未来监管。在监管制度实施后，有意申请牌照的沙盒参与者仍须按发放牌照部门的要求另行提交申请。

香港金管局可通过不同形式向公众宣布沙盒的参与情况，包括披露获批准的参与者。在获准参与沙盒前，任何人不应就其申请状况做出任何公告。获准参与沙盒后，如参与者希望就其参与沙盒的安排做出公告，应在发布前征得香港金管局同意。视参与者的具体方案及测试的进展，香港金管局可以适当地调整沙盒的要求。

沙盒参与者在以下任何情况下将被视为退出沙盒：

- 如果香港金管局认为沙盒参与者未能按照金管局所考虑的申请相关文件和资料中规定的预期运作方式行事，或金管局认为该参与者不再适合留在沙盒中。
- 如果沙盒参与者决定自行退出，应有序退出并提前通知香港金管局。
- 香港金管局将在其认为适当的情况下向公众宣布终止参与者资格。

香港金管局宣布推出稳定币发行人沙盒后，香港金管局前总裁创办的圆币科技就表示欢迎香港金管局推出沙盒，同时其也计划推出港元稳定币 HKDR，价值与港元等值，拟于香港及香港以外的不同商业场景中应用，以促进香港的 Web 3.0 生态发展。

香港金管局稳定币发行人沙盒对当地数字资产市场发展至少有三个方面的利好：

- **促进香港稳定币市场发展并提升市场信心**
  沙盒将为稳定币发行人提供一个合规的平台，降低其进入香港市场的门槛。这将吸引更多机构参与稳定币发行，从而推动稳定币市场的发展。同时，沙盒将有助于提高市场对稳定币的信心。通过对稳定币发行人的监管，香港金管局将确保稳定币的稳定性和安全性，从而降低投资者对稳定币的风险担忧。
- **推动虚拟资产交易并加强金融监管**
  稳定币是虚拟资产交易的重要媒介。稳定币市场的发展将促进数字资产交易的增长，从而推动数字资产市场整体的繁荣。沙盒将为香港金管局提供一个了解稳定币发行实践的机会。通过对沙盒的运作进行监管，香港金管局能积累相关经验，并制定出更完善的稳定币监管制度。

- **促进香港作为国际金融中心和全球 Web 3.0 中心的地位**

  沙盒的推出表明香港对数字资产市场的发展持开放态度，这将吸引更多国际数字资产企业来香港设立业务，从而提升香港作为国际金融中心和全球 Web 3.0 中心的地位。

整体来看，未来稳定币市场有望进一步快速发展，但也会遇到越来越多的合规性挑战，但稳定币走向主流化、合规化、机构化的趋势是不可逆转。Web 3.0 的发展节奏与传统产业并不相同，因此过去的法律法规和监管方式可能不适用于 Web 3.0 目前的产业现状和技术特征。未来，各经济体如想在稳定币市场占据一席之地，就必须尽快完善稳定币的相关法律法规。

5. 稳定币的应用：全球贸易跨境结算

跨境支付体系是全球经济和金融运行的基础设施，是支持全球跨境支付的网络通道。全球跨境支付模式主要包括代理行模式、互联模式、单一平台模式和点对点模式。其中，最常见的代理行模式是传统的跨境支付清算模式，该模式指某一国家的商业银行在境外代理银行开立清算账户，主要通过 SWIFT 系统发送跨境报文，依靠境外代理行的支付清算体系完成跨境资金支付清算。这种模式长期在跨境支付交易中占据主导地位。

根据金融稳定理事会（FSB）的数据，通过 SWIFT 系统发出的跨境支付交易量和金额逐年增长，但全球代理行数量在 2011—2018 年下降了约 20%，这一趋势在全球各国和各地区都有不同程度的体现。可见，代理行模式的发展呈衰退趋势。国际社会对未来全球跨境支付能力表示担忧，这可能导致通过地下渠道进行跨境支付的情况增多，从而对全球经济发展造成负面影响。

传统跨境支付模式常常面临多主体协调复杂、结算流程烦琐和支付方式上的挑战，跨境贸易不仅涉及进出口双方，还需要银行、监管部门、检验机构、海关、审计部门和运输公司等多方协调。由于贸易过程中缺乏让多方信赖的技术，各参与方往往不愿公开分享数据和信息，导致信息缺失、信任不足和流程协同低效。

- **结算流程烦琐**

  现有跨境支付结算业务流程复杂，出口贸易的回款周期较长，大量海外应收账款容易出现呆账和坏账。此外，中小企业在国际贸易中占比较高，但由于其财务制度不完善、经营规模较小、抗风险能力差等问题，导致企业征信难或者没有相应的征信渠道，极大影响了中小企业的融资率，尤其是参与跨境贸易的中小企业。

- **支付方式及其问题**

  跨境贸易支付的交易主体由于所属关境不同，需要通过第三方支付、信用卡、电商平台等方式进行结算，以实现在不同关境间交易的国际商业活动。目前，跨境电子支付类型主要包括银行电汇、网上银行支付、网关支付和移动支付等。这些支付方式虽然提高了交易效率，但也存在许多问题。

综上所述，我们将传统跨境贸易支付存在的痛点总结为以下 5 种：中心化程度高；支付成本较高；交易信息不透明度高；征信体系难以构建，造成保理融资困难；SWIFT 系统存在限制。

中心化程度高

在传统的跨境支付系统中，每笔交易的交易记录或账单都需要通过一个中心网关，并且依赖中央服务器来完成交易的结算和汇总。这就像是所有交易记录和支付记录都被存储在一个巨大的中央数据库中，而银行和第三方支付平台就像是这个系统的中心枢纽。

想象一下，在跨境交易的网络中，每一个交易节点代表一次交易行为。这些交易节点不仅包含交易记录和支付记录，而且还包括隐私行为和交易流程等所有相关内容。然而，这些内容都必须连接到中央服务器。中央服务器就像一个“守门人”，负责甄别、核对、记录和维护所有交易信息，并最终完成双方的交易结算。

中心化的跨境支付模式是目前跨境电子支付和结算的主要方式。这种中心化的交易清算模式要求所有参与交易的各方都必须将交易信息传递到第三方服务器进行处理。这无形中增加了交易所需的时间，并且提高了时间成本和资金流动成本。

这种高度中心化的模式也影响了账户管理体系，使其以集中式为主。在跨境支付过程中，资金的往来和信息的变化都需要通过中央银行和商业银行进行登记。举个例子，当交易的收付款方是同一家银行的客户时，银行内部就可以直接处理账户余额的变化，从而完成资金的转移和结算。如果收款方和付款方属于不同的银行，资金的转移就需要通过一个第三方来完成，第三方通常是使用中央银行的清算系统。

支付成本较高

在代理行模式下，跨境支付需要经过多个环节，包括支付操作、代理机构的支付清算、头寸管理、货币兑换、SWIFT 系统、系统建设和人工处理等。这些环节都会产生成本，最终反映在各种费用上，如汇款行的电报费和手续费、中间行的转汇费用、入账行的入账费和查询费等。以 200 美元的跨境汇款为例，2023 年第二季度全球平均成本为 6.2%，这远高于 G20 集团承诺的在 2030 年将跨境支付成本降至 3% 的目标。

交易信息不透明度高

在高度中心化的跨境支付系统中，交易信息的透明度往往很低。跨境支付交易信息的记录和保障几乎完全依赖于银行机构、中间商和第三方支付平台。整个交易支付过程只在一个非常小的范围内公开，并且缺乏足够的监管。这种情况容易导致虚假交易的问题，因为外界很难甄别交易的真实性，从而降低了交易信息的可信度，也使征信体系难以建立。

不仅如此，高度中心化跨境支付系统还带来了高昂的交易成本和低效的交易速度。第三方机构需要构建复杂的程序来确保交易的安全、准确和可靠，这无疑增加了成本。此外，对第三方机构的依赖让交易双方之间构建起了一堵“墙”，提高了双方的交易难度，降低了资金流动性和交易效率，同时增加了交易时间和时间成本。

安全隐患也是一个重要问题。在交易过程中，安全隐患不仅存在于交易双方，还存在于中间方。如果交易的一方遭到黑客攻击导致交易信息被篡改，将影响中间方存储、记录信息，进而造成经济损失。如果作为交易保障的第三方机构出现安全问题，如被黑客攻击，整个交易信息可能被篡改，甚至可能导致整个交易系统瘫痪，隐私信息泄露和经济损失也随之而来。

征信体系难以构建，造成保理融资难

在这种中心化、集中式账单管理的传统跨境支付模式下，交易信息缺乏公开性，不利于透明式监管。这意味着交易的发生、记录、监管和保障主要由第三方实现，会产生交易信息被有意或无意篡改的风险，以及遭受黑客攻击等安全问题。有意篡改交易信息会影响信用记录的准确性，这不利于征信体系的建立，且存在安全隐患。目前，征信体系难以构建，极大地限制了保理融资业务的开展。

商业银行保理业务本应是传统商业银行贷款融资服务的有益补充，但在涉及跨境贸易时，境内保理公司很难与境外电子商务平台形成紧密绑定，只能采取独立商业保理模式。这种模式下会出现几个问题：

首先，融资审核效率低。有信息化系统的保理公司需要与境外电商平台对接以获取供应商的订单信息，而没有信息化系统的保理公司则需要人工获取订单信息。即便获取了订单，还需要用额外的资源来核实其真实性，不仅成本高，而且业务开展效率低。

其次，贷后风险较大，资金流向难以控制。由于保理公司各自记录融资信息，数据相互隔离，导致很难避免供应商用同一订单向多家保理公司申请融资、造成多头借贷和超额融资的情况，增加了保理公司的风险。

最后，融资方式不够灵活。传统保理融资的授信额度不支持拆分，每一笔订单只能融资一次，部分授信额度会被浪费。同时，供应商的授信额度不能叠加，无法满足较大额度的融资需求，融资方式非常不灵活。

SWIFT 系统存在制约

SWIFT 系统自 1973 年成立以来，通过制定统一的金融机构通信标准，成为全球跨境支付业务传递交易信息的主要渠道。然而，这也带来了某些制约。一旦某个国家或金融机构被切断与 SWIFT 的联系，就相当于被排除在国际资金清算体系之外，难以进行国际贸易等经济活动。虽然名义上 SWIFT 是一个中立的、非营利性质的国际银行间组织，但实际上它仍然由西方国家主导。特别是在“9・11”恐怖袭击事件之后，美国政府借反恐名义，将 SWIFT 变成了对其他国家进行金融制裁的“长臂管辖”工具。在俄乌冲突背景下，欧盟出台制裁政策，禁止向部分俄罗斯银行提供金融信息服务。可以说以美国为主的西方国家利用 SWIFT 实施制裁已趋向常态化。

随着全球数字资产市场的快速增长，稳定币已成为全球贸易中不可或缺的工具。稳定币提高了交易效率、降低了成本，改善了现有支付系统，从而加强了金融科技的实力。具有稳定性、自由兑换性、高安全性和跨境流动性的稳定币，为全球金融创新提供了强大的支持。

在全球范围内，政策制定者和监管机构正逐步强化对数字资产的管理，这反映了对稳定币潜力的广泛认识。这些政策既推动了数字资产的接纳和发展，又使稳定币在推进全球贸易中的重要性日益凸显。

特别值得注意的是，稳定币能够解决传统金融系统在全球贸易中存在的多个问题。例如，它们能显著减少跨境交易的时间和成本，这是通过绕过传统银行系统和直接利用区块链技术实现的。此外，稳定币提供了一种更加稳定的交易媒介，减少了由于货币波动引起的交易风险。

然而，尽管有诸多优势，稳定币的实施和普及也面临挑战，特别是在全球范围内的监管一致性方面。不同国家和地区的法规差异可能会阻碍稳定币的国际流通和接受度。此外，虽然私人机构有能力发行稳定币，但这些稳定币可能难以获得足够的市场接受度，从而影响稳定币作为全球贸易工具的有效性。

因此，在跨境支付和交易这一领域，需要由政府或国际金融机构主导发行稳定币以确保其被广泛接受和使用。政府支持的稳定币，如以国家外汇储备为后盾的稳定币，将具有更高的信誉和更低的风险，能够有效地促进全球贸易和金融稳定。

这种由政府或国际机构背书的稳定币将利用区块链技术透明度高、成本低、速度快的优势，同时借助强有力的法律和监管框架，确保其在全球金融系统中的有效运作。通过这种方式，稳定币不仅可以优化全球贸易流程，而且还可以增强金融市场的整体效率和包容性。

那么稳定币在跨境支付体系上具有的优势有哪些呢？

多样化的跨境支付体系

稳定币在促进全球金融市场多样化方面有显著作用。稳定币可以减少各国对单一货币的过度依赖，使国家间交易更加直接和稳定，减轻国际关系动荡对贸易的影响。在适当的监管框架下，稳定币还可以重塑国家的国际货币战略，并推广至其他国家。

让跨境贸易物流与产品溯源更便捷

物流运输是跨境贸易的基础。由于涉及环节较多，该行业为稳定币的应用提供了丰富的场景。稳定币的透明性和可追溯性有助于防止欺诈、洗钱行为以及假冒行为的发生，连接从托运人到海关和银行供应链上的所有参与者。通过检测数据还能进一步保护供应链的安全性和产品的溯源，赢得消费者的信任。

提供额外流动资金，助力政府和企业的金融项目

由发行国家信用背书的稳定币可以提供大量的额外流动资金，提高资金流动

效率和金融市场的效率。第一，这些流动资金可以用于减少政府债务，为基础建设和产业发展提供更多的财政空间，也可用于政府的金融投资计划，以降低项目运行成本。稳定币依托于区块链的天然优势解决了传统跨境贸易支付系统中信息不透明与可信度低的问题。减少审核贸易真实性的成本和时间。第二，稳定币可以控制资金流向、规范资金使用。由于贸易信息的互通性，稳定币可以避免项目多头申请融资的现象。第三，稳定币支持拆分授信额度，可以灵活融资，使大额融资需求门槛降低。

实现传统百万亿美元资产数字化

稳定币能够协助各个国家或地区将传统资产数字化，进而扩大传统资产的业务范畴，增加其流动性和透明度，降低交易成本。数字化资产能开辟更为广泛的应用场景和使用情况，同时驱动金融服务的优化，让更多人有机会参与到金融行业的交易和买卖中。这样的变革可以强化地区金融领域的发展，提高其流动性和影响力，更可以为地区的数字经济带来新的活力和机遇。

易于监督及风险管理

跨境贸易不仅涉及大量文件，运行成本高，也会给海关监管带来困难。海关监管时主要关注交易的真实性和合法性，但数据源的缺失和数据整合的高难度，使监管复杂且耗时，从而降低了跨境贸易的效率。为了防止伪造提单和其他进口文件的欺诈行为，减少风险和避免监管漏洞，海关需要核验大量数据，耗费了大量人力和物力。尽管监管过程需要核验大量数据，但只有少数实现了无纸化，大多数仍依赖纸质文件，这也增加了经济和时间成本。

稳定币能够显著改善跨境贸易的监管效率和透明度。首先，稳定币可以实现交易数据的实时记录和自动化处理，减少对纸质文件的依赖。其次，稳定币交易的数据可以被实时追踪和验证，既提高了交易的透明度和真实性，又有助于海关快速核验交易信息，减少伪造和欺诈行为。最后，稳定币的数字化特性使数据整合更加容易，有助于不同监管部门之间共享信息和协同工作。

政府直接监管稳定币的发行与流通，不仅提升了货币政策的施行效能，而且还增强了地区金融稳定性和技术规范的一致性。政府可以根据市场状况和政策需求，灵活管理，以维持稳定币的价值稳定。政府有责任和能力保护稳定币持有人的利益，确保其利益不受侵害。相较于可能面临商业风险的私有机构，政府在应对洗钱等问题时，能够更好地遵守相关法规，并严格监控资金流向。

促进金融创新

政府的背书与监管将有助于稳定币的发展。与传统法定货币相比，稳定币不仅继承了其可靠性，还采用了加密算法、区块链和分布式记账技术，同时吸取了监管机构的最新研究成果。

此外，相较于传统跨境支付体系，稳定币可以提供一种更快、成本更低且更透明的跨境支付解决方案，从而重塑国际贸易的支付和结算方式，进一步降低国际贸易中的复杂性和成本。稳定币支撑的跨境支付体系可以解决跨境支付链条过长导致的经济成本和时间成本过高的痛点。第一，在经济成本上，传统跨境支付体系的业务结算流程常常需要多家银行参与，而各个国家的商业银行都有自己的技术标准和运营标准，再加上各个国家在基础设施建设和信息可得性上有直接差异，导致跨境支付的经济成本往往很高。第二，在时间成本上，跨境支付由于需要跨越不同国家，所以需要受不同主权的司法管辖区监管审核是否涉及洗钱、恐怖融资等，这些烦琐的流程增加了跨境支付的耗时。另外，因为没有统一技术标准，各国软硬件系统的兼容性也不一样，这进一步增加了跨境支付所需要的时间。

稳定币基于区块链技术，可以实现点对点支付，跳过传统支付链条，极大减少了复杂性，使交易和支付自动完成并实时到账。稳定的应用可以优化国际贸易流程，为全球金融市场带来更大的灵活性和效率。

在全球跨境贸易中，稳定币可以将本国或地区的法定货币推向国际市场，加强本国或地区与其他国家和地区的合作。建立数字货币之间的互通机制，使本国稳定币流动更便捷，同时吸引区块链、数字货币及 Web 3.0 相关企业和项目，提供差异化的优质金融服务，降低数字资产交易和跨境支付成本，为实体经济提供更便捷、安全的金融服务。

支持国家重要发展策略

稳定币能解决国际合作中因货币政策、贸易限制等因素带来的贸易和投资合作阻碍，提供一种更简单、便捷、可靠的资金流通方式和提高资金利用效率。扩大本国或地区的稳定币在全球的应用范围，有助于提升本国或地区的稳定币在国际贸易中的地位。稳定币的使用，减少了传统交易的冗余环节，降低了交易成本，提升了交易透明度和信任度，也有助于吸引国际投资。

稳定币的发展和应用为全球贸易提供了全新的解决方案，使传统金融系统在效率、成本、公平性上的问题都能迎刃而解。在今天，人们越来越呼吁要充分发挥稳定币优势，在国际贸易、跨境支付体系中建立一个多元化、更高效完善的支付体系。随着技术的成熟和监管制度的完善，稳定币也需要一个监管完善、国际合作密切、技术标准统一、互操作性强的环境，以推动其在全球经济中发挥越来越重要的作用，释放其在促进资产流动性和扩大国际贸易方面的更多价值。

6. 亚洲 RWA 工作组《关于香港金融管理局实施稳定币发行的建议书》

尊敬的香港金融管理局及相关部门领导：

本函由亚洲 RWA 工作组及其成员荣幸呈递，旨在就香港实施稳定币发行提出专业建议，并参考现有中心化稳定币的发展经验和其他国家地区的相关政策。RWA 工作组于 2023 年成立于香港数码港，是一个跨行业的自治组织，我们致力于促进亚洲 RWA 如证券代币与稳定币的生态建设。我们的目标是通过集结行业各方力量，推动 RWA 在亚洲及全球的融合，促进香港 Web 3.0 行业的健康合规发展。

稳定币在 Web 3.0 世界中正在发挥无法替代的作用。稳定币作为现实世界资产通证化的先锋和最为成功的领域之一，成功融合了数字资产的便利性与主流金融资产的稳定性，充当了数字资产交易价值尺度，为数字资产投资者提供“入场通道”和“避风港”，在现实世界的国际支付体系中也扮演着愈发重要的角色。此外，稳定币既是现实世界资产通证化的关键基础，同时现实世界资产通证化的推进也会为稳定币提供更加多元化的价值支撑和储备来源。因此，稳定币已经成为联系数字资产和主流金融体系的桥梁。数据显示，稳定币的总市值在 2022 年 5 月一度最高超过 1 800 亿美元，截至 2024 年 2 月 20 日总市值约为 1 428 亿美元。

香港实施稳定币发行的建议总结：

- 政策与监管框架：建立一个清晰的政策和监管框架，确保港元稳定币的发行与 运作符合国际金融标准，同时考虑到反洗钱和反恐怖融资的要求。
- 技术基础设施：采用先进的区块链技术，确保港元稳定币系统的安全性、可扩展性和互操作性。同时，考虑使用高度稳定和能够大规模处理交易的底层技术。

- 资产支持与审计：确保稳定币由充足的港元或其他资产支持，并定期进行审计，以提高透明度和公信力。
- 市场推广与应用：通过与金融机构、支付服务提供商和商家合作，推动港元稳 定币在日常交易中的应用，包括跨境支付、贸易融资和消费支付等。
- 风险管理：制定有效的风险管理策略，包括但不限于托管风险、流动性风险、信用风险和操作风险，确保系统的稳健运作。
- 用户隐私与数据保护：尊重用户隐私，同时确保符合数据保护的相关法律法规。
- 国际合作：与其他国家和地区的中央银行以及国际金融组织合作，推动跨境支付的便捷性，增强港元稳定币的国际影响力。

2024 年 2 月 27 日

署名：

汪扬教授，亚洲 RWA 工作组主席、香港科技大学副校长、香港 Web 3.0 协会首席科学家

甘添先生，亚洲 RWA 工作组副主席、华夏基金（香港）行政总裁

朱皓康先生，亚洲 RWA 工作组发起人兼秘书长，香港理工大学金融科技中心数字资产智库访问学者

白海峰先生，亚洲 RWA 工作组资产管理委员会主任，招银国际资管董事总经理

劳玉仪女士，亚洲 RWA 工作组信息行业委员会主任，港股 100 强研究中心主席

洪小齐女士，亚洲 RWA 工作组风险投资委员会主任，Hack VC 亚太区合伙人

乔喆沅女士，亚洲 RWA 工作组法律监管委员会主任，君合律师事务所合伙人

张涛铄先生，亚洲 RWA 工作组副秘书长

香港实施稳定币发行的建议

■ 政策与监管框架

建立清晰的政策和监管框架是确保香港稳定币可靠和可信的关键。这涉及以下几个方面：

- 遵循国际标准：香港稳定币的运作需遵循国际金融市场的规则和标准，包括但不限于国际清算银行（BIS）的指导原则和金融行动特别工作组（FATF）的建议。
- AML 和反恐怖融资：稳定币框架应内置有效的 AML/CFT 措施，履行 KYC 程序，确保交易透明，并防范非法资金流动。
- 监管合作：香港金管局应与其他金融监管机构合作，以确保监管措施的一致 性，避免监管套利。
- 政策透明度：应公开政策和监管框架，让市场参与者清楚了解规则，增加系统的信任度。

■ 技术基础设施

技术基础设施的建设要确保系统的安全性和效率，包括以下几方面：

- 区块链技术选型：选择公认的、经过验证的区块链技术，保障系统的安全性和稳定性。例如，选择支持智能合约的平台，以增加自动化和减少人为错误。
- 可扩展性：技术解决方案应能够随着用户基数和交易量的增加而扩展，确保系统不会因为扩容需求而中断服务。
- 互操作性：香港稳定币应能够与现有的金融系统和新兴的区块链网络协同工作，使资金流动无缝对接。

■ 资产支持与审计

资产支持和审计对于稳定币的信誉至关重要，包括以下几方面：

- 资产储备：稳定币应由港元或其他高流动性资产全额支持，并在可信任的银行账户中隔离。
- 定期审计：通过第三方审计，定期公布资产储备的情况，提高系统的透明度和公信力。

■ 市场推广与应用

市场推广和应用是稳定币成功的关键，包括以下几方面：

- 合作伙伴关系：与金融机构、支付服务提供商和商家合作，确保香港稳定币得到广泛支持和使用。
- 多场景应用：推广香港稳定币在多种支付场景中的使用，如在线支付、跨境汇款等。

■ 风险管理

有效的风险管理策略是确保系统稳健运作的基石，包括以下几方面：

- 托管风险：港元稳定币背后的资产管理与保管过程中可能出现的风险，这包括资产被盗、误用或是托管方的不当行为。为降低此风险，必须选择具备高级别安全防护措施的托管服务提供商，并确保通过定期的外部审计和透明的资产报告来监督托管方的操作与资产状况。
- 流动性风险：确保稳定币可以随时兑换为法货，避免市场恐慌。
- 信用风险：管理和评估与稳定币运作相关的信用风险，尤其是对于资产储备的管理。
- 操作风险：通过建立健全的操作流程和培训合格的人员来降低操作风险。

■ 用户隐私与数据保护

在数字货币的发展中，用户隐私和数据保护是极为重要的议题，包括以下几方面：

- 隐私保护：香港稳定币的设计需确保用户的交易隐私得到保护，同时允许监管机构在需要时进行审查，以满足 AML/CFT 的规定。
- 数据保护法规：遵守香港的数据保护法律，例如《个人资料（私隐）条例》，并与国际数据保护标准保持一致。
- 加密技术：运用先进的加密技术来保护用户数据不被未经授权的第三方访问。
- 用户授权：确保用户对其个人数据的使用和共享有完全的控制权，并在数据收集和处理中采取最小化原则。

■ 国际合作

国际合作能够提升香港稳定币的全球影响力，并促进其在国际贸易和金融活动中的应用，包括以下几方面：

- 中央银行网络：中国香港金管局应与其他中央银行建立合作关系，共同探索稳定币在全球金融体系中的应用。
- 国际金融组织：与国际货币基金组织（IMF）、世界银行等国际金融组织合作，推动制定相关的国际规范和标准。
- 跨境支付：通过与不同国家的支付系统合作，使中国香港稳定币成为跨境支付的有效工具，提高交易效率，降低成本。
- 监管对接：确保中国香港稳定币的监管框架与主要国家和地区的监管要求一致，以便于跨境流通和监管协同。

第7章

RWA与通证化的风险挑战与应对策略

1. RWA 与通证化的风险

区块链技术和通证的产生源于对去中心化的追求，要依靠区块链来确保通证的真实性、不可篡改性和唯一性，从而维护其信誉。通证的发展促进了资产和权益的低成本、高效率流通，为当前的经济体系带来了革命性的动力，并引发了资产数字化的新浪潮，开辟了全新的通证经济模式。通证经济模式对传统的中心化监管构成了巨大挑战，因为通证经济采用的是去中心化方式，这表明传统的监管策略可能不再适用。尽管不同国家对通证经济的态度各异，但随着该模式的迅速发展，各国都在密切关注，并开始实施一些较为宽松的政策，同时加大了对通证经济的研究和投入。新经济模式的出现常伴随着监管上的挑战，风险管理通常滞后于经济创新。只有通过发现风险、完善监管政策，我们才能更深入地理解这些新兴经济工具的潜力，通过改革监管方式，确保其在国家经济发展中发挥应有的作用。

RWA 与通证化的风险来源：新技术和新经济的不确定性

自区块链技术问世以来，资本和人才迅速汇聚于这一新兴领域。区块链技术的发展不仅与其自身有关，更涉及区块链平台和通证经济的构建。起初，市场充斥着投机炒币和虚假项目，但随着时间的推移，区块链技术逐渐成为推动经济改革的催化剂。各行业开始探索“区块链 +”模式，以解决行业内长期存在的问题，并利用通证实现项目的低成本、高效率运行，催生了一种全新的经济体系。

随着越来越多的项目采用区块链技术作为基础架构，以完善其上层经济体系，它们纷纷搭乘区块链技术的快车，以期在新经济体系中获得发展。然而，这种新兴的经济体系也伴随着新的风险。这些风险需要我们深入理解并采取相应的措施来应对，以确保区块链技术的健康发展和其在经济改革中的积极作用。

RWA 与通证化的技术风险

区块链技术作为一项创新的底层技术框架，以其卓越的信任解决机制和公平的利益分配机制，为现代经济注入了新的活力。作为一种去中心化的流通中介，通证在区块链平台上获得了迅猛发展。区块链项目能够依赖通证来维持其良好的运营状态。通证依托于区块链的底层技术，具备了不可篡改等特性，不仅优化了自身作为流通中介的功能，还提升了安全性和流通效率。因此，区块链与通证的结合为彼此开辟了更广阔的发展空间。

然而，区块链的去中心化特性与传统监管模式存在冲突。监管的缺失可能导致通证作为流通中介的用途偏离正轨，例如比特币在洗钱、勒索和黑市交易等非法活动中的广泛应用。这不仅带来了新的风险，也对现有监管体系提出了严峻的挑战。

RWA 与通证经济的经济模式风险

依托区块链技术的通证展现出显著的发展优势。将资产和权益数字化、碎片化、通证化，不仅降低了流通过程中的摩擦和纠纷，还让流通成本更低、更顺畅，从而提升了经济效益。任何组织或个人都能够基于自身的资源和服务能力，在项目中发行权益证明，这使得通证的供给完全市场化，并且具有高度的自由度。

在经济体系中，通证的应用能够有效地解决安全性低、信用度差和不公平等当前经济社会面临的诸多问题。通证经济是指通过通证这一媒介，将标准化或非标准化的商品和服务映射为通证化形态，在区块链上实现低成本、高效率的流通。通证流通速度的提升对经济具有显著的促进作用。然而，作为一种新型的去中心化流通中介，通证本身也面临着监管不足、价格泡沫等挑战，这使得通证经济的整体模式中存在许多不确定性和潜在风险。

RWA 与通证化引发的风险机制分析

区块链技术不仅重塑了人们的行为模式，也在逐步改变着价值观念，显著提升了组织工作效率和价值交换的效率。然而，我们必须认识到，区块链技术的发展仍处于初级阶段，尚未成熟，通证经济也仅仅是刚刚起步。一方面，技术的创新和应用需要不断尝试和探索，其对社会的深远影响不言而喻；另一方面，政府监管部门在面对技术发展带来的社会关系变革时，行动往往显得相对滞后。

在区块链技术及其通证经济尚处于发展初期，其可能引发的法律关系变革尚不明确的情况下，对其进行规制无疑充满挑战。如果监管方法错误，监管时机和力度不当，可能会阻碍甚至扼杀技术创新。当然，法律界人士有责任及时捕捉技术变革和经济发展带来的风险，并制定出科学、合理且精准的治理策略。

“权利客体→通证→权利”的流通循环可能不会形成

区块链技术为权利客体的通证化提供了一个平台，智能合约的使用使得签约过程自动化，增强了交易的安全性与透明度。在区块链网络中，任何具有经济价值的权利客体理论上都可以被通证化，利用区块链的可溯源和防篡改特性来确保其真实性和可信性。在去中心化和去中介化的网络环境中，这些通证能够快速流通和交换，并实现价值的转换。通证作为权益的证明，可以兑换成具体权利，完成通证经济的流通循环。

虽然在技术层面上将权利客体数字化和资产化并不困难，但真正的挑战在于通证在区块链网络中能否通过流通和交换实现增值，以及如何将通证兑换成其所代表的权利。通证化的实现并不意味着流通、增值和兑换环节都能顺利进行。为了说明这一点，下面将从动产、不动产和知识产权三个方面选取实例，以揭示通证化可能带来的治理风险。

以具有地域特色的单一功能动产为例，这类动产虽然具有价值，但其价值认可主要限于当地人。为了增加这类动产的价值和知名度，可以将其通证化并在区块链网络中流通。但是，由于这类动产在公开的区块链网络中难以获得广泛共识，因此其流通和交换并不广泛，升值潜力有限。简而言之，将特定动产通证化的做法并不保证其他环节能够按照预期实现。

在区块链网络中，房产作为权利客体，其数字化和通证化过程虽然可行，但存在一定的法律和实践障碍。根据《中华人民共和国物权法》的规定和财产本身的特性，房产的流转受到限制。尽管如此，房产的通证化允许房产所有人在区块链上将房产分割为不同份额，实现流转。房产通证持有人拥有房产份额的证明，并与其他持有人共同拥有和管理房产。然而，如果房产通证持有人之间缺乏明确约定，他们可以随时请求分割房产，这可能导致房产所有人面临房产通证化失去意义的困境。

对于房产使用权这一权利客体，通证持有人名义上拥有使用权，但实际上难以行使这一权利。例如，持有 1% 房产使用权的房产通证持有人，难以根据这一份额要求实际使用房产。尽管房产所有权、使用权和收益权的分离为数字化流转提供了可能，但其实际应用似乎仅限于流转和增值。

另一个例子是版权，通证在版权的确权和收益分配中扮演着关键角色。稀缺资源的价值能在区块链网络中得到认可，并可通过通证化实现流通和增值。然而，兑换通证所代表的权利在实际操作中可能面临困难。例如，持有一首歌曲 1% 版权的通证持有人，无论是按时间还是按内容分配，都难以界定这 1% 权利的具体实现方式。这些极端情况揭示了权利细分后在现实世界中可能遇到的挑战。

机械的激励机制可能会产生非诚信行为

通证经济平台可以通过精心设计的激励机制，提高消费者在不同阶段的参与度和用户忠诚度。在平台初创阶段，为了迅速拓展市场并吸引消费者，平台项目方可能采用“只要你来”的通证奖励策略。随着项目逐渐成熟，平台会转向“只要你做”的模式，奖励用户的特定行为，以培养用户对平台规则的适应和认同。再进一步发展，平台可能采用“只要你信”的模式，通过用户投票来识别和奖励符合规则的经营者，同时对违规者实施惩罚。

然而，以经济利益为导向的通证经济平台可能诱发用户的非诚信行为，导致原有产业平衡被打破和用户流失。此外，为了获得通证奖励，用户的行为可能对经营者的信用造成负面影响。

从通证经济的激励机制来看，它利用了公众的趋利心理，通过民主投票的方式选出值得信任的经营者。但这种模式也存在问题，如用户可能为了奖励而创造虚假体验或给予差评，以获取额外的通证。一些新闻媒体通过提供阅读奖励来促进文章传播，但这种低门槛的激励模式可能破坏产业平衡，导致真正有价值的内容被忽视。

通证经济的激励机制为构建一种去中心化、不可篡改、全网广播的信任机制提供了基础。用户在平台上的行为受到激励机制的引导，会直接影响到经营者的声誉。在这种模式下，每个用户都可以参与评价，从而帮助经营者建立起信用体系。然而，无论是好评还是差评，都会被永久记录在分布式账本上。

真实的评价对经营者来说是一种反馈，促使他们不断改进以满足用户需求；对用户而言，评价是选择服务和商品的重要参考。但是，虚假评价的存在可能会导致经营者的信用受损，形成“注水”信用，这不仅可能误导消费者，还可能对经营者造成严重的负面影响。

去中心化的通证经济模型可能会带来规则垄断

通证经济的高效流通性确实依赖于智能合约的自动化和严格执行。然而，尽管区块链技术本身可能完美无缺，但其设计、实施和使用都是由人来完成的，这使得系统仍然受到主观意图的影响。区块链技术可能面临自私行为、攻击和操纵的风险。

通证经济的模型设计是由开发者决定的，包括奖励行为的类型、通证的种类、权益内容以及激励机制等。所有这些决策都是在设计通证经济平台时通过智能合约编码来实现。可以说，开发者通过智能合约将自己的治理理念“植入”平台，用预设的规则来规范和引导用户行为。

尽管社区用户有机会通过投票来修改不当的规则，但一旦规则被编码到去中心化的分布式平台中，区块链技术及其机制会让这些规则的修改变得非常困难。例如，以太坊在发生大规模的以太币被盗事件后，创始人提出了硬分叉方案，使得黑客的转出交易无效。尽管这一方案得到了 85% 的以太坊算力支持并成功实施，但它也导致了社区成员之间的分歧，形成了以太坊 ETH（新链）和以太经典 ETC（旧链）两条链。

智能合约虽然被设计为自动执行，但它们在本质上仍然类似于格式合同，其条款和条件是由创建者预先设定的。在分布式商业模式中，大量的经营者和消费者参与其中，通证经济平台为了标准化合同流程，可能会在智能合约中嵌入格式合同。根据《中华人民共和国合同法》第 39 条的规定，提供格式条款的一方应当遵循公平原则确定当事人之间的权利和义务，并采取合理的方式提醒对方注意可能免除或限制责任的条款。

然而，现实中的互联网治理合同框架通常由使用条款、最终用户许可协议、服务条款等构成，这些合同主要基于供应商的经济利益制定，用来管理服务和软件的使用，同时边缘化可能威胁这些利益的行为或规范。即使智能合约代码是基于开源模式开发的，它们仍然可能由核心团队控制，这个团队以集中的方式设置规则并指导项目的开发。

在通证经济中，虽然表面上看，所有参与者都能从激励的行为中获益，但实际上，掌握智能合约编写权力的开发者可能已经通过去中心化机制形成了一种事实上的规则垄断。这可能导致遵守规则的参与者在不知情的情况下受到操纵，而开发者则可能利用其控制权来影响平台的运作和参与者的行为。

通证经济的风险表现形式

区块链技术的崛起无疑引领了数字经济的新革命，催生了通证经济这一新兴领域。经济形态的演变和技术的迭代更新对现行法律规范和制度构成了挑战。只有紧跟新经济的发展趋势，有效控制风险，才能确保新经济模式的可持续发展。

交易炒作导致通证存在市场价格虚高的风险

通证化的映射使得任何商品和服务都能通过智能合约在区块链上实现安全、透明的交易，并实现高效、无摩擦的流转。将资产化的权利客体转化为通证，关键在于确保通证在流转过程中获得合理的价格，这是通证经济稳定运行的核心。

动产类资产（如书画作品）具有价值波动和升值潜力等特性。通过将这些资产的价值拆分并上链，可以让更多的人参与并分享其升值空间。然而，产权拆分后的流通价值需要在市场中实现，而过度的交易炒作可能导致原始资产价格虚高，偏离其真实价值。因此，确保通证的价值与原始资产的价值相锚定，是实现通证可兑换性的关键。

通证作为去中心化的流通中介所存在的信用风险

区块链技术所孕育的通证经济，虽然以去中心化为特色，但并未完全消除信任问题，而是将信任基础转移至私人领域。通证的价值源自其锚定的资产权益或项目本身，通过建立信用关系，逐步形成自身的价值体系，并在市场和项目发展中寻求升值空间。然而，通证经济缺乏到期履约的约束，这与一些谨慎投资者对完整契约的期望不符。一旦信用体系遭遇危机，通证价值可能急剧下降，导致整个体系面临崩溃的风险。

以不动产为例，其价值通常固定且难以转移，从而令流通性受限。通过将不动产产权拆分并上链，可以吸引更多投资者参与，分享其潜在的增值。尽管投资者无法通过持有通证直接兑换实物资产，他们仍能从资产的升值中获益。例如，房地产具有较大的升值潜力，但高昂的初始投资门槛限制了投资者的参与。将这类资产通证化，可以降低投资门槛，让更多投资者共享升值机会。

然而，通证化后的不动产资产，投资者所持有的更多是所有权的象征，而非实际的使用权。个人投资者难以凭借微小的份额来主张对不动产的使用权。因此，通证化的核心在于资产价值的流转，而信用体系是维持通证流转的关键。一旦信用体系出现问题，投资者可能会进行恐慌性抛售，这会导致通证价值暴跌，进而引发金融风险。

供给充分但信用不足的通证不确定性较大

通证作为市场化的产物，其供给量充足，但信用基础相对薄弱。任何组织或个人都能够基于自身的资源和服务能力发行权益证明。近年来，市场上涌现出大量各式各样的通证，虽然它们代表了发行者的承诺，但这些通证的实际价值却难以明确界定。

通证的价值本质上依赖于私人信用，因此其市场表现在很大程度上取决于投资者对这些信用的认可。一旦市场上出现信任危机，投资者可能会迅速抛售手中的通证，这会导致私人信用迅速贬值，通证价值急剧下降，甚至可能面临无法兑付的风险，从而引发更广泛的风险。某些通证的价值完全依赖于其关联项目的成功与否，而高科技项目本身往往伴随着高风险，需要经过市场的长期检验才能获得认可。在通证供给充足但信用基础不稳固的市场环境下，投资者需要进行理性判断，以免陷入投机炒作或虚假项目的陷阱。

过分强调营利的激励机制会导致经营风险

通证经济平台的激励机制是其核心规则之一，旨在通过通证奖励来促进平台各个阶段的发展。在平台发展初期，这种奖励主要用于开拓市场和吸引新用户，通过提供通证作为激励，能够快速扩大用户基础并提升平台的知名度。随着平台的逐渐成熟，激励机制逐步转向鼓励用户持续的积极行为，目的是提高用户参与度、鼓励高质量内容的创造，以及维护平台的积极氛围和正常运作。

然而，激励机制的设计必须谨慎，以防过度强调盈利而导致用户采取非理性或损害社群整体利益的行为。例如，如果一个平台过于依赖奖励机制来驱动用户活动，可能会导致用户为了获得奖励而采取作弊或其他非诚信行为，最终偏离了平台及整个行业的健康发展轨道。

以 FCoin 的“交易即挖矿”激励机制为例，这种模式确实在短时间内将其交易所的日交易量推至高峰。然而，这种以交易量为基础的激励机制在长期来看并不具有可持续性。FCoin 的收入分配设计存在缺陷，许多用户为了获得更多的通证奖励而频繁进行交易，这种行为与通证经济体系中“为了持有而交易”的常规逻辑背道而驰。随着市场热度的减退、理性交易者的逐渐退出，以及奖励无法有效变现，这种激励机制最终难以持续。

此外，激励特定行为的做法可能会导致用户为了获得奖励而采取不诚信的行为，例如用户会在没有实际体验产品或服务的情况下提供不真实的评价。这种以经济利益为导向的激励方式可能会导致整个行业的发展方向发生偏离。例如，一些新闻 App 通过提供阅读新闻的奖励来吸引用户，这可能会导致一些有价值的新闻内容难以获得应有的关注。当内容的质量不再是新闻行业的核心驱动力时，最终可能导致整个行业失去其根本的价值和意义。

底层区块链技术的垄断性导致后续修改成本过高

通证经济依托于区块链技术，采用去中心化的运作模式。在这个体系中，开发者扮演着至关重要的角色——他们不仅是技术实现者，更是规则的制定者。他们将规则编码为智能合约，由区块链自动且严格地执行。这种机制确保了通证经济中的交易、交互和流通能高效且透明，减少了人为的干预和错误。

然而，尽管在理论上社区成员可以通过投票机制来对规则进行调整，但在实际操作中，由于区块链的去中心化特性，一旦规则被编码进智能合约，想要对其进行修改，不仅需要运用复杂技术，还需付出高昂的成本。这使初始规则在很多情况下几乎难以更改，反而在实践中得到了固化。

规则难以修改的设计虽然在一定程度上确保了系统的稳定性和可预测性，但同时也导致了通证经济的规则制定权在很大程度上被开发者团队所垄断。这种集中的权力结构不仅弱化了去中心化的核心理念，也可能导致权力的虚拟化和新的权力集中现象。在这样的环境下，掌握了规则制定的关键技术和知识的技术精英，可能在没有经过合法授权或缺乏充分社区监督的情况下，控制或主导公共事务。这形成了一种“现实政治的重新集权”，少数技术高手可能会对整个系统施加不成比例的影响。

此外，这种模式可能导致社区成员感到被边缘化，因为他们对自己所参与的平台的控制感在减弱。这不仅有违区块链技术推动权力下放和参与度提升的初衷，而且可能引发社区内的不满和冲突，进一步影响平台的稳定性和发展。因此，在技术开发者的创新和社区成员的参与权利之间寻找一个平衡点，使其同等重要，是通证经济持续健康发展的关键。

监管政策的滞后性将引发新风险

金融科技正在以其创新动力重新定义金融行业的边界和运作模式。作为金融科技潮流中的一种新兴经济形态，通证经济以其独特的商业模式、流程和产品，对传统金融服务产生了颠覆性的影响。这种新兴经济形态不仅提高了金融服务的效率和可访问性，还在某种程度上降低了交易成本，引发了广泛的行业关注。面对这种经济新形态，我们必须深入探索其发展规律，平衡金融科技的创新与安全，及时识别并应对可能引发的金融风险。

通证经济的基础——区块链技术，以其去中心化、不可篡改和匿名性等特性，提供了一个相较于传统金融交易体系更为高效和安全的解决方案。这种技术在信息的传播、交易的时效性以及数据的安全性方面都具有传统体系无法比拟的优势。然而，区块链技术并非万能，当基于区块链的通证经济出现技术失误或设计缺陷时，由于其去中心化的特点，缺乏一个中心化机构来及时进行干预和纠正，因此风险的扩散可能更迅速，补救成本也相对更高。这种情况下，可能会增加系统性风险的发生概率，从而对整个金融系统的稳定性构成威胁。

在通证经济的初期发展阶段，由于这是一个相对较新的领域，缺乏成熟的运营和监管经验，监管机构面临着诸多挑战。监管过度可能会抑制技术创新和市场活力，阻碍通证经济的发展；监管不足则可能导致市场失序，增加金融风险。因此，制定一个既能促进通证经济健康发展，又能确保整体金融安全的监管策略，成为一项复杂且紧迫的任务。监管策略需要灵活应对不断变化的市场环境和技术进步，保障投资者的利益，同时也要鼓励创新和市场的公平竞争。

通证经济作为金融科技的一个重要分支，发展前景广阔，但也伴随着不少挑战。我们需要深刻理解这种新经济形态的内在逻辑和潜在风险，通过合理的监管和技术创新，实现金融服务的更广泛普及和更高效运作。这不仅是技术和市场的挑战，更是监管和政策制定者的责任。

通证经济允许全球投资者参与其发行和交易过程。然而，全球监管框架尚处于发展阶段，除了美国等少数国家外，针对违规行为的行政执法案例相对罕见。这种监管环境可能增加发行人违反法律规定的风险。例如，根据美国法律，私募证券发行需在美国证监会管理的电子数据收集、分析和检索（EDGAR）系统进行登记，但在 14 个自称为私募发行的案例中，仅有 5 个完成了登记。鉴于美国在相关法律和执法方面处于领先地位，其他国家 / 地区的违法情况可能更为严重。

在实际履约方面，通证经济也存在潜在风险。大多数产品中，发行人和投资者之间仅通过平台进行交易，缺乏明确的机制或机构来确保发行人按时支付股息或利息，以及确保底层资产的真实性和价值评估的公正性。一些基于未来现金流的类 ABS 产品未设立 SPV，可能存在资产收益与发行人资产混淆、破产时资产未隔离的风险。此外，在以艺术品、黄金等为基础资产的产品中，资产价值的评估方法不够明确，增加了投资者面临的风险。

监管套利通常是指利用不同国家或地区在法律法规上的不完善或差异来获取利益的行为。在 REITs 领域，发达市场对 REITs 的发行有严格的条件限制，比如对底层资产中合格资产的比例有所要求，对私募产品投资者的身份有所限制。然而，一些通证产品虽然采用了类似 REITs 的命名和交易结构，但在发行条件上与传统 REITs 存在显著差异，这可能导致监管套利的风险。

以 ReitBZ 为例，这是拉丁美洲最大的投资银行 BTGPactual 在 2019 年 5 月发行的一种通证，其底层资产是巴西的房地产投资组合。ReitBZ 与传统 REITs 在某些方面有相似之处，例如都允许投资者购买和持有份额化的房地产投资，将原本流动性较低的非证券形态房地产投资转化为可交易的金融产品，从而提高资产的流动性。然而，ReitBZ 在投资目标、分红制度、中介机构运作方式以及投资者限制等方面与传统 REITs 存在较大差异，这些差异可能带来监管套利的风险。

在探讨 ReitBZ 与传统 REITs 的差异时，从投资目标、分红制度、中介机构和投资者限制四个方面进行深入比较和分析，有助于我们理解这两种投资工具的独特性和各自面向的市场需求。

在投资目标方面，传统 REITs 通常专注于投资符合资质的商业、住宅、医疗或工业地产等。这些资产往往位置优越、经营稳定，能为投资者提供相对稳定的收益。与之对比，ReitBZ 的目标资产是巴西的“不良房地产”。所谓不良房地产，通常指的是因财务问题而未能及时出售或因市场条件不佳而价值低迷的资产。这类资产的风险显著高于传统 REITs 的标准资产，但也因潜在的高回收价值而吸引部分投资者。ReitBZ 通常选择位于人口稠密区域的不良资产，试图通过改善管理和市场条件来提升这些不良资产的价值。

在分红制度方面，传统 REITs 在多数国家需要按照法律规定，将大部分可分配利润以股息的形式返还给股东，目的是为投资者提供稳定的现金流。此外，这些 REITs 通常还享受一定的税务优惠，如免税或减税，这进一步增加了投资吸引力。相比之下，ReitBZ 虽然在其白皮书中提及了分红来源，但具体的分红制度、频次及比例较为模糊，这可能对寻求稳定现金流的投资者构成一定的不确定性。

在中介机构的运作方式方面，传统 REITs 依赖于一系列金融和地产管理专家，包括基金托管人、基金管理人、物业管理者等，来确保投资管理的专业性和操作的合规性。而 ReitBZ 则利用区块链技术，特别是智能合约来简化某些中介角色如基金托管人，这种做法可能有助于降低运营成本和提高效率。然而，这种做法也要求投资者对区块链技术有一定的了解，能够适应这种新型的投资方式。

在传统 REITS 领域，投资标的分为公募和私募 REITs，投资标的对投资者有一定的限制，其投资者基础和资格要求会有明显不同。公募 REITs 面向普通投资者，而私募 REITs 则通常面向合格投资者或机构投资者。ReitBZ 则对投资者的技术背景提出了要求，比如必须理解区块链操作，并能承担相关的技术和市场风险。此外，ReitBZ 还实行 KYC 和 AML 政策，确保投资者的合法性和资金的安全。

总的来说，在投资目标、分红制度、中介机构运作方式和投资者限制等方面，ReitBZ 与传统 REITs 都显示出明显的差异。这些差异使得 ReitBZ 更适合那些熟悉区块链技术、愿意承担较高风险以换取可能的高回报的投资者，而传统 REITs 则更适合寻求稳定收益和较低风险的广大普通投资者。

2. RWA与通证化的风险对策

区块链技术和通证经济的核心目标是解决现实世界和网络世界中的挑战，赋予人们更多的自主权。尽管它们尚处于发展阶段，但正如所有先进技术一样，它们具有两面性：既有推动社会发展的积极影响，也存在被滥用的潜在风险。当多种技术结合使用时，这些风险虽可能不易察觉，但确实存在并可能带来严重后果。人类不仅要接受、承担风险，更应积极发现、识别和管理风险。随着社会、经济和技术的进步，我们对风险的发现、识别和管理能力也应不断提升。这种能力无法自然提升，需要付出持续和艰苦的努力。对于区块链和通证经济的风险管理，应遵循以下基本原则：在市场经济中明确规则和潜在利益，使用严格且不受个人情感影响的技术手段来激励诚信行为、限制投机行为。诚信者应能够依法依规轻松获得利益，而不诚信者则应根据其失信程度受到相应的限制。

风险管理的关键在于，通过主观努力，尽可能准确地预测风险，减少风险相关因素的累积（即“管”），并消除这些因素累积可能引发的“触发瞬间”（即“控”）。

通证经济的风险管理方法论

通证经济作为一种新兴的经济形态，正处于快速发展的阶段，同时也是各种潜在风险逐渐显现的时期。在这个关键时刻，及时地识别、衡量和分析这些风险，并采取积极有效的应对措施，对于通证经济的长远发展至关重要。

内部管理方法论

金融风险的内部管理对于通证经济项目至关重要。为了维护项目的健康发展与持久竞争力，项目主体需要主动识别并有效应对各种内在风险。在这一过程中，采取自我规范的管理措施变得尤为重要。首先，项目需制定并遵守行业自律规则，确保所有操作都在法律与道德的框架内进行。此外，建立一套完善的管理体制和手段也必不可少，这包括风险评估机制、内部审计程序以及危机应对策略。通过实施这些必要的约束和具体的管理策略，通证经济项目能够在动荡的市场环境中稳健前行，保护投资者的利益，同时促进整个行业的健康发展。

在通证经济中，通证的发行往往基于实体资产的价值。这种做法虽然为通证提供了初始的价值基础，但其市场价值的稳定性和实现都极易受到价格波动和信用危机的影响。因此，确保通证的市场价格与其实际价值相匹配变得尤为关键。对于支付型通证，一些国家已经开始承认数字货币的合法支付地位，并与法定货币挂钩，这一措施显著提高了数字货币的市场认可度和稳定性。虽然我国过去对数字货币持有较为谨慎的态度，但随着国际市场的发展和国内技术的进步，预计在不久的将来，支付型通证也将在我国获得法律认可。此外，实用型通证的价值主要源自市场的共识，这类通证通常代表某种使用权或权益证明，其价格需要与其背后的实际价值和市场共识紧密联系，存在较高的价格不确定性。对于资产类通证，如代表公司股权或债券的通证，其价格相对容易锚定，因此具有较大的升值潜力。然而，像书画类动产资产的通证，其价值实现可能会因为市场炒作而面临信用风险，导致价格虚高并偏离其真实价值，从而引发更广泛的信用问题。

在通证经济中，将权益碎片化并上链流转是一种创新的资产管理方式，这种做法极大地提高了资产流通的效率。例如，将房地产这类不动产资产碎片化，每一份权益虽然无法单独兑换成具体的实物产权，但提供了参与市场流转的机会，从而为投资者带来潜在的升值空间。这种流通速度的提升不仅促进了经济的活跃，还加速了经济的创新和发展。

然而，碎片化的权益难以再兑换为实际的物理资产，这意味着通证的价值主要通过流转过程中的买卖来实现其升值。对于投资者而言，流转成了实现资产价值最关键的手段。在这种模式下，大多数通证都不能直接兑换出实物或具体权利，而是通过市场上的买卖来增值。因此，通证经济的运作应当更加强化流转功能，而非兑换功能。

弱化兑换功能的重要原因是，一旦所有人同时尝试将通证兑换为实物资产，将可能引发流动性危机，从而造成整个经济系统的不稳定。加强流转功能可以促进通证在市场中的自由交易，提高资产的流动性，从而避免因兑换需求过大而导致的潜在挤兑风险。这种策略不仅保护了投资者的利益，也维持了通证经济体系的稳健运作。

总之，通证经济的发展应侧重于如何通过有效的市场机制强化资产的流转，提升资产增值的空间，同时通过技术和管理措施来确保流转的效率和安全。这样，通证经济才能持续健康发展，为投资者和整个经济体带来更多的机遇和益处。

在通证经济中，激励机制的设计和实施是至关重要的，因为它直接影响到整个经济社区的活力和持续发展。有效的激励机制能够促使社区成员持续进行有益的贡献，同时维护项目的长期稳定性和增长。

首先，激励机制必须与项目的长远目标和核心价值观相一致。这意味着激励的设置应当鼓励那些推动社区发展、增强用户参与度以及提升项目价值的行为。例如，可以通过奖励贡献有用内容的用户或对社区有积极影响的行为，来激发更多的正向参与。

其次，激励机制应当公平且具有透明性。社区成员应该清楚地了解哪些行为会被激励，奖励的标准是什么，以及如何才能公正地获得这些奖励。这不仅会提高激励机制的接受度，还能减少滥用和不公正现象的发生。

此外，激励机制应避免过度激励单一的行为或结果，以防社区成员仅为了短期利益而参与，从而忽视了社区的长期利益和可持续发展。激励措施应该是多样化的，能够覆盖各种有益的贡献，从而形成一个鼓励创新和多元化参与的环境。

同时，激励机制也应具备自我调整的能力，随着社区的成长和市场环境的变化而适时调整奖励的方式和标准。这种灵活性确保了激励机制能够持续有效地支持社区的发展，而不是成为阻碍。

最后，强化激励机制的监督和反馈环节也极为重要。应定期评估激励机制的效果，收集社区反馈，并据此进行优化。这种持续的评估和调整可以确保激励机制不仅在初期有效，而且能够随着时间的推移继续发挥其正向作用。

构建一个长效的激励机制需要综合考虑激励的目标、公平性、多样性、灵活性和可持续性。拥有长效的激励机制，将使通证经济项目不仅能够吸引和保持活跃的社区成员，还能确保项目本身在不断变化的市场中保持竞争力和创新力。

外部管理方法论

金融风险的外部管理，是指由通证经济项目主体之外的机构或组织对通证经济项目进行的风险管理行为。为了做好外部管理，国家应当积极建立和完善法律法规体系，通过明确的监管框架和对市场行为的约束来维护市场的稳定性和透明度。监管部门在这一过程中扮演着至关重要的角色，他们不仅需要制定合理的监管措施，还应提供有效的市场保护机制，这包括但不限于建立紧急干预措施和风险缓释策略，以应对潜在的市场危机和不稳定因素。

为了降低维护成本、增强系统的透明度和公平性，搭建开源平台成为一种趋势。通证经济平台的普惠性强调的是平台与用户的共同发展，这意味着平台的规则不应仅由开发者单方面设定。引入监管者共同制定规则，不仅可以更好地保护用户权利，还可以在源头上进行有效的监管，以确保所有操作都在法律和道德的框架内进行。

通证经济平台的开源性建设是监管的一个重要方面。通过开源，监管者可以始终实时地参与到项目智能合约的制定和执行过程中，以保证该过程的公开透明，从而大大降低欺诈和不公平行为的发生概率。同时，社区的参与可以确保规则制定过程的民主性和合理性，使平台更加符合所有利益相关者的期望和需求。

目前，我国对通证经济的监管政策仍有完善的空间。随着通证经济的快速发展，市场中出现了许多高风险的虚假项目，这些项目的野蛮生长不仅扰乱了市场秩序，也给投资者带来了巨大的风险。因此，监管者要从源头上参与到平台的建设和治理中，通过实时监控和动态调整监管策略，以更高效地完善监管体系，从而确保通证经济的健康和有序发展。

当下，区块链技术作为一种创新的信息技术，在全球范围内引起了广泛关注，并取得了快速发展，但其发展过程并非完全成熟，仍处于不断探索和调整中。通证经济作为基于区块链技术的一种新兴经济形态，更是在迅速发展的同时面临诸多挑战和风险。新技术和新经济的发展往往超前于现有的法律法规和政策监管框架，这种滞后性使政府监管部门在应对快速变化的市场环境时面临巨大挑战。

政府监管在新技术的发展过程中扮演着至关重要的角色。如果监管过于严格，可能会阻碍创新的进步和技术的应用，从而抑制经济的进一步发展。相反，如果监管过于宽松，又可能导致市场过度投机、风险集聚甚至引发系统性风险，对经济和社会稳定造成威胁。因此，监管部门需要在保护创新和防范风险之间找到一个平衡点。

为了有效应对这些挑战，监管部门和行业自律组织必须妥善配合，将硬性规定和软性监管相结合。这意味着，在制定必要的法律法规以确保市场行为的合规性的同时，也应鼓励行业内部通过自律机制来实现更灵活有效的监管。此外，监管机构应该时刻关注新技术的发展和市场动态，以便及时发现潜在的风险点，提前制定应对方案，如设立预警机制、风险评估模型等，从而能够在风险发生之前进行有效的干预和控制。

同时，政府相关部门应尽快出台适应新经济特点的监管政策，这些政策应当充分考虑通证经济的特性和发展趋势，既要防止过度投机，也要保护和促进合法创新。通过这些措施，可以有效促进通证经济的规范发展，为其健康和可持续的增长提供支持。这种动态的、具有前瞻性的监管策略，将有助于政府在全球新经济竞争中保持领先地位，同时保护消费者利益和维护市场秩序。

启示

通证经济不仅通过碎片化资产和应用区块链技术加速了资产的流转速度，还通过智能合约确保了交易的公正性和透明度，大大降低了交易成本。这种经济模式通过分割上链的方式实现了普惠性，让更多人能够参与到市场中来。同时，公开透明的分布式账本也确保了信息能够广泛共享，这些都是通证经济的显著优势。

然而，通证经济的快速发展也伴随着诸多风险，如监管滞后、市场操纵、技术安全问题等。因此，为了通证经济的健康发展，及时发现并管理这些风险至关重要。把控风险、实施有效的风险管理策略，对于促进通证经济的长远发展尤为重要。

目前，通证经济的发展速度仍然较快，各种监管政策也在不断完善之中。尽管面临许多挑战和风险，但它们都符合金融科技发展的一般规律。我国目前对这一新经济形态的监管采取的是比较温和的监管策略。这种软监管模式允许市场在一定程度上自由探索，同时监管机构也在不断学习和适应新情况，以求制定出更加合理的监管政策。

在这一过程中，监管部门需要与时俱进，加强与国际标准的对接，学习国际上成功的监管经验，同时也要结合国内市场的实际情况。通过实施科学的风险评估和监控系统，及时调整监管策略，可以更好地促进通证经济的健康发展，防止系统性风险的发生。

此外，加强公众对通证经济的教育和理解也是非常必要的。普及区块链和通证经济的基本知识，可以帮助投资者做出更明智的决策，增强他们对通证经济风险的认识和自我保护能力，从而营造一个更加健康和稳定的市场环境。

综上所述，通证经济的发展不仅需要技术的创新和市场的活力，还需要坚实的监管和公众教育做支持，这些因素共同作用，才能确保通证经济在未来走向成熟和稳定。

风险管控对策之一：运用公司治理机制，促进权利与通证之间的流通循环

通证经济提供了一种与传统公司不同的资源分配机制，它有潜力打破资源仅被少数人控制的局面，使更广泛的群体能够分享由通证经济带来的利益。在一定程度上，我们可以将通证的激励机制视为一种新的公司治理方式，从公司治理的实践中借鉴解决方案以应对风险。虽然各种权利客体理论上都可以被通证化并在区块链网络中流通，但由于通证所依托的权利属性不同，它们在流通过程中可能会遇到不同程度的障碍。这导致通证经济在数字世界中自我运转，与现实世界之间存在明显的隔阂。为了解决这一问题，我建议可以借鉴公司治理的机制来促进通证经济与现实世界的融合。

尽管通证化技术理论上可以应用于几乎所有权利客体，但并非所有权利客体都适宜进行通证化。通证化不应仅作为公司商品营销的一种手段。在区块链网络中，正如在现实世界中一样，物品的价值需要得到共同认可才能体现。对于那些只在特定地区有使用价值的商品，它们的价值建立在当地人的共识之上，因此它在现实世界和数字世界中的流通性都可能受限，期望这些商品在通证经济平台上广泛流通并实现升值可能并不现实。

商品的价值最终需要通过市场来验证，由市场供需关系来决定其市场竞争力。简而言之，通证化并不是商品流通和升值的保证书，商品的价值在很大程度上已经由其本身特性和市场定位所决定。

通证的细分确实在理论上可行，但持有者在实现权利时应该有所区别。正如上文所述，无论是房产还是版权，通证都可以被细分为更小的单位以供流通。这种细分使更多的个体能够持有通证，而广泛的共识有助于通证在流转中升值，这正是通证化的意义所在，而非单纯为了兑换成实际权利。

在公司治理中，大股东和小股东对公司权益有不同的规定，这种区分可以应用于通证经济中，将持有小份额通证的个体视作小股东。小股东虽然不能单独请求实现通证上的权利，但可以享有类似于利润分配、剩余财产分配以及股份转让的权利。根据《中华人民共和国公司法》第 104 条，小股东也可以通过股东大会参与对重大资产转让、受让的共同决策，尽管兑换权利的决定权可能集中在大股东手中。

在通证经济中，并不严格存在“大股东”的概念，所有通证持有者都可以参与投票，决定是否将通证兑换为实际权利。小额通证持有者通过集体行动也能产生重大影响。然而，对于小份额通证持有者而言，将通证兑换成实际权利的现实意义可能并不大，他们更关注的可能是通证流转带来的收益。

通证经济平台的开发者在设计通证的发行和分配机制时，必须细致区分代表不同权利的通证，并在通证单位的设计上充分考虑权利的可分性。特别是当通证代表拥有的不是单一权利，而是权利的一部分时，必须明确设定兑换成实际权利的条件。这意味着根据不同通证的功能，应采取不同的兑换策略。

对于那些主要关注通证在流转中能否产生收益的人来说，通证更多是一种象征物。尽管通证的初始价值源于其所代表的权利客体，但在流转过程中，通证与该客体的实际价值可能会发生分离（见图 7-1）。在这种情况下，通证可以被设计为不可兑换为具体权利，仅作为收益权（如分红权）的象征。

然而，对于那些旨在促进通证经济平台上的交易和确保交易实现的权利客体通证化，即便通证在流转中可能会升值，也应设定明确的条件允许通证兑换成具体权利。这样，通证发行者可以防止通证经济平台变成单纯的炒作场所，确保通证经济既能反映现实世界的价值，也能与现实世界直接相连。无论目标是实现收益权还是兑换成实体权利，都需要发行者在设计发行和分配规则时进行明确规范，同时也需要监管部门进行审计和监督，以确保通证经济的健康和可持续发展。

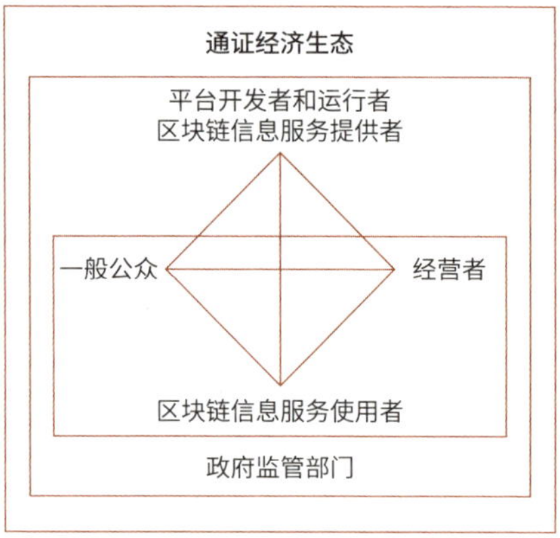

图7-1　通证经济平台上各方参与主体

风险管控对策之二：强化对诚信行为的激励，防止非诚信行为获利

通证经济的激励机制旨在理想地重构分配方式，确保对平台有贡献的个体能获得相应的通证奖励。一个精心设计的激励机制不仅能够识别和奖励平台上的优质行为或内容，还能有效避免无意义的、可能只是为了获得奖励而做出的行为。然而在实际操作中，激励机制有时会导致参与者利用非诚信行为获利。无论是激励机制的设计者还是平台参与者，都可能忽视了“贡献”的真正意义。真正的“贡献”应当是用户能够识别并支持平台上的优质经营者或项目，而不仅仅是对经营者或项目的简单选择。

为了防止参与者利用非诚信行为获利，通证经济平台的开发者和政府监管部门都需要采取相应的措施。开发者需要不断优化激励机制，以确保奖励与真正的贡献相匹配；而监管部门则需要加强对平台活动的监督，确保激励机制的公正性和透明度。

通证经济平台开发者在设计激励机制时，应确保其与经营者或项目的商业行为相匹配。然而，任何规则设计都可能存在漏洞，导致参与者仅做一些只为获取奖励而满足激励条件的行为。为应对这一问题，开发者可以为激励行为设置一定的“门槛”，但这些门槛应基于用户行为而非用户资质。同时，通证的价值源于其代表的权利客体本身，因此激励机制应针对能产生实际价值的商业行为。这样的机制不仅能激励有益行为，还能自然地减少非诚信行为的获利机会。开发者需要明确哪些商业行为值得激励及其相应的奖励额度，既要确保奖励足够吸引用户，又要避免过度奖励而导致的套利行为。

在设计分配规则时，开发者应鼓励平台用户广泛参与，以确保规则的透明性和公平性。这不仅有助于提升用户的信任感，还能促进平台的健康发展。

政府监管部门在防止非诚信行为获利的过程中，需要避免仅依赖用户评价的做法，用更全面深入的办法来评判经营者信用。由于区块链技术作为一种社群技术，是通过改变生产关系对社会产生深远影响，因此传统监管理念在区块链领域可能不再完全适用，监管不仅要合法，更要有效，即能够实现提高市场绩效和维护社会公正的目标。

通证经济借助激励机制构建起具有高度身份认同感的社区。这些社区运行的规则在某种程度上实现了“法律制度自我激励的最终价值理想”。通证经济的自我激励理念本身是积极的，但问题可能出现在经济利益导向下用户行为的累积效果不佳上。

除了通证经济平台开发者需要不断修改和完善规则外，监管部门也应该利用区块链分布式平台上的全面交易数据，对经营者进行更准确的监管和评价。分布式账本技术为监管部门提供了监管条件和数据支持，有助于实现更有效的监管。

风险管控对策之三：运用开源监管，打破开发者规则垄断地位

通证经济结合了自治与普惠的理念，既重视个体利益的实现，也着眼于集体利益的共享。在度过单纯的“发币”和“炒币”阶段后，通证经济之所以能够持续快速发展，得益于国家对科技创新的大力扶持，法律激励机制已广泛应用于科技与经济发展的各个领域。

通证经济的内在发展理念本身具有积极意义，值得鼓励。政府作为监管者，应充分认识到通证经济在重塑人际关系、引导行为模式方面的正面影响。然而，如果通证经济平台开发者利用技术手段实施治理规则，并通过经济激励来巩固其规则垄断地位，就可能导致平台上的经营者和消费者处于不利地位。在智能合约自动执行的通证经济生态系统中，监管部门需要对开源生态进行有效监管，打破开发者的规则垄断，促进公平竞争，保护消费者权益。

开源监管是一种新兴的监管模式，它指的是政府监管部门参与到区块链的开源生态系统中，利用区块链技术公开、完整、不可篡改的特性和可溯源的分布式账本进行实时监管。这种监管方式使得被监管对象能够在合法合规的框架内开展经济活动，同时确保监管的透明度和效率。开源监管的核心在于利用技术手段实现更有效的监管。这种监管方式不仅有助于政府更好地理解和支持通证经济的运作，也是通证经济生态中各方参与者与监管部门达成共识、获得政府支持的体现。在区块链技术的支持下，政府将更加容易履行监督职能。

在实施开源监管的过程中，监管部门首先需要转变其监管理念。传统的以惩罚为主的监管模式应该逐渐向以法律激励机制为主导的模式转变。激励机制的双向运行能够以最小的阻力、最快的见效和最大的可行性实现监管目标。此外，公法中的功能主义风格与当代法律经验相契合，能够与通证经济的激励机制相互促进，共同发挥作用。以法律激励机制为主导的监管思想，实际上也是监管部门帮助通证经济社区实现自我治理的一种方式。这不仅是一种节省行政成本的策略，也是一种开放和进步的治理智慧，避免监管部门固步自封，实现更有效的治理。

监管部门可以通过开源监管来解决通证经济开发者可能存在的规则垄断问题，具体方法包括两个方面：第一，参与规则制定过程：监管部门作为通证经济平台的一个重要参与方，可以在开发者制定激励规则的早期阶段就参与进来。虽然由于智能合约的代码具有高度的技术专业性，监管部门可能难以直接监管代码本身，但如果能在规则尚未转化为智能合约代码之前就进行干预，就可以从源头上预防开发者利用规则形成垄断。第二，实时监管运行情况：利用分布式账本技术，监管部门能够实时查看通证经济生态中的所有行为记录，对开发者制定的规则在实际运行中的表现进行监管。这种实时监管有助于防止开发者在实践中形成垄断地位。

值得注意的是，监管部门采取开源监管的方式介入通证经济生态，目的是确保所有参与主体能够在一个安全的环境下进行交易，并在遵守法律法规的基础上实现健康发展。这种监管并不是行政权力对民事主体之间意思自治的随意干预，而是一种为了维护市场秩序和保护消费者权益的必要措施。

3. 全球通证化技术监管沙盒的实践

通证技术具有防篡改、可靠性强、与智能合约结合可自动执行等优势，被认为是新一代金融基础设施的技术雏形。但通证金融基础设施本质上基于去中心化的组织结构，这将使其面临技术、治理、监管的三重挑战。

为促进通证技术在支付、清算和结算、数字资产交易等金融领域的创新发展，平衡风险防控与科技创新之间的关系，提升金融监管效能，监管机构应革新监管理念，创新监管手段，并通过技术、法律的标准化供给，让通证金融基础设施更加规范、可靠、稳健发展。通证金融基础设施建设涉及金融业务模式的转变、部门架构的调整以及新风险应对，需要推动相关法律法规的修订并构建具有针对性的监管治理框架。对监管机构而言，在构建治理机制时，应当兼顾推动金融科技发展和有效防范金融风险的双重目标。

全球通证化技术沙盒监管的理念与原则

沙盒监管的理念

随着通证化技术在全球范围内的发展和普及，它已经成为金融科技领域的一个重要组成部分。面对这种新兴技术带来的挑战与机遇，监管机构必须采用创新的监管方法，以确保市场的健康发展以及风险的有效管理。沙盒监管作为一种灵活的监管框架，为通证化技术的测试和迭代提供了一个理想的环境。

沙盒监管，也被称为监管沙盒，是一种特定的监管框架。它允许金融科技企业在一个受控的环境中试验创新的金融产品、服务或商业模式。这种监管方法使企业能够在真实的市场环境中测试新技术，同时确保监管机构能及时了解技术的发展，并适时调整监管策略。

沙盒监管的主要优势在于能促进创新、控制风险、快速响应市场和技术变化以及增强行业透明度。沙盒监管不仅为通证化技术的开发者提供了一个安全的试错空间，鼓励其创新，还减少了他们对立即受到严格监管约束的担忧。同时，通过监管沙盒，监管机构可以更好地理解新技术的运作机制和潜在风险，从而制定出更为精确和有效的监管措施。

在全球范围内，许多国家和地区（如英国、新加坡和中国香港）已经开始实施沙盒监管，以应对通证化及其他金融科技的快速发展。这些地区的监管机构已经在沙盒环境中成功运行了多个项目，为其他国家提供了宝贵的实践经验。

然而，实施沙盒监管也面临诸多挑战，比如如何在促进创新与保护消费者权益之间找到平衡点，以及如何处理数据保护问题等。此外，由于通证化技术通常具有跨境性，国际间的监管合作也成为确保沙盒监管行之有效的一个关键因素。

沙盒监管为全球通证化技术的安全、有效及可持续发展提供了一条创新路径。监管机构需要通过持续评估和完善沙盒政策，来适应不断变化的技术和市场环境，从而在保障监管合规性的同时，促进技术创新和金融服务的现代化。

实验性沙盒监管

实验性沙盒监管代表了一种与传统“命令和控制”式监管不同的方法。这种方法强调在监管实践过程中对监管效果进行持续和深入的评估，并根据这些评估结果灵活调整和优化监管措施。相比于传统金融基础设施，通证金融基础设施这一新兴事物的业务模式并不明确，在业务流程和责任主体等方面仍在探索，尚未形成成熟的监管体系。因此，对通证金融基础设施的监管应采取“边监督边学习”的策略。

从实践角度来看，英国推出的沙盒监管是实验性监管理念的一个典型例子。监管机构需要深入理解通证金融基础设施的运作机制，既要提供监管指导，又要能够灵活调整监管策略。例如，监管机构应研究嵌入式监管的方法，并为通证金融基础设施的开发者、运营者以及相关服务提供商制定合适的监管规则。

功能性沙盒监管

功能性沙盒监管的核心理念是对相同风险采取相同标准的监管措施。美国的金融监管机构主要采取功能监管策略，根据通证金融基础设施的业务实质进行分类监管。澳大利亚的金融监管机构也持相同观点，认为监管要求应基于业务实质而非机构类型。欧盟的金融监管机构在通证金融监管上遵循比例原则，根据业务的风险大小和重要性来确定相应的监管要求。

大数据公司、云计算平台、算法设计公司等通证网络服务提供商主要提供技术支持、维护平台稳定和便利交易等服务，并不承担传统金融中介的交易增信功能。因此，对于这些服务提供商，可能不宜直接采用对注册资本、持牌有所要求的传统监管模式。相反，可以根据它们的风险控制能力，要求它们履行异常交易监测、报告，算法漏洞自查和修正等义务。

协调性沙盒监管

在通证金融基础设施的监管方面，确实需要超越单一行业监管的范畴，实现跨行业的协调监管。美国通过整合现有的金融基础设施运行规则和监管架构，如出台《多德－弗兰克法案》（*Dodd-Frank Act*），强化了美联储在宏观审慎监管方面的职能，包括跨部门的系统性风险监测和监管协调。这种协调作用体现在关联储会与美国证监会和商品期货交易委员会等监管机构协商，共同制定风险管理标准，加强信息共享。

英国则通过《2012 金融服务法案》（*Financial Services Act 2012*）将金融基础设施的监管权能集中至英格兰银行，后者在 2013 年发布的《英格兰银行监管金融基础设施的途径》中进一步明确了对金融基础设施的宏观和微观审慎监管权。上述做法为通证金融基础设施的监管提供了有益的借鉴。在通证金融基础设施的监管上，可以考虑由中央银行统一履行监管职能，或者维持分业监管模式，但同时赋予中央银行宏观审慎监管的权能，以确保在监管标准制定、信息共享等方面能够做到有效统筹。

合作性监管

通证金融基础设施的技术创新和业务模式的多样性，要求监管机构不断提升其监管技术和策略，以保持监管的适应性和灵活性，与通证技术的快速发展保持同步。然而，传统金融监管机构由于其公共性质，可能在创造性和灵活性方面存在局限。同时，金融监管主要聚焦于风险防范，决策过程需受到严格限制并接受公众监督，这使得监管手段难以迅速适应金融科技的快速发展。此外，监管部门的薪酬体系受限于政府预算，导致在监管技术的开发和应用上面临人才短缺的问题。

为解决这些问题，监管机构可以考虑采用购买服务的方式，利用私人机构如算法审计公司、大数据公司等提供技术支持。此外，监管部门还可以鼓励行业协会（如银行业协会、证券业协会等），吸纳金融科技企业，及时制定和更新行业自律规则，以提高监管的灵活性。总体而言，在通证金融基础设施的监管上，可以采取公私合作监管模式，即建立以监管部门为主导，私营企业和行业协会共同参与的监管体系。

全球通证化技术沙盒监管的革新

监管科技的采纳

监管科技是一系列技术手段的总称，包括大数据、云计算、人工智能等，旨在提高监管效能，识别和预防风险。国际上，美国国家经济委员会（NEC）发布的《金融科技监管框架》白皮书，展示了美国在推进人工智能和大数据在证券市场监管中应用的积极态度。英国则重视监管机构与金融机构之间的互动，共同推动监管科技的发展。英国金融行为监管局甚至考虑将监管规则转化为机器语言，以实现监管流程的自动化，使人工智能能够对照监管规则自动执行监管要求。

考虑到通证金融基础设施已经增强了金融业务流程的自动化和数据化，探索使用大数据、云计算、人工智能等监管技术来发现潜在的技术漏洞，提醒和追踪异常交易行为就变得尤为重要。随着相关技术标准和监管标准的进一步统一，利用监管科技辅助监管不仅可行，还有助于推动监管趋同。

算法审计

在通证金融领域，算法审计是一项关键的监管手段，它涉及对通证代码的审查，目的是识别加密算法和智能合约中的逻辑漏洞。算法审计可以帮助评估通证网络面临的多种风险，包括黑客攻击、个人信息泄露、财产损失、欺诈交易、恐怖融资和洗钱等。

在国际上，欧盟已经将算法审计视为金融科技有效监管的重要工具。2019年4月，欧洲议会发布的《算法责任和透明度治理框架》（*A Governance Framework for Algorithmic Accountability and Transparency*）强调了算法审计的重要性，认为它不仅可以预防和纠正算法错误，还可以增进监管者对算法逻辑的理解，为事后的算法责任追究提供支持。

由于通证金融基础设施的运行在很大程度上依赖于算法，监管机构应将算法审计作为市场准入和持续监管的一个关键依据和工具。在实施算法审计时，监管机构可以采取多种方式，包括组织内部通证算法专家进行自主审计、购买第三方技术公司的审计服务，或要求通证金融基础设施的运营机构提交算法自查报告。对于发现存在技术或金融系统风险隐患的通证金融基础设施，监管机构应要求运营机构进行修正，或在必要时拒绝其进入金融服务领域。

嵌入式监管

通证技术的去中心化特性要求监管方式也要相应创新，采用嵌入式监管来适应其独特的网络结构。通证网络可以根据其中心化和开放性程度的不同，被进一步分类为公有链、私有链等。例如，比特币网络作为公有链的代表，其核心治理原则是依靠技术规则来建立信任。在这种模式下，网络中的各个节点理论上拥有相同的权利和地位，没有人能够控制整个通证网络，所有节点都应遵循预设的共识机制来维护通证网络的运行。

但是，考虑到金融市场需要控制风险和保护投资者，完全去中心化的监管在通证金融基础设施中是不现实的。因此，需要在通证金融基础设施中为监管机构提供“接入口”，以确保系统的安全运行。

一种可能的实施方案是在通证网络中引入超级节点，这些节点可以作为监管节点，并被赋予特殊的管理权限。监管节点的管理权限应该根据宏观和微观条件审慎监管的需求来设置，并充分考虑通证金融基础设施的具体应用场景、技术的成熟度以及监管规则的具体要求。例如，监管节点可以拥有监控通证上金融交易的权限，以确保监控机构能够获取完整、可追溯、实时的交易数据；在紧急情况下，监管节点可以拥有决定系统解决方案的临时权力，以便在出现可能诱发欺诈交易的技术风险时，能够及时采取补救措施；此外，监管节点还可以拥有审核和决定普通节点参与金融交易资格的权力，对涉嫌非法活动的节点及时采取措施。

技术标准统一

通证金融基础设施拥有的跨界潜力要求通证金融软件统一技术标准，以促进不同金融业务之间的互联互通和无缝衔接。统一技术标准可以降低参与主体在系统建设和学习上投入的成本，同时为监管介入提供便利。技术标准的统一有助于避免不同通证系统之间的多头对接，减少中间环节的“摩擦”，提升金融效能，并使监管机构能够实施更加有效的“穿透式”监管。

然而，目前主流的通证金融应用在编程语言、共识机制和数据结构方面存在差异。例如，Libra 选择使用 Move 语言和拜占庭容错（byzantine fault tolerance，BFT）共识机制，而其他应用可能采用 GO 语言和 PoS 共识机制。

为了解决这些问题，可以考虑由中央银行在充分考虑通证金融基础设施的职能定位以及平衡去中心化、效率和安全问题的基础上，统一制定通证金融软件的技术标准。这些技术标准应当满足金融交易的速度、吞吐量、安全性以及监管介入的需求。

监管机构在通证金融基础设施领域扮演着至关重要的角色。为了确保技术的健康发展和维护公共利益，监管机构需要制定明确的技术开发、维护和测试规范标准。

通证网络承担着关键的公共职能，并与金融消费者的权益密切相关。通过行政干预确立全流程操作规范，可以在程序上为通证网络和通证金融软件的正常运行提供额外保障。目前，已经存在一些有关网络和软件开发、测试和维护的部门规范，例如《证券期货业软件测试规范》《网络关键设备安全检测实施办法》和《互联网信息安全管理系统使用及运行维护管理办法（试行）》等。

基于这些现有规范，监管部门应当结合通证金融基础设施的技术特性和运行模式，制定一套全面的技术操作规范标准，涵盖事前、事中、事后的全流程监管。这样的规范标准将有助于确保通证金融基础设施的稳健运行，并在保障金融安全和消费者权益方面发挥关键作用。

明确法律标准

通证金融基础设施的运行模式与传统金融基础设施存在显著差异，这就要求相关法律体系要进行适应性调整，以明确相关金融活动的法律属性，并确立相应的监管标准。例如，在美国，数字资产交易已被纳入现有的证券监管框架。具体来说，在 SEC 发布的《数字资产证券发行与交易声明》中，通过《证券交易法规则》第 3b-16 条提供的功能测试，评估通证网络平台是否符合《1934 年证券交易法》中对交易所的定义。如果符合，该网络平台必须在 SEC 注册为全国性证券交易所，除非获得豁免。

SFC 则通过《有关证券型代印发行的声明》对证券型通证发行业务提出监管要求。对于特定通证，需根据香港《证券及期货条例》中关于“证券”的定义，判断其是否属于香港证券法规的适用范围。任何机构若要推广及分销证券型通证，必须获得牌照或注册，并遵守相关的行为准则。

总体而言，在法律层面，监管机构需要在现有监管规范的基础上，结合通证金融基础设施的功能和业务实质进行准确定性，并针对可能诱发的新风险，有针对性地制定新的适应性监管要求。这包括明确通证的法律属性、是否允许基于虚拟资产的衍生品杠杆交易、以及基于通证技术的虚拟资产交易所的法律地位和具体监管要求，如持牌要求、储备金金额或保险制度等。

只有在法律标准明确的前提下，通证金融基础设施才能更好地履行合规义务，金融消费者才能准确识别交易风险并及时获得权利救济。此外，明确的法律规定也有助于减少不同监管部门之间的监管竞争或监管漏洞。

完善主体责任归结

通证金融基础设施虽然在业务形态上与传统金融机构有所区别，但其核心的金融属性、风险属性和监管需求并未改变。因此，这类基础设施在运营时必须遵循与其业务实质相匹配的监管规则。如果违反这些规则，它们将面临法律后果；若对消费者造成损害，则还需承担民事法律责任。

考虑到通证金融基础设施的参与主体与传统金融机构之间的差异，监管机构需要根据通证技术的特性和各参与主体的功能、风险控制能力、利益补偿情况及过错程度等因素，合理分配合规责任。参与通证金融基础设施建设的主体主要包括：

- 技术供应商：负责通证网络的设计、开发和维护，提供技术基础设施，包括算法设计、云计算和大数据服务。
- 网络运营商：管理和维护通证网络的正常运行。
- 应用程序提供商：为终端用户提供访问通证网络的接口。
- 其他利益相关者：提供辅助服务，如数字钱包服务和数字货币交易平台。

由于一个实体可能在通证金融基础设施中扮演多个角色，不同功能可能由不同实体共同完成，因此各参与主体应根据其职能定位承担相应的合规义务。例如，在基于通证的支付和汇款服务中，数字钱包由于具备支付功能，应接受与第三方支付机构相似的监管，并履行反洗钱和客户身份验证等合规义务。算法设计公司则需遵守算法设计规范，执行必要的测试程序，确保通证支付业务在算法层面的准确性和可靠性。

通过这种方式，可以确保通证金融基础设施在提供创新服务的同时，也能够满足监管要求，保护消费者权益，并维护金融市场的稳定。

全球通证化技术沙盒监管的实践案例

从平台切入：中国香港与加拿大的实践案例

香港特别行政区政府致力于推动虚拟资产市场的发展，并在 2022 年发布了政策宣言，明确了对虚拟资产发展的支持和监管框架。香港金管局和 SFC 共同提供了清晰的监管指引，促进资产通证化的发展。香港金管局还发布了针对数字资产托管服务和通证化产品的监管指引，为市场参与者提供指导。

2023 年，香港特别行政区政府成功发行全球首个官方通证化绿色债券，发行规模达 8 亿港元，这标志着香港在通证化金融产品领域的创新和领导地位。2024 年，香港金管局推出了 Ensemble 项目，该项目是对批发层面央行数字货币（wCBDC）的探索，旨在通过创新的金融市场基础设施，推动通证化货币在银行同业结算中的应用。

在国际合作方面，香港特别行政区政府积极参与国际交流与合作，与国际清算银行创新中心等机构合作，共同推动通证化技术的应用，并参与欧洲中央银行和法国中央银行的相关探索工作。

香港地区的通证沙盒监管以虚拟资产交易平台运营商为主要监管对象，入盒主体范围广泛，允许提供至少一种证券型通证交易服务的平台申请入盒。沙盒监管分为两个阶段：

第一阶段：资格监测阶段。SFC 将根据持牌证券经纪商和自动化交易场所的标准，为盒内平台定制监管框架，并密切监测平台的实际运作情况。监管范围不仅限于通证交易服务，还包括所有通证与非通证、链上及链下业务。SFC 将在保密情况下评估平台的合规意愿、投资者保护机制和对金融市场的影响，以决定其是否具备发牌资格。

第二阶段：附条件发牌阶段。通过第一阶段监测的平台，SFC 将根据《证券及期货条例》发放第 1 类（证券交易）及第 7 类（提供自动化交易服务）牌照，并附加发牌条件。这些条件包括但不限于专业投资者的限制、月度报告提交、客户资产的信托隔离、线上和线下钱包资产的保险要求、禁止杠杆交易等。平台在经过至少 12 个月的监测期后，可申请解除或修改发牌条件，并退出沙盒。香港特区政府旨在通过这种分阶段的沙盒监管，为虚拟资产交易平台提供一个测试和创新的环境，同时确保市场的健康发展和保护投资者。

加拿大证券管理局（CSA）在 2019 年 3 月公布了一份咨询文件，旨在为加密资产交易平台构建一个监管框架，并探索将其纳入监管沙盒。该框架建议，所有提供加密资产交易服务的平台，无论其交易的商品属性是加密资产还是其他类型，都应纳入监管范畴。特别是那些具有多重市场功能，兼具交易商和保管人角色的混合型交易平台，也将成为监管的重点。监管的重点风险领域包括但不限于：

- 投资者密码保护：确保投资者的交易密码和资产安全。
- 平台交易规则：制定明确的交易规则，保障交易的透明性和公平性。
- 风险内部控制和监督：建立健全的内部控制机制，对潜在风险进行有效监督。

- 投资者资产隔离：确保投资者资产与平台运营资产的有效隔离，保护投资者权益。
- 利益冲突管理：建立有效的利益冲突应对机制，维护市场秩序。
- 防范操纵和欺诈：采取措施预防和打击市场操纵和欺诈行为。

CSA 的这一举措体现了其对加密资产交易领域监管的重视，希望通过沙盒监管的方式，为创新提供空间，同时确保投资者利益和市场安全。通过明确监管要求，CSA 希望能够引导加密资产交易平台的健康发展，同时应对新兴市场中可能出现的风险。

从业务切入：中国台湾与英国的实践案例

中国台湾地区行政机构所辖的金融监督管理委员会（以下简称“台湾金管会”）在 2019 年 6 月 27 日宣布了对通证的监管立场，承认其作为有价证券的属性，并决定引入通证沙盒监管制度进行规制。在综合考虑了其他国家和地区对通证监管的制度和执法案例后，台湾地区创新性地采取了分级管理制度来具体管理通证市场活动。

根据台湾金管会的规定，发行额不超过 3 000 万新台币的通证被定义为小额通证，可以直接依据台湾地区的“证券交易法”进行；而发行额超过 3 000 万新台币的大额通证，则需要申请进入监管沙盒。通过沙盒监管的通证，将根据相关法规和制度进行合法发行和交易。

在这种分级管理制度下，台湾地区主要通过沙盒实验来监管大额通证，而小额通证在满足一定额外条件后可以享受监管豁免。这种模式有助于集中资源测试和规管规模较大的通证活动。然而，现有的监管规则仍有待完善。例如，台湾金管会认识到通证发行交易平台在简化中介程序方面的优势，并将其定位为特别证券自营商。但由于沙盒监管机制并未排除法定制度下的刑事责任，为了避免通证平台违法经营，台湾金管会仅允许其通过议价模式进行交易，这与去中心化通证平台的竞价交易模式不符，也限制了去中心通证平台的市场价格发现功能。

此外，对于小额豁免类别，台湾金管会设置了专业投资者资格限制、每个通证案的认购额上限、以及对单一平台发行交易的限制，这些都在一定程度上限制了通证市场的流通性。这表明，仅根据发行额度来划分管理，并不能全面解决通证监管面临的挑战。

目前，英国正积极探索证券、基金和存款的通证化路径，通过政策引导和监管创新，构建支持数字资产和通证化的生态系统。这展示了英国对金融科技发展的开放态度和支持。

在通证化证券方面，2024 年 1 月，英格兰银行和英国金融行为监管局联合宣布了英国数字证券沙盒计划，该计划为期 5 年，并在 4 月启动了公众咨询。沙盒旨在放宽对中央证券存管机构（CSDs）的特定要求，以促进数字证券交易及其后续流程的创新，尤其是在由 DLT 驱动的通证化领域。英国还实施了全面的法规，为数字资产创新提供了法律基础，明确了沙盒内允许的活动范围和参与者资格。

在通证化基金方面，早在 2023 年 11 月，FCA 就发布了基金通证化的实施路线图，允许符合条件的基金在现有监管框架内采用通证化方式进行销售和赎回，同时强调了投资组合构成和传统结算程序的合规性。2024 年 3 月，英国政府资产管理工作组的技术小组发布了第二份报告，深入探讨了基金通证化的实用案例，特别是在货币市场中基金抵押品的应用及链上投资市场中的角色。报告突出了通证化对基金行业和资产管理部门的潜在益处，并强调了数字证券沙盒计划在促进技术创新方面的作用。

在通证化存款方面，2024 年 4 月，英国金融行业组织 UK Finance 宣布扩大通证化存款的试点项目，吸引了包括巴克莱银行、劳埃德银行、花旗集团、万事达和 Visa 等金融机构的参与。这个为期三年的试验项目旨在简化跨国交流程序，降低错误和欺诈风险。

从基础设施切入：新加坡与欧盟的实践案例

欧盟一直在探索 DLT 在金融市场结算中的应用。欧洲中央银行于 2023 年 6 月首次宣布，计划从 2024 年起着手探索 DLT 在金融市场结算中的应用，旨在创新金融机构间证券与外汇交易的结算流程，并同步推进零售中央银行数字货币。2024 年 5 月 13 日，欧洲中央银行体系公开证实已携手多家金融实体及中央银行，启动了一个以 DLT 为基础、针对批发交易结算的新技术研发项目，标志着欧洲中央银行在采用创新科技处理欧元区内中央银行货币的批发交易结算上迈出实质性步伐。参与初期探索项目的机构包括卢森堡中央银行、法国银行、意大利银行、德意志联邦银行和奥地利中央银行，以及 10 家金融机构和 6 家提供 DLT 技术的运营商。根据欧洲中央银行发布的公告，参与各方已提出多项在 DLT 平台上利用中央银行货币进行交易结算的商业模式。这些提议主要聚焦于优化证券结算流程的不同阶段，比如货银对付（即证券和资金的同时转移）、二级市场交易处理以及证券生命周期管理（包括利息支付等）。此外，公告还透露，探索范围正向其他潜在场景拓展，特别是涉及跨境支付的货银对付解决方案。

MAS 积极扩展其资产通证化计划，并推进相关基础设施的建设。自 2016 年完成 Ubin 项目以来，MAS 一直在探索通证和 DLT 在支付、证券清算和结算方面的潜力。2018 年 11 月，MAS 与新加坡交易所合作开发了交付与支付（DvP）功能，实现了跨通证平台的通证化资产结算。2022 年 5 月，MAS 启动了守护者计划，与金融业界合作，探索资产通证化和 DeFi 的可行性。该计划旨在实现三个核心目标：制定资产通证化的行业标准，建立政策指引和框架以明确数字资产的治理模式和责任制，以及在政策和框架的指导下，培育一个健康可持续的数字资产生态系统。守护者计划重点关注 4 个领域：开放和互操作性的网络、信任链、资产通证化以及机构级的 DeFi 协议。目前，已有 18 家金融机构参与该计划，覆盖固定收益、资产管理、外汇交易等通证化金融资产。2023 年 11 月，MAS 宣布守护者计划项目试点成功，证明了固定收益、资产管理、外汇交易等通证化金融资产能够实现跨国界的无缝交易、分配和结算。MAS 随后宣布与金融业界合作，扩大资产通证化计划，并开发基础设施以增强通证化市场的潜力。特别值得注意的是，MAS 正与纽约梅隆银行、摩根大通、星展银行和三菱日联金融集团等合作，探索构建名为“全球第一层”的数字基础设施。GL1 希望通过托管通证化金融资产和应用程序，使通证化资产能够在全球化的流动性池中交易，同时确保满足监管要求和准则。

从属性认定切入：美国的实践案例

美国政府对通证采取了多元化的监管框架，体现了通证的多重性质。

- 货币业务属性：美国财政部金融犯罪执法网络（FinCEN）于 2013 年明确指出，比特币及其他通证在美国不被视为法定货币。然而，这并未否定通证作为支付工具的功能。只要交易双方接受使用通证进行交易，该交易便被视为合法。通证交易被视为“货币业务”的范畴，必须遵守反洗钱（AML）法规。涉及的公司必须履行记录、保存交易信息报告以及配合调查等责任。
- 证券属性：SEC 将通证归类为证券的一种形式，这意味着通证发行方和交易所等机构都受到 SEC 的监管。此外，（CFTC）也认为通证属于商品范畴，并在必要时将其纳入监管范围。
- 资产属性：在税务方面，美国国税局（IRS）将通证定义为一种资产而非货币。因此，投资者有义务及时报告其通证交易产生的应税收益。
- 监管政策：美国政府对通证的监管政策涵盖了市场准入、通证转移、消费者保护和反洗钱四大关键领域。
- 市场准入政策：2015 年 5 月 7 日，纽约州金融服务局颁发了首个通证业务经营许可证 BitLicense，为纽约州通证业务的审慎监管奠定了基础。自此，任何希望从事通证传输、保管、控制、管理、发行、买卖及兑换业务的机构，都必须获得相应许可证才可以开展业务。
- 通证转移政策：2013 年 3 月，FinCEN 针对可兑换虚拟通证交易的金融市场参与者发布了指引规则，明确了美国《银行保密法》（BSA）的适用范围。

- 消费者保护政策：2013 年 7 月 23 日，SEC 的投资者教育和宣传办公室发布了关于通证使用风险的投资者提醒。随后，SEC 和美国消费者金融保护局（CFBP）也发布了相关提醒和指引文件，为投资者和消费者提供投资建议和指导。
- AML 政策：《美国爱国者法案》（*USA PATRLOT Act*）规定企业必须建立客户识别机制，保存数据记录。这一政策已扩展至通证行业，美国联邦金融机构检察委员会（FFETC）建立了银行反洗钱信息库，并要求货币服务提供者和货币转移服务商遵守 AML 程序。

美国各州政府对通证的监管态度呈多样化，一些州发布了投资通证业务的警告，而另一些州则表现出不同程度的开放性。尽管态度不一，但各州政府均重视对投资者的风险提醒。美国政府的通证监管制度具有两大特点：一是结合了联邦法规和州规则的多层次监管体系；二是注重对通证业务资质和交易流程的监管，同时加强对投资者的风险教育和保护。这些措施有助于通证行业的健康发展和风险防范。

4. 构建中国特色的通证金融沙盒

通证经济是基于通证及 RWA 技术的一种新型经济模式，其核心在于利用通证及 RWA 的去中心化、可匿名和难篡改的特性，建立一个鼓励诚信行为的经济激励机制。这种机制旨在激发参与各方的积极性和创造性，推持续进金融高水平对外开放。

尽管通证经济目前还处于初期阶段，应用场景比较有限，但开发者正在积极探索如何将通证经济与实体经济相结合，发挥其潜在的经济驱动作用。

然而，通证经济的发展也面临着诸多挑战，特别是在监管方面。当前，我国对数字货币实行了较为严格的监管政策，这种严格的监管政策虽然有效避免了一些金融风险，保证了金融市场的安全稳定，但同时也使我国在数字货币市场中失去了诸多机会。最直接的损失包括制定游戏规则的权力，这在历史上已经证明其长远的重要性。例如，美国在互联网初期主导制定了 TCP/IP 协议，令我国在网络安全和技术发展上长期受制于人。

此外，我国还可能失去对数字货币定价的影响力，这将间接影响人民币的国际化进程。还有，由于许多与数字货币相关的项目都设立在国外，而中国用户却占据了很大的市场份额，这种情况间接导致了国内财政收入的流失。

因此，与传统的单向监管和被动监管策略不同，新的监管思维应该是开放和包容的。监管部门应该为通证经济提供试错的空间和时间，同时促进通证经济社区自治与官方监管的有效结合。这种双向互动的监管模式不仅能够确保通证经济的合法合规运行，还能促进其高效和健康发展。

总的来说，通证经济作为一种潜在的社会经济模式变革工具，其未来的发展方向尚不可知。对通证经济持宽容态度，积极探索与实践，将有助于我们更好地理解其带来的各种可能性，享受由此产生的便利和经济效益。

通证及 RWA 风险与我国金融监管体制变革的必要性

通证及 RWA 带来的风险与警示

通证及 RWA 作为科技金融领域的新兴模式，依托于通证及 RWA 技术，从数字货币到智能合约，为金融行业带来了深刻的变革。这种模式以其去中心化的特点，实现了交易的快速处理和成本的显著降低，为全球金融产业的效率提升和交易成本的降低提供了重大机遇。然而，它也带来了多维度的风险挑战。

中国作为互联网金融发展最为活跃的国家之一，通证及 RWA 已经在我国金融市场中占据了重要位置，并推动了金融业的进一步发展。但同时，它也对传统金融领域构成了前所未有的冲击，伴随发展机会而来的风险也逐渐显现。

通证及 RWA 技术在简化金融交易、降低成本、促进大数据利用方面的优势是显而易见的。然而，通证及 RWA 对金融市场的全面冲击及隐患同样不容忽视。技术层面上，通证及 RWA 的“破坏性创新”改变了金融领域的技术基础，新系统的安全防护尚未完全建立，存在出现技术风险和安全漏洞的可能性，从而威胁金融市场的稳定。此外，通证及 RWA 的跨界性、联动性与高传染性可能放大市场运行风险，引发流动性风险甚至系统性风险。

在消费者权益保护方面，去中心化的通证及 RWA 模式增加了市场主体身份认证的难度，加剧了信息的不对称，使消费者处于较为脆弱的保护状态。小型通证及 RWA 公司在应对黑客攻击和个人信息保护方面的能力有限，增加了消费者信息泄露和权益受损的风险。

综上所述，通证及 RWA 在技术应用、市场运行、消费者权益保护等方面带来的风险，使得我国通证及 RWA 的基础并不稳固，风险日益突出。这要求我国政府在制度设计层面作出积极应对，开展“制度交易”，以适应金融领域经济条件的变化，确保金融市场的健康和稳定发展。

我国通证及 RWA 监管机制亟待变革

从金融监管的基本原理出发，防范系统性金融风险、纠正市场信息不对称以及维护市场秩序是金融监管的核心职能。针对通证及 RWA 带来的风险，改革现行金融监管体系是一条可行的路径。然而，中国现行金融监管体系在立法、监管体制和自律监管等方面，已显示出对通证及 RWA 监管的不适应。

- 管制型金融立法的局限性：当前中国的金融立法以管制型为主，旨在通过严格规定来实现交易信息的透明和信用保障。然而，这种立法方式在面对通证及 RWA 时显得力不从心。通证及 RWA 利用去中心化系统和“金融脱媒”来解决信息不对称问题，实际上绕开了严格的立法管制。尽管这可能有助于实现市场信息的有效配置，但在不成熟的市场环境下，信息不对称问题依然严重，企业倒闭和信用危机频发。此外，管制型立法的漏洞和对通证及 RWA 的监管空白，为监管套利提供了机会，进一步加剧了市场的混乱。
- 机构监管体制的不适应性：长期以来，中国的金融监管体系采用的是机构监管模式，即按照金融机构的类型由特定的监管机构负责监管，遵循分业监管的原则。通证及 RWA 作为一种新兴的金融创新模式，其多样化和定位不明确的特点难以适应现有的金融业务监管框架。这导致了监管的碎片化或空白化，使得通证及 RWA 难以得到有效的规范，增加了金融风险发生的可能性。
- 自律监管的不足：中国现行金融体系在自律监管方面存在缺失，这在面对通证及 RWA 模式时尤为明显。通证及 RWA 技术依赖的 DLT 增强了支付系统和信用系统的独立性，仅依靠政府的行政权力进行监管已不足以适应通证及 RWA 的去中心化特性。同时，行业组织的自律监管机制不健全，企业参与自律监管的积极性不高，导致监管主体体系不完整，难以有效开展监管工作。
- 中心化监管机制在通证及 RWA 中的局限性：当前的金融监管机制主要围绕传统金融机构构建，对于跨界的金融科技平台，尤其是通证及 RWA 这种新兴模式，现有的监管框架往往难以覆盖。在通证及 RWA 模式下，消费者个人信息的保护面临挑战，信息泄露和远程电子诈骗的风险较高。由于通证及 RWA 的去中心化特性，传统的中心化监管手段难以有效追踪和锁定违法者的匿名账户，使得追责变得极其困难，消费者保护机制的有效性因此受到削弱。

鉴于现行金融监管体系在适应通证及 RWA 模式方面存在的不足，探索与通证及 RWA 相匹配的监管机制、促进监管体系的变革，对于推动通证及 RWA 的健康发展至关重要。国际间的制度实践可以为我们提供宝贵的经验和启示。

金融监管模式的实践与借鉴

消费者权益保护、金融安全和金融效率构成了金融监管体系的三大支柱。在金融立法、监管目标设定以及监管体制改革中，应实现三大支柱之间的相互平衡。面对新金融模式带来的风险与机遇，优秀的金融监管者需要不断学习，敏锐地识别新产品、新市场和新服务中的潜在风险，及时采取风险缓解措施，并在必要时叫停相关业务。

基于这一指导思想，为了平衡通证及 RWA 的创新活力与其潜在风险，沙盒监管已经成为许多国家采用的核心监管模式。沙盒监管不仅在监管机构体系上做出了调整，还在消费者权益保护方面进行了加强。这种做法为中国对通证及 RWA 的监管提供了宝贵的借鉴。

沙盒监管：平衡金融创新活力与风险

沙盒监管的理念最初由 FCA 在 2015 年提出。FCA 认为，监管沙盒有助于缩短创新理念进入市场的时间，促进金融创新的发展。

受到这一理念的启发，英国、新加坡、澳大利亚等国家相继建立了各自的沙盒监管制度。以英国为例，沙盒监管的实施基于几个核心要素：首先，确立监管沙盒的法律基础；其次，明确 FCA 在沙盒监管中的角色和措施；再次，制定企业在沙盒中可以执行的灵活方案；最后，确保消费者保护措施得到有效执行。

通过这种监管模式，监管机构可以在确保消费者权益和市场稳定的同时，为金融创新提供空间，允许企业在有限的风险环境中探索和验证其创新理念。这种做法有助于平衡创新与风险，为金融科技领域的健康发展提供支持。

FCA 实施的沙盒监管标准包含五个关键条件，这些条件与企业获得创新计划支持的要求相似。具体包括：

- 企业适格性：企业计划中的新方案是否属于金融服务领域。
- 原创性：新方案是否具有创新性，是否与现有方案不同。
- 消费者利益：消费者在整个沙盒实验期间能否获得实际利益。
- 沙盒测试的必要性：是否确实需要通过沙盒进行测试来验证新方案。
- 资源与法规理解：企业是否拥有必要的资源，并且是否了解相关的法规和风险。

这五项标准是实施沙盒监管模式的基础。FCA 对已获授权和未获授权的企业采取了不同的沙盒监管措施，以应对它们在创新过程中面临的不同挑战：

对未获授权的企业，FCA 为这些企业设立了特别的授权程序，允许它们在有限的范围内进行活动，仅限于测试其创新想法。一旦企业满足授权要求，可以解除这些限制，并应在满足完全授权条件后立即申请完全授权。企业在开始测试前必须满足时间和资源的相关要求，且活动不能超出《2000 年金融服务与市场法》（FSMA）的范围。

对已获授权的企业，FCA 沙盒监管措施的核心是提供确定性，确保 FCA 不会对企业的测试活动采取执行措施。具体措施包括：

- 不予执行书：表明 FCA 不会对企业活动采取执行措施。
- 个人指南：FCA 会遵循指南对企业测试活动所适用规则做出明确解释。

- 弃权声明：当企业在测试活动中明显违背规则时，对于沙盒监管的需求，作为管理机构的 FCA 将使企业行为暂时符合规则，但仅限于欧盟立法范围内。

尽管 FCA 的沙盒监管措施为企业提供了极大的灵活性，但 FCA 始终坚持一点：沙盒活动的参数不能因为正在进行的测试而给整个金融系统带来风险。沙盒监管模式为金融创新提供了一个安全的环境，允许企业在没有立即面临全部监管要求的情况下测试其创新性产品、服务和商业模式。FCA 不仅制定了自己的实施措施，还为企业提供了灵活的执行方案，以支持产业主体在实现创新方案中的潜在作用。

目前，企业可执行的灵活方案主要有两类：

第一类是模拟沙盒。企业可以在一个虚拟环境中对其新方案进行测试，而无需进入真实市场。FCA 提供的模拟沙盒具有两个主要优势：

- 第一，依托云数据库，实现产业级测试数据共享，从而降低消费者损害和市场风险。
- 第二，所有创新企业均可利用模拟沙盒进行测试，无论是否获得授权，都能为未授权企业提供快速正式的合作方式。

第二类是沙盒保护伞，即由行业内设立的非营利公司，允许未授权的创新企业在保护伞下提供服务。沙盒保护伞的优势在于简化了创新企业进入沙盒的过程，但局限性在于并非所有受监管的活动都适用，如保险和投资管理等业务仍需申请受限制的授权。

沙盒模式旨在提供一个排除监管障碍、充分保护参与者的测试环境，降低金融产品引发系统性风险的隐患，实现风险控制与创新效益的平衡。沙盒监管已成为各国监管科技金融模式，如通证及 RWA 的主要手段，在监管体系中占据核心地位。

监管机制：实现功能性监管与“淡中心化”监管

通证及 RWA 模式的去中心化特性促使各国政府的监管机制逐渐转向混业监管，强调功能性监管而非机构监管。这种监管原则倾向于包容性监管和原则监管，旨在保障金融创新的活力和提升产业整体效率。

英国在这一领域提出了“淡中心化”的监管概念。英国政府科学办公室的一份报告强调了加强政府监管部门与产业界、学术界合作的重要性，有助于维护政府在监管中的主导地位，抵御科技金融模式的“去政府中心”风险。其基本思路是，随着 DLT 的深入应用，治理和监管应当更紧密结合。在个人信息隐私保护、分布式账本内容安全保障、个人和机构协议的有效认证等核心领域，政府将与学术界、产业界共同成为制定监管规则的主体，并共同探索应对金融科技带来的法律风险、道德风险和技术风险的解决方案。

消费者权益保护

在金融监管领域，风险提示和赔偿保障是保护消费者权益的关键措施。FCA 针对创新性金融产品或服务的测试，特别制定了一套全面的消费者保护措施，以降低消费者在参与科技金融业务时可能遭受的损害。

这些保护措施主要包括四个方面：

- 风险提示：企业在沙盒测试中必须获得消费者的正式同意，并明确告知消费者潜在的风险及赔偿机制。
- 个体协议：企业可与消费者就测试活动的相关信息披露、权益保护、损害赔偿等达成个体协议，FCA 将确保消费者对协议达到满意。
- 平等的消费者权利：FCA 确保参与沙盒测试的消费者享有与普通消费者相同的权利。

- 赔偿保障：企业必须具备赔偿消费者损失的能力，并展示其赔偿资源和资本。

这些措施构成了一个完整的保护体系，由一系列具体规则支撑。学者们认为，消费者权益保护、金融安全和金融效率是金融监管法制的三大支柱，应在金融立法、监管目标设定和监管体制改革中实现平衡。面对新金融模式的风险与机遇，监管者需要不断学习，识别潜在风险，并采取有效措施。沙盒监管作为平衡创新与风险的核心模式，已被多个国家采用，并在监管机构体系和消费者权益保护方面进行了相应调整。这种做法为中国在监管通证及 RWA 等科技金融模式时提供了借鉴。

构建以沙盒监管为核心的通证及 RWA 监管模式的可行性

从国际监管实践来看，沙盒监管作为一种核心监管机制，无论在金融市场的运作现状、相关制度的实验性应用，还是金融监管模式的构建上，都与中国市场有很强的相似性，显示出将其引入中国的可行性。这种监管模式的灵活性和对创新的支持性，为中国金融科技领域的健康发展提供了重要的参考价值。通过借鉴国外的成功经验，结合中国的具体国情，沙盒监管有潜力成为中国金融市场创新与风险管理的重要工具。

沙盒监管模式与我国金融市场现状的相互适应

在中国当前的金融市场中，确实存在一些不完善之处。一方面，以银行为中心的间接金融市场长期占据主导地位，导致直接与间接金融市场之间的结构不平衡。资本市场的发展尚未达到恢复自主有效转移和分散风险的水平，这增加了银行和其他金融机构的潜在风险。另一方面，金融市场的高度垄断使得大型银行主导的金融体系无法确保金融服务和产品的充分供应，也无法实现资金配置的最有效效率。同时，中小型银行的发展不足，对中小企业产生了一定程度的歧视，导致这些企业普遍面临融资难题。

在这样的市场环境下，中小企业除了依靠自身积累，也在寻求其他融资途径。这促使了各种互联网融资平台的兴起，自 2012 年互联网金融元年以来，这些平台经历了快速发展。通证及 RWA 模式也成为互联网金融浪潮的重要参与者。通证及 RWA 模式的兴起，本质上是对传统金融市场边缘的扩展，它与传统金融市场存在一定的距离，因此对其监管也应超越传统范畴，去探索新的监管模式和区间。沙盒监管模式通过限制时间和空间，与通证、RWA 在市场中的位置相适应，也适合中国当前的金融市场环境。

制度试点经验支撑起中国式沙盒监管的基础

在中国，沙盒监管模式与我国金融市场环境高度契合，并且在法制建设方面，我国长期以来的制度试点模式为推广沙盒监管提供了坚实的基础。这种模式强调通过设立试验区来实现制度创新和转型，为推广沙盒监管积累了丰富的经验。

与沙盒监管类似，在制度试点模式下，试点地区允许企业在一定时间内对创新产品或业务进行试验，同时享受国家规定的政策优惠和制度创新带来的新交易环境。如果试验成功，相关产业将在政府主导下向全国推广。这种模式虽与沙盒监管相似，但行政权力对试点企业的影响更为显著。

以上海自贸区为例，其设立初衷是为上海建设国际金融中心提供试验田。上海自贸区的金融法制创新服务于上海金融建设的整体战略，并作为新一轮金融建设的“育种地”，提供先行先试的经验。上海自贸区的金融法制建构遵循“国家授权——部委支持——地方立法”的模式，通过全国人大常委会和国务院的授权，实现国家事权下放，再由上海市人大常委会授权暂停部分地方性法规，由市政府制定地方政府规章，最终形成适应自贸区制度实验的地方性法规。同时，国务院部委规章也为自贸区的先行先试提供支持。

这种模式通过将制度实验控制在自贸区内进行，使改革措施可以大胆提出和应用，并能够预估和防范风险。即使出现问题，影响范围有限，其宝贵经验可以快速推广至全国。这一模式与沙盒监管非常相似，可以作为中国式沙盒监管的经验和基础。

沙盒监管模式与我国金融监管体制的相互契合

沙盒监管模式对于中国当前的金融监管现状具有很高的适用性。监管机制通常受到市场发展情况和历史传统的深刻影响。中国的机构监管体制与立法上的分业经营原则有关，同时也与金融市场自由化程度较低、需要行政权力介入的现状有关。

随着金融市场的发展，特别是通证及 RWA 等互联网金融形式的兴起，传统的机构监管体制面临挑战。行业分业的界定越来越难以准确反映金融创新的性质，这导致监管空白、套利空间以及消费者权益保护不足的问题被放大。诸如通证及 RWA 等金融创新形式需要融入现有监管体制，但由于监管传统和行政管制根深蒂固，这可能引发监管不足、风险成本上升等问题，监管体制也可能对金融创新造成阻碍。

尽管学界和业界一直在呼吁从“机构监管”向“功能监管”转变，但在监管立法层面尚未取得实质性进展。沙盒监管模式可以在一定范围内突破现有监管体制，促进金融创新形式的发展，同时维护金融监管机制的秩序。

然而，引入沙盒监管模式也需要相应的监管机制和消费者权益保护制度的调整，以构建完整有效的通证及 RWA 监管机制体系。

我国通证及RWA监管模式的构建路径

为应对通证及 RWA 的快速发展及其对制度变革的需求，同时考虑到沙盒监管模式与我国金融行业和监管体系的契合度，我们可以借鉴国际先进经验，探索构建具有中国特色的沙盒监管模式。这一制度创新方案旨在为通证及 RWA 监管提供有效的解决方案。

中国可以设立专门的监管区域，通过以下措施搭建沙盒监管的基础框架：

- 实施授权型立法，确立监管的法律基础。
- 制定企业准入标准，确保只有符合条件的企业能够参与沙盒试验。
- 确立沙盒退出机制，为项目在达到预定目标或发现风险时提供明确的退出路径。

此外，我们还需要对现有的消费者权益保护机制、监管体系和监管原则进行深入的重构，以适应通证及 RWA 的特点。这将有助于构建一个全面的通证及 RWA 监管蓝图，既能促进金融创新，又能有效管理和控制风险。

通过这种综合措施，我们可以确保监管模式的适应性和有效性，为通证及 RWA 的健康发展提供坚实的制度保障。

形成我国沙盒监管基本框架

在中国构建沙盒监管模式，首要任务是确立其法律基础。由于金融监管立法属于中央政府的专属权，我们可以借鉴上海自贸区的经验，通过全国人大常委会及国务院依据《中华人民共和国立法法》对现行法律进行适时适地的调整，为通证及 RWA 活动暂停部分行政审批，同时授权沙盒监管区域内的立法机构拥有委托立法权，以便根据实践情况制定促进金融创新的法律规则。

在全国范围内更新现有法律体系存在难度，但在自贸区等试点区域则可行。这些区域可以成为制度创新的“法律特区”，通过委托立法形成制度优势，推动金融行业的创新发展。

通证及 RWA 尽管发展迅速，但也存在信用问题、监管混乱和消费者欺诈等风险。通证及 RWA 技术本身可能具有规避监管的特性。因此，在构建沙盒监管平台时，确保参与企业的资质和信用至关重要。对此可以参照澳大利亚的做法，允许信用良好、具备金融业务资质的企业扩展业务范围并进入沙盒。同时，设计针对金融科技企业的注册与审批流程，由监管机构根据标准进行审批，为企业提供信用背书。

鉴于沙盒资源有限，建立完善的退出机制对于资源的合理配置至关重要。企业在测试期满、产品缺乏创新性或可行性，或已成长为成熟企业时，应退出沙盒并进入市场。监管机构应详细规定退出标准，并确保退出过程遵循法定程序，公平对待每家企业，从而保障其市场竞争力。

强化消费者权益保障机制

通证及 RWA 作为互联网金融的一种表现形式，虽然依托于前沿的通证及 RWA 技术，却也面临着所有互联网金融活动共有的问题。交易双方之间存在显著的信息不对称，线上交易虽具有便捷性但也可能导致大量虚假信息的泛滥。此外，由于从事通证及 RWA 业务的企业质量参差不齐，也会使得交易信用难以确保。消费者在交易中常常处于不利地位，不仅难以全面了解企业和产品的风险，容易受到误导，而且在遭受损失时，由于交易的虚拟性，往往难以追索赔偿。

为了维护消费者在通证及 RWA 交易中的合法权益，恢复交易法律关系中的平衡，我国在实施沙盒监管模式时应向消费者权益保护倾斜，以改变消费者的弱势地位。在沙盒测试和监管过程中，首先应在法律法规层面强调保护消费者权益的重要性，并制定原则性规定，随后通过制定具体规则构建完善的消费者权益保护体系。

在制度设计上，我们可以借鉴英国实施的消费者权益保障措施：

- 知情权保障：企业必须充分揭示通证及 RWA 产品或服务的风险，并明确告知产品或服务处于沙盒测试阶段，以便消费者做出明智决策。
- 平等权利保障：确保消费者享有与其他金融消费者相同的权利，例如通过强制性规定保护消费者在合同条款中的权益。

- 损害求偿权保障：企业必须展示其偿债能力，并在进入沙盒前提供担保，以确保消费者的权益得到保障。

通过这些措施，我们可以在沙盒监管模式下为消费者提供更为全面的保护，促进通证及 RWA 行业的健康发展。

重构通证及 RWA 监管体制与监管原则

想要实现对通证及 RWA 的有效监管，重构监管体制和原则是关键。有效实施沙盒监管模式，需要转变监管思维，对监管体制和原则进行适当的调整与融合。

沙盒监管允许企业在一个受控环境中自由测试其产品和服务，而无需担心立即面临常规监管的约束，这实际上为企业提供了一种“临时放宽”的监管方式。在我国实施沙盒监管时，应更倾向于原则监管模式而非传统的规则监管模式。在原则监管模式下，监管机构应以一套明确的原则或高层策略为导向，采取以结果为导向的监管方法，并适度放宽对业务的管控。

有效实施原则监管需要满足几个条件：监管原则必须能够独立作为执法依据；保留一些必要的规则；需要多方利益相关者的参与和配合。

在上海自贸区等试点区域内，实行基于金融体系功能的功能型监管有助于维护金融安全并防范风险，尤其在金融业务日益融合的背景下。这种监管方式不仅符合金融业的整体监管需求，而且能有效应对传统规则监管模式在应对通证及 RWA 等新型金融形态时的局限性。

在沙盒区域，功能型监管可作为一种先行尝试，通过跨产品、跨机构及跨行业的协调，实现对整个金融行业的综合监管。这不仅有助于填补监管空白、降低监管成本，还能提升监管效率并促进金融创新。

为了适应这种监管方式，监管原则的重构必须伴随监管机构的重组及职权的重新划分。考虑到通证及 RWA 业务混业经营的特点，沙盒区域内建立一个统一的金融监管机构将是必要的，能够快速有效地响应监管需求。此外，鉴于沙盒内外存在监管交叉问题，建立各监管机构间的协调机制显得尤为重要。这包括基于通证及 RWA 功能对监管职能进行优化、划分，以及建立一个分工明确、配合紧密的监管体系。例如，以中央银行为核心，联合证监会、银保监会等共同建立针对通证及 RWA 的监管协调机制。

为了加强监管机构间的数据共享，可以利用监管科技推动金融监管数据的共享利用，从而提升整体监管效果。

在推动通证及 RWA 相关金融科技的发展过程中，实施“淡中心化监管”和强化行业自律是重要策略。这种策略的目的是平衡中央政府的指导作用与市场主体的自主性，从而创造出一个更为灵活和高效的监管环境。

在推动通证及 RWA 发展的过程中，政府的角色发生了转变，不仅仅是传统的监管者，更是促进者和协调者。在沙盒试点区域，政府应提供政策支持和灵活的监管框架，为创新提供试错空间。这种支持不仅限于政策制定，还包括在必要时的资源投入和技术援助，确保金融创新在安全的环境下进行。

行业自律同样扮演着关键角色。行业协会和专业机构应制定并执行行业标准和自律规则，这些规则基于行业的专业知识，能够迅速适应市场的变化和技术的发展。此外，企业需要负起更大的责任，通过内部控制、风险管理和提升透明度，来保证其操作的安全性和合规性。

政府与企业之间的合作是推动监管创新的重要一环。双方应建立更紧密的合作关系，共同制定和完善监管框架，确保它既能促进创新又能防范风险。利用企业的技术和数据资源，政府可以更有效地进行监管和风险评估。此外，建立一个安全的数据共享平台，让监管机构、金融机构和行业协会都能够访问和利用这些数据，以便更好地识别和管理风险。

综合来看，推动通证及 RWA 的发展需要一个综合性的策略，不仅仅是调整监管框架，还包括利用技术创新来优化监管过程和加强行业自律。通过这种多维度的方法，可以在促进创新的同时，确保金融市场的安全和稳定。

监管合作：中国探索跨境沙盒监管的路径选择

通证及 RWA 技术的去中心化和开放性在全球范围内引发了金融领域的重大变革，同时也带来了新的风险和挑战。面对这种新兴的金融模式，中国现行的金融监管机制面临着有效应对其风险的挑战。参考国际上的实践经验，沙盒监管模式与中国市场、现有制度及监管体系具有兼容性。

为了构建适合中国的沙盒监管框架，可以采取以下措施：

- 建立授权型立法模式：通过立法明确沙盒监管的法律地位和授权范围，确保监管活动的合法性和有效性。
- 制定企业沙盒准入门槛：设定明确的准入条件和标准，确保只有符合条件的企业才能进入沙盒进行创新尝试。
- 建立沙盒退出机制：制定清晰的退出流程和标准，确保沙盒内的项目在达到预定目标或发现不可接受风险时能够及时退出。
- 重构监管体制与原则：调整现有的监管体系，以适应通证及 RWA 的特点，同时更新监管原则，以促进创新和风险控制的平衡。
- 强化消费者权益保障：在沙盒监管中加强对消费者权益的保护，确保消费者在金融创新过程中的权益不受损害。

通过上述措施，可以逐步建立起以中国式沙盒监管为核心的通证及 RWA 监管机制，为中国金融市场的健康发展和风险防控提供支持。

RWA
Tokenisation in
Web 3.0 Era

第8章

RWA与通证化的总结回顾与发展建议

1. RWA 与通证化的价值创造

通证化和 RWA 是区块链技术中最具颠覆性和潜力的应用方向，被广泛认为是继蒸汽机、电力、互联网之后的第四类变革性技术。区块链技术最初在计算机领域因在金融数字货币中的应用而受到广泛关注，这奠定了其在该领域的重要地位。作为一门应用广泛的底层技术，通证化和 RWA 已经在跨境金融、税务管理、供应链管理、司法仲裁、社会治理等多个经济社会场景中展现了其快速的应用和传播能力。

基于信息经济学视角的 RWA 与通证价值逻辑

RWA 与通证的区块链技术

区块链技术是一种利用密码学确保数据安全性的分布式点对点存储系统，其实现了去中心化、不可篡改、去信任、公开透明和可编程性等核心特征。这些特征为区块链在通证和 RWA 方面的价值创造提供了强大的支撑。

在去中心化体系中，区块链技术使各个节点能够平等地参与数据的维护和验证。这种结构不仅增强了网络的抗攻击能力，也为通证化提供了一个安全的环境。

不可篡改性是通过共识机制和加密技术实现的，确保了一旦数据被记录后，就无法被更改或删除。这对于实物资产的数字化和通证化至关重要，因为它保证了资产的履历和所有权信息的永久性和透明性，增强了市场参与者的信任。

去信任的特性允许区块链用户在没有预先建立信任关系的情况下进行交易。这在实物资产的通证化中尤为重要，因为它允许资产在全球范围内自由流动，而无须通过传统的、可能需要信任的金融或法律中介。

公开透明的特性则确保所有的交易数据对网络中的参与者都是可见的（除特

定加密的数据外），这为资产的评估和审核提供了便利，保障了交易的公正性和透明度。

最后，区块链的可编程性通过智能合约的应用，使得复杂的金融逻辑和交易条件可以在资产通证化过程中自动执行。这不仅提高了交易效率，还降低了操作的复杂性和成本。

总之，区块链技术以其独特的属性为 RWA 与通证化的价值创造提供了一个高效、安全和透明的平台，这在现代经济中尤其具有革命性意义。

RWA与通证化价值创造的信息经济学理论基础

在古典经济学的理论框架中，市场假设基于完备和对称的信息，使得价格能够反映所有相关信息，进而允许市场参与者基于完全的信息做出理性决策，市场理论上能自动达到一般均衡和帕累托最优。然而，现实中普遍存在的信息不对称现象打破了这一假设，导致资源分配的效率低下和市场失灵。信息不完全的情况下，个体的经济行为和决策建立在对经济各种客观因素的主观预判之上，这种基于不完全信息的决策往往导致资源配置偏离最优状态，引起经济效率的损失。

在信息不完全的环境中，市场参与者面临着寻找和判断信息真实性的成本，同时，为了促成交易，必须通过各种信号进行信息传递，这增加了信息传递成本。信息不对称的情况更加剧了这一问题，因为市场上的一些参与者可能掌握某些关键信息，而其他参与者则无从知晓。

在 RWA 和通证的价值创造过程中，区块链技术的应用可能成为解决这些问题的关键。区块链提供了一个去中心化、透明且不可篡改的信息记录和分享平台，可以有效降低信息不对称和不完全带来的成本。通过通证化，实物资产可以被转换为数字资产，其所有权和交易历史在区块链上公开可验证，从而减少信息搜寻成本和提高市场的透明度。此外，智能合约的使用可以自动化执行交易和合约条款，进一步降低信息传递成本，并提高交易效率。这使 RWA 和通证在区块链平台上的价值创造不仅增强了市场的效率，还可能推动资源向更优配置的方向调整。

在经济活动中，信息不对称通常会导致两类成本：事前成本，发生在交易前，其中信息优势方可能由于机会主义行为隐藏关键信息，增加了签约和谈判的成本；事后成本，发生在交易后，当信息劣势方无法有效监督对方是否履约，就会产生道德风险，从而增加了监督成本和违约成本。这些由信息不对称引发的成本是交易成本的重要组成部分。

根据科斯的定义，交易成本包括市场上每一笔交易的谈判、签约费用以及依赖价格机制产生的其他成本。在商品交换频繁和生产活动社会化的现代经济中，信息成本在交易成本中占据了显著地位。科斯指出，过高的交易成本会阻碍潜在交易的实现，要么因为相互寻找、讨价还价、签订合同的成本过高使得资源无法被有效利用，要么因为信息不对称导致的高交易成本降低了市场交易的效率。

在 RWA 和通证的价值创造过程中，区块链技术的应用显得尤为重要。通过通证化，实物资产可以转化为数字资产，并在区块链上进行记录和交易，从而提高透明度并减少信息不对称。这种技术不仅降低了搜寻成本和信息成本，也简化了议价和决策过程，减少了监督和违约成本。因此，RWA 和通证的有效管理和交易，可以显著降低交易成本，提高资源配置的效率，并促进更多潜在交易的实现。这种方式不仅优化了资产的利用，也为市场参与者创造了更大的价值。

RWA 与通证化价值创造的经济机制

新技术的应用在缓解交易成本方面的潜力得到了科斯等经济学家的认可。例如，互联网的出现极大地促进了信息的快速流通，使各交易主体能从公开网络中迅速搜集和获取所需信息，显著降低了在高信息搜集费用情况下的交易成本。

在这一技术演进的背景下，区块链技术通过引入 RWA 和通证，进一步扩展了其价值创造潜力。这些区块链特性不仅提升了信息的透明度和可访问性，还优化了资源配置效率，从而在本质上降低了交易市场中的信息不完备现象（见图 8-1）。

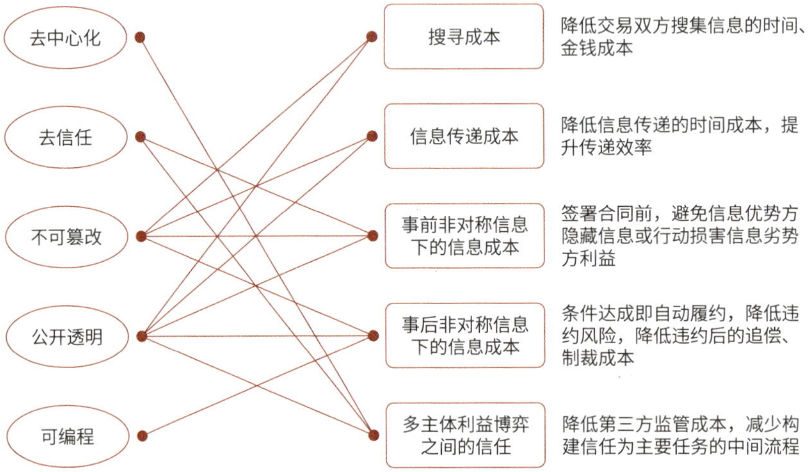

图 8–1　区块链技术的信息经济学机理

区块链技术通过 RWA 和通证化的应用，显著提高了交易效率，并在多个层面降低了信息成本，增强了市场的透明度和公平性。所有数据上链（如公有链）并利用其“不可篡改”的技术特性，确保链上数据的真实可信。这种透明度和可靠性显著减少了交易双方在搜集交易所需信息时的时间和金钱成本。通证化将资产数字化表示，使每个资产的历史和状态轻松可追踪，降低了信息的寻找难度。

在区块链技术中，每笔交易完成后，矿工将其打包上链，实现信息的实时传递，从而降低了信息传递的时间成本，提升了传递效率。同时，区块链的不可篡改和公开透明的特性使系统内的每个个体都能及时获取所有的信息，既解决了传统市场中信息传递延迟的问题，也缓解了由信息不对称导致的市场失效现象。

在签署合同前，区块链的可追溯性和不可篡改性保证了链上数据的真实性，确保交易双方提供的信息真实可靠，避免了逆向选择的问题。链上数据的不可篡改性降低了信息劣势方在交易前对信息真伪的甄别成本，如在区块链跨境融资平台中避免重复质押资产。

签订合同后，智能合约确保合同条件达成后自动执行，避免单方面违约等风险。链上数据公开透明，所有行动透明可见，对合同执行起到约束作用，全程证据得以留存，便于监控和违约纠纷处理。

区块链技术的去中心化、可溯源、不可篡改的特性大大解决了由信息不对称导致的公共信任问题。在公共治理和社会公益等场景中，这些技术特性降低了治理成本，提高了信息透明度，有效避免了中心化系统可能带来的利益冲突和监管失灵问题。总结来说，区块链技术的通证及 RWA 价值创造在多个方面优化了信息流通机制，不仅提升了交易效率，还增强了市场的整体透明度和信任度。

RWA 与通证化价值创造的社会需求及社会化过程

社会信任作为社会凝聚力和秩序的基石，在现代社会中扮演着至关重要的角色。正如齐美尔（Georg Simmel）所强调的，信任是社会结构中不可或缺的黏合剂，如果缺乏这种黏合剂，社会将变得支离破碎。然而，在社会分工日益复杂的当代社会背景下，传统的信任模式（包括特殊信任和制度信任），已逐渐难以满足现代社会的整合需求，这使得维系社会团结的一般社会信任机制面临严峻挑战。自工业革命以来，一般信任文明一直是社会结构变迁中的关键因素，推动着社会团结的实现。但随着后工业时代的到来，由于固有的关系复杂性和冗余性，一般社会信任模式亟须简化和整合，以适应新的社会需求。这种需求的增长导致社会分工变得更加庞杂，社会关系作为社会联系的纽带也变得更加复杂和冗余。因此，在构建社会信任文明体系的同时，社会也面临着由复杂化的社会关系和社会模式所带来的挑战。为了进一步维护社会信任并保持社会整合，社会信任模式亟须创新，简化个体、技术和社会三者之间复杂的信任互动，这在通证经济和 RWA 价值创造的背景下尤为重要。

在构建高度科学化和技术化的现代社会结构中，一个显著的现象是社会系统越来越倾向于利用科技手段来解决其内在的问题。在这样的社会背景下，社会信任体系亦呈现出这一趋势。RWA 与通证技术以其去中心化的信任构建机制，满足了现代社会对简化复杂社会信任的需求。具体来说，RWA 与通证技术在技术层面采用了基于密码学原理的创新分布式数据结构，这种数据管理信息技术无需依赖任何中心化的第三方组织。其独特之处在于，加密的分布式账本由网络中的多台计算机共同维护，而非单一的机构或个人。

在 RWA 与通证技术的支持下，社会信任互动不再需要依赖于中心化的第三方机构来建立信任和信用。这不仅提升了社会信任系统的安全性，也简化了其运作机制。在更广泛的社会层面，RWA 与通证技术体现了人类利用技术理性来解决社会问题的愿景。其去中心化的信任机制通过工具理性规避了信任体系中的人为风险，提高了社会信任传递的效率，同时剔除了人的不确定性因素。

在构建基于 RWA 与通证技术的社会信任体系时，该技术的社会化过程是至关重要的。技术社会化指的是技术在社会整合、调适的影响下，逐渐融入社会并形成社会属性的过程。在此过程中，技术不仅作为一种工具存在，更扮演着特定的社会角色。技术社会化可以划分为三个阶段：技术发明、技术推广与应用、技术改造。这三个阶段与技术生命周期的早期、成熟期和衰退期紧密相连，共同推动了 RWA 与通证技术在社会信任构建中的功能实现。

在这一过程中，RWA 与通证技术的社会化不仅促进了技术的普及和应用，而且通过其去中心化的特性，为社会信任的构建提供了新的解决方案。这种技术的社会化有助于实现通证及 RWA 的价值创造，因为它允许技术更好地适应社会需求，增强了技术在促进社会信任和价值交换中的作用。

在 RWA 与通证加密货币的早期发展阶段，即技术 1.0 堆栈期，该技术开始获得信任属性，并在社会化过程中逐渐确立其角色。这一时期标志着 RWA 与通证技术的发明阶段，也是其生命周期的开端。在这一阶段，RWA 与通证技术通过其在数字货币交易中的初步应用，开始展现出作为信任支付工具的潜力，并开始被赋予社会信任的属性。

2008 年，中本聪提出的基于工作量证明的点对点电子现金系统，为 RWA 与通证技术的概念奠定了基础。该技术以其共有账本、经济激励机制、可追溯性和抗篡改性等特性，为建立一种不依赖于 P2P 信任关系的新型技术信任体系提供了可能，令 RWA 与通证技术开始受到社会的广泛关注。

然而，作为一种新兴技术，区块链在这一时期仍然是一个相对较新的概念，其应用范围相对有限。RWA 与通证技术的社会信任属性尚未完全显现，技术成熟度有待提高，同时也伴随着一定的风险。因此，在社会化过程中，RWA 与通证技术面临着来自法律和制度层面的质疑和限制，这对其进一步的发展和应用构成了挑战。

随着 RWA 与通证智能合约技术的发展，我们进入了技术 2.0 时代，这一时代以建立去中心化市场为特征，显著增强并完善了技术的信任属性。在技术推广与应用的社会化阶段，RWA 与通证技术通过创新，克服了 1.0 时代的局限，其匿名性、开放性和去中心化特性，以及对简化社会信任需求的满足，推动了技术的进一步发展和普及。

智能合约的实现，将人际关系、法律规范和虚拟世界之间的复杂交互程序化，确保了合约内容的明确性和不可篡改性。在 RWA 与通证构成的可信网络环境中，数字资产交易和数字空间实体交互得以安全、高效地进行。这种技术信任属性的完善，不仅丰富了技术产品，也获得了技术制度和法律制度的认可，提高了社会对技术的接受度。

RWA 与通证技术的集成应用在推动新的技术革新和产业变革中扮演了关键角色，其在通证经济和 RWA 价值创造中的重要性日益凸显。随着技术社会化过程的深入，RWA 与通证技术在更广泛的社会空间和领域中确立了其去中心化技术信任机制的地位，为构建更加开放、透明和高效的市场环境提供了坚实的基础。

随着“RWA 与通证技术 +”进入技术 3.0 的全面普及期，其技术信任属性呈现出指数级增长。社会对于有效的信任简化机制的需求持续存在，而 RWA 与通证技术的广泛应用正推动着 3.0 时代的技术进步和普及。目前，RWA 与通证技术正处于其生命周期的高峰，其推广和社会应用的社会化阶段已经到来。

随着互联网基础技术的进一步发展，特别是 5G+ 时代的到来，RWA 与通证智能合约在连接数字世界和物理世界方面的能力将得到显著加强。这不仅预示着社会信任模式将面临更深层次的冲击、整合和重建，而且也意味着技术信任功能将带来显著的经济效益。这些效益包括 RWA 与通证技术产业共同体内部的经济收益，以及通过技术信任模式减少社会结构运转的消耗和避免无效的社会运行成本。

然而，这一阶段也伴随着社会信任模式的全方位变革，这增加了社会整合与调适的难度，并可能引发广泛的社会失范和社会整合的担忧。在通证经济和 RWA 价值创造的背景下，RWA 与通证技术的发展不仅需要技术创新，还需要对社会影响的深入理解和适应。

RWA 与通证化价值创造的意义与作用

降低融资成本是通证经济的核心优势，这一点在 RWA 与通证化模式的普及中表现得尤为明显。其背后的推动力主要有两个方面：首先是区块链技术所激发的社群效应，其次是其去中心化的支付网络。区块链技术自诞生以来，便孕育了一个自我组织的社群，这个社群从技术爱好者逐渐扩展至商业投资者。在全球范围内，众多对区块链技术深信不疑的信仰者成为区块链项目的主要消费者和投资者。区块链支付网络的去中心化特性和透明度，使用户一旦克服了初期的学习障碍，便能体验到前所未有的满足感和控制感，这在心理上极大地促进了消费和投资行为。此外，区块链支付的市场化特性为 RWA 与通证化的融资提供了便利，有效降低了相关成本。

通证简化结算和税收的原理并非区块链技术所独有。早在区块链技术出现之前，赌场中的筹码就已经展示了通证模型的雏形。在这种模型中，客户与赌场之间的交易仅需一次结算，税收亦在此时一并计算。类似地，在现代通证经济中，持有通证的个体在商业场景中可能进行多次交易，但税收的缴纳仅在将通证兑换为法定货币时发生。这种机制显著简化了税收流程，提高了效率。

在通证经济框架内，除了通过二级市场交易和挖矿过程来获取通证之外，在项目启动阶段，发行者有机会向社群成员无偿分发通证，这一过程被称作“空投”。当用户在其数字钱包中收到这些无偿通证时，他们往往会对项目产生兴趣并进行消费，从而为新项目提供了重要的用户基础。这与新商家通过发放优惠券和体验卡来吸引顾客的策略相似。然而，基于区块链技术的通证空投，由于其几乎为零的操作成本，对初创项目团队尤为有利。持有通证的用户如果预期通证价值下降，可能会迅速使用通证进行消费；如果预期通证价值上升，则可能会通过持有通证来支持项目的市场推广，类似于在社交群组中分享投票和点赞链接的行为。

在区块链通证经济中，核心策略是通过通证来激发和激活内部生态系统，使新成立的企业从成立之初就能以一个成熟生态企业的姿态运作，这对管理层而言是一个巨大的挑战。然而，区块链技术提供了一套去中心化的自我组织管理体系和工具，以及用于生态内部流通和激励的通证，使得这一切变得相对简单。通过将 RWA 与通证化相结合来筹集资金，从商业角度来看，这可以被视为企业对其产品的“预售”，而非“股权众筹”。RWA 与通证化的结合并不是以加密货币形式将公司股份分配给股权投资者，而是以预售的方式，将项目预期的产品或产品使用权提供给早期投资者或潜在消费者。

2. RWA与通证化对经济体系和社会结构的影响

RWA 与通证化作为一种新的社会信任“制造”方式，正在颠覆传统社会信任关系的社会建构。通过对传统社会信任的技术社会化整合，从RWA与通证1.0技术模式下的加密货币体系到2.0技术模式下的可编程金融系统，再到3.0模式下的可编程社会，有别于传统信任与制度信任的技术信任，正从预言转变为现实。RWA与通证化对社会信任系统进行强科学技术介入，使隐性的人类社会关系、社会系统结构同样可经由技术被生产制造。一方面，这是技术作用于自然、社会的有效性限度的进一步拓展；另一方面，在RWA与通证化社会化过程中，也必须警惕由RWA与通证化社会化所引致的社会信任模式变革的负向社会结构冲击，并给予及时的社会预警与社会调适。

由此，相应的技术活动主体不仅需要在代码编写及技术应用过程中建立起必要的责任意识，更需要在认识论的层面拥有深刻认识，即信息技术活动主体的技术活动不只是单向度的技术产品开发，更是对现有社会结构的编撰与建构。决不可将信息技术产品研发活动机械性地解蔽并还原为非社会意义的数据代码撰写。实际上，包括RWA与通证化产品在内的任何信息技术产品的技术社会化都是一次复杂的、有机的社会结构整合与建构。因此，相关技术主体不仅需要对技术产品的质量、功能及经济价值负有责任，也需要对产品所能触及的社会关系、社会结构负有责任。

RWA与通证化对经济体系的影响

区块链技术对数字资产的通证化不仅仅是技术创新的展现，更是对现有经济模式的一种补充和优化。这种技术的引入并没有旨在颠覆现有的经济运行模式，而是通过改进和优化现有的生产关系，形成一种新的经济模式。这种模式在补充和延展现有金融系统的基础上，进一步对其进行优化和升级。

数字资产的通证化过程涉及数字资产价值的识别、创造、传递和实现。这一过程实质上是将数字资产从简单的二进制代码转变为具有实际经济价值的生产要素。通过通证化，每一份数字资产都被赋予了明确的价值和所有权，能够在更广泛的市场中进行交易和流通。这种转变使数字资产可以更有效地被整合入各种经济活动，成为创新和生产的重要组成部分。例如，区块链上的数据可以用于供应链管理，提高透明度和效率；数字艺术品通过通证化可以实现版权的明确和价值的流通；智能合约可以自动执行交易，降低交易成本和时间。

通证对数字资产的价值识别为中小微企业和个体工商户提供了新的金融机遇。在传统的金融系统中，以银行业为主导的体系往往依赖于流动性较好的抵押品来构建信用体系。这种模式导致那些缺少优质资产“背书”的中小微企业及个体工商户，常常被排除在企业信用评估体系之外，从而难以获得必要的融资支持，影响其业务的发展和扩张。然而，区块链技术的引入，尤其是分布式分类账技术，为这一问题提供了创新的解决方案。区块链平台可以在第三方专业服务机构的协助下，对底层资产进行深入的调查、评级、估值和信息披露，增强资产的透明性和真实性。通过这种方式，即便是之前不被传统金融体系认可的“呆滞”资产，也能得到有效的价值认定和信用增强。

区块链的去中心化特性允许这些资产脱离传统的金融机构信用体系，通过独立的信用机制进行增信。这些资产经过通证化处理后，转化为具有权威性和唯一性的数字资产通证。这些通证化的数字资产不仅可以在区块链平台上自由交易，还能被纳入更广泛的金融市场资产类别。

对于中小微企业和个体工商户而言，通证化不仅仅意味着他们持有的资产可以转化为可交易的数字资产，更重要的是，这些资产因通证化而获得的流动性溢价，可以释放出更大的经济价值。这种释放的价值不仅可以帮助企业解决资金周转问题，还能在一定程度上提高企业的市场竞争力和持续发展能力。区块链技术在数字资产的通证化改造中的角色不仅仅是技术革命，更是对现有资产价值体系的重塑。通过将传统的数字资产转变为具有更高流动性和更多附加价值的通证化资产，数字资产价值得到了显著的增长与积累。

数字产品的内容由于具有高度的可复制性，通证化的数字资产可以通过简单的复制扩展其规模。例如，一份数字艺术作品或软件产品一旦被创造出来，就可以无限制地复制，而不会造成任何价值贬损。相反，随着更多人获取并使用这些资产，其社会价值和认可度实际上会增加。这种规模的扩展在传统的实体资产中是难以实现的，因为实体资产通常会因使用和时间的流逝而贬值。

数字资产在使用过程中会产生大量的用户互动数据和评价信息，即“软信息”。在传统金融体系中，这些数据往往难以被系统地收集和分析。区块链技术的引入使得这些数据不仅可以被有效记录和保留，而且可以通过智能合约等工具进行实时的验证和处理。

借助区块链技术，这些信息不仅能够被透明地记录下来，还可以被用于提升数字资产的信任度和价值。例如，消费者的评价和使用数据可以证明一个数字产品的受欢迎程度和市场认可度，从而直接影响该资产的市场价值。

区块链技术允许对数字资产相关的各种数据进行更深层次的分析和重组。这不仅包括资产的交易记录，还包括与资产相关的所有交互数据。这些数据可以被用来挖掘资产的隐藏价值，比如通过分析用户行为模式来优化产品设计，或通过跟踪资产流通路径来优化供应链管理。

通过这些机制，通证化的数字资产不仅是在复制自身，更是在每一次交易和互动中实现增值。这种价值的累积转换成了资产的附加价值，使得通证化后的数字资产成为一种全新的资产类别，这些资产具有传统资产所不具备的属性，如高度流动性、透明的价值验证机制等。

区块链技术通过使数字资产的通证化，不仅解决了信息不对称的问题，还通过资产的数据化和智能化处理，提升了资产本身的价值和实用性。这种技术的运用为数字经济的未来发展提供了新的动力和方向，预示着资产管理和金融交易的根本变革。通过区块链技术的引入，数字资产的通证化不仅代表了资产形态的转变，更是在数字经济中创造了一种全新的价值流转和交换方式。这一技术的核心优势在于其能够确保数字资产的可信转移和价值传递，极大地促进了数字资产的流通性和经济活力。

首先，区块链技术通过其独特的设计，解决了数字经济中的一个重大技术难题——双重支付问题，即通常所说的“双花”问题。在去中心化的环境下，数据的可复制性令数字财产的安全传递面临重大挑战。传统的数字交易系统可能无法有效验证资产是否已被他人使用或转移，从而导致资产的重复使用或欺诈行为。区块链技术通过在每次交易中加密验证并公开记录每一笔交易的细节，确保了数字资产在系统内的唯一性和一致性。这一机制有效地阻止了资产的重复使用，从而保证了交易的真实性和安全性。

其次，区块链交易平台的建立进一步促进了数字资产的流通和经济联动。在当前的数字经济环境中，由于平台、行业和地理位置的限制，资产流通常常受到阻碍。区块链平台通过提供一个去中心化的、开放的交易环境，允许数字资产跨平台、跨行业乃至跨地域自由流通。这种高度的流动性不仅提高了资产的使用效率，还促进了不同社群、行业和地区之间的经济互动和协作。通过这些平台，数字资产可以在一个透明、公开且高效的市场中进行交易，实现其真正的市场价值。

最后，区块链技术和相关的交易平台不仅提升了数字资产的价值和实用性，而且通过创造一个更为高效和可信的交易环境，为数字经济的发展提供了强大的动力和支持。这些技术的应用不仅解决了现存的一些核心技术问题，还为数字资产的未来发展开辟了新的可能性和方向。

数字资产通证化通过多种方式实现增值，这主要体现在降低融资成本、增加融资收益以及提升交易效率等方面。第一，通证化大幅降低了数字资产所有者的融资成本，简化了融资流程，减少了相关法律和行政成本，同时突破了传统资产类别的限制，使得资产能够以通证形式流通。第二，通证化增加了投资者的融资收益，借助区块链技术将资产细分为更小份额，降低了投资门槛，同时提高了资产利润分红的效率。第三，引入的智能合约技术提升了交易效率，实现了交易、记账、清算和结算的自动化，降低了操作错误和欺诈的风险，从而提高了整个数字资产交易系统的效率和安全性。这些改进不仅提升了数字资产的流通性和可用性，还为数字经济的发展提供了新的增长动力。

通证化不仅是一种创新的资源配置方式，而且构建了一种新型的普惠式金融生态系统，助推数字经济进入一个新的发展阶段。在数据生产要素化不断推进的背景下，区块链技术创造了通证化数字资产这一新资产类别，极大地增强了中小微企业和个体工商户的资产融资能力。此外，通证经济降低了投资者的准入门槛，优化了社会资本流向，促进了企业、投资者和消费者之间的协作和联动。

通证化通过资产数字化和数据资产化这两个关键步骤实现了数字资产的转化。资产数字化是利用区块链技术将真实或虚拟财产转化为标准化的区块链通证形态的资产数据；数据资产化是通过区块链交易平台，使得通证化资产数据得以量化、可信和可控，从而成为能够创造经济效益的数字资产。

此外，通证化增强了数字资产的融资信用度，突破了全球化融通的瓶颈。通过提升透明度和信任，区块链技术使数字资产成为一种透明、不易篡改的可信资产，从而提升了其在区块链经济生态中的融资信用度。区块链技术的推进还实现了数字资产的标准化，使通证类数字资产能在全球范围内快速流通，促进了不同社群之间的互联互通。

通证还改变了数字经济中的协作方式，优化了数字资产价值增值的分配。通过激励相容机制，区块链技术激发了参与者追逐经济利益而不损害集体利益，减少了互联网经济中的负外部性（如剽窃和破坏诚信等行为）。同时，区块链的通证确权为积极参与社区活动的贡献者提供了价值增值分配的权益，促进了数字资产的迭代积累和价值增值。这些变革推动了普惠金融生态系统的发展，为数字经济体系带来了新的生机。

RWA 与通证化对社会结构的影响之一：社会信任模式建构

社会信任建构的维度

在英语中，trust 和 confidence 都与信任有关，但它们在含义上有所区别，社会学家尼克拉斯·卢曼（Niklas Luhmann）区分了这两个概念。他指出，confidence 与面对不确定性时的风险有关，trust 则与风险和个人的主观选择有关。因此，社会信任可以被视为一个复杂的心理和社会现象，具有两个维度：其一，它是个体对信任对象的主观选择，对应英文中的 trust；其二，它是基于个体间信任选择和社会互动形成的信任关系，对应英文中的 confidence，或者说是与制度信任相对应。从 trust 到 confidence 的转变，基本上与从农业社会向工业社会的转变相对应。然而，无论是在社会信任建构的 trust 维度下还是在 confidence 维度下，人都是社会信任建构活动的主体，情感和理性是两者之间转换的调节变量。但一个明显的社会趋势是，在社会结构变迁过程中，技术发展越来越促使人的主体信任选择倾向于理性。正如卢曼所说，在复杂的社会变迁中，"熟悉和信任必须寻找一种新的相互加强的关系，熟悉不再是立即体现的，不再被用来保证世界上的信任关系。对这种关系的保证不可能再是通过把陌生人、敌人以及不熟悉的人排除在某些界限之外来提供"。随着后工业社会的到来，社会变迁再次对技术在社会信任中的作用提出了更高的要求。

回顾社会信任模式的演进历史，我们可以看到，在原始社会初期以及以血缘为纽带的特殊社会信任关系中，社会信任与技术的相关性并不显著。在家庭范围内，基于血缘和亲缘关系的熟人信任机制足以使社会团结成为可能。正如恩格斯所指出的："家庭是社会的细胞。"只有当信任关系在技术的参与下超越家庭关系范围时，与特殊信任不同的一般信任关系的建构才开始与社会技术和科学技术相结合，并在此基础上形成了有社会技术、科学技术参与的制度信任模式，从而构建了人类社会的一般信任模式。其原因在于，在社会层面，这是由技术参与下的社会分工扩大化带来的持续性社会分化的结果；在个体层面，正如贝尔纳 J. D. Bernal 所说，"人的需要和愿望不断地为探索和行动提供着动力"。因此，人类在自身社会性需求及扩大化的社会分工的驱动下，借助社会技术、科学技术的社会推动力量，在自然系统之上探索并建立了一整套继替与发展着的社会信任文明。

RWA与通证化对社会信任模式的重构

我们正逐步迈入后工业社会，在这一过程中，最显著的特征是劳动力结构的转变，即大多数劳动力不再从事农业或制造业。这种转变预示着服务业将取代农业和制造业，从而引发社会互动方式的深刻变革。在后工业社会中，生产方式的变革也将推动社会信任系统的演进，原有的社会信任模式需要重新整合，以适应新的社会互动模式。

在这一背景下，RWA 与通证化的社会化为后工业社会信任模式的建构提供了技术基础。2008 年前后，互联网技术的飞速发展为 RWA 与通证化提供了必要的技术支撑。同时，世界金融危机的爆发也引发了对现有制度信任模式有效性的质疑，这为加密货币阶段的 RWA 与通证化成为技术信任工具的社会认可和需求创造了条件。

具体来说，RWA 与通证化的社会化催生了一种与传统熟人信任和制度信任不同的信任模式——技术信任。这种技术信任聚焦于科学技术领域，而非广义上的社会技术。在后工业社会高度异质性的社会结构中，制度信任和熟人信任的有效性范围逐渐缩小，而 RWA 与通证化的社会化所驱动的去中心化技术模式，以其技术理性满足了后工业社会信任关系的可信性和效率性需求，简化了复杂的社会信任互动机制。

因此，RWA 与通证化的社会化在社会信任建构过程中具有革命性的意义，它推动了社会信任的技术“制造”，并使之成为可能。这种信息技术的社会信任制造，促进了科学技术与社会信任的紧密结合。RWA 与通证化的强技术介入，开启了一场与后工业社会信任需求相契合的新的信任模式整合，这标志着社会信任建构技术化时代的真正到来。

通过这种方式，我们不仅能够重新定义社会信任的构建，还能够在通证经济和 RWA 价值创造的背景下，探索新的社会信任模式，以适应后工业社会的需求和挑战。

在当前的社会信任建构中，科技的介入不仅改变了传统的信任结构，还重新定义了信任的生成和维持方式。在非技术参与模式中，信任的建立主要依赖个体间的直接接触和社会化过程，这种模式常见于传统社会结构中，如家庭、朋友圈以及基于地缘和文化的社区。其中，信任的建立和维持依赖于长期的人际互动、口碑以及社会规范的遵守。

在弱技术参与模式中，科技起到了辅助作用，帮助增强传统信任构建方式。通过电子邮件、社交媒体、在线评价和推荐系统等手段，技术帮助人们在扩大的社交网络中建立和评估信任。尽管技术在这一模式中发挥着重要作用，人类的直接交互仍然是建立信任的关键。

在强技术参与模式中，科技不是辅助工具，而是信任构建的核心。区块链、智能合约、AI 推荐系统等高级技术的应用，使信任可以在没有或极少人类直接干预的情况下建立和维持。例如，区块链技术通过其不可篡改的账本属性，在金融交易、供应链管理等领域内提供了一种全新的信任机制。

科技介入改变了信任的动态，带来了诸多影响。技术使得信息更加透明和更可追踪，从而增强了机构和个人的信任度。此外，科技使个体能够跨越地理和文化界限，建立全球性的信任网络。技术的应用减少了建立信任所需的时间，尤其是在金融和商业交易中。然而，虽然科技提供了新的信任构建工具，但也带来了隐私泄露、数据安全等新的风险。

理解科技在社会信任建构中的扩大化介入，为现代社会提供了便利和效率，也带来了对传统社会结构和人际互动模式的挑战与重新思考。这对设计更有效的信任建构策略和技术解决方案至关重要。

如表 8-1 所示，在非技术参与的社会信任模式中，信任主要基于亲缘关系和地缘关系，这种模式与农耕文明及农业社会的熟人信任相调适。在这一阶段，信任被视为一种“主观选择”的概念维度，反映了社会信任的最原始和最本真的状态。这种信任形式基于礼俗社会的机械团结，其中，社会技术和科学技术几乎不参与信任的建构。在这个模式下，血亲关系成为社会行动者之间的重要纽带，信任的建构和维护主要依赖于个人的心理和情感因素，显示出强烈的主观选择特征。

表 8-1　社会信任模式继替与演化的三阶段模式

社会信任模式	非技术参与	弱技术参与	强技术参与
社会结构基础	礼俗社会—机械团结	法理社会、后工业社会－有机团结	
主体技术类型	—	社会技术	科学技术
人与技术关系	技术极少参与其中	人与（人＋技术）的互动	人与（技术产品）的互动
关系连接纽带	血缘、地缘	法律、制度	技术代码、法律、制度
信任表现形式	熟人信任	制度信任	技术信任
信任概念维度	主观选择	制度信任	—

随着社会技术的介入，弱技术参与的社会信任模式成为可能，这种模式中的技术辅助社会组织职能的活动，但并不占主导地位。卡尔·米切姆（Carl Mitcham）教授将社会技术定义为基于社会科学理论和调查数据制定的政策、计划和方案，这些是解决社会问题的可操作程序和规则。在这种背景下，社会化的职能组织得以扩展规模和提升信誉，逐渐取代了基于血亲、家庭、邻里的传统信任模式。

进入强技术参与阶段后，科学技术成为社会信任互动的核心，这促进了技术信任维度的显现，标志着社会信任模式向技术信任阶段的发展。社会进一步向法理社会和后工业社会演变，更深层次的有机团结成为这一时期的社会整合形式。在这个阶段，科学技术逐步替代了社会技术的角色，技术产品和技术产物成为信任关系建构的新节点。

以 RWA 与通证化为例，这些技术在互联网等信息技术的快速发展下诞生，基于去中心化的信用机制，它们能够有效规避由人的参与带来的不确定性风险，实现对传统可信性专业共同体的替代。这些技术的社会化应用不仅满足了复杂社会信任结构简化的需求，还推动了社会信任结构向理性化、技术化的方向发展。

RWA 与通证化对社会结构的影响之二：社会组织形式的创新

首先，深入理解一项技术的本质需要将其置于其发展背景之中。区块链技术，作为比特币的伴生技术，其起源和发展与货币的演进密切相关。因此，要全面理解区块链技术，必须从货币的起源和发展谈起。其次，当我们探讨区块链技术时，“分布式账本”是一个核心概念。区块链实质上是一个记录加密货币交易（如比特币）的公共账本，它通过账本的数字化和加密技术，为经济社会变革提供了新的动力。最后，从制度经济学的视角来看，区块链技术的进步预示着组织形式的演进，可能将现有的三重经济制度扩展到包含分布式自治组织在内的四重经济制度体系，这将有可能彻底改变我们对经济形态的认识。

通过区块链技术，通证经济得以兴起，RWA 的通证化不仅为资产的流动性提供了新的途径，也为价值创造开辟了新的空间。区块链的分布式账本技术通过提高交易透明度和降低信任成本，为经济社会带来了深远的影响。随着技术的发展，我们可以预见，DAO 等新型组织形式将逐渐成为经济社会结构的一部分，它们通过智能合约和通证激励机制，推动资源的高效配置和价值的共创。

随着区块链技术的逐步成熟，数字法币、智能合约和 DAO 等概念不断推动经济模式和组织形态的变革。在这一连串创新中，通证和 RWA 的链接成为创造价值的关键方式。

数字法币作为区块链经济的 1.0 版本，通过去中心化的方式实现了货币的数字化，为通证经济的发展奠定了基础。而智能合约作为 2.0 版本，不仅自动化和程序化地处理交易和合约，还通过与 RWA 的绑定，极大地拓展了其应用场景和价值潜力。例如，通过将智能合约，不动产、艺术品等实体资产实现通证化，使这些资产能够在区块链上以分割、可交易的形式存在，既增加了资产流动性，也为投资者提供了新的投资渠道。

进一步地，DAO 作为区块链经济的 3.0 版本，代表了一种全新的组织管理形态。在 DAO 中，通证不仅是交易媒介，更是管理和投票权的象征。成员通过持有并使用通证来进行投票决策，管理组织的运营方向和资金使用。这种基于通证的治理机制，不仅降低了管理成本，还提高了决策的透明度和效率。同时，DAO 通过将通证与 RWA 相结合，可以实现更广泛的资产管理和价值创造，例如在 DAO 的框架下进行房地产的开发项目或艺术品的集体投资。

这些基于区块链的新经济模式，尤其是通证的多样化应用与 RWA 的结合，不仅为资产提供了更高的流动性和市场的可接入性，还推动了传统金融和公司制度的变革。尽管目前，还存在诸如法律认可、安全性等挑战，但通证经济和 RWA 的结合已经显示出其在未来经济结构中不可忽视的潜力和影响力。

在科斯的交易成本理论框架下，我们通常通过交易成本的高低来区分国家机制、企业机制和市场机制。然而，现实世界中存在着超越这三种传统经济组织形式的新型组织，例如西方国家的社会性企业。这些组织既不完全符合企业的定义，也不完全等同于国家机构，它们更像是结合了企业特性、政府授权和公共利益的社会机构。此外，像美联储这样的中央银行，既是私营企业，又具有公共机构的性质。一些经济活动，如货币发行、金融交易、互联网基础设施和社会保障基金，可能涉及公共利益、政府利益、社会性或具有全球性覆盖，这些活动如果仅依赖国家机制，可能会导致高交易成本和资源配置效率低下；如果依赖企业机制，则可能因投资大、周期长、收益低而缺乏企业参与，同时，垄断企业的介入可能导致市场效率低下和资源错配，同样会产生高交易成本。这些经济活动的复杂性和涉及的多方利益相关者，使得交易成本居高不下，影响了企业机制、市场机制和国家机制的宏观调控效率。

DAO 可能是继国家机制、市场机制和企业机制之后的第四种制度创新，它通过降低交易成本和优化资源配置来平衡国家和市场之间的冲突。DAO 是一个自我运作的组织，基于一系列公开、公平的规则，无需外部干预即可运行。这些规则通常以开源软件的形式存在，允许个人通过购买或提供服务成为组织的股东。股东能够参与组织的运营和发展，并分享组织的利益。与传统公司机制相比，DAO 的运作更为自动和高效，允许任何人随时加入或退出。在 DAO 中，传统的收入和利润概念被淡化，公司的股权以通证的形式在系统中体现。这种结构简化了公司运作，仅保留了投资者和生产者的角色，从而大幅降低了交易成本。DAO 的股权（通证）可以像上市公司的股票一样高速流通，其价值发现从一开始就由市场决定，进一步降低了交易成本。

历史上，复式记账法、公司制度和私有财产保护的出现为资本主义的崛起奠定了基础，成为现代商业社会的基石。随着加密数字货币、分布式记账技术和 DAO 的出现，我们有理由相信，这些创新将为现代商业社会的结构和运作方式带来深远的影响，特别是在通证经济和 RWA 价值创造的背景下，这些技术提供了新的价值交换和资源配置方式，为经济社会的发展开辟了新的可能性。

RWA 与通证化对经济体系和社会结构影响的忧思

社会效率：RWA 与通证化社会化的社会获益

在现代社会中，追求效率已成为一种重要的社会特征。技术哲学家雅克·埃吕尔（Jacques Ellul）曾指出，尽管不同时代和不同领域的技术差异巨大，但它们共同的特征依然是追求效率。这种效率不仅仅体现在技术系统内部的效率提升上，也广泛体现在技术社会化过程中对社会结构的整体效率提升上。

在这一大背景下，与 RWA 相关的通证化，基于其独特的技术理性，在构建社会信任模式方面起到了革命性的作用，促进了社会效率的整体提升。具体来说，RWA 与通证化的社会化应用引入了一种具有强工具理性的技术信任简化机制。例如，在社会结构层面，传统的法律、制度、资历、声誉等简化机制虽然有助于规范人与人之间的互动，但人情、关系、面子等非理性社会变量的介入往往会带来运行偏差。RWA 与通证化通过去中介的信息技术手段，有效地克服了这些问题，确保了数据的透明与安全，简化了社会互动机制，提升了社会运行的效率。

此外，基于 RWA 与通证的技术 - 经济范式也在不断革新，促进了社会效率的进一步提升。回首过去 200 多年间的 5 次技术革命，每一次都带来了新的技术 - 经济范式。与传统技术 - 经济范式相比，信息技术范式为解决社会生产和交往中的信息沟通问题提供了前所未有的技术手段。例如，基于 RWA 与通证的可编程金融系统构建了一个去中心化的信任支付体系，这不仅革新了传统金融制度中的交易方式，还大幅度降低了交易成本，减少了人员、程序和文本的冗余。随着 RWA 与通证化 3.0 产品的社会化应用，这种可编程的社会信任系统正在快速形成，并逐渐在文化教育、政府治理、卫生医疗等重要社会系统中获得创新应用和推广，从而将社会效率的提升从金融系统扩展到整个社会系统。

总的来说，在 RWA 与通证化的推动下，整个金融系统乃至社会系统正在通过强技术信任模式的建构，朝着更高效的方向发展。这种技术驱动的社会变革不仅展示了技术的内在动力，也反映了现代社会对效率的不懈追求。

社会失范：RWA与通证技术社会化的社会忧思

在当前的技术发展浪潮中，RWA 与通证技术带来了新的价值创造模式，这些模式在重塑金融和经济结构的同时，也深刻影响了社会信任和人文价值观。通证化通过将资产数字化，流通性和透明度大大增强，为资本市场带来了前所未有的效率和便捷。同时，RWA 的应用使得传统不易流通的实物资产（如房地产和艺术品）得以在全球范围内轻松交易，极大地扩展了这些资产的市场和投资潜力。

然而，这种基于代码和算法的信任机制虽然降低了交易成本和时间，却可能削弱了基于人际关系和社区的传统信任结构。在这种模式下，个人之间的直接互动减少，社会关系可能因此变得更加机械和冷漠。这种变化不仅影响了社会的情感纽带，还可能导致社会结构的进一步分化，尤其是在经济价值逐渐取代人文价值的背景下更是如此。

此外，技术的广泛应用和依赖也正在重塑社会结构和劳动市场。自动化和智能化的推进使得许多传统职业面临转型甚至是消失的风险，这不仅造成了经济结构的变动，也带来了社会层面的不平等和异化问题。因此，我们需要在追求技术进步和经济效益的同时，更加关注其对社会公正和人文关怀的影响。

综上所述，通证和 RWA 技术为现代社会带来了显著的经济利益和效率提升，但也提出了对传统社会信任机制和人文价值观的挑战。面对这种情况，社会和政策制定者应当采取措施，通过制定全面的技术伦理指导原则和设计包容性强的技术解决方案，来确保技术发展同时促进社会整合和谐发展。这样，我们才能确保技术进步不仅是经济上的成功，更是社会和文化上的进步。

RWA 与通证化社会化的社会调适

在当前全球化与数字化加速融合的背景下，RWA 与通证化的发展正迅速变革着我们的经济与社会结构。针对这一趋势，我们可以从四个关键方面加强系统化的支持和规范，确保这些技术能够健康、有效地融入社会发展大局。

首先，加强法律制度建设，为 RWA 与通证化创造一个稳定的发展环境至关重要。制定相关政策和法规，不仅可以促进这些技术的社会应用和商业化进程，还可以确保技术发展不偏离公平正义的轨道。具体来说，政策制定者应当出台激励措施支持企业和研究机构在 RWA 与通证化领域的创新，同时，也需要制定严格的监管规范，打击任何利用这些技术进行非法活动的行为。

其次，政府应通过采购政策支持 RWA 与通证化的市场需求。例如，政府和公共部门可以优先采购那些采用通证化进行资产管理和交易的解决方案，为这些技术提供实际应用的平台，并通过实际案例推动技术的社会化进程。

再次，建立统一的技术标准，这是推动 RWA 与通证化健康发展的基石。正如苹果公司通过 ISO 标准推动了其操作系统的广泛应用，RWA 与通证化也需要明确的标准和规范，以确保技术的互操作性和安全性。这不仅有助于降低技术应用的复杂性，也有助于构建用户的信任和接受度。

最后，明确技术道德标准，为 RWA 与通证化的发展注入人文关怀。技术发展应当服务于人类社会的整体福祉，而不仅仅是追求经济效益。在技术实施过程中，应积极培养和弘扬符合社会公共利益的道德规范（如诚实、透明和责任感等），以引导技术发展更加注重社会责任和伦理考量。

通过这四个方面的系统推进，我们可以更好地利用 RWA 与通证化的潜力，推动经济和社会的全面发展，同时也能有效地应对可能出现的风险和挑战，确保技术进步和社会价值的和谐统一。

3. RWA 与通证化的中国香港实践：Ensemble 项目和数码港元 +

香港金管局于 2024 年 8 月 28 日举行 Ensemble 项目沙盒启动仪式，并宣布首阶段试验将涵盖四大通证化资产用例主题（见表 8-2），标志着金融业在通证化技术的实际应用进程中迈出重要一步。香港金管局的 Ensemble 项目旨在探索建设基于区块链平台的创新金融市场基础设施，通过 wCBDC 促进市场以通证化货币进行无缝的银行同业结算。通过沙盒试验，香港金管局将验证通证化资产、通证化存款和 wCBDC 之间的技术互通性，亦会让业界参与者在实际业务场景中，对通证化资产交易进行端对端测试。

表 8-2　四个应用主题及将于 Ensemble 项目沙盒被验的相关用例

主题	建议用例	业界参与者	
		Ensemble 项目架构工作小组（工作小组）成员（按英文名称字母顺序排序）	非工作小组成员（按英文名称字母顺序排序）
固定收益和投资基金	（1）债券 （2）基金	• 中国银行（香港）有限公司 • 恒生银行有限公司 • HashKey Group • 香港上海汇丰银行有限公司 • 渣打银行（香港）有限公司	• 贝莱德 • 中银香港资产管理有限公司 • 债务工具中央结算系统 • 华夏基金（香港）有限公司 • 南方东英资产管理有限公司 • 富兰克林邓普顿
流动性管理	（3）回购协议 （4）财资管理	• 中国银行（香港）有限公司 • 香港上海汇丰银行有限公司	• 蚂蚁国际
绿色和可持续金融	（5）碳信用 （6）电动汽车充电站	• 蚂蚁数字科技 • 恒生银行有限公司 • HashKey Group • 渣打银行（香港）有限公司	• 数码港 • EVIDENT* • 香港中华煤气有限公司 • 香港交易所 • 香港科技团公司 • 创新链科技 ** • 今狐充 * • 朗新集团 ***
贸易和供应链金融	（7）供应链金融 （8）贸易融资及支付	• 蚂蚁数字科技 • 恒生银行有限公司 • 香港上海汇丰银行有限公司 • 微软香港有限公司 • 渣打银行（香港）有限公司	• ARTA-Emali HK Limited • 全球航运商业网络 # • ICC Digital Standards Initiative

注：* 代表数码港培育计划毕业生，** 代表香港科技团公司创科培育计划的毕业初创，*** 代表蚂蚁数字科技合作伙伴，# 代表蚂蚁数字科技合作伙伴。

香港金管局已完成沙盒构建工作，旨在利用实验型通证化货币促进银行同业结算，并集中研究通证化资产交易。Ensemble 项目架构工作小组的参与银行已将其通证化存款平台连接至沙盒，为日后开展跨行支付同步交收及货银两讫结算的实验做好准备。

在充分考量业界意向、市场发展趋势及创新发展的潜在影响后，沙盒的首阶段试验将涵盖传统金融资产和 RWA 的通证化，并聚焦四大主题：固定收益和投资基金、流动性管理、绿色和可持续金融及贸易和供应链融资。为巩固中国香港国际金融中心的地位，以创新精神开拓新经济领域，香港金管局会继续积极与业界人士沟通，了解他们对通证化发展的兴趣，共同开发及识别有关通证化的新主题及用例。

为支持香港通证化资产市场的持续发展，建立一个适当的监管框架尤其重要。作为工作小组关键成员之一，SFC 在制定监管架构以支持香港通证化资产市场持续发展上，发挥着重要作用。此外，SFC 将与香港金管局共同带领资产管理行业相关的通证化方案，以促进通证化的广泛应用，提升香港作为首要资产和财富管理中心的地位。

Ensemble 项目工作小组阵容强大，成员包括：香港四大银行——汇丰银行、渣打银行、中银香港及恒生银行，以及数字资产金融服务集团 HashKey Group，和蚂蚁数字科技、微软香港等全球领先科技企业。参与项目的非工作小组成员包括蚂蚁国际、债务工具中央结算系统、香港交易所、香港科技园、香港数码港，以及众多中外知名资产管理公司包括华夏基金（香港）、中银香港资产管理、贝莱德、富兰克林邓普顿等。

在国际层面，香港金管局亦会探讨与国际结算银行创新枢纽辖下香港中心在一个或多个通证化主题上的合作机会，并与 CBDC 专家小组成员合作，利用他们的专业知识进一步推动沙盒的发展。

香港金管局总裁表示："推出 Ensemble 项目沙盒测试通证化用例，标志着金管局和业界在探索应用通证化技术于实际业务场景上迈出重要一步。Ensemble 项目今年 3 月推出以来，业界就开拓创新解决方案以重塑数码金融领域反应积极。金管局期待未来与证监会、其他央行机构、学术界及各相关行业参与者合作，进一步推动香港通证化市场的创新发展。"

SFC 行政总裁表示："今天推出的沙盒印证了创新和监管互相结合能为我们的金融市场开辟新道路。作为香港金融市场的两大构建者，证监会和金管局有着相同的愿景，并致力通过创新的市场基础设施引领香港的金融系统昂然步向未来。"

香港金管局扩展"数码港元"项目并启动先导计划第二阶段——"数码港元 +"

香港金管局于 2024 年 9 月 23 日启动"数码港元"先导计划第二阶段（以下简称"第二阶段"），进一步探索可供个人及企业使用的新型数码货币（包括"数码港元"和通证化存款）的创新用例（见图 8–2）。随着"数码港元"项目的研究由"数码港元"扩展至对数码货币生态系统更全面的探索，项目易名为"数码港元 +"，反映香港金管局紧贴金融科技发展的新形势，以全面发挥数码货币的潜能。

"数码港元"先导计划为"数码港元 +"项目的重要组成部分。11 组来自不同行业的入选机构将于第二阶段探索"数码港元"和通证化存款在三大主题上的创新用例，包括通证化资产结算、可编程性及离线支付。入选机构亦会研究可供个人及企业使用的新型数码货币在实际场景中的商业可行性。入选机构和案例如：Visa、澳新银行和华夏基金（香港）将通过电子港币和通证化存款探索银行间转账和跨境支付的近实时结算以及付款交割，以方便澳大利亚的企业投资者购买香港资产管理公司提供的通证化基金。华夏基金（香港）数字资产与家族财富管理主管朱皓康表示："华夏基金（香港）非常荣幸能够参与"数码港元"先导计划第二阶段。第一阶段的成功展示出数码港元在众多领域的应用价值（见图 8-2）。我们期待在未来与香港金融管理局和各合作伙伴紧密合作，探索“数码港元”及通证化银行存款在更多领域如通证化基金上的应用。”

用例主题	参与机构
通证化资产结算	· 恒生银行、Aptos Lab 及波士顿咨询公司
	· 汇丰银行
	· 渣打银行、贝莱德、万事达卡及 Liberea
	· Visa、澳新银行、富达国际及华夏基金
可编程性	· 中国银行（香港）及新辉（建筑管理）公司
	· 中国建设银行（亚洲）
	· 星展银行
	· 恒生银行
	· 万事达卡、开泰银行及天星银行
离线支付	· 交通银行（香港）及中国移动
	· 中国工商银行（亚洲）

图 8-2　创新用例

4. RWA与通证化未来发展的建议

在数字化浪潮的驱动下，RWA 与通证化作为一种创新的金融工具，正在改变我们对资产所有权和交易的传统看法。RWA 通证化利用区块链技术提升了资产的流动性，降低了投资门槛，并增加了市场的透明度。在传统金融创新方面，未来需要建立相应的监管框架、加强技术基础设施、提升投资者教育、促进跨行业合作、推动标准化及法规的完善，并鼓励技术创新与平台发展；在合规性方面，必须确保资产的来源和所有权能够得到验证，并满足 AML 与 KYC 的要求；在技术层面，需进行技术平台升级、预言机集成、跨链互操作性的提升、数据安全与隐私保护；在结合 AI 方面，未来应开拓全新的应用场景和业务模型。

RWA与通证化对传统金融行业的影响及未来发展建议

随着技术的不断进步和监管环境的逐步完善，通证化有望成为金融行业的重要发展方向，为全球经济带来更多的活力和增长潜力。

对于金融业来讲，通过在区块链上实现快速交易，通证化显著提升了资产的流动性。这种创新方式允许投资者几乎实时地进行资产买卖，打破了传统市场的限制，使得资产流动性得到极大增强。此外，通证化还降低了投资的门槛。由于投资者可以以较低的成本购买高价值资产的一小部分，这为普通投资者打开了一扇门，使他们能够参与到原本只有少数人能够进入的市场。区块链技术的不可篡改性为市场带来了前所未有的透明度。所有交易记录都是公开的，任何人都能够验证交易的真实性，这不仅增加了市场的信任度，也提高了整个交易过程的透明度。最后，通证化为金融产品和服务的创新提供了广阔的空间。金融机构现在可以开发基于通证的衍生品和结构化产品，这不仅为投资者提供了更多的投资选择，同时也提供了更多的风险管理工具。

在监管方面，各国监管机构应积极构建和完善适应通证化资产特性的监管体系。这不仅需要明确法规来确保资产的合法性和投资者权益的保护，还需建立防范金融风险的机制。监管框架应涵盖通证化过程的透明度、资产实体的验证，以及资产的审计和监控。同时，监管机构应与国际组织合作，形成全球统一的监管标准，以应对跨境交易的挑战。

对于未来传统金融业与 RWA 及通证化的结合发展，建议如下：

- 区块链技术基础设施的强化。为了支持通证化资产的广泛应用，必须加强区块链技术基础设施的建设。这包括提高网络的扩展性、安全性和互操作性。扩展性是处理大量交易的关键，安全性是保护资产不受侵害的基础。通过发展跨链技术，可以实现不同区块链平台的无缝联接，促进资产的自由流通和交易。同时，应采用隐私保护技术（如零知识证明），以增强用户对平台的信任。
- 投资者教育的加强。提高投资者对通证化资产的认识和风险意识至关重要。应通过在线课程、研讨会和高校课程等多种形式，提供关于通证化资产的基础知识、市场动态及风险管理的教育。此外，建立和完善投资者保护机制，确保投资者在遭受损失时有有效的申诉和赔偿渠道，如设立投资者教育基金和保险机制。
- 跨行业合作的深化与扩展。探索与更广泛的行业（如能源、农业、医疗等领域）合作，挖掘这些行业中 RWA 通证化的潜力。这类合作可以帮助这些行业实现资产流动性提升，同时为金融行业带来新的增长机会。例如，在农业领域，通过通证化，可以将土地、农作物等实体资产数字化，使投资者能够灵活地分割和交易他们的权益。
- 推动标准化和法规的完善。加强与国际标准化组织的合作，制定统一的通证化资产标准，包括安全性、透明度和兼容性等方面的规范。同时，与政府机构合作，推动制定有利于通证化资产健康发展的法律法规，保护投资者权益，防范金融风险。
- 技术创新与平台发展。鼓励金融科技企业开发更先进的区块链技术，提升通证化资产的交易效率和安全性。支持建立综合性的通证化资产平台，集成发行、交易、管理等功能，实现资产的一站式服务。例如，可以开发专门的区块链网络，以支持大规模的通证化资产交易，同时确保交易的透明和可追溯。

- 新型商业模式的探索与推广。鼓励创建基于区块链的新型金融产品，如通证化债券、股权和其他衍生品。这些产品可以提供给传统和新兴市场的投资者新的投资渠道。同时，探索与 AI、大数据等技术结合的通证化应用，如利用 AI 进行资产评估和风险管理，提高通证化资产管理的智能化和精准度。

RWA 与通证化在合规层面的未来发展建议

在 RWA 与通证化的发展中，合规问题扮演着至关重要的角色。为了确保所有相关活动均符合适用的法律与监管要求，建议创建一个全面的合规框架。该框架应涵盖资产的评估、发行、交易、管理、存储和审计的各个阶段，同时确保资产的来源和所有权可以验证，以及满足 AML 和 KYC 的要求。

与此同时，与金融监管机构建立良好的沟通和合作关系也极为重要。通过与监管机构的主动对话，企业不仅可以及时了解到最新的法规动态，还可以在通证化策略的早期阶段就融入合规要求。此外，合作开发监管科技（RegTech）工具，可以实现自动化合规流程，提高合规效率，从而降低人力成本和错误率。

鉴于通证化资产往往涉及跨国交易，推动国际合作成为制定通用标准和监管框架的关键。与不同国家的监管机构和行业组织合作，可以帮助制定国际通行的通证化标准，简化跨境交易的复杂性，并保护投资者利益。

此外，对业界专业人士、监管机构官员、法律顾问等进行定期的培训和教育也非常必要。教育可以提升整个行业的合规意识和能力，内容应涵盖最新的通证化技术、法规变动、合规实践等。

增强通证化资产的透明度和建立完善的报告制度也是提升合规性的关键措

施。所有交易和资产流动都应该是可追踪和可查询的，企业还应定期向监管机构报告运营状况，包括但不限于交易记录、资产评估和风险管理情况。

在通证化平台的设计与运营中融入先进的数据保护技术，确保用户数据和交易信息的安全，同时遵守如欧盟的 GDPR 等数据保护法规。

最后，应设立专门的法规变更管理团队，监控和分析全球范围内关于通证化的法律和政策变动，确保企业能够迅速适应法规变化，减少合规风险。通过以上措施，可以为 RWA 与通证化的健康发展打下坚实的合规基础，增强投资者信心，推动更广泛的市场接受和参与。

RWA与通证化在技术层面的未来发展建议

加强 RWA 及通证化技术建设是推动其未来发展的关键。为了实现这一目标，以下是一些具体的建议：

- 技术平台升级。开发更为安全、高效的区块链平台是支持 RWA 通证化的基石。例如，通过采用分片技术和 Layer 2 解决方案，可以显著提高网络的交易吞吐量并降低交易成本。这种技术进步不仅可以处理更大规模的 RWA 上链和交易活动，而且还能优化整个区块链网络的性能和可扩展性。通过这些技术的融合，可以构建一个更加健壮和高效的区块链生态系统，为大规模的资产通证化提供坚实的技术支持。
- 预言机集成。将可靠的预言机服务集成到区块链平台中，确保链上智能合约能够准确地反映链下资产的价值和状态。预言机作为链上与链下数据之间的桥梁，对于保证 RWA 通证的真实性和可靠性至关重要。它们可以提供实时的市场数据、资产估值和其他关键信息，确保智能合约的操作基于最新且准确的数据执行，从而增强投资者的信心和市场的透明度。
- 跨链互操作性。发展跨链技术是实现不同区块链之间的资产和数据流动的关键。通过实现这一技术，可以为用户提供更广泛的投资选择和更灵活的资产管理方式。跨链互操作性不仅增强了不同区块链生态系统之间的连接性，还允许资产在多个区块链平台之间自由流通，从而为投资者打开了一个更为广泛的全球市场。

- 数据安全与隐私保护。采用先进的加密技术（如零知识证明），可以在不泄露用户隐私的前提下验证资产所有权和交易的真实性。这种技术可以在保证交易透明性和安全性的同时，保护用户的隐私，避免敏感信息的泄露。通过这样的技术应用，可以增强用户对平台的信任度，推动更多的用户参与到 RWA 通证化中来。

RWA 及通证化核心发展方向：与 AI 结合

通证化与 AI 的结合是在不断发展的前沿科技领域，主要涉及将物理或非物理资产转换成数字通证，这些通证代表对现实世界资产的所有权或使用权。借助 AI，这种技术能够开启全新的应用场景和业务模型。例如，AI 可以帮助设计和执行基于特定条件的智能合约，自动化处理复杂的决策过程，如在供应链管理中自动触发购买或销售的通证化资产。

在数据市场和数据共享方面，通证化可以用于创建安全的数据共享平台，AI 则能够分析来自多个来源的庞大数据集。这一优势在医疗行业中尤其有用，个人健康数据可以被通证化并安全地分享给研究机构，AI 在此过程中用于提高诊断精度或预测疾病。此外，AI 可以优化通证化资产的管理，如实时分析资产表现并为投资者提供投资建议，这在金融服务领域具有很高的价值。

通证化与 AI 的结合还能够预测市场趋势和消费者行为，为企业提供定制化的策略和产品。通过分析用户与通证化资产的互动方式，企业可以提供更加个性化的服务和改进的用户体验。随着技术的成熟和法规的明确，这种结合将扩展到更多行业，如房地产、艺术品及知识产权管理。

未来，随着区块链、AI 及物联网等技术的融合，我们将看到更加智能和自动化的解决方案。例如，可能出现实时自动调整的智能城市服务系统。同时，随着技术的推广，相关的法规和标准也将得到进一步发展，以确保数据安全、隐私保护和交易透明。AI 的安全性和隐私保护能力也将得到增强，可以通过模式识别和异常检测来防止欺诈和黑客攻击。随着 AI 在决策过程中扮演越来越重要的角色，人们对 AI 的伦理和透明度的讨论也将加深，特别是在处理敏感资产（如个人数据或大规模投资）时。这种技术融合的深度和广度，预示着我们将进入一个更加智能化、自动化的新时代，但同时也带来了对技术治理和伦理的新挑战。

未来，属于终身学习者

我们正在亲历前所未有的变革——互联网改变了信息传递的方式，指数级技术快速发展并颠覆商业世界，人工智能正在侵占越来越多的人类领地。

面对这些变化，我们需要问自己：未来需要什么样的人才？

答案是，成为终身学习者。终身学习意味着永不停歇地追求全面的知识结构、强大的逻辑思考能力和敏锐的感知力。这是一种能够在不断变化中随时重建、更新认知体系的能力。阅读，无疑是帮助我们提高这种能力的最佳途径。

在充满不确定性的时代，答案并不总是简单地出现在书本之中。“读万卷书”不仅要亲自阅读、广泛阅读，也需要我们深入探索好书的内部世界，让知识不再局限于书本之中。

湛庐阅读 App：与最聪明的人共同进化

我们现在推出全新的湛庐阅读 App，它将成为您在书本之外，践行终身学习的场所。

- 不用考虑“读什么”。这里汇集了湛庐所有纸质书、电子书、有声书和各种阅读服务。
- 可以学习“怎么读”。我们提供包括课程、精读班和讲书在内的全方位阅读解决方案。
- 谁来领读？您能最先了解到作者、译者、专家等大咖的前沿洞见，他们是高质量思想的源泉。
- 与谁共读？您将加入优秀的读者和终身学习者的行列，他们对阅读和学习具有持久的热情和源源不断的动力。

在湛庐阅读 App 首页，编辑为您精选了经典书目和优质音视频内容，每天早、中、晚更新，满足您不间断的阅读需求。

【特别专题】【主题书单】【人物特写】等原创专栏，提供专业、深度的解读和选书参考，回应社会议题，是您了解湛庐近千位重要作者思想的独家渠道。

在每本图书的详情页，您将通过深度导读栏目【专家视点】【深度访谈】和【书评】读懂、读透一本好书。

通过这个不设限的学习平台，您在任何时间、任何地点都能获得有价值的思想，并通过阅读实现终身学习。我们邀您共建一个与最聪明的人共同进化的社区，使其成为先进思想交汇的聚集地，这正是我们的使命和价值所在。

图书在版编目（CIP）数据
RWA与通证化 / 汪扬，白海峰，朱皓康著. -- 北京：中国财政经济出版社，2024.10（2025.9重印）. -- ISBN 978-7-5223-3413-4
Ⅰ.F49
中国国家版本馆CIP数据核字第20242UZ857号

责任编辑：郁东敏　　责任校对：张　凡
封面设计：张东东　　责任印制：张　健

RWA与通证化
RWA YU TONGZHENGHUA

中国财政经济出版社 出版
URL：http://www.cfeph.cn
E-mail:cfeph@cfemg.cn

社址：北京市海淀区阜成路甲28号　邮政编码：100142
营销中心电话：010-88191522
天猫网店：中国财政经济出版社旗舰店
网址：https：//zgczjjcbs.tmall.com
唐山富达印务有限公司印装　各地新华书店经销
成品尺寸：170mm×230mm　16开　26.5印张　415 520字
2024年10月第1版　2025年9月河北第3次印刷
定价：198.00元
ISBN 978-7-5223-3413-4
（图书出现印装问题，本社负责调换，电话：010-88190548）
本社图书质量投诉电话：010-88190744
打击盗版举报热线：010-88191661　QQ：2242791300